Christian Stiegler, Patrick Breitenbach, Thomas Zorbach (Hg.)
New Media Culture: Mediale Phänomene der Netzkultur

Digitale Gesellschaft

Christian Stiegler, Patrick Breitenbach, Thomas Zorbach (Hg.)

New Media Culture: Mediale Phänomene der Netzkultur

[transcript]

Mit freundlicher Unterstützung
der Karlshochschule International University, Karlsruhe.

Karlshochschule
International University

Bibliografische Information der Deutschen Nationalbibliothek
Die Deutsche Nationalbibliothek verzeichnet diese Publikation in der Deutschen Nationalbibliografie; detaillierte bibliografische Daten sind im Internet über http://dnb.d-nb.de abrufbar.

Umschlaggestaltung: Patrick Breitenbach, Karlshochschule, Karlsruhe 2015
Korrektorat & Satz: Christian Stiegler und Julia Marquart
Printed in Germany
Print-ISBN 978-3-8376-2907-1
PDF-ISBN 978-3-8394-2907-5

Gedruckt auf alterungsbeständigem Papier mit chlorfrei gebleichtem Zellstoff.
Besuchen Sie uns im Internet: *http://www.transcript-verlag.de*
Bitte fordern Sie unser Gesamtverzeichnis und andere Broschüren an unter: *info@transcript-verlag.de*

Inhalt

Vorwort

Mediale Phänomene der Netzkultur

CHRISTIAN STIEGLER, PATRICK BREITENBACH, THOMAS ZORBACH

„I haven't fucked much with the past,
But I've fucked plenty with the future.“
PATTI SMITH: BABELOGUE (1978)

Die britische TV-Serie *Black Mirror* schildert mediale und technologische Entwicklungen als verführerisch und zugleich zerstörerisch. Eingeführte Utopien wirken deshalb so glaubhaft, weil sie Resultat organischer Entwicklungen zu sein scheinen und auf Basis angemessener und rationaler Entscheidungen getroffen wurden. In der Weihnachtsepisode *White Christmas*[1] (2014) wird etwa das Feature „blocking“ eingeführt, das man bei Formen digitaler Kommunikation bereits von sozialen Netzwerken wie Facebook oder Messenger-Diensten wie WhatsApp kennt. Wenn man mit jemandem nicht mehr sprechen möchte, kann man die Kommunikation bis auf weiteres unterbinden und die Apparatur verhindert die digitale Kontaktaufnahme. In *White Christmas* wird diese Funktion nun auf die Offline-Existenz erweitert. Nach einer Blockierung sieht man anstelle der blockierten Person nur noch eine weiße Silhouette und kann ihre Stimme ausschließlich gedämpft und verfremdet hören. Umgekehrt ergeht es der blockierten Person genauso.

Eine Idee, die im ersten Moment reizvoll und vorteilhaft wirkt (wie einfach wäre es Konflikten mit einem simplen Knopf-Druck aus dem Weg zu gehen?), hat jedoch längerfristig erschreckende Konsequenzen. In der Episode eskaliert etwa der Streit eines jungen Pärchens wegen des bevorstehenden Kindes so sehr, dass die angehende Mutter ihren Partner im Zorn blockiert und er somit weder

1 Black Mirror (UK 2014, R: Carl Tibbets).

sie noch das später geborene Kind jemals zu Gesicht bekommt. Stattdessen bleiben nur detaillose Körpersilhouetten, das Rauschen der Stimmen und verzweifelte Versuche der erneuten Kontaktaufnahme und der Deblockierung. Black Mirror führt in der Utopie der Narration fort, was in der digitalen Sozialisierung längst alltäglich erscheint. Ausgrenzung als soziale Sanktion ist keine neue Form der gesellschaftlichen Disziplinierung. Sie ist aber vor allem Teil der digitalen Gouvernementalität, da die Hemmschwellen zur Durchführung geringer erscheinen und man den Konsequenzen zumindest in der virtuellen Lebenswelt aus dem Weg gehen kann.

Die Episoden von *Black Mirror* sind Fiktion, aber wie alle Geschichten verweisen sie auf wesentliche Entwicklungen unserer Kultur, oder besser: unserer Kulturen. Denn die Ausprägung von Online- und Offline-Welten ist auch eine Geschichte von unterschiedlichen kulturellen Ausformungen, in *White Christmas* prägnant und dramatisch am Beispiel der sozialen Entgrenzung zweier Individuen geschildert. Sie beinhaltet all das, was die Netzkultur für die menschliche Existenz bedeutet: Kommunikation, Inszenierungs-, Diskussions- und Vernetzungsplattform, Partizipationsspielfeld, Wissensgenerator und -speicher, Information und Unterhaltung bis hin zur eigenen sozialen Welt, die zwar Ähnlichkeiten zur Offline-Welt aufweisen kann, aber doch nach ihren eigenen Maßstäben und Regeln funktioniert. Kultur bedeutet in diesem Sinne also nicht nur das System, das sich aus spezifischen Zeichen bildet und Wahrnehmung, Denken, Werten und Handeln seiner Mitglieder beeinflusst, sondern vielmehr ist Kultur heterogene Konstruktion, dynamische Ausverhandlung, und eben auch die Bedeutung, die ihr dadurch erst zuteil wird. Ähnliche Dynamiken gelten für die Netzkultur, insbesondere deshalb, weil sie unser Leben stetig mehr beeinflusst und als soziale Komponente einen wesentlichen Stellenwert in unserem Dasein einnimmt. Sie beeinflusst unsere Wahrnehmung von Kommunikation, sozialen Beziehungen, Arbeitsbedingungen, Konsumprodukten und gesellschaftlichen Entwürfen. Sie ist wesentlicher Bestandteil aller relevanten Lebensbereiche, von Gesellschaft, Politik, Kultur bis hin zur Wirtschaft. Kurzum: Die Verlagerung all dieser Bereiche mit ihren diversen Aspekten in die Netzkultur verlangt Kompetenzen, mit diesen neuen, medialen Phänomenen umzugehen.

Als wesentliche Vorreiter und Hoffnungsträger dieser Entwicklung werden die *digital natives* angesehen, also jene Generation von Menschen, die mit digitalen Medien aufgewachsen ist und den Umgang mit ihnen im Rahmen ihrer medialen Sozialisierung in ihr Leben integrieren konnte. Nicht umsonst findet man in den Social Media-Abteilungen diverser Unternehmen, Medien- und

Werbeagenturen und Verlagen zumeist junge Praktikanten[2], Studierende und Berufsanfänger, welche die digitalen Agenden übernehmen, weil man sie ihnen eher zutraut. Abgesehen davon, dass Generationsbezeichnungen wie *digital natives* oder *Generation Y* höchst umstritten sind, ist die Abwälzung der Ausformungen digitaler Kultur auf ausschließlich jene Personen, die rein zufällig bei ihrer Entstehung geboren wurden, ein Trugschluss unserer Gesellschaft. Im Englischen lässt sich zur besseren Verdeutlichung die Bezeichnung *native* durch ein ganz ähnliches Beispiel herbeiführen. Wir kennen nämlich auch den Begriff *native speaker*, also Muttersprachler. Während man jedoch seine Muttersprache neben der kulturellen Sozialisierung auch noch zusätzlich im Rahmen der Schulbildung erlernt (und sie dann zumeist doch nicht grammatikalisch fehlerfrei beherrscht), ist der Umgang mit neuen Medien in der Bildungslaufbahn nur spärlich verankert. Medienpädagogische Maßnahmen würden voraussetzen, dass man *digital natives* mit ihrer medialen Sozialisierung nicht allein lässt und sich nicht darauf verlässt, was sie selbst dabei aufschnappen.

Hier setzt dieses Buch an. Denn die Idee zur Entstehung kam im Rahmen mehrerer medienpädagogischer Gespräche und didaktischer Workshops. Immer wieder wurde von Lehrenden, Praktikern und Studierenden der Wunsch nach einem einführenden Werk zu medialen Phänomenen der Netzkultur geäußert, das den Umgang mit ihnen erleichtert. Ein Werk, das versucht Phänomene wie Shitstorms, Transmedia Storytelling, Gamification, Big Data, Fandom oder Memes einführend zu erläutern und dabei trotzdem Möglichkeiten eröffnet, diskursive Freiräume für Lehre, Forschung, Studium und Praxis zu nutzen. In der Lehre haben wir dies bereits 2013 im Masterstudiengang „Management" der Karlshochschule International University verankert. Die Schwerpunktsäule „New Media" beinhaltet im ersten Semester das Modul „New Media Culture", das Studierende in Phänomene der Netzkultur aus akademischer und praktischer Sicht einführt. Dies bedeutet Arbeit gemeinsam mit *digital natives*, die Selbsterkenntnis und Reflexivität über ihr eigenes Handeln im Netz an vorderste Stelle setzen.

Dieses Buch soll nun seinen Lesern grundlegende Annäherungen an mediale Ausformungen digitaler Kulturen ermöglichen, um diese zu überdenken, zu hinterfragen und weiterzuspinnen. Die Bandbreite ist vielseitig und die Texte bewusst heterogen gehalten. Trotzdem ist jeder Artikel in seiner Struktur ähnlich aufgebaut, um eine gemeinsame Basis für sehr unterschiedliche Phänomene und Sichtweisen zu bieten. Nach einleitenden Worten ist jedem Kapitel eine theoreti-

2 Mit Nennung der männlichen Funktionsbezeichnung ist in diesem Buch, sofern nicht anders gekennzeichnet, immer auch die weibliche Form gemeint.

sche Einführung vorangestellt. Sie soll es ermöglichen, Begriffsdefinitionen zu erläutern und das erlebte Phänomen in einen diskursiven Zusammenhang zu stellen. Praxisbezüge sollen dann in einem weiteren Schritt das Phänomen greifbarer machen, um unterschiedliche Aspekte der Praxis und Anwendungsmöglichkeiten einzubinden. Abschließend werden Ein- und Ausblicke in weitere mögliche Entwicklungen eröffnet und weiterführende Literaturtipps zur eigenen weiteren Recherche angeführt. Die Bandbreite der Inhalte erstreckt sich von einer grundlegenden Einführung vor der Klammer in Begrifflichkeiten digitaler Medientheorien über Phänomene wie Memes, Avatars, Selfies und Selfie Sticks, Linked, Net Smart, Partizipative Kultur, Shitstorms, Netiquette, Always on, Medienrealität(en), Ultra Fandom, Gamification, Transmedia Storytelling, Big Data und neueren Entwicklungen der Mensch-Medien-Hybridität. Beim Lesen sollen auch Zusammenhänge deutlicher werden: von digitalen Medientheorien über kulturellen Ausformungen, dem Individuum und seinem digitalen Dasein allein und im Kollektiv bis hin zu medialen Erzählstrategien. Was all diese Phänomene eint, ist ihre Bedeutung für digitale (und nicht-digitale) Lebenswelten und ihre oft ungenügende, objektive Betrachtung abseits emotionalisierter und unreflektierter Ausarbeitung. Dies würde nämlich bedeuten, einen Schritt zurück zu machen, das kaum Vergangene genau zu betrachten, um dabei das Zukünftige besser zu verstehen und abschätzen zu können. Es ist unsere Hoffnung, dass dieser Sammelband dazu ein Stück beitragen kann.

Dieser Diskurs findet längst nicht mehr nur an Universitäten statt, sondern wird schon früh von Netzpionieren und -aktivisten aufgegriffen und im Rahmen verschiedener Veranstaltungen wie der *re:publica* geführt. Daher stammen die Autoren dieses Bandes aus den unterschiedlichsten Tätigkeitsfeldern und Disziplinen und sind für das von ihnen vorgelegte Thema wahre Experten. Neben den Herausgebern sind dies Judith Ackermann, Andreas Dittes, Jürgen Pfeffer, Roman Rackwitz, Ramón Reichert, Jan-Hinrik-Schmidt, Julia Schönborn, Stephan Sonnenburg, Christine Weitbrecht, und natürlich Henry Jenkins, dessen wesentliche Theorien und Forschungen zu transmedialen Erzählweisen hier erstmals in deutscher Übersetzung von Christine Weitbrecht vorliegen. All den Autoren und Autorinnen sei unser Dank für ihre Mitarbeit und Engagement ausgesprochen.

Ein besonderer Dank gilt an dieser Stelle der Karlshochschule International University, ohne die diese Publikation nicht möglich gewesen wäre; unseren Kollegen, Familien und Freunden; und unseren Studierenden, die uns am Puls der Zeit immer wieder dazu drängen, unsere Überlegungen neu zu überdenken.

Christian Stiegler, Patrick Breitenbach, Thomas Zorbach
Mai 2015

Digitale Medientheorien

CHRISTIAN STIEGLER

„Pure abstrakte Theorie. Genießt sie! Alles Gute entstand schon immer als Kollateralschaden.“
SLAVOJ ŽIŽEK, WOZ 48/2012

EINFÜHRUNG

Behauptungskunst ist der Nährboden aller großen Theorien. Behauptet (oder besser: theoretisiert) wurde in der Geschichte der Menschheit so manches, auch etwa, dass die Erde der Mittelpunkt des Universums sei. Dem Wortstamm nach bedeutet *theorein* (griech.) „beobachten, anschauen, betrachten“. Die etymologische Herkunft verweist daher bereits auf das wesentliche Charakteristikum der Theorie. Theorien versuchen einen Ausschnitt der Wirklichkeit zu beleuchten, tun dies allerdings immer durch eine ganz spezifische Linse bzw. durch die Perspektive ihres Betrachters. Bereits der Vorgang des Beobachtens und Betrachtens ist ein zutiefst subjektiver, konstruktiver Vorgang unserer Wahrnehmung, abhängig von der Perspektive, dem Vorwissen und Erwartungshaltungen des Betrachters, den (bewusst oder unbewusst) gewählten Blickpunkten und Beobachtungsausschnitten und den damit verbundenen Interpretationen basierend auf der wahrgenommenen Wirklichkeit des Betrachters. Jeder, der schon einmal durch ein Fernglas seine Umgebung inspiziert hat, weiß, was gemeint ist: Man sieht und interpretiert, was man sehen will oder glaubt zu sehen, beeinflusst durch die Gegebenheiten und Sichtfenster der Linse. Theorien sind also weit mehr als lediglich Annahmen oder Vermutungen, die durch Anwendung wissenschaftlicher Methoden verifiziert oder falsifiziert werden könnten. Sie sind vielmehr Ausprägungen ihrer Zeit, Spiegelbild historischer, gesellschaftlicher, politischer, wirtschaftlicher und kultureller Prozesse und gleichzeitig ideologischer Ausdruck ganz bestimmter Individuen. Sie wirken auf gegenwärtige und zukünftige Entwicklungen ein, sind aber gleichzeitig auch ein Produkt dieser Strömungen[1]. Theorien führen keineswegs zu unausweichlichen Wahrheiten, vielmehr tragen sie zur Wissensgenerierung bei und ermöglichen Perspektiven einzunehmen, die sonst im Verborgenen geblieben wären. Auch die Theorie des geozentrischen Weltbildes, die besagt, dass sich die Erde im Zentrum des Universums befindet, ist, obwohl sie im Lauf der Geschichte falsifiziert wurde, ein wichtiges Mosaik, um rückblickend historische, gesellschaftliche, politische, wirtschaftliche und kulturelle Zusammenhänge dieser Zeit besser zu verstehen und das Zustandekommen solcher Theorien und den damit verbundenen Paradigmenwechsel von Wissen erklären zu können. Paradigmen sind Weltbilder, Lehrmeinungen und Ansichten, die als akzeptiert und forschungs- bzw. erkenntnisleitend anerkannt werden und die einen grundlegenden konzeptionellen Rahmen für weiteren Diskurs bieten. Dies beinhaltet, dass neue, revolutionäre, aufrüttelnde und dem Mainstream widersprechende Ansätze bisherige Erkenntnisse aktualisieren (die Erde ist eben nicht der Mittelpunkt des Universums) und dadurch ein neues Paradigma eingeleitet werden kann (vom geozentrischen zum heliozentrischen Weltbild).

Trotz Humboldt'schem Bildungsanspruch prägt sich beim Durchlaufen der allgemeinen Schulbildung häufig die landläufige Meinung ein, dass Theorien trocken, im Gegensatz zur lebendigen Praxis ziemlich langweilig und eine Beschäftigung mit ihnen zugunsten praktischer Handlungsanweisungen nur ganz wenigen vorbehalten sei. Zugegeben, viele Intellektuelle, also all jene, deren Theorien wir auch heute noch angeregt diskutieren, leb(t)en ihr Dasein durchaus grenzwertig. Neue Denkweisen zu provozieren bedeutet nämlich zumeist, dem Mainstream zu widersprechen, und dadurch auch oft diskursive und gesellschaftliche Ausgrenzungen zu akzeptieren. Die Überlegungen und Abstraktionen dieser Grenzgänger sind immer auch ihrem persönlichen Drang geschuldet, einen Ausschnitt der Realität in den Fokus zu rücken und dabei Unbewusstes bewusst zu machen. Trotz alledem, oder gerade deshalb, sind ihre Theorien für uns so bewegend. Sie sind mutig, überschreiten Grenzen, sind heuristisch, selbstreflexiv, erweiterbar, interdisziplinär, spekulativ und trotzdem analytisch, ermöglichen Reflexivität für all jene, die sich mit ihnen beschäftigen, und das Wichtigste: Sie üben Kritik am gesunden Menschenverstand. Theorien ermöglichen ein Denken über das Denken selbst und sind daher keineswegs von der Praxis zu trennen. Theorie ist wie das Betriebssystem eines Computers, das zu jeder Zeit

1 Eine anschauliche Visualisierung der historischen Zusammenhänge zwischen Medientheorie, Politik und Kunst bietet Rama C. Hoetzlein auf seiner Art Theory Map. Online: http://www.rchoetzlein.com/website/artmap vom 06.06.2011.

im Hintergrund läuft, sie ist ein dialogisches Verfahren unterschiedlicher Meinungen, Diskurse und Ansätze und setzt voraus, dass Denkprozesse nicht nur linear, sondern dialogisch mit sich selbst und anderen durchgeführt werden. Die Frage ist daher vordergründig nicht: Theorie oder Praxis? Sondern vielmehr: Wie können stets präsente theoretische Überlegungen genutzt werden, um Leerstellen der Wissensgenerierung zu definieren und damit auch praktisches Tun zu reflektieren, zu überdenken und weiterzuspinnen?

Spiegel-Übung:
Kritisches Nachdenken gehört zu den Grundfähigkeiten theoretischen Arbeitens. Die folgende Übung soll subjektive Gedankengänge entschlüsseln, Selbstreflexivität fördern und dialogische Denkprozesse anregen.

Stellen Sie sich vor einen realen oder imaginären Spiegel.
Denken Sie daher darüber nach, was es bedeutet einen (eigenen) Gedanken zu haben.
Woher kommt der Gedanke?
Welcher Gedankenfluss entsteht, wenn Sie über das Denken nachdenken?
Was sagt die innere Stimme oder der innere Dialog?
Was offenbart das Denken über das eigene Nachdenken über Sie selbst, Ihre soziokulturellen Annahmen, Formulierungen und ihre Weltbeziehung?

Schreiben Sie in wenigen Sätzen Ihre provisorischen Assoziationen, versuchsweisen Definitionen oder Ideen auf über das, was (kritische) Reflexion für Sie bedeutet. Welche Sprache haben Sie gewählt? Welche Annahmen haben Sie getroffen? Woher kommen diese Annahmen?

Dass sich selbstreflexives Denken in den letzten Jahrzehnten vor allem im Bereich der *Medien*theorien wiederfinden lässt, verdeutlicht also in erster Linie die wachsende Bedeutung von Medien für all jene Kulturen und Gesellschaften, die über diesen Gegenstand reflektieren. Medien nehmen in unserer Gesellschaft einen enormen Stellenwert ein, sie prägen unser Denken, unsere Wahrnehmung, selbst unsere Identitäten. Die kulturellen Ausprägungen der neuen Medien (bereits der Begriff *New Media* entstammt einer Theorie) sind geprägt von Fragen, in welchem Verhältnis Menschen als Subjekte zur Welt stehen, in welcher Weise sie interagieren, sich vernetzen und kommunizieren, sich und Anderen Identität verleihen. Die Mediatisierung der Gesellschaft ist seit dem Einsatz von massenmedialen Reproduktionstechniken gar so weit fortgeschritten, dass man Welt nur noch durch Medien vermitteln, speichern und begreifen kann. Heruntergebrochen auf ein Beispiel: Überlegen Sie sich, wie oft Sie pro Tag Ihre Emails lesen, auf Ihr Smartphone blicken, eine digitale Konversation (sei es per Mail, Instant Messenger, Chat, etc.) führen und Ihre digitalen (Ab)bilder/Profile auf sozialen Netzwerken pflegen. Machen Sie sich eine Tabelle: Wie lange nutzen Sie Medien? Wie oft nutzen Sie mehrere Medien gleichzeitig? Und wie aufmerksam rezipieren Sie deren Inhalte? Theorien ermöglichen in diesem Kontext die Reflexion des eigenen Tuns, den universellen und generalisierenden Anspruch auf Aufarbeitung und im Falle der ständigen Erreichbarkeit vermutlich auch wieder das Infragestellen des gesunden Menschenverstandes und das Hinterfragen medialer Prozesse, die ohne theoretische Überlegungen die Menschheit bestimmen würden, und nicht umgekehrt.

Die folgenden Seiten können keine Vollständigkeit über jegliche Ausformung medialer Theorien bieten. Dafür sei auf die bereits zahlreich erschienenen Einführungen verwiesen, die einerseits den bisherigen Diskurs aufarbeiten und andererseits häufig auch die Möglichkeit bieten, Originaltexte zu lesen, also jene Worte und Formulierungen, die von diesen Grenzgängern gewählt wurden, die uns heute noch so beschäftigen und vorantreiben.[2] Hinzu kommt, dass jeder Beitrag des vorliegenden Sammelbandes geeignete Theorien erläutert, die den Fokus auf das jeweilige mediale Phänomen der Netzkultur legen. So werden nicht nur einzelne Theorien genauer erklärt, sie werden auch (wieder-)gedacht, (wieder-)reflektiert und (wieder-)diskutiert.

Dieser Beitrag versteht sich daher vielmehr als Klammer. Die Theorie der Theorie selbst zum Gegenstand des (theoretischen) Diskurses zu machen (denn nichts anderes passiert hier), bedeutet jedoch auch, dass dieser Text selbst lediglich ein Ausschnitt der Realität sein kann und dadurch hauptsächlich etwas zum Verständnis der vom Autor eingenommenen Perspektive und dem damit verbundenen gesellschaftlichen Umfeld beiträgt. Sich dessen bewusst zu sein ist immerhin eine Möglichkeit, um den Weg für zukünftige Grenzgänger zu ebnen.

---

2 Vgl. exemplarisch zur Übersicht u.a. Weber, Stefan: Theorien der Medien. 2 Aufl., Konstanz: UVK 2010; Faulstich, Werner: Medientheorien, Göttingen: Vanderhoeck & Ruprecht 1991; Helmes, Günter/Köster, Werner (Hg.): Texte zur Medientheorie, Stuttgart: Reclam 2002 (UB 18239); Mersch, Dieter: Medientheorien zur Einführung, Hamburg: Junius 2006; Schanze, Helmut: Metzler-Lexion Medientheorie-Medienwissenschaft: Ansätze, Personen, Grundbegriffe, Stuttgart: Metzler 2002; Leschke, Rainer: Einführung in die Medientheorie, München: Fink 2003; Klook, Daniela/Spahr, Angela: Medientheorien. Eine Einführung. 4. Aufl., Paderborn: Fink 2012.

THEORIEN UND METHODEN

Begriffsdefinitionen

Einer der grundlegendsten Begriffe der Massenmedien ist jener der *neuen Medien* bzw. *New Media*, formuliert von dem kanadischen Medienwissenschaftler Herbert Marshall McLuhan. Neben seinen weit verbreiteten medientheoretischen Überlegungen zum *globalen Dorf* und der *Gutenberg-Galaxis* beeinflussen für McLuhan Medien die menschliche Wahrnehmung weniger aufgrund ihrer Inhalte, sondern vielmehr bereits durch ihre charakteristischen, formalen Merkmale (sein Postulat „*The medium is the massage*[3]" ist wohl in diesem Zusammenhang am bekanntesten). Der Inhalt eines jeden „neuen" bzw. bei McLuhan auch „elektrischen" Mediums sei das zuvor dominierende „alte": „Der Inhalt der Schrift ist die Sprache, genauso wie das geschriebene Wort Inhalt des Buchdrucks ist und der Druck wieder Inhalt des Telegrafen."[4] In den 1960er Jahren verband McLuhan auf diese Weise Begriffe wie Medien, Mediatisierung und die Funktionen einzelner Technologien unter seinem Ansatz der „Erweiterungen des Körpers" bzw. „jede(r) Ausweitung unserer eigenen Person"[5]. McLuhan verstand es, zwischen den physischen Eigenschaften eines Mediums und den soziokulturellen Funktionen Wechselwirkungen herzustellen. Lange bevor McLuhan das Internet kennen konnte, sah er am Beispiel des Fernsehens, wie dieses zuvor dominierende Medienformen in sich integrierte. Nichts anderes beschreiben postmoderne Begrifflichkeiten wie Medienkonvergenz, Multimedialität und Transmedialität: Das Netz integriert alle zuvor dominierenden Medienformen wie TV, Radio oder Printmedien, unabhängig ob auf YouTube, Blogs, Streaming-Plattformen oder dem Online-Dienst einer Tageszeitung. Im Falle des Internets, und dies konnte McLuhan natürlich noch nicht wissen, fügt dieses *neue Medium* noch ein weiteres elementares Charakteristikum hinzu, ohne das z.B. soziale Netzwerke undenkbar wären: die soziale und interaktive Komponente. Kein anderes Massenmedium konnte bisher Massenkommunikation so sehr als wesentliches Merkmal

3 Den Druckfehler „massage" statt „message" adaptierte McLuhan in seinen Überlegungen, um auch sprachlich zu verdeutlichen, inwiefern mediale Konfigurationen die menschliche Wahrnehmung „massieren".

4 McLuhan, Marshall: „Medien als Ausweitungen des Menschen. Medium und Botschaft", in: Günter Helmes/Werner Köster (Hg.), Texte zur Medientheorie, Stuttgart: Reclam 2002 (UB 18239), S. 231-235, hier S. 233 (Original: M. McLuhan: Understanding Media. The Extension of Man, 1964).

5 Ebd., S. 232.

in sich integrieren, um dabei weniger nur ein Werkzeug für dessen Durchführung zu sein (wie etwa das Telefon für mündliche Kommunikation), sondern vielmehr eine autonome kommunikative, identitätsstiftende Lebenswelt zu kreieren, die eigene Maßstäbe, Regeln und soziale Konditionen schafft, demokratisierende Prozesse anstößt und diese mediatisiert und dadurch unser Dasein voll und ganz einzunehmen vermag.

Die Bezeichnung *New Media* ist daher irreführend, sie meint nicht ausschließlich das Internet bzw. konnte McLuhan es noch gar nicht kennen. Das Netz wird nur solange synonym mit dem Begriff *New Media* gleichgesetzt, solange es kein neueres Medium gibt, das alle zuvor existierenden Medien (in diesem Falle das Internet selbst) in sich einschließt, inkl. der für das Internet charakteristisch ausgeprägten sozialen, digitalen Lebenswelt. Medienkonvergenz wird also auch vor dem Internet selbst nicht Halt machen können. Für Lev Manovich, einem der wesentlichsten Theoretiker der Gegenwart im Bereich der neuen Medien, ist McLuhans Deutung allerdings nur eine von insgesamt acht Definitionen des Begriffes. Er grenzt dabei (1) New Media von Cyberculture ab; bezeichnet es als (2) eigene Distributionsform; als (3) Ansammlung softwarebasierter digitaler Daten; als (4) Mix bereits bestehender Konventionen (Medienkonvergenz im Sinne McLuhans); die wiederum aber auch eine eigene (5) Ästhetik aufweisen, die jedes neue Massenmedium auszeichnet; als (6) digitale Verarbeitung von Algorithmen; als (7) avantgardistisches Metamedium und im historischen Kontext als (8) nur eine von mehreren parallelen digitalen Ideen nach dem 2. Weltkrieg.[6] Selbst der Begriff erscheint in seiner aktualisierten Betrachtung nur ungenügend formuliert, insbesondere wenn aktuelle mediale Entwicklungen einbezogen werden.

Dies führt direkt zu einem weiteren Begriff, nämlich dem des *digitalen Mediums*, also Medien, die mit digitalen Codes arbeiten. Aber auch hier gibt es Differenzierungen: unter *digitale Medien* fallen etwa auch E-Books, Games, digitales Fernsehen oder das Mobiltelefon. So sehr der Begriff also auf den ersten Blick die fehlende Präzisierung von New Media ausgleicht, so sehr lässt er die Besonderheit der von McLuhan geschilderten und der von Manovich erweiterten Charakteristika vermissen. Gegenwärtige Gesellschaftsmodelle regeln ihre Kommunikation durch digitale Medienformen, gleichzeitig verbirgt sich in der Bezeichnung *New Media* aber auch die Unsicherheit und Vorsicht vor dem Neuen und Unbekannten. Und selbst wenn die Anfänge des Netzes schon einige Jah-

---

6 Vgl. Manovich, Lev: „New Media from Borges to HTML", in: Noah Wardrip-Fruin/Nick Montfort (Hg.), The New Media Reader, London: MIT Press 2003, S. 13-25.

re zurückliegen, scheint dieses mit jedem Klick weiter zu wachsen, unsere Kommunikation mit jeder Entwicklungsstufe noch stärker zu beeinflussen, vielfach sogar zu dominieren: „Each month seems to bring new evidence of the voracity with which new media are refashioning the established media and reinventing themselves in the quest of immediacy."[7] Doch was passiert mit den *alten Medien*? Werden wir noch einen Fernseher besitzen, wenn TV-Sender mit Mediatheken und Streaming-Plattformen ins Netz drängen? Werden unsere Enkelkinder noch wissen, was eine Zeitung ist, wenn sich Nachrichten längst nur durch digitale Mensch-Medien-Hybride (z.B. *Google Glass*) direkt mit ihrer Perspektive (hier: die Brille) verbinden? Neu sind solche Medien insofern, da wir zwar annehmen zu wissen, welche Möglichkeiten sie uns eröffnen, aber im Vergleich zu traditionellen Medienformen noch nicht abschätzen können, wie sie uns und unsere Gesellschaft langfristig verändern werden. Dass die Begriffe *New Media* und *Digital Media* immer wieder synonym verwendet werden, eigentlich aber zwei unterschiedliche Aspekte des Netzes (aber eben nicht seine einzigen) ansprechen, führt daher auch zu unterschiedlichen theoretischen Ansätzen.

Eine große Anzahl akademischer Disziplinen, aber auch in bzw. mit Medien beschäftigte Praktiker, haben eine Vielzahl an unterschiedlichen Diskursen, Methoden, Ansätzen, Begriffsbezeichnungen und Argumenten vorgelegt, die unser Verständnis von Medien und Kommunikation geprägt haben. Das Bezeichnende daran ist, dass sich jegliche Beschäftigung mit Medien oder Kommunikation in Terminologie und Herangehensweise von anderen unterscheidet und etablierte Disziplinen und Fachgebiete wie Medienwissenschaft und Medientheorie sich historisch durch einen wahren Disziplin-Cluster auszeichnen, dessen Ursprünge nun schon einige Jahrzehnte zurückreichen. Die Verortung der Postmoderne als Momentaufnahme von Kultur, Gesellschaft und Kunst, die damit verbundenen dekonstruktiven, poststrukturalistischen und diskursiven Verfahren und Methoden in jedem uns beeinflussenden Lebensbereich, hat auch den häufig trägen, weil institutionalisierten, akademischen Diskurs über Massenmedien, Medieneffekte, soziokulturelle Auswirkungen von Medien und Identitäts-Rekonstruktionen weiter angetrieben.[8] Die Kategorisierung dieser Ansätze erzeugt ein Theoriespektrum, das bereits durch die Einteilungsmethoden pluralistisch und multiperspektivistisch erscheint. Einige Beispiele: So teilt Denis

---

7 Bolter, Jay David/Grusin, Richard: Remediation. Understanding New Media, London: MIT Press 2000, S. 267.

8 Vgl. hierzu Yeh, Sonja: Anything goes? Postmoderne Medientheorien im Vergleich. Die großen (Medien-)Erzählungen von McLuhan, Baudrillard, Virilio, Kittler und Flusser, Bielefeld: transcript 2013.

McQuail (2000) Medientheorien auf die Gegensatzpaare kulturalistisch vs. materialistisch bzw. gesellschafts- und medienorientiert ein. Werner Faulstich (1991) wiederum konzentriert sich auf die Funktionalitäten verschiedener Medientheorien und deren übergreifende Logiken. Rainer Leschke (2006) beschreibt Medientheorien in seinem Phasenmodell auf Basis ihres Abstraktionsgrades, ihrer Komplexität und analytischer Reichweite, während Stefan Weber (2003 bzw. 2010) in dem wohl umfangreichsten Ansatz einer komparatistischen Methodik diverse Basistheorien erarbeitet, die schon allein in ihrer Aufzählung überbordend erscheinen: Techniktheorien, ökonomische Theorien, kritische Medientheorien, Zeichentheorien, Cultural Studies Theorien, konstruktivistische Medientheorien, Systemtheorien der Medien, feministische Medientheorien, psychoanalytische Medientheorien, poststrukturalistische Medientheorien und medienphilosophische Theorien. Auf Digitalität oder New Media geht er noch nicht einmal im Speziellen ein.

Unabhängig von welcher Kategorisierung die Rede ist, sie alle finden für mediale Theorien bestimmte Zuschreibungen, die sich bewusst überschneiden, sich aber eben auch voneinander abgrenzen (möchten). (Medien-)Theorien sind eben immer auch Reaktionen auf andere Theorien/Paradigma, aufgestellt von Menschen, um mediale Phänomene aus einer neuen Perspektive zu betrachten, den Diskurs weiter zu pluralisieren und in eine andere Richtung zu lenken.

Interdisziplinarität der neuen Medien

Im Bezug auf neue bzw. digitale Medien ist aus gegenwärtiger Sicht daher eine interdisziplinäre Herangehensweise zu bevorzugen. Eine Kategorisierung der Perspektiven muss den zuvor getätigten Bemühungen gerecht werden, dabei aber gleichzeitig den Fokus auf die Besonderheiten der neuen Medien legen:

- Theorien zur Kommunikations- und Mediengeschichte und zu Kommunikationsmodalitäten (durch Sprache und Schrift bzw. Zeichenprozesse in digitalen Medien, u.a. Online Firestorms/Shitstorms, Interaktivität, Transmedia Storytelling)
- Digitale Mediensemiotik (Codes und Bedeutung digitaler Zeichen und Zeichen im digitalen Raum, z.B. Abbilder, Avatare, Memes, Emoticons)
- Theorien zur Mediensoziologie und zu Medieneffekten (Rezeption digitaler Medien, u.a. auch psychoanalytische Herangehensweisen und Rezeptionswissenschaft, Participation und Netiquette)
- Theorie zur Ökonomie, Politik und Struktur digitaler Medien (Eigentümerschaft, Regulation, Organisation und Kontrolle (digitaler) Institutionen)

- Kulturkritik digitaler Medientechnologien (Massenmedien, New Media Studies, Theorien der digitalen Demenz)
- Interdisziplinäre New Media Studies und Techniktheorien (Hardware Studies, Software Studies, Mensch-Technik-Hybriditäten)

Wesentlich in dieser (natürlich wieder subjektiv gewählten) Kategorisierung ist die Pluralität der Anwendungsmöglichkeiten. Ein auf den ersten Blick semiotisches Phänomen wie Memes kann und soll durch unterschiedliche Ansätze (verschiedene Linsen und Perspektiven) reflektierbar gemacht werden.

Nehmen wir das Phänomen der Memes im Kontext semiotischer Medientheorien zur Verdeutlichung. Das im Netz weitverbreitete Bild des brasilianischen Models Nana G. sorgte insofern für Proteststürme, da sich die junge Dame im Oktober 2012 an der amerikanischen Ostküste vor Trümmern des Hurricane Sandy hat ablichten lassen. Die Wirkung der Fotografie ist auf die Dekodierung visueller Zeichen (hier: Teile des Bildes) und den damit verbundenen Bedeutungen zurückzuführen, basierend auf theoretischen Ansätzen von u.a. Ferdinand de Saussure, Charles Peirce und Umberto Eco. Semiotik beschäftigt sich mit Zeichen, die aus Inhalt und Bedeutungen bestehen, also ihrer Denotation (begriffliche Bedeutung eines Zeichens) und den damit verbundenen Konnotationen (assoziative, emotionale und stilistische Nebenbedeutungen). Als Beispiel: Die Denotation des Wortes „Urlaub" bedeutet begrifflich nichts anderes als „Zeitabschnitt, in dem nicht der Arbeit nachgegangen wird bzw. diese ausgesetzt wird". Konnotativ, also emotional und assoziativ, stellen wir zu „Urlaub" allerdings Verbindungen zu Freizeit und Erholung her, zu Orten wie Südseeinseln und Stränden, zu Sommer und Sonne, zum Gegenteil des Wortes „Arbeit", das ebenso mehrere Konnotationen beinhaltet: Anstrengung, Stress, Alltagstrott, Büroarbeit. Diese Nebenbedeutungen sind in unserer kollektiven Wahrnehmung weitaus präsenter für uns, als die tatsächliche begriffliche Ableitung, wodurch auch Kommunikation zunehmend assoziativer und emotional geleitet wird[9]. Genau hier setzt auch eine Erklärung medialer Phänomene wie etwa Memes an.

Wieder zurück zum Model Nana: Als Betrachter, mit all unserem kommunikativen, kulturellen und sozialen Vorwissen, vermuten wir assoziativ und emotional auf Basis der uns kommunizierten Zeichen in der glamourös inszenierten Pose des Models eine Provokation. Insbesondere weil diese im Kontext einer Begebenheit katastrophalen Ursprungs vollzogen wird: nach einem Hurricane, auf einem umgestürzten Baum, der auf einem Autowrack liegt. Verletzte sehen

9 Vgl. auch Flusser, Vilém: Kommunikologie. Hg. v. Stefan Bollmann/Edith Flusser. 4. Aufl., Frankfurt am Main: Fischer 2007.

wir auf diesem Bild nicht, aber aufgrund unseres Vorwissens schließen wir Leerstellen (z.B. aufgrund von Vorwissen aus medialen Berichterstattungen und den Begleitumständen ähnlicher Katastrophen). Aufgrund dieser semiotischen Kontextualisierung, die sogar universellen Anspruch einnimmt, ist es möglich, die Kombination aus „Model" und „katastrophaler Begebenheit" medial zu reproduzieren. Lediglich ein Zeichen, nämlich die „Katastrophe", wird dabei ausgetauscht und als Remix reproduziert. In den Memes ist es kein Wirbelsturm mehr, sondern die Bandbreite reicht von Kriegsbildern, über den Absturz der Hindenburg und den Untergang der Titanic bis zum tragischen Tod von Bambis Mutter (Abb. 1). Der Evolutionsbiologe Richard Dawkins erweitert diese semiotischen Kombinationen zu Ausprägungen kulturellen Wissens und definiert in diesem Zusammenhang das *Meme* als reproduzierbares kulturelles Gedankengut.[10]

Abbildung 1: Nana G. Memes-Collage, eigene Darstellung

Quelle: http://www.huffingtonpost.co.uk/2012/11/02/nana-gouvea-desastres-hurricane-sandy-funny-pictures_n_2064822.html vom 02.11.2012.

Gleichzeitig ist es auch möglich sich diesem Phänomen aus mediensoziologischer und rezeptionstheoretischer Sicht zu nähern: Genaue Beobachter werden erkannt haben, dass auf dem Ursprungsbild (in der Collage links oben) nicht nur jemand hinter der Kamera steht, der das Bild fotografiert, sondern auch jemand,

10 Vgl. Dawkins, Richard: The Selfish Gene, Oxford: Oxford University Press 1976. Siehe dazu auch den Beitrag „Memes" von Patrick Breitenbach in diesem Buch.

der das Unglück selbst fotografiert. Warum sehen wir in dem Ausgangsbild eine Provokation und warum werden die darauf basierenden Memes zu Parodien? Warum kreieren und verbreiten Menschen solche Memes überhaupt? Welche medialen Effekte (von Ein- und Ausschließungsmechanismen, Produktion von Wissen, Vorgabe von partizipatorischen Verfahren etc.) haben Reproduktion und Rezeption? Dies beinhaltet natürlich auch Fragestellungen, die kulturkritische Überlegungen hervorrufen: Beinhaltet die Beschäftigung mit solchen Phänomenen eine Form des *sense-making*? Ist das Netz lediglich eine Ansammlung lustiger Videos von grimmig blickenden Katzen und völlig taktlosen Models? Welche Rolle spielen dabei technische Entwicklungen? Wenn jeder Bilder dieser Art anfertigen kann, welche Kontrolle gibt es noch über die Qualität und Bedeutung medialer Produkte? Auf welche Weise zeigen sich Macht und Gouvernementalität in digitalen Medien? Wer profitiert von solchen Bildern und deren Kopien? Sind es Unternehmen wie Facebook, zu dessen Portfolio u.a. auch Plattformen wie Instagram oder Messenger-Dienste wie WhatsApp zählen? Auf diese Weise sind auch medienökonomische und medienkritische Überlegungen anzuschließen.

Der Schlüssel zum Verständnis digitaler Medientheorien liegt daher in der Adaption bereits vorhandener Denkansätze und der damit verbundenen Notwendigkeit, diese weiterzudenken, neue zu finden und dadurch den Diskurs zu erweitern. Viele Theoretiker, Künstler und kritische Denker ihrer Zeit tragen dazu etwas bei, von Walter Benjamin, Michel Foucault, Jean Baudrillard, Friedrich Kittler (der im Zuge der Verortung einer „new German media theory“[11] wiederentdeckt wird), Jorge Luis Borges, William S. Burroughs, Marshall McLuhan, Gilles Deleuze, Slavoj Žižek und Peter Weibel bis Sherry Turkle, die über Videospiele forscht, Philip E. Agre, der 1994, also lange vor NSA-Abhörskandalen und den Enthüllungen Edward Snowdens, über das Ende der Privatheit schreibt, oder Tim Berner et al., die bereits Anfang der Neunziger den Begriff des „World Wide Web“ untersuchen. Wesentlich sind auch die bereits erwähnten Überlegungen von Lev Manovich zu der Definition von *New Media*. All diese Grundlagentexte[12] beschäftigen sich nicht mit der Netzkultur, wie wir sie heute kennen. Aber die Möglichkeit, diese weiterzudenken, wird dadurch eröffnet und die in diesem Band vorgelegten Artikel versuchen, diesen Grenzgängern auf unterschiedliche Weise gerecht zu werden.

11 Vgl. Horn, Eva: „There are no media“, in: Eva Horn (Hg.), New German Media Theory. Grey Room 29. Special Issue, September 2007, S. 7-13.

12 Für diese und weitere Grundlagentexte siehe N. Wardrip-Fruin/N. Montfort (Hg.): The New Media Reader, London: MIT Press 2000.

PRAXISBEZÜGE

Wie oben beschrieben sind Theorie und Praxis nicht zu trennen, schon gar nicht, wenn es um die Theoretisierung der Theorie geht. Während in anderen Kapiteln dieses Buches mediale Phänomene der neuen Medien als kulturelle Artefakte beschrieben werden, die sich in praktischem Nutzungsverhalten bis hin zu Modellen ökonomischer Verwertbarkeit wiederfinden lassen, ist Theorie selbst eben kein Gegenstand, aus dem sich zwingend Praxis ableiten lassen muss. Denken ist bereits Praxis, es ist Hinführung zu selbstbestimmtem, reflektiertem und überlegtem Handeln. Trotzdem ist insbesondere die Nutzung digitaler Medien in vielen Tätigkeitsbereichen nicht mehr wegzudenken und daher wird es auch ein Thema der Theorie bzw. der damit verbundenen anwendungsorientierten Forschung. Digitale Medientheorien lassen sich daher in mehreren praktischen Bereichen finden:

Digitale Kompetenzen (Digital- oder E-Literacy)

Hierzu zählen die Fähigkeiten, kompetent und reflektiert mit digitalen Informationen und neuen Medien umzugehen, sich Zugang zum Netz zu verschaffen, sich dort eigenständig zu bewegen, eine partizipatorische Teilhabe wahrzunehmen und Informationen zu kreieren, zu verbreiten und zu evaluieren. Da insbesondere diese Fähigkeiten auf Medienkompetenzen beruhen, die es zu erlernen gilt, existieren bereits pädagogische Konzepte, von der Schaffung eigener Avatare in digitalen Räumen, dem Umgang mit digitaler Mobilität, sozialen Medien oder dem Selbstverständnis der sogenannten *digital natives* in Opposition zu älteren Bevölkerungsschichten (*digital immigrants*), die unterschiedliche Methoden des Umgangs mit neuen Medien haben müssen. Neue Medien werden in diesem Zusammenhang als sozialer Raum begriffen, der – ähnlich wie analoge Räume – Kompetenzen zum Umgang mit anderen Individuen, zur Konstruktion verschiedener medialer Realitäten, zur Nutzung unterschiedlicher Kommunikationsformen und zur aktiven Ermöglichung partizipatorischer Teilhabe erfordert. Dies ist die Basis jedes praktischen Tuns im Netz, nicht nur im unternehmerischen Kontext, in dem Personen mit digitalen Kompetenzen in allen Branchen wesentliche Rollen einnehmen, sondern auch in unserem eigenen Selbstverständnis von Medien und Kommunikation.

Soziale Netzwerke

Der Aufgabenbereich Social Media Management ist in den letzten Jahren inflationär gewachsen. Die immer größer werdende Bedeutung sozialer Medien im privaten Raum hat längst dazu geführt, dass auch Unternehmen auf diese Plattformen drängen, nicht zuletzt, um mit ihren Kunden zu kommunizieren. Tatsächlich werden soziale Medien jedoch im unternehmerischen Kontext weitaus weniger als Kommunikationsmedium genutzt, sondern vielmehr als zusätzliches PR- und Marketingwerkzeug. Soziale Plattformen sind jedoch weitaus mehr, sie suggerieren Kommunikation auf Augenhöhe, jedes Profil hat die gleichen Voraussetzungen und Möglichkeiten, die Barrieren zwischen massenmedialem Produzent und Konsument scheinen aufgelöst. *Scheinen*, denn natürlich bleiben Hürden. Kommunikative und ökonomische Möglichkeiten entscheiden schlussendlich auch, wie professionell und strategisch positioniert kommunikative Maßnahmen stattfinden. Auf Facebook vermischen sich etwa kommerzielle Einträge mit nicht-kommerziellen, bei Ersterem darf von einer ökonomischen Strategie ausgegangen werden. Der Umgang mit digitalen Identitäten (Avatare); die Ausführung digitaler Kommunikation (die sich alleinig durch ihre Konventionen von anderen Kommunikationsformen unterscheidet); die Erarbeitung einer Netiquette für den Umgang mit anderen virtuellen Identitäten; die Veränderung von Beziehungen, Konsumgütern und Medienrezeption durch soziale Medien; Bewertungsplattformen für unternehmerisches Handeln; Online Dating; der Umgang mit Familien und Freunden auf sozialen Plattformen; Aspekte von Privatheit und Datenschutz; aber auch wie sich Informationen in Netzwerken verbreiten und wer dafür verantwortlich ist oder wie Menschen mit Information Overload, ständiger Erreichbarkeit und dem Streben nach sozialem Status durch Konnektivität umgehen – all diese Phänomene haben direkte praktische Konsequenzen, sei es die Frage, wie viele und welche Daten Menschen bewusst freigeben wollen, können oder müssen; wie sie sich auf sozialen Netzwerken präsentieren und wahrgenommen werden möchten, wie sie Kommunikationsteilnehmer (auch Unternehmen) wahrnehmen bis hin zur Frage, wie sich der Begriff der Freundschaft durch die Überbordung an Statusmeldungen und Informationen verändert hat.

Human Resources 2.0

Neue Medien, insbesondere soziale Netzwerke, sind nicht nur Plattformen, um diverse Kommunikationskampagnen zu initiieren, sie sind auch Referenzrahmen zur Einschätzung von Persönlichkeiten und Individuen und nicht zuletzt auch für

Arbeitsplätze. Dass Unternehmen den Namen ihrer Bewerber auch im Netz suchen (und umgekehrt), ist längst zur gängigen, wenngleich nicht immer offen ausgesprochenen Praxis im Bewerbungsprozess geworden. Einerseits wirft dies Fragen auf, wie sich Karrieren mit dem Einfluss des Internets und den darin präsentierten (Ab-)Bildern (positiv bzw. negativ) und medialen Realitäten entwickeln bzw. diese beeinflusst werden können, durch welche Rückschlüsse Personen für bestimmte Tätigkeiten ausgewählt werden und wie sogenannte Background Checks gegenwärtig und zukünftig ablaufen könnten bzw. sollen. Andererseits ist Arbeit in digitalen Geschäftsmodellen auch von neuen Betätigungsfeldern geprägt, die weit über die Pflege eines Facebook-Profils hinausreichen, etwa Content- oder Community-Management, das inhaltliche, mediale und soziale Kompetenzen voraussetzt. Dies führt auch zu Überlegungen, ob es so etwas wie eine Unternehmenskultur für digitale Unternehmen gibt, während die von diesen Unternehmen initiierten Maßnahmen, wie unendlich viel Urlaub (Netflix), Freizeitaktivitäten am Arbeitsplatz (Google) oder der Eingriff in Familienplanung (Einfrieren von Eizellen u.a. bei Facebook und Apple) auch traditionelle Vorstellungen von Arbeit und Gesellschaft zur Diskussion stellen.

Soziale Netzwerke und Partizipationskultur

Diverse Bereiche der sozialen Plattformen, insbesondere jene der Partizipationskultur, haben direkten Einfluss auf praktische Anwendungsgebiete: Crowdfunding ermöglicht die Ansammlung von Kapital im digitalen Raum (beim gleichzeitigen Bestreben, digitale Währungen wie BitCoin zu etablieren), Crowdsourcing, Online-Aktivismus, Hacktivismus, Protestplattformen, Petitionen und Gruppenbildungen im Netz sind nur einige weitere Beispiele. Das Internet ist gekennzeichnet durch seine Eigenschaften als medialer Konvergenzraum und die kollektiven Wissenstechniken, die wiederum Ausdruck und Resultat einer Partizipations- und Wissenskultur sind. In kaum einem anderen Medium ist Selbstmanagement und Fremddisziplinierung so bestimmend wie im Internet, eine Entwicklung, die Hans Magnus Enzensberger in seinem „Baukasten zu einer Theorie der Medien“[13] schon andeutet bzw. Ramón Reichert mit „Amateure im Netz“ auf den Punkt bringt: „Die Vielfalt partieller und pluraler Selbstentwürfe im Netz entfaltet eine Wirkkraft, die nicht nur die Bedingungen der konstruktiven Bestimmung des Subjekts tangiert; sie erfordert auch die theoretische Selbst-

13 Vgl. Enzensberger, Hans Magnus: „Baukasten zu einer Theorie der Medien", in: Claus Pias/Josef Vogel et al. (Hg.), Kursbuch Medienkultur. Die maßgeblichen Theorien von Brecht bis Baudrillard. 4. Aufl., München: DVA 2002, S. 264-278.

reflexion eines entgrenzenden begrifflichen Denkens der neuen Medien."[14] Dadurch entstehen auch neue hierarchische Formen der Kontrolle, welche wiederum Auswirkungen auf Organisationsaspekte haben (sowohl Ressourcenplanung im unternehmerischen Kontext, als auch Formen der Organisation durch digitale Medien, z.B. Occupy und Anonymous).[15] Die Mobilität des Mediums Internet und der Einsatz von Communities verdeutlichen Funktionen als soziale Institution: Es bilden sich Teil-Öffentlichkeiten, dieses Mal in digitaler Form. Das Ein- und Ausschlussprinzip bzw. die Hervorbringung von Gemeinschaften wird nicht nur durch Gruppen auf Facebook deutlich, sondern ist generell ein dispositives Charakteristikum der Massenmedien. Die Beeinflussung und Veränderung von Raum- und Zeitstrukturen, die Hervorbringung von Machtverhältnissen und Formen gesellschaftlicher Partizipation und das bereits erwähnte Selbstmanagement, welches wiederum neue Formen der Inszenierung birgt, sind nur einige weitere Medieneffekte des Internets.

Mobilität

Neue Medien sind zumeist mobile Medien, seien es Laptop, Tablet, Mobiltelefon oder andere Formen von *wearable media*. Die Lebenswelt des Umgangs mit diesen Medienformen ist geprägt durch ständige Bewegung: umso kleiner, handlicher und unauffälliger die Technik wird (z.B. Uhren, Brillen), umso unbemerkter und effizienter drängen sie in unsere Lebenswelt. WLAN-Netze finden wir immer häufiger an immer mehr öffentlichen Orten, auf Flughäfen, Bahnhöfen, in Flugzeugen und Zügen, in Hotelzimmern und Restaurants, zumeist sogar ohne weitere Gebühren. Theoretische Annäherungen an sehr praktische Beispiele sind etwa die Frage nach mobiler Privatheit, also welche Daten können Menschen im Zeitalter von geosozialen Netzwerken wie *Google Maps* und Abhörskandalen noch als ihr persönliches Eigentum bezeichnen? Wo hört digitale Teilhabe auf und wo fängt Privatheit an? Was bedeutet mobile Kommunikation für den Umgang mit Menschen und welchen Einfluss haben mobile Marketingmaßnahmen und Kommunikationsdienste wie WhatsApp, Twitter und Co.? Auf welche Weise werden Apps oder QR Codes in das Leben integriert, wo erzeugen sie Frei-

---

14 Reichert, Ramón: Amateure im Netz. Selbstmanagement und Wissenstechnik im Web 2.0, Bielefeld: transcript 2008, S. 8.

15 Vgl. hierzu u.a. Pollock, Robin/Williams, Neil: Software and Organisations, London: Routledge 2009; Rossiter, Ned: Organized Networks, Amsterdam: INC/Nai Publishers; Baxmann, Inge/Beyes, Timon/Pias, Claus (Hg.): Soziale Medien – Neue Massen, Zürich: diaphanes 2014.

heit, an welcher Stelle Abhängigkeit? Wie muss eine App überhaupt geschaffen sein, damit sie mobil in den Tagesablauf integriert wird und dafür Kosten in Kauf genommen werden?

Viralität

Virales Marketing ist für viele Marketingabteilungen, die ihr Glück in den neuen Medien suchen, ein wahres Zauberwort. Viralität bedeutet eine initiierte Kampagne durch die Masse an Rezeptionsmöglichkeiten „zum Leben zu erwecken". Doch Viralität ist mehr als ein Gewinnspiel auf Facebook zu posten. Sie bedeutet Botschaften zu kommunizieren, die nach Ende des Kommunikationsprozesses weiter erzählt, abgeändert, mit neuem Sinn erweitert oder ergänzt werden. Doch welche Thematiken, welche Bilder, welche Signale und Zeichen wecken dieses Bedürfnis während der Rezeption von Medieninhalten? Hierzu gehören Elemente einer digitalen Aufmerksamkeitspolitik, Bestandteile crossmedialer und transmedialer Narrative, wie etwa virale Nachrichten, visuelle Teilhabe mit Memes, Mashups und Remixen auf Videocontent-Plattformen wie YouTube oder Vimeo, Fan-Dasein und das Bedürfnis parasoziale Beziehungen zu Celebrities und Konsumprodukten aufzubauen. Dies beinhaltet wiederum Aspekte von Voyeurismus und Privatheit. Viralität bedeutet im Umkehrschluss aber auch Entwicklungen der Sharing-Kultur voranzutreiben, also Filesharing-Plattformen und P2P-Netzwerke zu fördern, um überhaupt den Austausch von Informationen zu ermöglichen. Dies wiederum hat medienökonomische Fragestellungen zur Folge, warum etwa bestimmte Inhalte, z.B. YouTube-Videos wie Psys „Gangnam Style" zu großer Popularität aufsteigen und andere wiederum nicht.

Medientheorien können auf all die im Rahmen der Praxisbezüge aufgeworfenen Fragen keine eindeutigen Antworten liefern. Dies wollen sie auch nicht. Was sie aber leisten können, ist einen Denkprozess anzustoßen, der zu einfacheren praktischen Maßnahmen und einem reflektierten spezifischen Umgang mit neuen Medien führen kann.

ENTWICKLUNGEN UND AUSBLICK

Falls einmal der Zeitpunkt kommen sollte, an dem sich niemand mehr über Medien Gedanken machen möchte, sind sie entweder unnütz geworden oder bereits so sehr in unser Leben integriert, dass wir sie gar nicht mehr als Medien wahrnehmen und Reflexion über sie fast übermenschliche Anstrengungen erfordern würde. Diese Tendenz ist bereits allgegenwärtig, der letzte Beitrag dieses Bandes wird sich konkret mit hybriden Medienformen beschäftigen, also jenen Lebensbereichen, in denen Medien nicht mehr nur als externe Vermittler eingesetzt werden, sondern ein Bestandteil unseres Körpers werden, ein Teilelement, das uns erst dann vervollständigt und verbindet, wenn wir es tragen. Genau hier schließt sich auch wieder die Klammer zu McLuhan, der eben diese Erweiterungen des Körpers als wesentliches Merkmal massenmedialer Konfigurationen ansieht, lange vor *wearables* wie *Google Glass* oder *iOptik* bzw. der *Watch* von Apple oder *Virtual Reality*-Headsets wie *Oculus Rift* (Facebook) oder *Project Morpheus* (Sony). Im Zeitalter immer noch mangelhaft ausgeprägter Medienkompetenzen, sich ständig verändernder Technologien bei nur langsam einsetzenden Regulativen von politischer, gesellschaftlicher, wirtschaftlicher oder kultureller Seite und einer veränderten Wahrnehmung von Identitäten, Wissen und Macht, sind Medientheorien ein wesentliches Element, um Selbstreflexivität und Selbstbestimmtheit zu ermöglichen.

Wesentlich ist jedoch auch eines, und dies wurde an der Vielzahl von Theoretikern, Künstlern und Aktivisten deutlich: Dieser Diskurs findet schon lange nicht mehr nur im akademischen Elfenbeinturm statt. Auf öffentlichen Veranstaltungen wie der *re:publica* in Berlin, *TED*-Konferenzen und diversen weltweiten *Social Media Nights*, auf denen sich in erster Linie Netz-Praktiker, Aktivisten, Journalisten, aber auch Netzpioniere wie Sascha Lobo Gedanken über das Selbstverständnis der neuen Medien in den unterschiedlichsten Ausformungen machen. Auf den ersten Blick verbindet Lobo mit Foucault nur wenig, am wenigsten die Haarpracht. Aber beide vereint ihre Inszenierung: Sie wollen sich stets abgrenzen und Leerstellen zur Wissensgenerierung aufzeigen, um zum Diskurs anzuregen und diesen zu erweitern. Dass sie dadurch auch zu Grenzgängern werden, ist wohl notwendiges Übel, wenn man den gesunden Menschenverstand anzweifelt.

WEITERFÜHRENDE LITERATUR

Baxmann, Inge/Beyes, Timon/Pias, Claus (Hg.): Soziale Medien – Neue Massen, Zürich: diaphanes 2014.

Bolter, Jay David/Grusin, Richard: Remediation. Understanding New Media, London: MIT Press 2000.

Dawkins, Richard: The Selfish Gene, Oxford: Oxford University Press 1976.

Faulstich, Werner: Medientheorien, Göttingen: Vanderhoeck & Ruprecht 1991.

Flusser, Vilém: Kommunikologie. Hg. v. Stefan Bollmann und Edith Flusser. 4. Aufl., Frankfurt am Main: Fischer 2007.

Helmes, Günter/Köster, Werner (Hg.): Texte zur Medientheorie, Stuttgart: Reclam 2002 (UB 18239).

Horn, Eva (Hg.): New German Media Theory. Grey Room 29. Special Issue, September 2007.

Klook, Daniela/Spahr, Angela: Medientheorien. Eine Einführung. 4. Aufl., Paderborn: Fink 2012.

Leschke, Rainer: Einführung in die Medientheorie, München: Fink 2003.

McQuail, Denis: McQuail's Mass Communication Theory. 4. Aufl., London: Thousand Oaks, New Delhi: SAGE Publications 2000.

Mersch, Dieter: Medientheorien zur Einführung, Hamburg: Junius 2006.

Pias, Claus/Vogel, Josef et al. (Hg.): Kursbuch Medienkultur. Die maßgeblichen Theorien von Brecht bis Baudrillard. 4. Aufl., München: DVA 2002.

Pollock, Robin/Williams, Neil: Software and Organisations, London: Routledge 2009.

Reichert, Ramón: Amateure im Netz. Selbstmanagement und Wissenstechnik im Web 2.0, Bielefeld: transcript 2008.

Rossiter, Ned: Organized Networks, Amsterdam: INC/Nai Publishers.

Rötzer, Florian (Hg.): Digitaler Schein. Ästhetik der elektronischen Medien, Frankfurt am Main: Suhrkamp 1991 (= edition suhrkamp 1599).

Schanze, Helmut: Metzler-Lexion Medientheorie-Medienwissenschaft: Ansätze, Personen, Grundbegriffe, Stuttgart: Metzler 2002.

Wardrip-Fruin, Noah/Montfort, Nick (Hg.): The New Media Reader, London: MIT Press 2003.

Weber, Stefan: Theorien der Medien. 2 Aufl., Konstanz: UVK 2010.

Yeh, Sonja: Anything goes? Postmoderne Medientheorien im Vergleich. Die großen (Medien-)Erzählungen von McLuhan, Baudrillard, Virilio, Kittler und Flusser, Bielefeld: transcript 2013.

Memes

Das Web als kultureller Nährboden

PATRICK BREITENBACH

> „Emotions are contagious. We've all known it experientially. You know after you have a really fun coffee with a friend, you feel good. When you have a rude clerk in a store, you walk away feeling bad."[1]
>
> DANIEL GOLEMAN

EINFÜHRUNG

Wir schreiben das Jahr 2011. Es ist das Jahr der Occupy Bewegung. Proteste flammen weltweit auf. Es ist auch das Jahr, in dem John Pike, ein Campus-Polizist der UC Davis Universität in Kalifornien zu einer unfreiwilligen Berühmtheit wurde. Der Polizeibeamte zückte während einer studentischen Protestaktion einen Pfefferspray und schritt damit sprühend und dabei genüsslich wirkend durch eine Reihe von friedlich sitzenden Aktivisten. Einer der teilnehmenden Demonstranten filmte dieses Ereignis und stellte es ins Netz. Daraufhin verbreitete sich das Video in der ganzen Welt.[2] Damit wurde der „Pepper Spray Cop" geboren und John Pike wurde fortan als Ikone des Bösen in mannigfaltigen Darstellungsformen in den sozialen Netzwerken verbreitet. Ein eigens dazu angelegter Tumblr Blog[3] sammelte und publizierte die angefertigten Motive des

1 http://usatoday30.usatoday.com/news/health/2006-09-24-social-intelligence_x.htm vom 24.09.2006.

2 Vgl. https://www.youtube.com/watch?v=6AdDLhPwpp4 vom 18.11.2011.

3 Vgl. http://pepperprayingcop.tumblr.com/

mit Reizgas um sich sprühenden Polizisten. Der Kreativität war dabei keinerlei Grenzen gesetzt. John Pike sprühte sich gnadenlos durch allerlei Werke der Hoch- und Pop-Kultur, von Hieronymus Boschs „Garten der Lüste“[4] bis hin zu Szenen von beliebten Film- und Zeichentrickfiguren.[5] Am Ende wurden sogar Kekse mit der gesamten Szenerie gebacken und im Internet stolz präsentiert.[6]

Wir gehen zwei Jahre weiter. Wir schreiben das Jahr 2013. So wie in jedem Frühjahr findet in Austin, Texas die „SXSW“ statt, eine der größten New Media-Konferenzen der Welt. Hochkarätige Referenten wie Al Gore, der TESLA-Gründer Elon Musk oder Regisseur Danny Boyle sind dort zugegen und halten Vorträge oder bieten Workshops an. Ein internationales Who-Is-Who der neuen Medien- und Musikszene trifft sich dort alljährig. Doch im Jahr 2013 stahl ein besonderer Gast allen anderen die Show. Man sah Menschenmassen einen kleinen Stand umzingeln, nur um ein begehrtes Foto mit dem Superstar zu ergattern. In diesem Jahr handelte es sich um eine einjährige Katze namens „Grumpy Cat“[7]. Der ungewöhnliche Kult um eine grimmig dreinschauende Katze startete am 22. September 2012 auf der Internetplattform Reddit.com mit einem einfachen Foto.[8] Drei Tage später folgte ein Video auf YouTube, das bis heute über 16 Millionen Mal abgerufen wurde. Mittlerweile hat „Grumpy Cat“ eine eigene Facebook Seite mit über 5,8 Millionen Fans, ist Gewinner des Webby Awards 2013 (die Oscars der neuen Medien) in der Kategorie „Meme of the year“[9] und wurde sogar als Plakatmotiv einer Partei für die Bundestagswahl 2013 in Deutschland verwendet.[10] 2013 wurde „Grumpy Cat“ offiziell als Marke eingetragen und die Katze hat neben einem Besitzer nun auch einen echten Manager.[11]

---

4 Vgl. http://pepperprayingcop.tumblr.com/image/13488379748

5 Vgl. Golden, Geoffrey: Paper spraying cop ruins your childhood. Online: http://www.craveonline.com/lifestyle/articles/178545-pepper-spraying-cop-ruins-your-childhood vom 12.02.2015.

6 Vgl. http://pepperprayingcop.tumblr.com/image/14829257177

7 Vgl. Griggs, Brandon: The unlikely star of SXSW: Grumpy Cat. Online: http://edition.cnn.com/2013/03/10/tech/web/grumpy-cat-sxsw/ vom 11.03.2013.

8 Vgl. http://i.imgur.com/Cxagv.jpg

9 Vgl. http://www.grumpycats.com/grumpy-cat-wins-meme-of-the-year-at-the-17th-annual-webby-awards/ vom 21.05.2013.

10 Vgl. http://piratenpartei-pankow.de/grumpy-cat-plakate/

11 Vgl. Styles, Ruth: Does your pooch have what it takes to hit the big time? Online: http://www.dailymail.co.uk/femail/article-2735759/Does-pooch-takes-hit-big-time-The-man-brought-world-Grumpy-Cat-reveals-takes-make-Hollywood-pet.html vom 27.08.2014.

Die ökonomischen Erwartungen an die Marke sind ambitioniert. Ein Eiskaffee mit Namen „Grumpuccino“ ist neben einer Vielzahl von existierenden Fanartikeln, wie T-Shirts oder Plüschtiere, demnächst im Handel erhältlich.[12] Der erste Spielfilm mit „Grumpy Cat“ wird zu Weihnachten 2014 in den Kinos gezeigt.[13]

Ein Jahr später. Wir schreiben das Jahr 2014. Ein seltsames Virus scheint Teile der Menschheit erfasst zu haben. In den sozialen Netzwerken kursieren Videos von Menschen, die sich ziemlich eigentümlich verhalten. Zumeist erwachsene Männer und Frauen, auffällig viele Prominente wie Mark Zuckerberg, Bill Gates oder George W. Bush Jr. sprechen etwas in die Kamera und schütten sich unvermittelt einen Eimer mit Eiswasser über den Kopf. Im Anschluss infizieren sie mindestens drei weitere Menschen in ihrem Bekanntenkreis durch Nominierung. Der positive Nebeneffekt dieser Epidemie: ein Spendenaufkommen von nahezu 100 Millionen Dollar an die ALS Association, einer Organisation, die sich für die Interessen von ALS, einer schwerwiegenden Muskelerkrankung, einsetzt. Übrigens ist dieses geistige Social Media-Virus nicht ganz ungefährlich. Mindestens zwei Menschen mussten dabei ihr Leben lassen. So verstarb etwa ein deutscher Familienvater bei dem Versuch sich mit 2000 Liter Eiswasser aus einer Baggerschaufel übergießen zu lassen.[14]

Was haben diese drei Erzählungen gemeinsam? Sie alle sind griffige Beispiele für sogenannte Internet-Memes. Jedes Beispiel für sich zeigt unterschiedliche Anwendungs- und Auswirkungsbereiche auf. Sie werfen dabei jeweils eine etwas andere interessante Fragestellung auf: Was sind diese Internet-Memes eigentlich? Haben diese Memes eine ökonomische Relevanz? Kann man solche Memes bewusst erfinden, um bestimmte Ziele zu erreichen und Interessen zu verfolgen? Sind Memes ein politisches Instrument und damit Teil eines Diskurses? Die „Ice-Bucket-Challenge“ war etwa mehr als eine Fundraising-Aktion, sie sollte als Teil eines Diskurses zugleich auf die Problematik ALS, also auf die Krankheit selbst, aufmerksam machen. Das Internet-Meme „Grumpy Cat“ scheint sich als Marke zu etablieren, mit realen Produkten und Produktionen. Das Meme rund um den „Pepper Spray Cop“ John Pike ist Beispiel für eine öffentliche, politische Protestaktion gegen die als überzogen empfundene Gewalt eines Staatsdieners, der das Recht auf Demonstration unmittelbar angegriffen

---

12 Vgl. http://www.drinkgrumpycat.com/

13 Vgl. http://www.imdb.com/title/tt3801438/

14 Vgl. „Cold Water Challenge“ fordert Todesopfer. 34-jähriger Familienvater stirbt bei Internet-Mutprobe. Online: http://www.focus.de/panorama/welt/cold-water-challenge-fordert-todesopfer-34-jaehriger-familienvater-stirbt-bei-internetmutprobe_id_4026249.html vom 30.07.2014.

hat. Auf der anderen Seite veranschaulicht dieser Fall auch wie solche Internet-Memes sehr schnell außer Kontrolle geraten können und einzelne Menschen an den virtuellen Pranger stellen. Auf eine unverhältnismäßige Gewaltanwendung erhielt der Polizist (als uniformierter Amtsträger und Vertreter des Staates) eine unverhältnismäßige Antwort, die ihn auch außerhalb seiner Amtspflichten als Privatperson beschädigte. John Pike wurde durch diese Memes eine öffentlich zur Schau gestellte Ikone des Bösen und ist damit für lange Zeit als Unperson abgestempelt. Das Netz vergisst (noch) nichts und der Mensch verzeiht derzeit noch viel weniger.

Das Phänomen der Internet-Memes ist daher faszinierend und anscheinend auch gesellschaftlich und ökonomisch relevant. Zugleich ist dieses Thema noch ziemlich undurchsichtig und relativ unerforscht. Memes und die dazugehörigen Theorien sind noch eine riesige Blackbox, angesiedelt im Zwischenraum von kommunikativer Emergenz (Zufall) und analytischer Strategie (Planbarkeit). Man kann solche Phänomene zwar immer planen, aber niemals ihren Erfolg in der Umsetzung garantieren. Es spielen bei der erfolgreichen Verbreitung von Memes viele Faktoren eine Rolle: Timing, Ästhetik, Kontext, Dramaturgie und eben auch der glückliche Zufall. Im folgenden Kapitel möchte ich versuchen das Phänomen der Internet-Memes zu definieren und zu beschreiben. Ich veranschauliche zudem bestimmte Erfolgsfaktoren zur erfolgreichen Verbreitung und blicke am Ende des Artikels ein wenig in die Zukunft.

THEORIEN UND METHODEN

Die Definition eines Memes, geschweige denn die Entwicklung einer passenden griffigen Theorie, scheint bis heute noch nicht vollständig abgeschlossen zu sein. Eines ist jedoch ziemlich eindeutig: Der Begriff Meme führt auf eine Wortschöpfung des Evolutionsbiologen Richard Dawkins zurück. In seinem 1976 erschienenen Buch „Das egoistische Gen" beschäftigt er sich intensiv mit dem Thema der genetischen Vererbung. Seine Kernthese lautet dabei: Gene sind Replikatoren. Sie kopieren sich selbst. Der Mensch dient ihnen lediglich als Kopiermaschine, als ein Vehikel zu ihrer eigenen Verbreitung. Dawkins nimmt damit eine außergewöhnliche und zugleich extrem materialistische Perspektive ein. Er schert aus der klassischen anthropozentrischen Perspektive aus. Nicht der Mensch ist nun mehr Mittelpunkt und Herr des Geschehens, es ist das Erbmaterial in uns, das den Ton angibt und uns lediglich als „Überlebensmaschinen“[15] gebraucht.

Im elften Kapitel des Buches widmet sich Dawkins einem Phänomen, das er nicht unmittelbar mit den Theorien der genetischen Vererbung erklären kann. Es handelt sich um die menschliche Kultur und deren Überlieferung und Entwicklungsprozess über Generationen hinweg. Auch darin meint Dawkins einen evolutionären Vererbungsprozess zu erkennen, nur eben ohne unmittelbar erkennbares Zutun eines biologisch-materiellen Replikators:

> „Die Sprache ist nur ein Beispiel unter vielen. Kleidermode und Ernährungsgewohnheiten, Zeremonien und Brauchtum, Kunst und Architektur, Ingenieurwesen und Technologie – sie alle entwickeln sich im Verlauf der geschichtlichen Zeit auf eine Art und Weise, die wie gewaltig beschleunigte genetische Evolution aussieht, in Wirklichkeit jedoch nichts mit genetischer Evolution zu tun hat.“[16]

Als findiger Wissenschaftler versucht Dawkins nun etwas zu beschreiben, was bisher noch nicht wirklich in Worte gefasst wurde. Er versucht die Begriffe und Theorien der biologischen Vererbung auf das Phänomen der kulturellen Vererbung anzuwenden. So entsteht der erste Aufschlag einer Definition von „Memes“:

> „Das neue Meer ist die „Suppe“ der menschlichen Kultur. Wir brauchen einen Namen für den neuen Replikator, ein Substantiv, das die Assoziation einer Einheit der kulturellen Vererbung vermittelt, oder eine Einheit der Imitation. Von einer entsprechenden griechischen Wurzel ließe sich das Wort „Mimem“ ableiten, aber ich suche ein einsilbiges Wort, das ein wenig wie „Gen“ klingt. Ich hoffe, meine klassisch gebildeten Freunde werden mir verzeihen, wenn ich Mimem zu Meme verkürze.“

Und weiter:

> „Beispiele für Memes sind Melodien, Gedanken, Schlagworte, Kleidermoden, die Art, Töpfe zu machen oder Bögen zu bauen. So wie Gene sich im Gen-Pool vermehren, indem sie sich mit Hilfe von Spermien oder Eizellen von Körper zu Körper fortbewegen, verbreiten sich Memes im Mempool, indem sie von Gehirn zu Gehirn überspringen, vermittelt durch ein Prozess, den man im weitesten Sinne als Imitation bezeichnen kann. [...] Wenn

---

15 Vgl. Dawkins, Richard: Das egoistische Gen, Heidelberg: Spektrum Akademischer Verlag 2008.

16 Ebd., S.318.

jemand ein fruchtbares Meme in meinen Geist einpflanzt, so setzte er mir im wahrsten Sinne des Wortes ein Parasiten ins Gehirn und macht es auf genau die gleiche Weise zu einem Vehikel für die Verbreitung des Memes, wie ein Virus dies mit dem genetischen Mechanismus einer Wirtszelle tut.“[17]

Richard Dawkins betrachtet das Thema aus einer rein materialistischen und biologischen Perspektive. Er meint dabei zu erkennen, dass die Verbreitung von Ideen, einem ähnlichen Mechanismus unterliegt, wie dies bei der Verbreitung von genetischem Material der Fall ist. Der Vorgang der Imitation (Mimese) stellt für ihn die gängige Übertragungsform von Memes dar.

Eine weitere Definition findet sich mittlerweile auch im Oxford Dictionary, dort heißt es: „Memes (mi:m), n. Biol. (shortened from miMemes ... that which is imitated, after GENE n.) An element of a culture that may be considered to be passed on by non-genetic means, esp. Imitation“. Frei übersetzt bedeutet dies: Ein Meme ist ein kulturelles Element – eine kulturelle Information – von der man annimmt, das sie sich – ähnlich wie in der Genetik – durch Weitergabe von Mensch zu Mensch repliziert, insbesondere durch den Vorgang der Imitation. Aus diesen beiden Definitionen lassen sich bereits wichtige Differenzierungen ableiten. Es gibt also eine Art Objekt (kulturelle Information), genannt „Meme“, dass sich durch eine bestimmte Übertragungsform (in erster Linie Imitation) verbreitet.

Doch was genau ist jetzt ein „Internet-Meme“ und was unterscheidet es zum Meme-Begriff, den Dawkins 1976 formuliert hat? Limor Shifman bietet uns in ihrem Buch „Memes in digital culture“ dazu eine hilfreiche Definition. Ein Internet-Meme ist für sie „(a) a group of digital items sharing common characteristics of content, form, and/or stance, which (b) were created with awareness of each other, and (c) were circulated, imitated, and/or transformed via the internet by many users.“[18] Shifman beschreibt das Internet-Meme also als eine spezielle Sonderform des Memes (nach der Definition von Dawkins). Sie versucht dabei deutlich zu differenzieren und einzugrenzen. Für sie ist ein Internet-Meme eine Kombination oder Gruppierung aus digitalen(!) Elementen, die gemeinsame Charakteristiken aufweisen, nämlich in Form, Inhalt und/oder Haltung. Diese Gruppe der digitalen Elemente wird im gegenseitigen Gewahrsein voneinander erstellt und im Internet durch Zutun zahlreicher Nutzer zirkuliert, imitiert oder transformiert. Dies lässt sich besser anhand eines konkreten Beispiels („Pepper Spray Cop“) und eines Schaubilds (Abb. 1) erklären:

17 R. Dawkins: Das egoistische Gen, S.321f.

18 Shifman, Limor: Memes in Digital Culture, Cambridge: MIT Press 2013, S.41.

Abbildung 1: „Pepper Spray Cop"-Schaubild

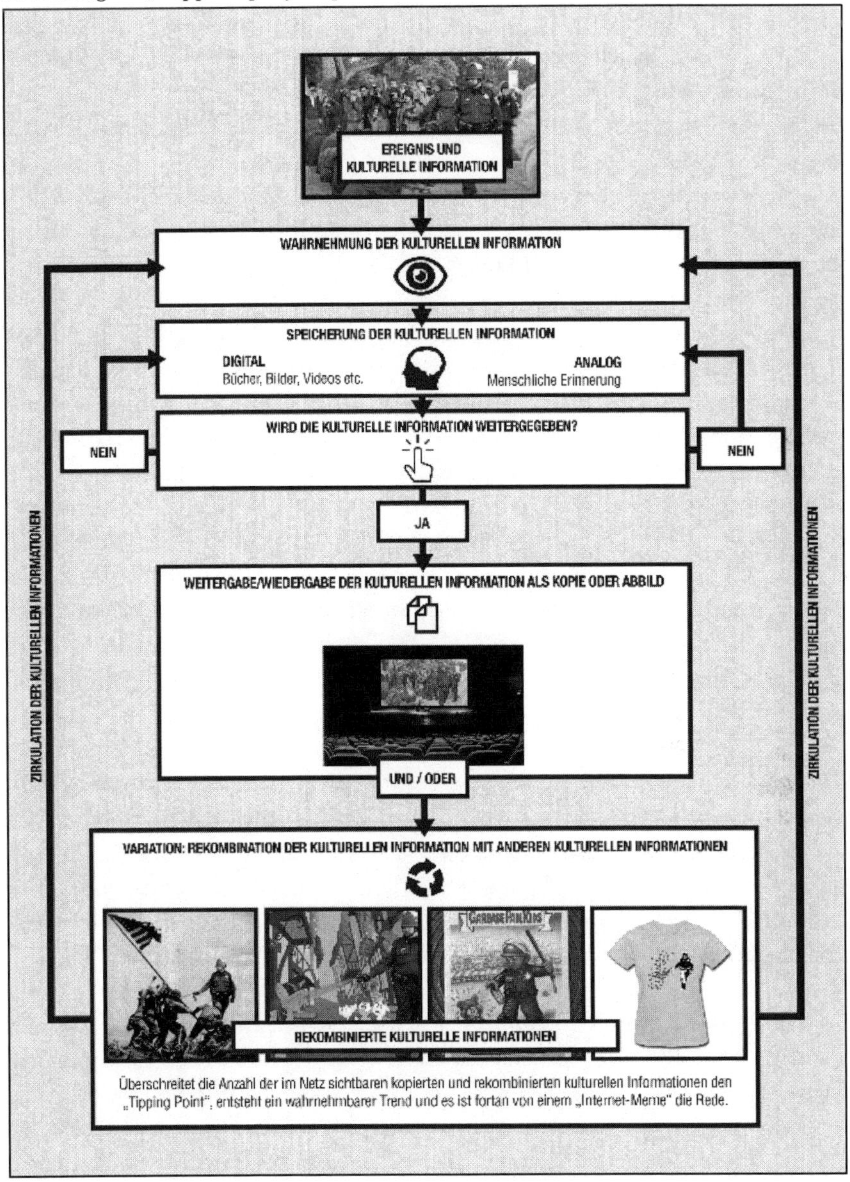

Quelle: Eigene Darstellung

Zu Beginn steht ein Ereignis, ein Happening, eine Situation, aber – da der Prozess stets zirkulär zu verstehen ist – eben auch bereits schon ein Abbild eines Ereignisses, eine Berichterstattung darüber, sprich, im Sinne der Definition eines Memes: eine kulturelle Information. Diese muss dem Betrachter zunächst also kognitiv zugänglich sein. Er muss die Information wahrnehmen können. An der Stelle ist es auch wichtig, dass sich Shifman ausschließlich auf den digitalen Raum, das Internet, bezieht. Analoge Mundpropaganda wird beispielsweise außen vor gelassen. Unmittelbar nach der Wahrnehmung erfolgt die Speicherung derselben in Form der Verinnerlichung zur späteren Erinnerung der kulturellen Information. Dies kann sowohl analog (Speichermedium Gehirn), als auch digital (Speichermedien Bücher, Bilder, Videos etc.) erfolgen. Nun findet im nächsten Schritt eine Selektion statt. Der Empfänger entscheidet sich, bewusst oder unbewusst, diese Information weiterzugeben oder eben auch nicht. Wird die Information zurückgehalten, so verbleibt sie dennoch im jeweiligen Speicher. Sie kann von dort jederzeit wieder abgerufen und schließlich doch noch zur Weitergabe selektiert werden – also als eine Art schlummernde Information, die nicht vollständig gelöscht wurde, solange der jeweilige Speicher existiert. Entscheidet sich der Empfänger für eine Weitergabe der kulturellen Information, wird diese Information entweder 1:1 weitergereicht (z.B. unkommentierter Share oder Retweet) oder mit einem neuen Kontext versehen (z.B. Share mit persönlichem Kommentar). Neben der Möglichkeit die Information als reine Kopie weiterzugeben, greifen nun manche Empfänger der Information an dieser Stelle aktiv ein.[19] Auf diese Weise erfolgt der sogenannte Remix, also die Rekombination der empfangenen Information A mit einer im Speicher schlummernden Information B. So entstehen zahlreiche Variationen der ursprünglichen kulturellen Information und oftmals verbirgt sich in der jeweiligen Rekombination eine Referenz aus der Popkultur, denn natürlich sind jene Internet-Memes erfolgreicher, die möglichst breit kulturell verankert sind. So wird der „Pepper Spray Cop" mit *Mickey Mouse*, *Star Wars* oder anderen kulturellen Informationen gemischt und neu arrangiert. Die neuen Remixe stehen zugleich wieder durch ihre Verbreitung als neue Imitationsvorlage zur Verfügung. Der Kreislauf von Wahrnehmung und Verbreitung der kulturellen Informationen beginnt erneut von vorne.

Von einem Internet-Meme spricht man eigentlich erst dann, wenn sowohl der Variationsgrad als auch die Anzahl der Verbreitung dermaßen zunimmt und einen bestimmten „Tipping Point", also eine bestimmte kritische Masse, überschritten hat, dass die Quantität der Verbreitung für die beobachtenden Internetnutzer als Trend wahrgenommen werden. Ein Internet-Meme ist also erst dann

19 Vgl. das Kapitel „Partizipative Kultur: Implikationen für Gesellschaft, Politik und Medien" in diesem Buch.

der Fall, wenn es als solches auch von einer Anzahl von Internetnutzern erkannt und benannt wurde.

Die Trennung von Meme und Internet-Meme ist vermutlich notwendig, denn sie würde sonst die komplexe Thematik der Memes im Sinne von Dawkins und anderen Memetik-Forschern extrem einengen. Ein Meme ist eben weitaus mehr als witzige Bilder und Videos mit popkulturellem Bezug. Starke Memes können Verhaltensweisen des Menschen beeinflussen. Zu meinen Lieblingsbeispielen gehören die Mythen. Ein Beispiel daraus, das bereits vor dem Internet-Zeitalter als Meme funktioniert hat und dabei das Verhalten vieler Menschen extrem beeinflusst hat: Spinat. Lange Zeit kursierte das Meme Spinat sei besonders gesund, weil das Gemüse sehr viel Eisen enthält. Diese Legende basiert vermutlich (Achtung: auch nur womöglich eine Legende, aber eine nette Geschichte) auf einem Kommafehler eines Lebensmittelchemikers.[20] Diese Erzählung über den erhöhten Eisengehalt inspirierte vermutlich nicht nur den Erfinder von Popeye (memetische Kombination), sondern führte vermutlich auch dazu, dass viele Kinder Spinat essen mussten, weil ihre Eltern dies für besonders gesund hielten (Spinat ist gesund, aber eben nicht ausschließlich oder primär aufgrund des Eisengehaltes).

Warum sind oder werden manche Memes und in erster Linie Internet-Memes so populär? Eine Geschichte führt dazu, dass man sie nicht nur glaubt, verinnerlicht und weiterträgt, sie beeinflusst auch das eigene Handeln. Man kann ein Meme auch als eine Art Container betrachten, eine Art Zip-Datei, die von außen kompakt verarbeitet wird und einmal entpackt oder entschlüsselt eine Fülle von neuen kulturellen Informationen liefert, inklusive möglicher Programme, die ein Verhalten des Computers auslösen (der Mensch, der als Maschine funktioniert, ist auch ein ganz spannendes Meme, das bis heute in sämtlichen Bereichen unserer Gesellschaft seine Wirkung entfaltet). Memes sind sozusagen der gelungene Versuch einer maximalen Reduktion von Informationskomplexität.

Nehmen wir beispielsweise ein memetisch erfolgreiches Hashtag wie #aufschrei. Dieses Wort ist mittlerweile zum Sinnbild und Container von einer Vielzahl von variierenden Unterthemen geworden.[21] Nicht nur explizite Berichte sexueller Belästigung von Frauen finden sich in diesem Container, sondern gene-

20 Vgl. Drösser, Christoph: Falsches Komma. Spinat ist gesund, weil er besonders viel Eisen enthält. Stimmt's? Online: http://www.zeit.de/stimmts/1997/1997_41_stimmts vom 08.10.1997.

21 Vgl. auch den Beitrag „Linked" in diesem Buch.

rell Themen der gesamten Feminismus-Bewegung.[22] Der Container wird natürlich auch zu anderen Zwecken ge- und missbraucht. Er wird rekombiniert, verfremdet und dekontextualisiert.

Die zwei wohl wichtigsten Eigenschaften eines erfolgreichen Hashtags oder Memes lauten Kenntnis und Vertrauen. Sie müssen erkennbar und verständlich sein und sie müssen genug Vertrauen erwecken, um sie selbst aufzugreifen. Je mehr Menschen in der eigenen Community, im eigenen Netzwerk, in der eigenen Peer einen Begriff verwenden, desto höher steigt die Wahrscheinlichkeit seiner Verbreitung. Der „Social Proof" schafft Vertrauen und zwingt einen förmlich, so manches populäre Meme selbst aufzugreifen und sei es nur, um sich darüber aufzuregen, dass es gerade so erfolgreich ist.

Dem Hashtag #aufschrei ist eine Reduzierung von Komplexität gelungen. Er wurde zum vertrauten Trigger für ein breites und doch einigermaßen klar umrissenes Themenfeld. Dieser Hashtag bietet den maximal verkürzten Köder für einen komplexen Sachverhalt im Schlepptau. Wer ihn sieht, ahnt sofort was sich dahinter befindet. Genau dies ermöglicht Vertrauen im komplexen Netz an Informationen. Memes ordnen und vereinfachen also ein Stück weit unsere komplexe Welt. Und je kürzer, prägnanter und eindeutiger so ein Meme ist, desto größer ist die Aussicht auf erfolgreiche Verbreitung und Wirksamkeit.

PRAXISBEZÜGE

Welchen Wert und Sinn haben Memes und Internet-Memes für die Praxis? Besonders letztere sind aus kommunikationstheoretischer Sicht spannend in der Anwendung. Mit Blick auf die Marketing-Praxis sollten sämtliche Markenlogos und Werbebotschaften wie erfolgreiche Memes gestrickt sein (und sind das zum Teil ja auch schon). Logos oder Slogans symbolisieren im Bestfall kurz und prägnant den gesamten Themenkomplex des jeweiligen Unternehmens.

Betrachtet man beispielsweise das Amazon-Logo genauer, erkennt man, wie sich ein Pfeil von A nach Z zieht. Damit wird beispielsweise die Information kommuniziert, Amazon verfüge über ein gigantisches Warenangebot. Das Logo erzählt somit eine kleine Geschichte und verpackt ein komplexes Unternehmen in ein sehr einfaches Bild. Oder nehmen wir die „Ice-Bucket-Challenge", die in einfacher Art und Weise das komplexe Thema ALS verpackt und im Container „Promis und Freunde schütten sich Eiswasser über den Kopf" erfolgreich ver-

22 Vgl. Groll, Tina: Der #Aufschrei wird zum Manifest. Online: http://www.zeit.de/karriere/2014-09/aufschrei-buch-rezension vom 29.09.2014.

breitet. In diesem Fall könnte man fast schon von einem kommunikativen Trojaner sprechen. Denn die Kombination aus Eiswasser, freundschaftliche Bindungen und Prominenz hat mit dem Thema ALS auf den ersten Blick rein gar nichts zu tun. Hier entscheiden andere Faktoren über die erfolgreiche Verbreitung eines Containers, der aber eben das komplexe Thema ALS in sich trägt. Das attraktive Pferd wird weitergereicht und damit die im Inneren schlummernden Informationstrojaner ebenfalls.

Kann man solche Trends überhaupt selbst steuern und ganz bewusst zum Erfolg führen? Eines scheint ziemlich sicher, eine exakte Erfolgsformel gibt es dafür noch nicht. Memes sind von zu vielen komplexen Faktoren abhängig. Man kann das ganz gut mit dem Pokerspiel vergleichen. Das Spiel hat eine strategische, eine psychologische und eine emergente, also zufällige Komponente. Je länger man Poker spielt, je mehr Hände und Spielvarianten man durchlaufen hat, desto besser wird man in der Regel als Spieler. Es gibt einige strategische Grundregeln und bestimmte Tricks und Kniffe, die zwar nicht immer zu einem garantierten Erfolg führen, aber die Wahrscheinlichkeit auf Erfolg spürbar erhöhen können. Mit jeder Erfahrung wird man als Spieler besser, aber wirklich ganz im Griff hat man das Spiel nie. Natürlich können auch blutige Anfänger echte Glücksmomente haben und entsprechend abräumen, aber statistisch gesehen wird dieses Glück nicht auf Dauer sein, sofern man die Grundregeln des Spiels nicht wirklich beherrscht. So verhält es sich auch mit der erfolgreichen Verbreitung von Memes, also der sogenannten Viralität. Limor Shifman vertritt die These, dass Viralität allein zwar kein Internet-Meme ausmacht, aber natürlich eine wichtige Voraussetzung zur Entstehung des Phänomens ist.[23]

Der Marketingexperte Jonah Berger hat in seinem Buch „Contagious“[24] einige Ansteckungsfaktoren in Form eines einfachen Modells herausgearbeitet und mit zahlreichen Beispielen unterlegt. Berger konzentriert sich vornehmlich auf die Ansteckung, also die Viralität von Ideen, und lässt dabei den Meme-Begriff außen vor. Das von Berger entwickelte Modell nennt sich „STEPPS“, ein Akronym, das stellvertretend für die einzelnen Begriffe „Social Currency“ (Soziale Währung), „Trigger“ (Anknüpfungspunkte oder Auslösermomente), „Emotions“ (Gefühle), „Publicity“ (Öffentliche Visibilität), „Practical Value“ (praktischen Nutzen) und „Storytelling“ (Geschichten) steht.

Starten wir mit dem Begriff der „Social Currency“, also der „sozialen Währung“. Damit meint Berger die Annahme, dass wir kulturelle Informationen vor

23 Vgl. L. Shifman: Memes in Digital Culture.

24 Vgl. Berger, Jonah: Contagious: Why Things Catch On, New York: Simon & Schuster 2013.

allem dann an andere Menschen weitergeben, sobald sie uns als Absender der Information in ein positives Licht rücken. Durch die Verbreitung dieser Information steigern wir unser eigenes soziales Ansehen und somit wächst unser „soziales Kapital“[25], mit dem wir die Bindungen in unserem Netzwerk stärken und ausweiten. Typische Beispiele sind bemerkenswerte bzw. nützliche Geschichten oder Meldungen, die wir im eigenen Netzwerk als erstes entdecken und uns damit als weise Überträger von Wissen positionieren können. Die Rolle als Wissensübermittler steigert unser Ansehen. Doch nicht nur die Aussicht auf mehr Ansehen reizt uns zur Weitergabe von Informationen. Diana I. Tamir und Jason P. Mitchell[26] gehen noch einen Schritt weiter und vertreten die These, dass bereits der Akt des Teilens von Informationen (in den sozialen Netzwerken) intrinsisch motiviert sei und ähnliche Belohnungszentren im Gehirn aktiviert werden, wie es beispielsweise bei der Aufnahme von Nahrung der Fall ist. Praktisch umgesetzt bedeutet dies: Wer aktiv die strategischen Weichen für die Weiterverbreitung von kulturellen Informationen stellen möchte, sollte „soziale Anerkennung“ immer mitbedenken und entsprechend ermöglichen. Die konkrete Ausgestaltung und Umsetzung geschieht beispielsweise im Konzept des „Influencer Marketings“[27]. Man wählt dabei einflussreiche Knotenpunkte oder Schlüsselfiguren in sozialen Netzwerken aus (z.B. per „Social Network Analysis“) und gewährt ihnen dann u.a. exklusiven Zugang zu den eigenen Informationen des jeweiligen Unternehmens, der Marke oder Organisation. Durch diesen exklusiven Zugang sind ausgewählte Influencer klar im Vorteil und dies ist ein Anreiz, um Informationen in den breit verzweigten Netzwerken zu platzieren. So wird ein Influencer im Bestfall zu einem auserwählten Wissensträger und erfährt dadurch unmittelbar eine Steigerung seines sozialen Kapitals in der Gruppe. „Influencer Marketing“ findet bereits seit vielen Jahrzehnten Anwendung im Bereich der Public Relations. Bereits in den 1920er-Jahren schrieb Edward Bernays, Vater der modernen Public Relations, in seinem Werk „Propaganda“: „Durch den Einfluss dieser Schlüsselpersonen auf andere Gruppen erhält die Idee [...] im öffent-

---

25 Vgl. Bourdieu, Pierre: Ökonomisches Kapital – Kulturelles Kapital – Soziales Kapital, in: Reinhard Kreckel (Hg.), Soziale Ungleichheiten, Göttingen 1983, S. 183-198.

26 Vgl. Tamir, Diana I./Mitchell, Jason P.: „Disclosing information about the self is intrinsically rewarding“, in: Pnas 109/21 (2012), S. 8038-8043. Online: http://www.pnas.org/content/109/21/8038.full

27 Vgl. Wong, Kyle: The explosive growth of influencer marketing and what it means for your. Online: http://www.forbes.com/sites/kylewong/2014/09/10/the-explosive-growth-of-influencer-marketing-and-what-it-means-for-you/ vom 10.09.2014.

lichen Bewusstsein einen Stellenwert wie nie zuvor."[28] Zugleich warnt Bernays vor einer all zu plumpen Vorgehensweise:

„Meinungsführer, die einer Kampagne ihre Autorität leihen sollen, tun dies nur, wenn sie darin Berührungspunkte mit ihren eigenen Interessen sehen. [...] Eine wichtige Aufgabe des PR-Beraters besteht darin herauszufinden, in welchen Punkten die Interessen seines Kunden mit den Interessen anderer Individuen oder Gruppen übereinstimmen."[29]

Die Arbeit im Bereich des Influencer Marketings oder der Unterdisziplin „Blogger Relations", die sich auf einflussreiche Bloggerinnen und Blogger begrenzt, bedarf also jeder Menge Erfahrung und Fingerspitzengefühl und der behutsamen Herstellung eines echten und aufrichtigen Win-Win-Szenarios. Ansonsten kippt der Versuch und der jeweilige Influencer fühlt sich im Namen der Werbung missbraucht. Das Gegenteil von erwünschter Verbreitung der gewünschten Informationsweitergabe könnte eintreten, die Verbreitung von negativer Information, was womöglich gar in einem „Shitstorm" mündet.

Der zweite Begriff in Bergers STEPPS lautet „Trigger"[30] und damit sind ganz bestimmte Anlässe, Reize und Auslöser gemeint, die mit der jeweiligen kulturellen Information gekoppelt werden können. Ein Anker des Ankers sozusagen. Beispielsweise hat man 1997 beim Unternehmen Kraft Foods eine deutliche Umsatzsteigerung eines ihrer Produkte festgestellt, als zur gleichen Zeit die Pathfinder Mars-Expedition über alle Fernsehkanäle lief.[31] Der Trigger war also in diesem Fall der Begriff „Mars", die Folge war eine Verknüpfung mit dem entsprechend benannten Produkt, also dem Schokoriegel. Ich nenne solche Anlässe „Aufmerksamkeitsfenster", die sich im täglichen Nachrichtenstrom eröffnen. Für eine gewisse Zeit werden Themen zu „Trending Topics", wie eine Kategorie bei Twitter genannt wird, bei der die am häufigsten genannten Themen als Hashtags pro Tag gelistet werden. Jedes Meme, welches sich in den Windschatten eines solchen Aufmerksamkeitsfensters begibt, erhöht zugleich die Chancen auf die Verbreitung der eigenen Information. Beim Hashtag #aufschrei zirkulierten in

28 Bernays, Edward: Propaganda. Die Kunst der Public Relations, Freiburg: Orange Press 2014, S. 57.

29 E. Bernays: Propaganda. Die Kunst der Public Relations, S. 57.

30 Vgl. J. Berger: Contagious: Why Things Catch On.

31 Vgl. Berger, Jonah/Fitzsimons, Grainne: „Dogs on the Street, Pumas on Your Feet: How Cues in the Environment Influence Product Evaluation and Choice", in: Journal of Marketing Research 02/2008, S. 1-14. Online: http://jonahberger.com/wp-content/uploads/2013/02/Pumas-Paper.pdf

nur wenigen Tagen über 55.000 Tweets mit einer theoretischen Reichweite von 44 Millionen Menschen.[32] Selbstverständlich hielten sich nicht alle Tweets an den Kern der Botschaft, in dem es um sexuelle Übergriffe an Frauen ging, sondern es entstand ein Internet-Meme, das zu mannigfaltigen Variationen einlud. #aufschrei wurde für kurze Zeit zum Aufmerksamkeitsfenster, das von Trittbrettfahrern genutzt wurde. Zugleich ist #aufschrei aber auch ein Sinnbild für die Wirkmächtigkeit von Memes im öffentlichen Diskurs, denn das Internet-Meme erzeugte gleichzeitig Stoff für Leitartikel und Talk-Show-Diskussionen. Selbst ein ökonomischer Effekt ist zu erkennen: Die Urheberin der Initiative publizierte bei einem großen deutschen Verlag anlässlich des Themas ein fortführendes Buch.[33]

Ein Meister des Triggers und der Nutzung von Aufmerksamkeitsfenstern in Deutschland ist der Autoverleiher Sixt, der öfters aufpoppende, meist politische Trendthemen mit einer bissigen Werbung kommentiert. Egal ob die Affäre des damaligen Bundespräsidenten Christian Wulff, Angela Merkels #neuland-Bemerkung (auch so ein erfolgreiches Hashtag-Meme) oder der lang anhaltende Bahnstreik im Jahre 2014, Sixt sprang jeweils auf den Aufmerksamkeitszug auf und kursierte eifrig durch die jeweiligen Trigger mit im Netz.[34] Nicht umsonst hat sich die für Sixt verantwortliche Werbeagentur Jung von Matt das trojanische Pferd[35] als Leitbild in ihr Agenturprofil fest verankert.

Der dritte Buchstabe in Bergers STEPPS-Modell steht für „Emotionen“. Gefühle sind schon lange ein wichtiger Bestandteil von Kommunikation. Berger geht aber noch einen Schritt weiter und grenzt den Erfolg zur Verbreitung von Memes auf ein bestimmtes Gefühlsareal ein, den sogenannten „High Arousel Emotions“[36]; also Gefühle mit sehr hohem Erregungsgrad wie Wut, Angst oder Entzücken, dem typischen „WOW-Effekt“. Emotionen mit niedrigem Erregungsgrad, also Mitgefühl oder Traurigkeit, schreibt Berger zugleich eine eher geringere Verbreitungsdynamik zu. Will man also bestimmte Informationen verbreiten, eignen sich Gefühle mit erhöhtem Erregungspotential besonders gut. Officer Pike, der pfeffersprühende Polizist, löste etwa jede Menge Wut bei vielen Betrachtern aus. Und wenn die Getränkemarke Red Bull einen Stratosphären-

32 Vgl. https://twitter.com/meistermeise/status/295609154012327937/photo/1

33 Vgl. Groll, Tina: Der #Aufschrei wird zum Manifest. Online: http://www.zeit.de/karriere/2014-09/aufschrei-buch-rezension vom 29.09.2014.

34 Vgl. http://www.autobild.de/bilder/sixt-werbung-zum-bahnstreik-5434403.html#bild3

35 Vgl. http://www.jvm.com/de/facts/facts_subpages/facts_credo.html

36 Vgl. J. Berger: Contagious: Why Things Catch On.

sprung konzipiert[37], dann eben auch aufgrund der Mechanik der innewohnenden Emotionen mit sehr hohem Erregungspotential. Der Sprung aus dem Weltall war deshalb ein Verbreitungserfolg, weil immer auch die unterschwellige Angst transportiert wurde, dass der Protagonist dabei sein Leben riskiert und dies zugleich ein neuer Weltrekordversuch darstellt, der bei Menschen einen gewünschten WOW-Effekt erzielt. Das Erlebnis an sich versprach also eine Menge Erregungspotential. Einer der Hauptantriebskräfte der sogenannten Shitstorms ist Wut und auch in der klassischen Werbung setzte man bereits vor dem Internet auf diese Mechanik, wie die provozierenden Motive von Olivieri Toscani für die Textilmarke Benetton in den 1990er-Jahren aufzeigen.[38]

Das erste P in STEPPS steht für „Publicity" und damit meint Berger die bewusste Sichtbarkeit und erleichterten kognitiven Zugang zu Informationen. Erst ein solcher Zugang ermöglicht und vereinfacht die Imitation der Information durch andere und damit deren Weiterverbreitung. Als eines der Paradebeispiele, das Berger anführt, gilt der weiße Kopfhörer von Apple, der zu einer Zeit auf den Markt kam, als schwarze Kopfhörer noch dominierten. Durch die Wahl der Farbe Weiß hat Apple ein wichtiges Produkt-Erkennungsmerkmal sichtbarer gemacht. Das eigentliche Produkt, der damalige iPod, war nämlich zumeist stets in Taschen oder anderen Verhüllungen verborgen. Mit einem weißen Kopfhörer differenzierte man sich sichtbar, outete sich zugleich als iPod-Nutzer und lieferte damit wiederum den „Social Proof"[39] und die Imitationsvorlage für andere Mitmenschen. Ein weiteres Beispiel, ebenfalls u.a. von Apple verwendet, ist der standardmäßig eingestellte E-Mail-Abspann, den man z.B. vom iPhone kennt. Die Zeile „sent by my iphone" stellt eine sehr simple, aber hoch effektive Möglichkeit dar, scheinbar Unsichtbares sichtbar zu machen und damit indirekt die Verbreitung durch unmittelbare Imitationsvorlagen zu fördern.

Das zweite P in STEPPS steht für „Practical Value". Damit bezeichnet Berger die Informationen, die einem selbst konkreten Nutzen verschaffen. Darunter fällt alles, was Menschen reicher, klüger, schneller, besser, gesünder, sicherer, mächtiger, schöner etc. werden lässt. Es bedient den immer stärker werdenden Selbstoptimierungsdrang, der sich durch „Social Proof" natürlich auch zusätzlich permanent selbst verstärkt. Wenn man sieht, wie schlank der Facebook-Freund durch die Diät XYZ wurde, so lädt diese Information dazu ein empfangen und

37 Vgl. http://www.redbullstratos.com

38 Vgl. Götting, Michael: Wen schockt das schon? Online: http://www.zeit.de/lebensart/mode/2011-11/benetton-unhate-kampagne vom 18.11.2011.

39 Vgl. Cialdini, Robert B.: Harnessing the science of persuasion. Online: https://hbr.org/2001/10/harnessing-the-science-of-persuasion

weitergegeben zu werden. Produzenten von Inhalten auf der derzeit größten Video-Plattform Youtube profitieren von dieser Variante des Verbreitungsmechanismus. Die verschiedensten Tutorials (also How-To-Anleitungen) aber auch Vorträge und Vorlesungen verzeichnen hohe Abrufzahlen. Versprechungen zur Optimierung unseres Selbst regen zum Teilen an und dabei greift zugleich die „Social Currency“, denn mache ich andere reicher, glücklicher oder klüger, steigt zugleich auch wieder mein Ansehen und damit auch mein soziales Kapital.

Der letzte Buchstabe im STEPPS Modell steht für „Stories“ und bildet im Grunde eine abschließende Klammer. Denn eine Story oder Erzählung ist die Art und Weise wie Informationen transportiert werden. Das bedeutet Informationen können zwar einen praktischen Nutzen aufweisen, aber zugleich so erzählt oder aufbereitet sein, dass sie nicht attraktiv wirken. Eine technische Bedienungsanleitung mag nützlich sein, aber deshalb verbreitet sie sich noch lange nicht im Netz oder generiert gar ein Internet-Meme. Die wichtigste Eigenschaft von guten Geschichten sind ihre Anknüpfungspunkte an menschliche Eigenschaften und Beziehungen, also sind auch hier wieder Emotionen im Spiel. Eine gute Story fesselt die Empfänger und verschafft ihnen ein immersives Erlebnis. Wie tut sie das in der Regel? Zum einen muss man sich als Rezipient mit den darin dargestellten Figuren identifizieren können, zum anderen enthält jede gute Geschichte eine bestimmte Dramaturgie, einen Spannungsbogen, einen Anfang, einen Höhepunkt und ein Ende, bei dem zumeist noch eine Moral oder ein Appell integriert ist. Möchte man also Informationen möglichst breit zirkulieren lassen, so sollte man sie immer in eine spannende und anregende Geschichte verpacken. Internet-Memes könnte man fast schon als maximal eingedampfte Story bezeichnen. Es bedarf hier oftmals gar keiner epischen Ausschweifung, sondern einer prägnanten Darstellung von Inhalten, die uns unmittelbar als Menschen anspricht und in den Bann zieht. Zumeist ist es sogar so, dass Internet-Memes vorhandene Geschichten als Vehikel benutzen, als Trigger. Figuren aus dem *Star Wars*-Universum müssen jedenfalls auffällig häufig für Internet-Memes herhalten[40], ebenso wie Captain Jean-Luc Picard die einzig wahre Ikone des „Facepalm-Memes“[41] geworden ist. Ohne die Geschichte rund um *Star Trek: Next Generation* gäbe es auch dieses Meme nicht. Stories sind demnach wichtige Anker und Treiber von sich verbreitenden kulturellen Informationen.

Fazit: Das STEPPS-Modell von Berger liefert eine kompakte Übersicht von wichtigen Faktoren zur Verbreitung von kulturellen Informationen. Sicherlich

40 Vgl. http://knowyourmeme.com/memes/subcultures/star-wars/photos

41 Vgl. http://knowyourmeme.com/memes/facepalm

sind noch einige andere Faktoren zu erforschen, dennoch bietet das Modell eine solide Grundlage zur praktischen Anwendung.

STEPPS-Modell	In Kurzform
Social Currency	Wir teilen uns immer auch selbst mit, möglichst positiv.
Triggers	Aufmerksamkeitsfenster eröffnen Aufmerksamkeit.
Emotion	Was uns aufregt, teilen wir mit.
Publicity	Was ich nicht sehe, kann ich nicht teilen.
Practical Value	Wir teilen alles, das uns höher, schneller, weiter bringt.
Stories	Erkläre es mir nicht, erzähle mir lieber eine Geschichte.

ENTWICKLUNGEN UND AUSBLICK

Das Phänomen der Internet-Memes ist im Grunde genommen relativ überschaubar und begrenzt. Es bietet bei weitem noch nicht ein so enormes Potential, wie die Theorie der Memetik, die weit über die Grenzen des Mediums Internet hinausgeht. Schließlich steckt in der Memetik weitaus mehr als das Teilen von lustigen Bildern und Videos. Es geht vornehmlich um die Frage, wie sich kulturelle Informationen verbreiten, vererben, rekombinieren und vor allem welche Auswirkungen sie auf das konkrete menschliche Denken und Handeln haben. Geht man nach Richard Dawkins, so steuern die kulturellen Informationseinheiten uns Menschen und eben nicht wie vielleicht angenommen umgekehrt.[42] Aber auch das wäre vermutlich zu kurz gedacht. Ähnlich wie bei der Genetik ist der Mensch mittlerweile an einer Art Wendepunkt angelangt, der memetischen Wende, bei dem der Mensch die kulturelle Evolution selbst in die Hand nehmen könnte.

Mit der Memetik kommt neben der Genetik (also dem rein Körperlichen) als gesellschaftliches Steuerungsinstrument die kommunikative Ideenwelt, der Geist des Menschen, hinzu. Mit Memes lassen sich, sofern man sie konsequent und unangenehm zu Ende denkt, auch Körper und Massen steuern. Man denke nur an Kriegspropaganda oder organisierte Demonstrationen und Gesellschaftsumbrü-

42 Vgl. R. Dawkins: Das egoistische Gen.

che. Dabei geht es stets um die Frage: Wie können menschliche Körper in Massen so bewegt werden, dass Individuen bereit sind ihre Routinen zu verlassen, zu mobilisieren und zwar bis zum Äußersten, nämlich bis sie sogar das Wichtigste in ihrem jeweiligen Dasein aufgeben: das eigene individuelle Leben und die eigene biologische Existenz. Genau an diesem Extrem lässt sich feststellen, wie wirkmächtig Ideen und Gedanken, also kulturelle Informationen wie Memes, sein können. Sie entscheiden im Zweifel über Leben und Tod und stechen gar eine Wirkmächtigkeit der biologischen Replikatoren, die oftmals für Verhalten verantwortlich gemacht wurden, vollkommen aus.

Memetik als Disziplin entwickelt sich stetig weiter. Die Forschung wird, wenn auch vermutlich unter anderen Bezeichnungen, immer weiter daran arbeiten. Mit dem Internet ist zudem eine technologische Infrastruktur geschaffen worden, die das Thema der Memetik noch weiter nach vorne katapultiert. Erst durch das Internet wurde ein Begriff wie Memes erst sichtbar. Durch das Internet befinden wir uns mitten in einem gigantischen kulturellen Nährboden mit eigener Dynamik und sehr schneller Taktung. Der Trend zu mobilen Endgeräten scheint diese Dynamik noch weiter zu beschleunigen. Das Internet, der kulturelle Nährboden, ist stets bei uns und unmittelbar greifbar. Er verschmilzt mit unserem biologischen Material. Erste Berichte zeigen, dass das Militär, normalerweise ein guter Indikator für technologische Trendthemen, Sondereinheiten aufbaut, die zukünftig mit Hilfe von psychologischer Kriegsführung in sozialen Netzwerken agieren sollen.[43] Es ist auch von „Propaganda-Bots"[44] die Rede, also Algorithmen, die sich als Menschen ausgeben und Meinungen und Denkweisen zu einem gewissen aktuellen Anlass mit Hilfe von vorgefertigten Textbausteinen in Foren und auf sozialen Netzwerken platzieren. Auf diese Weise soll versucht werden, die Meinung und Haltung der Masse zu einer bestimmten Thematik zu beeinflussen und eine entsprechende Politik inklusive jeweiligem Interesse memetisch durchzusetzen.

Es wird daher zwangsläufig eine weitere Professionalisierung der Memetik stattfinden, vielleicht sogar in Anlehnung zur Gentechnik mit all ihren Laboren und Messgerätschaften. Gerade im Zusammenhang mit Big Data und der Diskussion um mächtige Algorithmen und künstliche Intelligenzen, die auch nicht

43 Vgl. MacAskill, Ewen: British army creates team of Facebook warriors. Online: http://www.theguardian.com/uk-news/2015/jan/31/british-army-facebook-warriors-77th-brigade vom 31.01.2015.

44 Vgl. http://www.deutschlandfunk.de/soziale-netzwerke-diskussion-mit-propaganda-bots.684.de.html?dram:article_id=307268 vom 27.12.2014.

mehr vor der Erstellung von redaktionellen Inhalten[45] halt macht, wird die Memetik als ganz neue Disziplin der Kommunikationsarbeit weiter an Bedeutung gewinnen. Aktuelle Forschungen an der Schnittstelle zwischen Psychologie und digitaler Kommunikation legen nah, dass Kommunikation in den sozialen Netzwerken vermutlich mehr Einfluss auf den Menschen und seine Psyche hat, als wir vielleicht bis vor kurzem noch angenommen haben. Nicht nur witzige Internet-Memes sind ansteckend. Jedes Gefühl, das über Kommunikation in den Netzwerken evoziert wird, wirkt ansteckend auf das Gefühlsleben der Empfänger und hat somit unmittelbare Auswirkungen auf unser aller Denken und Handeln.[46]

Aus ökonomischer Perspektive arbeiten neue journalistische Formate wie Buzzfeed.com bereits mit Erkenntnissen aus der Forschung und können dank intensiver Vermessung ihrer Nutzer und den Erkenntnissen aus den wissenschaftlichen Arbeiten von Jonah Berger et.al immer bessere Algorithmen entwickeln, die eine Art virale Vorhersage ausspielen. So werden Artikel, die kurz nach ihrem Erscheinen einen hohen Ansteckungsgrad in Form dieser Algorithmen aufweisen, zusätzlich auf der Plattform mit entsprechenden Sonderplatzierungen nach vorne gepusht. Diese Mischung aus Theorie, angewandter Praxis und Messbarkeit durch Feedback-Loops ist derzeit die Erfolgsformel dieser Plattform[47], welche Stand 2014 ein monatliches Besucheraufkommen von 150 Millionen Visits verzeichnet, konventionelle Online-Magazine blass aussehen lässt und bereits eine ganz neue Werbeform ins Spiel gebracht hat, nämlich das „Native Advertising".[48] Wer einen Blick auf die Plattform wirft, wird schnell feststellen, dass vor allem populäre Internet-Memes die Szenerie beherrschen. Wer ausgefeilte und wohlformulierte Artikel sucht, ist hier fehl am Platze. Ein Artikel besteht zum Teil nur noch aus aneinandergereihten Internet-Memes oder Animated Gifs. Die Viralität der Inhaltscontainer zählt auf dieser Plattform mittlerweile

---

45 Vgl. Lokshin, Pavel: Algorithmus macht Journalismus. Online: http://www.zeit.de/digital/internet/2014-03/algorithmen-journalismus vom 18.03.2014.

46 Vgl. Lewis, Tanya: Emotions can be contagious on online social networks. Online: http://www.scientificamerican.com/article/facebook-emotions-are-contagious/ vom 01.07.2014.

47 Vgl. Rowan, David: How BuzzFeed mastered social sharing to become a media giant for a new era. Online: http://www.wired.co.uk/magazine/archive/2014/02/features/buzzfeed vom 02.01.2014.

48 Vgl. Isaac, Mike: 50 million new reasons BuzzFeed wants to take its content far beyond lists. Online: http://www.nytimes.com/2014/08/11/technology/a-move-to-go-beyond-lists-for-content-at-buzzfeed.html?_r=0 vom 10.08.2014.

eindeutig mehr als der eigentliche Inhalt. Es geht hier nicht mehr um Erkenntnisgewinn oder journalistische Aufklärung, hier zählen nur noch Klick- und Abrufzahlen und nicht unbedingt welchen Einfluss ein Artikel auf die Gesellschaft haben könnte.

Da sieht es im Bereich Politik schon etwas anders aus. Neben den bereits erwähnten Vorhaben der Militärs rüsten auch politische Aktivisten auf und wenden Erkenntnisse aus der Memetik aktiv an. In diesem Bereich wird es in Zukunft darum gehen, wie man mit einfachen Geschichten und Bildern maximale Aufmerksamkeit und Engagement in Form von Beteiligung, Mobilisierung und Spendenbereitschaft erzielen kann. Erfolgreiche Fundraising-Kampagnen wie „Movember"[49] oder „Kony 2012"[50] arbeiten mit den angerissenen Mechanismen. Eine der letzten großen politischen Bewegungen im westlichen Kulturkreis ist die Occupy-Bewegung. Unter anderem gelang ihr dies mit Hilfe des einfachen Internet-Memes „We are the 99 %"[51]. Die Bewegung konnte durch diesen Trigger innerhalb kürzester Zeit viele Menschen auf die Straße bewegen. Wirklich nachhaltig war die Protestbewegung am Ende dann jedoch nicht.

Dennoch dürfte die ursprüngliche Keimzelle enthalten sein. Und wer weiß, in der Welt der Memes ist selten etwas auf Dauer vergessen. Ein Meme schlummert manchmal Jahrzehnte vor sich hin, bis es jemand erneut aufgreift und wieder ins Spiel bringt. Und dann beginnt der memetische Kreislauf erneut, vielleicht stärker, schneller und wirkmächtiger.

49 Vgl. http:// movember.com

50 Vgl. Breitenbach, Patrick: Kony 2012: Zwischen Pop und Progaganda. Online: http://blog.karlshochschule.de/2012/03/21/kony-2012-zwischen-pop-und-propaganda-eine-analyse/ vom 21.03.2012.

51 Vgl. http://wearethe99percent.tumblr.com

WEITERFÜHRENDE LITERATUR

Berger, Jonah: Contagious: Why Things Catch On, New York: Simon & Schuster 2013.

Bernays, Edward: Propaganda. Die Kunst der Public Relations, Freiburg: Orange Press 2014.

Blackmore, Susan: Die Macht der Meme: oder Die Evolution von Kultur und Geist, Heidelberg: Spektrum Verlag 2000.

Bourdieu, Pierre: Ökonomisches Kapital – Kulturelles Kapital – Soziales Kapital, in: Reinhard Kreckel (Hg.), Soziale Ungleichheiten, Göttingen 1983, S. 183-198.

Brodie, Richard: Virus of the Mind: The New Science of the Meme, Carlsbad: Hay House 2011.

Dawkins, Richard: Das egoistische Gen, Heidelberg: Spektrum Verlag 2008.

Shifman, Limor: Memes in Digital Culture, Cambridge: MIT Press 2013.

Avatars

Identitäten und digitale (Ab-)Bilder im Netz

JUDITH ACKERMANN

> He is not seeing real people, of course. [...] The people are pieces of software called avatars. They are audiovisual bodies that people use to communicate with each other in the Metaverse.
> NEIL STEPHENSON: SNOW CRASH (2011 [1992]), S. 33.

EINFÜHRUNG

Die Bezeichnung Avatar ist wesentlich älter als die digitale Medienkultur, mit der sie mittlerweile so untrennbar verbunden ist. Während sie heutzutage regelmäßig im Kontext virtueller Welten und digitaler Spiele verwendet wird, entstammt sie ursprünglich dem Sanskrit, wo das Wort „Avatara" die Inkarnation bzw. körperliche Manifestation eines Gottes im Hinduismus beschreibt. Avatare werden dabei auf besondere Weise mit dem Gott Visnu in Verbindung gebracht, dem die Vielzahl von zehn unterschiedlichen Avataren zugeschrieben wird.[1] Im Computerspielkontext taucht der Begriff erstmals in dem 1985 erschienenen Spiel *Ultima IV: Quest of the Avatar* als Name der Spielfigur auf. Eine Verwendung zur Bezeichnung eines virtuellen Körpers findet sich erstmals 1992 in dem Roman *Snow Crash* von Neil Stephenson. Seit Mitte der 1990er-Jahre wird der Begriff zunehmend verwendet, was besonders auf Multi User Dungeons

1 Vgl. Doninger O'Flaherty, Wendy: Hindu-Mythen. Die wichtigsten klassischen Texte, Darmstadt: Wissenschaftliche Buchgesellschaft 2009, S. 127.

(MUDs), Videospiele und Instant Messaging Systeme zurückzuführen ist.[2] In dem Maße, in dem mediatisierte Erfahrungen im alltäglichen Leben immer wichtiger werden, steigt auch der Bedarf an Avataren für die Interaktion mit digitalen Welten.[3] Das Kapitel gibt einen Überblick über unterschiedliche Formen und Typen von Avataren und diskutiert ihre Rolle in der (virtuellen) Identitätskonstruktion mit Schwerpunkten auf Impression Management und identifikatorischen Potenzialen.

AVATARS – KENNZEICHEN UND VORKOMMEN

Avatare gestatten es Menschen, mit Computersystemen zu interagieren. Bei diesen kann es sich um digitale Spiele oder virtuelle Welten handeln.[4] Rune Klevjer stellt fest, dass der Begriff des Avatars typischerweise auf zwei unterschiedliche Arten verwendet werde: zum einen in der Form einer spielbaren Figur (playable character) und zum anderen als virtuelle Persona des Spielers in der Spielwelt, was zur Migration des Begriffs im Bereich virtueller Welten geführt habe.[5] Die folgenden Ausführungen beziehen sich daher einerseits auf die Spielfigur, die einer bestimmten durch das Spiel vorgegebenen Narration folgt und entsprechende Interaktionsmöglichkeiten bereithält. Andererseits behandeln sie den Avatar als digitale Repräsentation des physischen Menschen, wie er besonders in sogenannten sozialen virtuellen Welten Verwendung findet. Hierbei handelt es sich um „interaktive graphische Online-Plattformen […], die […] eine räumliche, zumeist dreidimensionale Mehrbenutzer-Umgebung zur Verfügung stel-

2 Vgl. Waggoner, Zack: My Avatar, My Self. Identity in Video Role-Playing Games, Jefferson, North Carolina, London: Mac Farland & Company 2009, S. 185.

3 Vgl. Biocca, Frank: „Connected to My Avatar: Effects of Avatar Embodiments on User Cognitions, Behaviors, and Self Construal“, in: Gabriele Meiselwitz (Hg.), Social Computing and Social Media. 6th International Conference, SCSM 2014, Held as Part of HCI International 2014, Heraklion, Crete, Greece: June 22-27, 2014. Proceedings, Cham [u.a.]: Springer, S. 421-429, hier S. 421.

4 Vgl. Meadows, Mark S.: I, Avatar. The culture and consequences of having a second life, Berkeley, CA: New Riders 2008, S. 13.

5 Vgl. Klevjer, Rune: „Enter the Avatar: The Phenomenology of Prosthetic Telepresence in Computer Games“, in: John R. Sageng et al. (Hg.), The philosophy of computer games, Dordrecht/Heidelberg [u.a.]: Springer 2012, S. 17-38, hier S. 17.

len“[6], innerhalb derer die Handlungsabläufe i.d.R. keiner übergeordneten Narration folgen, sondern entsprechend der Wünsche der Nutzer und in Aushandlung mit den Möglichkeiten der Anwendung gestaltet werden. „Mittels des Avatars erkunden die Nutzer/innen die virtuelle Welt, navigieren durch sie und kommunizieren über Sprach- oder Textchat mit anderen Avataren.“[7] Bekannte Beispiele für soziale virtuelle Welten sind etwa *Second Life* oder *Habbo Hotel.*

Sowohl in digitalen Spielen als auch in virtuellen Welten fungiert der Avatar als Schnittstelle zwischen digitaler und physischer Welt. Häufig ist er eine von der physischen Person des Spielers/Nutzers abgetrennte Figur, die mithilfe der eigenen Eingaben durch eine fiktionale Welt gesteuert werden kann. Die Kopplung von Aktionen im physischen Raum mit solchen in der digitalen Ebene erzeugt eine Verbindung zwischen beiden Sphären, wodurch ein Gefühl der Präsenz im digitalen Raum und die Empfindung des Eintauchens in virtuelle Welten, die sogenannte Immersion, entstehen. Hierfür muss die digitale Repräsentation nicht zwingend wie ein Mensch aussehen. In seinen Betrachtungen der Erscheinungsweise von Avataren arbeitet Benjamin Beil heraus, dass diese zwar häufig als menschliche Figuren bzw. humanoide Wesen angelegt seien, aber ebenso realistische wie phantastische Tierarten sowie Teile der Pflanzenwelt und in der Realität gänzlich unbelebte Objekte als Vertreter des Spielers fungierten.[8] Entscheidend ist, dass es dem Spieler möglich sein muss, den Avatar von dessen Umgebung abgrenzen zu können – beispielsweise aufgrund seiner Einzigartigkeit und seiner physikalischen Präsenz im digitalen Raum.[9]

Sabina Misoch unterscheidet zwischen Avataren als *konkretem Identifikationsangebot* – Figuren aus Filmen vergleichbar – und Avataren als *offenem Identifikationsprozess*, die dem Spieler einen Identifikationsraum anbieten, den er entsprechend seiner „Bedürfnisse [...], Phantasien und Zielsetzungen indivi-

6 Jörissen, Benjamin: „The Expression of the Emotions in Man and Avatars: Zur „Bildung der Gefühle“ in virtuellen Umgebungen“, in: Zeitschrift für Erziehungswissenschaften 15 (2012), S. 165-178, hier S. 166.

7 Thimm, Caja/Klement, Sebastian: „Spiel oder virtueller Gesellschaftsentwurf? Der Fall Second Life“, in: Caja Thimm (Hg.), Das Spiel – Muster und Metapher der Mediengesellschaft, Wiesbaden: Springer VS 2009, S. 192-213, hier S. 199.

8 Vgl. Beil, Benjamin: Avatarbilder. Zur Bildlichkeit des zeitgenössischen Computerspiels, Bielefeld: transcript 2012, S. 14.

9 Vgl. Kromand, Daniel: „Avatar Categorization“, in: Akira Baba (Hg.), Proceedings of DiGRA 2007 Conference: Situated Play September 24-28, 2007, Tokyo, Japan: S. 400-406.

duell gestalten“[10] kann. In ähnlicher Richtung unterscheidet Daniel Kromand zwischen geschlossenen und offenen Avataren, je nachdem, ob die Spielfigur bereits von vornherein mit einem durch die Narration festgelegten Charakter ausgestattet ist (beispielsweise der gleichnamige Klempner der *Super-Mario*-Reihe) oder dieser sich erst im Zusammenspiel mit dem Spieler nach dessen Gestaltungswünschen entwickelt. In Ergänzung dazu identifiziert Kromand im Computerspiel Avatare mit zentraler bzw. azentraler Identifikation, wobei erstere die Avatare seien, die der Spieler während des Spiels bewohne und steuere und letztere die Avatare, die eine deutliche Trennung zwischen Spieler und Avatar markierten. Dies sei beispielsweise der Fall, wenn der Spieler zwar mit seinen Eingaben die Handlungen der Spielfiguren beeinflusse, diese aber nicht eins zu eins steuere (vgl. *The Sims*).[11] Bei Übertragung dieser für den Bereich des Spiels entwickelten Kategorien auf virtuelle Welten lässt sich ein verstärktes Vorkommen von offenen Avataren mit zentraler Identifikation ausmachen, wobei offene Identifikationsprozesse im Vordergrund stehen.

Avatare und Identität

Avatare fungieren als kreative Plattform für die Konstruktion von Identität im Rahmen computervermittelter Kommunikation – sei es in sozialen virtuellen Welten oder in digitalen Spielen. Die Gestaltung des persönlichen Avatars stellt den wichtigsten Schritt zur Partizipation am virtuellen Geschehen dar.[12] Da Avatare das Medium sind, durch das die digitale Welt erfahren werden kann, treiben die Nutzer einigen Aufwand mit deren Gestaltung.[13] „The ability to select an avatar's characteristics appears to facilitate expressions of self, social status, and intimacy."[14] Auf der einen Seite gewährleisten Avatare die Privatheit der Nutzer,

---

10 Misoch, Sabina: „Avatare: Spiel(er)figuren in virtuellen Welten“, in: Kai-Uwe Hugger (Hg.), Digitale Jugendkulturen, Wiesbaden: Springer VS 2010, S. 169-185, hier S. 178f.

11 Vgl. D. Kromand: „Avatar Categorization“, S. 401.

12 Vgl. C. Thimm/S. Klement: Spiel oder virtueller Gesellschaftsentwurf?, S. 200.

13 Vgl. Guitton, Matthieu J.: „Cross-modal compensation between name and visual aspects in socially active avatars“, in: Computers in Human Behavior 26 (2010), S. 1772-1776, hier S. 1772.

14 McCreery, Michael P./Krach, S. Kathleen/Schrader, P. G./Boone, Randy: „Defining the virtual self: Personality, behavior, and the psychology of embodiment“, in: Computers in Human Behavior 28 (2012), S. 976-983, hier S. 977.

auf der anderen erlauben sie gestalterische Freiheit über eine ansonsten anonyme und statische Online-Erscheinung.[15]

Nicola Döring unterscheidet im Zusammenhang mit digitaler Kommunikation zwischen den Bereichen Anonymität, Pseudonymität und Identifizierbarkeit in Bezug auf Eindrucksbildung und Selbstdarstellung im Netz.[16] Die Anonymität ermöglicht soziale Begegnungen online losgelöst vom physischen Körper, wodurch neue Formen der Identitätskonstruktion möglich werden.[17] Der Einsatz von Avataren lässt sich in das Feld der Pseudonymität einordnen, da sie zwar die individuelle Identität verborgen halten, aber über einen gewissen Zeitraum hinweg für die Interaktion verwendet werden und durch die Summierung der getätigten Aktionen, die mit ihnen in Verbindung stehen, das Bild einer bestimmten Person entstehen lassen.[18] Im Web kommunizieren „nicht ‚Personen‘, sondern Medienidentitäten oder wenn man so will Masken, hinter denen gleichwohl Personen stecken“ miteinander.[19]

Auf diese Weise verliert die körperliche Erscheinung ihre Stellung als „unhintergehbarer Ausgangspunkt jeder Kommunikation“[20]. Ob eine Person ihrer Maske entspricht, kann nicht ohne Weiteres festgestellt werden.[21] Dies lässt Spielräume für einen problematischen Umgang mit Identität und Selbstdarstel-

15 Vgl. Vasalou, Asimina/Joinson, Adam N.: „Me, myself and I: The role of interactional context on self-presentation through avatars“, in: Computers in Human Behavior 25 (2009), S. 510-520, hier S. 510.

16 Vgl. Döring, Nicola: „Sozialkontakte online: Identitäten, Beziehungen, Gemeinschaften“, in: Wolfgang Schweiger/Klaus Beck (Hg.), Handbuch Online-Kommunikation, Wiesbaden: Springer VS 2010, S. 159-183, hier S. 165.

17 Vgl. Zhao, Shanyang/Grasmuck, Sherri/Martin, Jason: „Identity construction on Facebook: Digital empowerment in anchored relationships“, in: Computers in Human Behavior 24 (2008), S. 1816-1836, hier S. 1817.

18 Vgl. N. Döring: „Sozialkontakte online“, S. 166

19 Höflich, Joachim R./Gebhardt, Julian: „Der Computer als Kontakt- und Beziehungsmedium. Theoretische Verortung und explorative Erkundungen am Beispiel des Online-Chats“, in: Medien und Kommunikationswissenschaft 49/1 (2001), S. 24-43, hier S. 32.

20 Funken, Christiane: „Körper Online?!“, in: Kornelia Hahn/Michael Meuser (Hg.), Körperrepräsentationen. Die Ordnung des Sozialen und der Körper, Konstanz: UVK 2002, S. 261-278, hier S. 263.

21 Vgl. Ackermann, Judith: „Masken und Maskierungsstrategien – Identität und Identifikation im Netz“, in: Caja Thimm/Marios Anastasiadis (Hg.), Social Media: Theorie und Praxis digitaler Sozialität, Frankfurt/New York: Lang 2011, S. 59-84, hier S. 60.

lung im Netz (etwa Identitätsdiebstahl oder Fake-Identities). Jedoch – so arbeitet Sabina Misoch heraus – handelt es sich bei den meisten im Netz präsentierten Identitäten nicht um „Chiffreexistenzen […], sondern […] um einen Transfer der realweltlichen („authentischen") Identität in den virtuellen Raum hinein"[22]. Unabhängig vom Setting der Online-Situation neigen Interaktanten zu Avatar-Darstellungen, die ihr Selbst reflektieren und widerspiegeln[23], und berichten von großer Ähnlichkeit zu ihren Avataren.[24]

Zwar kommt es durch die Möglichkeiten der computervermittelten Kommunikation zu einer „Entbettung" von Kommunikation[25], dennoch liegt bei den meisten Kommunikationssituationen in Online-Räumen eine Verankerung in Offline-Kontexten vor, beispielsweise indem Angaben über Arbeitgeber, wechselseitige Freunde oder der eigene Klarname sichtbar sind. Auf diese Weise sind den Möglichkeiten der Selbstdarstellung Grenzen gesetzt.[26]

E. Tory Higgins unterscheidet drei elementare Bereiche des Selbst: das *actual self*, das *ideal self* und das *ought self*. Dabei fasst er in den ersten Bereich die Attribute, von denen man selbst (oder jemand anderes) denkt, dass man sie tatsächlich besitzt. In den zweiten Bereich fallen die Attribute, von denen man selbst (oder jemand anderes) gern hätte, dass man sie besitzt. Dies beinhaltet etwa Hoffnungen und Wünsche an die eigene Persönlichkeit. Hinzu kommen im dritten Bereich die Attribute, von denen man selbst (oder jemand anderes) denkt, dass man sie besitzen sollte, sprich Verantwortlichkeiten oder Pflichtbewusstsein.[27] Der virtuelle Raum ermöglicht es Interaktanten, ihr „ideal self" zu zeigen, „wobei das reale Selbst Grundlage der Präsentation bildet und […] durch die medialen Inszenierungsstrategien […] erweitert wird"[28].

---

22 Misoch, Sabina: „Körperinszenierungen Jugendlicher im Netz. Ästhetische und schockierende Präsentationen", in: Diskurs Kindheits- und Jugendforschung 2/2 (2007), S. 139-154, hier S. 144.

23 Vgl. A. Vasalou/A. N. Joinson: „Me, myself and I", S. 517.

24 Vgl. ebda., S. 516.

25 Giddens, Anthony: Konsequenzen der Moderne, Frankfurt am Main: Suhrkamp 1995, S. 33.

26 Vgl. S. Zhao/S. Grasmuck/J. Martin: „Identity construction on Facebook", S. 1818f.

27 Vgl. Higgins, E. Tory: „Self-Discrepancy: A Theory Relating Self and Affect", in: Psychological Review 94/3 (1987), S. 319-340, hier S. 320f.

28 S. Misoch: „Körperinszenierungen Jugendlicher im Netz", S. 145.

Impression Management mit Avataren

Sowohl in Bezug auf digitale Spiele als auch in sozialen virtuellen Welten ist eine „vollwertige Partizipation [...] in der Regel erst durch die Registrierung und die damit verbundene Selbstbenennung möglich“[29]. So erfordert die Eröffnung eines Accounts bei Second Life zunächst die Vergabe eines Pseudonyms für die eigene Figur, das anders als das Äußere des Avatars nicht mehr verändert werden kann, sondern als unverwechselbares Identitätszeichen fungiert.[30] Die Entscheidung für einen Avatar-Namen, der seiner Identifizierbarkeit dient und Teil seiner Identität ist, ist ein entscheidendes Moment in der Avatar-Gestaltung.[31]

Der Name transportiert gewisse Erwartungen an den Interaktanten. Seine Auswahl pendelt zwischen Aspekten, die man selbst mit dem Namen verbindet, und Konnotationen, die man beim Gegenüber hervorrufen möchte.[32] Eden Litt spricht von einem „imaginierten Publikum“[33], das die Auswahl beeinflusst. Zusätzlich findet die Selbstbenennung unter Berücksichtigung der visuellen Aspekte des Avatars statt.[34] Nicht immer kann der Erstwunsch verwendet werden. An manchen Stellen sind etwa Mehrfachnennungen desselben Namens verboten, sodass Alternativen gefunden werden müssen. Zusätzlich sind der Kreativität der Nutzer regelmäßig Grenzen gesetzt, indem bestimmte Sonderzeichen nicht zulässig sind.[35]

Neben dem Namen ist auch die Auswahl der äußeren Erscheinung des Avatars zentrales Element der Selbstdarstellung in virtuellen Welten (ähnlich dem Profilbild auf sozialen Netzwerkseiten).[36] Dabei sind physische wie digitale Körper nie als neutral zu bewerten, sondern transportieren immer Referenzpunk-

---

29 J. Ackermann: „Masken und Maskierungsstrategien“, S. 69.

30 Vgl. Eck, Cornelia: Second Life und Identität. Potenziale virtueller Existenz, Baden-Baden: Nomos 2011, S. 117.

31 Vgl. M. J. Guitton: „Cross-modal compensation“, S. 1772.

32 Vgl. Strauss, Anselm: Spiegel und Masken. Die Suche nach Identität, Frankfurt am Main: Suhrkamp 1968, S. 14.

33 Litt, Eden: „Knock, Knock. Who's there? The imagined audience“, in: Journal of Broadcasting & Electronic Media 56/3 (2012), S. 330-345.

34 Vgl. M. J. Guitton: „Cross-modal compensation“, S. 1773.

35 Vgl. J. Ackermann: „Masken und Maskierungsstrategien“, S. 63f.

36 Vgl. Hancock, Jeffrey T./Toma, Catalina L.: „Putting Your Best Face Forward: The Accuracy of Online Dating Photographs“, in: Journal of Communication 59 (2009), S. 367-386, hier S. 368.

te zur Konstruktion von Identität und sozialer Bedeutung.[37] Nicht selten vervielfältigen sich die Gestaltungsmöglichkeiten in diesem Bereich mit zunehmender Verwendung und Familiarität mit einem System und/oder Spiel. In Second Life hat man zunächst die Wahl zwischen zwölf Standard-Avataren, die „später mit Hilfe von 150 Parametern mittels Schiebereglern individuell gestaltet werden“[38] können. Auch digitale Spiele ermöglichen oft die Auswahl zwischen verschiedenen vorgegebenen Avataren, die (insbesondere in MMORPGs) nach den eigenen Vorlieben modifiziert werden können. Dadurch sind die Möglichkeiten der Kreation vielfältig, aber nicht unendlich.[39]

Selbst wenn es sich um offene Avatare mit offenem Identifikationsprozess handelt, sind den Nutzern bei der Auswahl ihrer Repräsentation typischerweise eine Vielzahl von Grenzen gesetzt. So schreibt Nino Ferrin: „Während der Akteur noch meint, Kontrolle über seine Spielfigur (Avatar) auszuüben, sind der Avatar sowie der Akteur selbst als hybride Kopplung anderen (medialen und) symbolischen Ordnungen ausgesetzt.“[40] Nicola Döring unterscheidet fünf Ebenen, auf denen Personen bzw. ihre Identitäten im Internet repräsentiert werden, und auf die sie selbst unterschiedlich großen Einfluss haben:

- Direkte Selbstdarstellung
- Indirekte Selbstdarstellung
- Personendarstellung durch Dritte
- Personendarstellung durch Medien
- Personendarstellung durch IT-Systeme[41]

Einzig die direkte Selbstdarstellung wird von dem jeweiligen Nutzer ganz bewusst gesteuert. Hier tätigt er selbst (beschreibende) Angaben über sich bzw. sein digitales Alter Ego. Bereits die indirekte Selbstdarstellung, die über die Art

37 Vgl. Crowe, Nic/Watts, Mike: „‘When I click “ok” I become Sassy – I become a girl’. Young people and gender identity: subverting the ‘body’ in massively multi-player online role-playing games“, in: International Journal of Adolescence and Youth, 19:2 (2014), S. 217-231, hier S. 227.

38 C. Eck: Second Life und Identität, S. 119.

39 Vgl. Pace, Tyler/Houssian, Aaron/McArthur, Victoria: „Are socially exclusive values embedded in the avatar creation interfaces of MMORPGs?“, in: Journal of Information, Communication and Ethics in Society 7/2,3 (2009), S. 192-210, hier S. 197.

40 Ferrin, Nino: Selbstkultur und mediale Körper. Zur Pädagogik und Anthropologie neuer Medienpraxen, Bielefeld: transcript 2013, S. 8.

41 Vgl. N. Döring: „Sozialkontakte online“, S. 164.

und Weise, wie Informationen bereitgestellt werden, konstruiert werde, entzieht sich größtenteils der bewussten Gestaltung. Dies inkludiert beispielsweise, wie der Nutzer etwas sagt oder schreibt. Auch die Emotionen des Avatars sind von ihm nur bedingt steuerbar.[42] Die Personendarstellung durch Dritte entzieht sich der Kontrolle noch stärker. In diese Kategorie fallen Äußerungen und Informationen, die Andere über die jeweilige Person verbreiten, beispielsweise in angedockten Kommunikationsforen. Während hier der Einzelne aber ggf. noch um Entfernung der betreffenden Information bitten kann, ist dies im Bereich Personendarstellung durch Medien kaum noch möglich. Personendarstellungen durch IT-Systeme lassen sich schließlich so gut wie gar nicht durch das Individuum beeinflussen. Hierunter fallen etwa Angaben über das Anmeldedatum bei einem speziellen Dienst, gesammelte Erfahrungspunkte, Level und dergleichen mehr.

Zwar erlaubt die Kombination der verschiedenen Gestaltungsmöglichkeiten den Interaktanten die Verbreitung eines bestimmten Bildes ihrer selbst im Rahmen sozialer Online-Situationen und damit die Erzeugung eines spezifischen Eindrucks, allerdings hat der Einzelne über seine digitale Repräsentation sowohl in sozialen virtuellen Welten als auch in digitalen (Gemeinschafts-)Spielen nur bedingt Kontrolle.

Identifikatorische Potenziale von Avataren

Sowohl offene als auch geschlossene Avatare haben große identifikatorische Potenziale. Dabei verstärkt eine Vielzahl von Gestaltungsmöglichkeiten auf Seiten des Spielers die Identifikation mit der steuerbaren Figur.[43] Dennoch geht die identifikatorische Kraft nicht durch den Verzicht auf die Darstellung eines Avatars verloren.[44] Entscheidendes Moment ist die Frage, inwieweit die Handlungen des Avatars den Eingaben des Spielers entsprechen und eine unmittelbare Verbindung spürbar ist. Hier haben Avatare mit zentraler Identifikation deutliche Vorteile gegenüber solchen mit azentraler Identifikation. Aber selbst im ersten Fall lässt sich die Verbindung noch verstärken, z.B. durch Techniken des Motion Capturings oder die Arbeit mit Virtual-Reality-Technology, wodurch sich digitale und physische Bewegungen immer mehr annähern und die Immersion ver-

42 Vgl. B. Jörissen: „The Expression of the Emotions in Man and Avatars“, S. 175.

43 Vgl. Butler, Mark: Would you like to play a game? Die Kultur des Computerspielens, Berlin: Kadmos 2007, S. 99.

44 Vgl. Newman, James: „The Myth of the Ergodic Videogame. Some thoughts on player-character relationships in videogames“, in: Game Studies. The International Journal of Computer Game Research 2/1 (2002), ohne Paginierung.

stärkt wird. Somit kommt dem verwendeten Interface eine entscheidende Rolle bei der Identifikation mit dem Avatar zu.

Richard Bartle unterscheidet vier Stufen der Immersion im Zusammenhang mit Spielerverkörperungen in digitalen Welten: die Ebenen Spieler, Avatar, Character und Persona. Auf der ersten Stufe wird die Spielfigur deutlich als ein vom eigenen Körper verschiedenes Objekt wahrgenommen. Auf der zweiten Stufe sieht der Spieler die Spielfigur als Stellvertreter in der virtuellen Welt, der von ihm selbst gesteuert werden kann, aber weiterhin eine eigene Entität bleibt. Auf der dritten Stufe, der des Characters, fungiert die Spielfigur als Verkörperung des Spielers selbst im Spiel. Dies wird beispielsweise unterstützt, indem das Spiel den Spieler direkt anspricht. Auf Stufe vier, der Persona, wird schließlich nicht länger eine Unterscheidung zwischen Selbst und Spielfigur getroffen.[45] Diese Ebene stellt die stärkste Form der Immersion dar.

Dennoch sind in Bezug auf das identifikatorische Potenzial nicht nur die (temporäre) Immersion zu diskutieren, sondern auch die über die jeweilige digitale Repräsentation getätigten sozialen Erfahrungen. Hierbei ist natürlich die Dauer der gemeinsam verbrachten Zeit ein entscheidendes Kriterium. „[O]nce an identity is adopted within the virtual, it takes on a reality of its own that is sustained until the player logs out."[46] So haben Avatare in MMORPGs ein deutlich höheres identifikatorisches Potenzial als solche aus Casual Games, mit denen Spieler sich zwischendurch beschäftigen, und in denen sie seltener tiefgehende soziale Erfahrungen machen. Dabei hat die Verstrickung in soziale, über das eigentliche Spielerleben hinausreichende, aus diesem entstandene Gruppierungen Einfluss auf Intensität und Dauer der Spielhinwendung.[47] In diesem Zusammenhang ist die Repräsentation des eigenen Selbst unmittelbar mit den Erfahrungen in virtuellen Welten verbunden. Auf diese Weise können Avatare mitunter Einfluss auf die eigenen psychischen Zustände und Handlungsweisen nehmen.[48] Die im sozialen Kontext der virtuellen Welt gemachten Erfahrungen spielen so mitunter in das alltägliche Leben zurück. Wie Frank Biocca herausstellt, kann dies bis zu einer Rekalibrierung des sensomotorischen Apparats reichen.[49] MMORPGs und soziale virtuelle Welten können somit durchaus als

45 Vgl. Bartle, Richard: Avatar, Character, Persona, Online: http://mud.co.uk/richard/acp.htm vom 07.08.2001.

46 N. Crowe/M. Watts: „'When I click "ok" I become Sassy", S. 224.

47 Vgl. Ackermann, Judith: Gemeinschaftliches Computerspielen auf LAN-Partys. Kommunikation, Medienaneignung, Gruppendynamiken, Münster: Lit 2014, S. 91f.

48 Vgl. F. Biocca: „Connected to My Avatar", S. 422.

49 Vgl. ebd., S. 427.

wichtige soziale Kontexte für die Konstruktion von Offline-Identitäten betrachtet werden.[50]

PRAXISBEZÜGE

Wie in den vorangegangenen Abschnitten deutlich wurde, ist die Partizipation an digitalen Kommunikationskontexten unterschiedlichster Form ohne die Verwendung eines Avatars kaum möglich. Dabei spielen die Vorgaben der genutzten Dienste eine entscheidende Rolle in Bezug auf die Gestaltungsmöglichkeiten. Je nach Dienst und Kommunikationsziel rücken unterschiedliche Aspekte bei der Wahl eines geeigneten Stellvertreters in den Vordergrund und resultieren in variierenden Strategien der Avatar-Gestaltung bzw. -Auswahl (vgl. Gedankenexperiment weiter unten). Durch das Zusammenspiel von Gestaltungsfreiheit und Gestaltungsrestriktionen und die Kopplung von physischen und digitalen Aktionen der Nutzer stellen Avatare ein sehr reizvolles Instrument für das Erreichen ganz unterschiedlicher – zum Teil sehr konkreter – Ziele dar. Die Bedeutung, die ihnen schon jetzt in der Praxis zukommt, spiegelt sich in der Vielzahl bereits bestehender Anwendungsbereiche deutlich wider.

Aufgrund des besprochenen Potentials zur Rekalibrierung des sensomotorischen Systems durch digitale Erfahrungen finden Avatar-Szenarien etwa zunehmend in Rehabilitations-Anwendungen[51] und therapeutischen Kontexten (beispielsweise in den Bereichen Autismus[52] und Schizophrenie[53]) Verwendung. Durch die mit ihnen einhergehende Vermittlung eines Gefühls von Präsenz in virtuellen Umgebungen, werden offene Avatare mit zentraler Identifikation ver-

50 Vgl. N. Crowe/M. Watts: „'When I click "ok" I become Sassy", S. 219.

51 Vgl. F. Biocca: „Connected to My Avatar", S. 427.

52 Vgl. Kandalaft, Michelle R./Didehbani, Nyaz/Krawczyk, Daniel C./Allen, Tandra T./Chapman, Sandra B.: „Virtual Reality Social Cognition Training for Young Adults with High-Functioning Autism", in: Journal of Autism and Developmental Disorders 43/1 (2013), S. 34-44.

53 Vgl. Bekele, Esubalew/Bian, Dayi/Zheng, Zhi/Peterman, Joel/Park, Sohee/Sarkar, Nilanjan: „Responses during Facial Emotional Expression Recognition Tasks Using Virtual Reality and Static IAPS Pictures for Adults with Schizophrenia", in: Virtual, Augmented and Mixed Reality. Applications of Virtual and Augmented Reality, Lecture Notes in Computer Science, 8526 (2014), S. 225-235.

stärkt in Bildungskontexten eingesetzt.[54] Im wirtschaftlichen Sektor kommen sie zum Einsatz, um die Kunden-Ansprache zu verbessern und virtuelle Shopping-Erlebnisse zu erweitern.[55] Im Bereich politischer Partizipation[56] und in Aufklärungskampagnen[57] dienen sie unter anderem zur Stärkung des Vertrauens in die einzelnen Dienste und zur Verbesserung der Benutzerfreundlichkeit. Bereits diese wenigen Beispiele verweisen auf die enorme Vielfalt des zweckbestimmten Einsatzes von Avataren.

Gedankenexperiment:
Avatare begegnen Ihnen in einer Vielzahl unterschiedlicher digitaler Kontexte. Wenn Sie einen Eindruck davon erhalten möchten, auf welche Weise sie das Bild der repräsentierten Personen (mit-)gestalten und welche Mechanismen bei ihrer Auswahl eine Rolle spielen, können Sie eine oder mehrere der nachfolgend genannten (Selbst-)Beobachtungssaufgaben ausprobieren:

1. Betrachten Sie die Profile Ihrer Kontakte auf einem sozialen Netzwerk Ihrer Wahl und achten Sie auf folgende Aspekte:

Wie viele Ihrer dortigen Kontakte sind mit dem eigenen Klarnamen gelistet? Welche der Profilbilder zeigen die bezeichnete Person und auf welche Weise? Überwiegen bestimmte Posen, Gesichtsausdrücke, Settings o.ä.? Was sagen die Bildinformationen über die bezeichnete Person aus? Entdecken Sie auch Profilbilder, auf denen die bezeichnete Person nicht zu sehen ist? Was ist dort alternativ abgebildet? Lassen sich typische Strategien in Bezug auf die Darstellung feststellen? Vergleichen Sie Ihre Erkenntnisse mit Beobachtungen in

---

54 Vgl. Annetta, Leonard A./Holmes, Shawn: „Creating Presence and Community in a Synchronous Virtual Learning Environment Using Avatars“, in: International Journal of Instructional Technology and Distance Learning 3/8 (2006), S. 27-43.

55 Vgl. Moon, Jang Ho/Kim Sejung, Eunice/Choi, Marina/Sung, Yongjun: „Keep the Social in Social Media: The Role of Social Interaction in Avatar-Based Virtual Shopping“, in: Journal of Interactive Advertising, 13/1 (2013), S. 14-26, hier S. 16.

56 Vgl. Almutairi, Badr/Rigas, Dimitros: „The Role of Avatars in e-Governement Interfaces“, in: Aaron Marcus (Hg.), Design, User Experience, and Usability. User Experience Design for Diverse Interaction Platforms and Environments, Cham u.a.: Springer, S. 28-37.

57 Bspw. im Fall der Terre des Hommes-Kampagne „Sweetie“ aus dem Jahr 2013, die sich gegen Webcam Sex-Tourismus richtet, siehe http://vimeo.com/86895084

anderen Online-Umgebungen. Wo sehen Sie Unterschiede und Gemeinsamkeiten?

2. Starten Sie ein Computerspiel Ihrer Wahl, das Ihnen die Möglichkeit gibt zwischen mehreren verschiedenen Avataren auszuwählen.

Treffen Sie eine Entscheidung. Gehen Sie dann einen Schritt zurück und überlegen Sie, warum Sie sich nicht für einen der anderen Charaktere entschieden haben. Spielen Sie dies für mindestens zwei Spiele durch, eines, das Sie sehr häufig verwenden (bzw. verwendet haben) und eines, das Sie noch nie gespielt haben. Fallen Ihnen in Bezug auf die Art und Weise wie Sie Ihre Entscheidung begründen Unterschiede auf?

3. Begeben Sie sich auf eine Internetseite Ihrer Wahl, die das Gestalten eines Avatars erlaubt (z.B. www.bitstrips.com) und durchlaufen Sie den Prozess bis zur Fertigstellung. Bewerten Sie anschließend das Ergebnis.

Wie sehr entspricht es Ihren Erwartungen an den Avatar? Wie sehr ähnelt der Avatar Ihrer eigenen physiognomischen Erscheinung? Hätten Sie sich andere/weitere Gestaltungsmöglichkeiten gewünscht, als die vom Anbieter vorgesehenen? Testen Sie die Avatargestaltung noch auf einer weiteren Seite. Welche Unterschiede fallen zwischen den Avataren auf? Vergleichen Sie nicht nur die Ergebnisse sowie auch die Verfahren der Gestaltung.

ENTWICKLUNGEN UND AUSBLICK

Die fortschreitende technische Entwicklung ermöglicht die zunehmende Annäherung von physischer Gestalt und digitaler Repräsentation. So ist es mittlerweile möglich, den physischen Körper mittels 3D-Scanner zu digitalisieren und einen Avatar als realistisches Abbild zu kreieren.[58] Auch existieren Projekte, in denen eine durch affektive Reaktionen gesteuerte Interaktion mit virtuellen Wel-

58 Vgl. Brownridge, Andrew/Twigg, Peter: „Body scanning for avatar production and animation", in: International Journal of Fashion Design, Technology and Education, 7/2 (2014), S. 125-132.

ten erprobt wird.[59] Auf diese Weise wird die Präsentation eines *ideal* (oder *alternative*) *selfs* erschwert, was zusätzlich verstärkt wird, indem die Verankerung von Kommunikation in Offline-Kontexten durch die Kopplung unterschiedlicher Web-Dienste weiter vorangetrieben wird. Dies zeigt sich etwa in der Möglichkeit (bzw. dem Zwang) der Verwendung des eigenen Facebook-Profils zur Registrierung bei weiteren Diensten bzw. durch die an manchen Stellen bereits verpflichtend gemachte Verwendung des Klarnamens für digitale Interaktionen. Die Auswirkungen dieser Veränderungen auf Identitätskonstruktion und Interaktion in digitalen Welten werfen eine Vielzahl wissenschaftlicher Fragestellungen auf, die es zukünftig verstärkt zu bearbeiten gilt.

WEITERFÜHRENDE LITERATUR

Ackermann, Judith: „Masken und Maskierungsstrategien – Identität und Identifikation im Netz", in: Caja Thimm/Marios Anastasiadis (Hg.), Social Media: Theorie und Praxis digitaler Sozialität, Frankfurt/New York: Lang 2011, S. 59-84.

Beil, Benjamin: Avatarbilder. Zur Bildlichkeit des zeitgenössischen Computerspiels, Bielefeld: transcript 2012.

Crowe, Nic/Watts, Mike: „'When I click "ok" I become Sassy – I become a girl'. Young people and gender identity: subverting the 'body' in massively multiplayer online role-playing games", in: International Journal of Adolescence and Youth, 19:2, (2014), S. 217-231.

Döring, Nicola: „Sozialkontakte online: Identitäten, Beziehungen, Gemeinschaften", in: Wolfgang Schweiger/Klaus Beck (Hg.), Handbuch Online-Kommunikation, Wiesbaden: Springer VS 2010, S. 159-183.

Eck, Cornelia: Second Life und Identität. Potenziale virtueller Existenz, Baden-Baden: Nomos 2011.

Guitton, Matthieu J.: „Cross-modal compensation between name and visual aspects in socially active avatars", in: Computers in Human Behavior 26 (2010), S. 1772-1776.

Klevjer, Rune: „Enter the Avatar: The Phenomenology of Prosthetic Telepresence in Computer Games", in: John R. Sageng et al. (Hg.), The philosophy of computer games, Dordrecht/Heidelberg [u.a.]: Springer 2012, S. 17-38.

59 Vgl. Nacke, Lennart E./Mandryk, Regan L.: „Designing Affective Games with Physiological Input", in: Fun and Games, September, Leuven, Belgien 2011.

Kromand, Daniel: „Avatar Categorization“, in: Akira Baba (Hg.), Proceedings of DiGRA 2007 Conference: Situated Play September 24-28, 2007, Tokyo, Japan: S. 400-406. Online verfügbar: http://www.digra.org/wp-content/uploads/digital-library/07311.16435.pdf

Meadows, Mark S.: I, Avatar. The culture and consequences of having a second life, Berkeley, CA: New Riders 2008.

Misoch, Sabina: „Avatare: Spiel(er)figuren in virtuellen Welten“, in: Kai-Uwe Hugger (Hg.), Digitale Jugendkulturen, Wiesbaden: Springer VS 2010, S. 169-185.

Moon, Jang Ho/Kim Sejung, Eunice/Choi, Marina/Sung, Yongjun: „Keep the Social in Social Media: The Role of Social Interaction in Avatar-Based Virtual Shopping“, in: Journal of Interactive Advertising, 13/1 (2013), S. 14-26.

Thimm, Caja/Klement, Sebastian: „Spiel oder virtueller Gesellschaftsentwurf? Der Fall Second Life“, in: Caja Thimm (Hg.), Das Spiel – Muster und Metapher der Mediengesellschaft, Wiesbaden: Springer VS 2009, S. 192-213.

Waggoner, Zack: My Avatar, My Self. Identity in Video Role-Playing Games, Jefferson, North Carolina, London: Mac Farland & Company 2009.

Selfies und Selfie Sticks

Automedialität des digitalen Selbstmanagements

CHRISTIAN STIEGLER

> „We use snapshots to communicate to ourselves, and those around us, and those who will succeed us, that we in fact exist. With snapshots we become our own historians, and through them we proclaim and affirm our existence."
> DAVID L. JACOBS: DOMESTIC SNAPSHOTS, S. 104.[1]

EINFÜHRUNG

Prominente fotografieren sich in Unterwäsche, Astronauten im Weltall, der Papst mit seinen Anhängern und Barack Obama und David Cameron unterbrechen dafür sogar eine Beerdigung. Das Selfie, das digitale Selbstporträt einzelner oder mehrerer Personen, ist eine Momentaufnahme digitaler Medienkultur, die aus unserem Alltag kaum mehr wegzudenken ist. Die Masse an täglich (re-)produziertem Bildmaterial verleitet zu Annahmen narzisstischer Selbststilisierung einer gesamten Gesellschaft (insbesondere jüngerer Generationen, gerne mit „Generation Selfie" bezeichnet) mithilfe oder oft auch in Geiselhaft digitaler Technologien. Doch diese vorschnelle Analyse trügt. Selfies sind vielmehr performative Bildakte und damit auch kommunikative Handlungen, die das Ich in das Wahrnehmungszentrum von Selfie-Produktion und -Rezeption rücken und dabei ähnlich wie Sprechakte eine kommunikative Doppelstruktur aufweisen.

1 Jacobs, David L.: „Domestic Snapshots: Toward a Grammar of Motives", in: Journal of American Culture 4/1 (1981), S. 93-105, hier S. 104.

Selfies kommunizieren durch ihre Visualität nicht nur über die Welt, sondern sie konstituieren dabei zugleich soziale Verhältnisse innerhalb dieser Welt, ablesbar an den jeweils erhobenen Geltungsansprüchen des Selfie-Produzenten. Gleichzeitig sind Selfies immer auch Teil einer Inszenierung der eigenen Person und der medialen Symbiose zwischen Aufführung/Performance und Wahrnehmung durch und mit Medien.[2]

Diese Verbindung aus kommunikativ-performativen Faktoren ist bereits lange Zeit vor Selfies Teil von Gesellschaft und Kultur. Bereits 1524 malt der italienische Maler Parmigianino in seinem „Selbstporträt im konvexen Spiegel" ein Abbild seiner selbst durch das Medium des Spiegels. Der runde Konvexspiegel verzerrt die Proportionen seines Körpers wie ein Fischaugenobjektiv, lässt die rechte malende Hand um einiges größer erscheinen, zeigt das Antlitz spiegelverkehrt und konstituiert somit auch eine Aussage über die eigene Körpererfahrung des Malers. Wir sehen, was er sieht: „Rather, like much new media, the selfie can be conceived of as a multimodal convergence of older and newer technologies: the selfie is a mirror, and a camera, and a stage or billboard all at once."[3]

Die kulturelle und mediale Entwicklung des Selbstporträts beginnt bereits einige Jahrhunderte vor Parmigianinos Gemälde. Im Zuge oraler Kulturen sind es die Bilder, welche die Brücken zwischen Produktion und Rezeption schlagen und der breiten Masse Zugang zu zumeist klerikalen und geistlichen Texten ermöglichen. Zugang ist nicht gleich Verständnis, denn sowohl das Lesen von Schriftzeichen als auch die Dekodierung von Bildern ist ein komplexer Vorgang, im Falle der Bilder zugleich desorientiert und bisweilen strukturlos. Die Interpretation der Bilder lag daher immer noch in der Hand ihrer Produzenten. Ab dem 18. Jahrhundert avancieren die Selbstporträts berühmter Maler zu begehrten Sammlerobjekten und bis zum Ende des 20. Jahrhundert sind Körper und ihre unterschiedlichen Ausformungen in der Kunst keine Seltenheit mehr. Mit dem Aufkommen der Fotografie und ihrer Reproduktion wird auch dem Medium selbst eine veränderte Rolle zuteil: Erste Apparaturen zur Fotografie sind groß und unhandlich und bei Selbstporträts durch Spiegel zumeist im Blickfeld der Aufnahme präsent. Bei ersten Smartphone-Generationen befand sich die Kamera

2 Vgl. hierzu Krämer, Sybille: Gibt es eine Performanz des Bildlichen? Reflexionen über „Blickakte", in: Ludger Schwarte (Hg.), Bild-Performanz. Die Kraft des Visuellen, München: Fink 2010, S. 63-90. Online: http://userpage.fu-berlin.de/~sybkram/media/downloads/Performanz_des_Bildlichen.pdf.

3 Warfield, Katie: Making Selfies/Making Self: digital subjectives in the selfie. Image Conference Berlin 30.10.2014. Online: http://kora.kpu.ca/cgi/viewcontent.cgi?article=1008&context=facultypub

an der Hinterseite des Mobiltelefons, wodurch Selbstporträts immer noch mithilfe von Spiegeln durchgeführt werden mussten. Auch hier waren die Apparaturen, die Mobiltelefone, stets im Blickfenster des Perspektivs zu sehen und wurden so zu Extensionen des eigenen Körpers (vgl. McLuhan). Die Technologien und Medien passen sich somit dem Körperbewusstsein an (vgl. auch *wearable media*).

Das Selbstbild dient damals wie heute sowohl in privaten als auch öffentlichen Kontexten als Erinnerungsmedium.[4] Das Medium macht die Erinnerung des Einzelnen obsolet. Die Bilder entlasten die Erzählung, treten an ihre Stelle und entfalten im Rahmen ihrer Repräsentationsfunktion viel mehr als nur eine Erinnerungsfunktion. Sie kreieren vielmehr eine mediale Realität unseres Selbst nicht nur in der Wahrnehmung des Einzelnen, sondern des gesamten Kollektivs, wodurch ihre Bedeutung in Sharing-Kulturen stetig zunimmt. Dies wird durch den von Bredekamp beschriebenen „substitutiven Bildakt" ermöglicht, begründet in der „[...] tiefgreifenden Tradition, Körper und Bild, obwohl getrennt, als identisch zu begreifen."[5] Selfies sind somit Erweiterungen des Körpers bzw. dessen Identität und stellen durch ihren Zeigegestus direkte Nähe und Intimität her. Selfies und diverse Selfie-Tools, wie der Selfie Stick, sind damit Bindeglied für das Verständnis digitaler, visueller Kulturen, die sich durch Automedialität und Selbstmanagement auszeichnen.

THEORIEN, METHODEN UND PRAXISBEZÜGE

Selfies als Form des digitalen Selbstmanagements

Selfies sind ausschließlich im Gesamtkontext digitaler Medien zu verstehen. Obwohl soziale Netzwerke und interaktive Komponenten die Bildung von Gruppen und Kollektiv-Kulturen befördern, ist die Inszenierung des Individuums ein wesentlicher Bestandteil digitaler Kulturen. Der Begriff des Selbstmanagements verweist auf die selbstständige Formierung des Ichs unter den Reglementierungen der Fremddisziplinierung. Anders ausgedrückt: Es ist notwendig, mit einem oder mehreren Profilen auf sozialen Netzwerken präsent zu sein und in diesen

4 Vgl. Därmann, Iris: Tod und Bild. Eine phänomenologische Mediengeschichte, München: Fink 1998 und Belting, Hans: Faces. Eine Geschichte des Gesichts. 2. Aufl., München: Beck 2014, S. 118f.

5 Bredekamp, Horst: Theorie des Bildakts. Frankfurter Adorno Vorlesungen 2010, Berlin: Suhrkamp 2010, S. 173.

mit anderen digitalen (Ab-)Bildern zu kommunizieren, jedoch stets unter den dispositiven Eigenschaften des Mediums und den Reglementierungsbedingungen einer fremden Instanz (hier: den Möglichkeiten zur Inszenierung, die diese Plattformen bieten und eröffnen bzw. auch wieder wegnehmen können). Formen des Selbstmanagements durchdringen alle Bereiche unseres Alltags: von elektronischen Gesundheits- und Finanzakten, der Individualisierung des Medienkonsums (vgl. Video-on-Demand-Plattformen wie Netflix mit auf Nutzerdaten ausgerichteten Angeboten), Bewerbungsprozessen (für die immer häufiger Profile auf digitalen Plattformen wie Xing herangezogen werden) bis zur Partnerwahl im Internet auf Dating-Plattformen. All dies sind Tendenzen eines immer größer werdenden, teils öffentlichen Prozesses der Selbstinszenierung. Menschen haben immer schon den Drang gehabt, sich zu inszenieren und sich im Kollektiv als Individuum zu positionieren, aber durch das Internet geschieht vieles davon in leicht zugänglichen sozialen Netzwerken, in denen Bestätigung, Ablehnung und Verbreitung der eigenen Inszenierung eine große Rolle spielen. Diesen Formen des Selbstmanagements stehen wiederum Faktoren der Fremddisziplinierung gegenüber, in der Teilhabe auch zum ökonomischen Modell wird. Selfies sind ein Teil dieser Entwicklung und Ausdruck der, auch von Selbstmanagement getriebenen und Fremddisziplinierung geprägten, digitalen Gesellschaft:

> "Die Vervielfachung der Publikations- und Kommunikationsformate hat dazu geführt, dass Millionen von Usern/Userinnen ihre Alltagskommunikation öffentlich im Kontext digitaler Netzwerke ausbreiten. Durch ihre Online-Präsenz ist die biografische Selbstdarstellung ein Gegenstand des öffentlichen Interesses, welches sich der persönlichen Daten und Informationen nach dem Prinzip der freien Verfügbarkeit von Wissensbeständen (Wissensallmende) bemächtigen kann. Öffentlich konsumierbare Biografien können folglich als eine Wissensallmende, das ist das gemeinsame Gut (Gemeingut) der Informationsgesellschaft, bezeichnet werden."[6]

Reichert bringt hier den Begriff der „öffentlich konsumierbaren Biografie" in den Diskurs ein und verweist auf das wesentliche Kriterium all dieser benannten Inszenierungen: Sie sind Teil einer öffentlich stattfindenden Formierung unseres Selbst, eines (im Sinne Därmanns) Erinnerungsmediums, das öffentlich mit privat vermischt, und wichtiger: an die Stelle der Erzählung, also auch von uns selbst, tritt.[7]

---

6 Reichert, Ramón: Amateure im Netz. Selbstmanagement und Wissenstechnik im Web 2.0, Bielefeld: transcript 2008, S. 11.

7 Vgl. I. Därmann: Tod und Bild. Eine phänomenologische Mediengeschichte.

Im Zusammenhang solch öffentlich stattfindender Autobiografisierungen unserer Person ist der Begriff der Automedialität wesentlich. Er eröffnet die Möglichkeit die Autobiografie durch digitale Profile gleichzeitig in Abhängigkeit medialer und kultureller Praktiken zu begreifen und die Rolle bildgebender Verfahren bei der Subjektivierung durch technische Medien zu analysieren. Das Selfie als digitales Bild unserer Person ist ja vor allem durch die Nutzung der Technologie und des Mediums Internet charakterisiert: Jeder, der schon einmal eine Aufnahme mit dem Smartphone von sich gemacht hat, weiß um die Besonderheiten der Perspektive, des Umfelds und der Zentrierung der eigenen Person. Dass Lebensentwürfe im quasi öffentlichen Raum stattfinden, ist nicht immer eine abschreckende Vorstellung. Ganz im Gegenteil: Menschen ist es immer schon ein Bedürfnis gewesen, dass andere an ihrem Leben und ihren Erlebnissen teilhaben, insbesondere wenn sie das Geteilte selbst als äußerst positiv und wertvoll erachten. Man erkennt dies gut an Prominenten, deren Lebensentwürfe ja schon aufgrund ihres Berufes hohes mediales Interesse generieren und die das bewusst auch in ihre Inszenierung integrieren. In Selfies und allen Informationen über uns, die wir bewusst mit anderen online teilen, steckt ebenso dieser Wunsch wahrgenommen zu werden, der in einer globalisierten Welt nur noch wichtiger erscheint. Das Individuum möchte sich selbst durch Medien Wert und Sinn verleihen. Die Sensibilisierung für Ereignisse, die es wert sind geteilt zu werden, hat durch die Masse der geteilten Informationen abgenommen, trotzdem: Es bleibt der Wunsch an der Teilhabe anderer an den eigenen Erlebnissen.

> "The selfie is a very interesting type of snapshot. In it, individuals often represent themselves as at the peak of their own attractiveness, and then use this image either as a profile image, or put it out into the public realm through, for example, their Instagram feed. The selfie is a way of saying, "look at me", out loud, in a public domain, it is about getting attention but also about crafting the self as an object in a very particular way."[8]

Auch die Teilhabe an Netzwerken ist ein grundlegendes menschliches Bedürfnis. Hat man früher private Fotos hauptsächlich am Sofa mit der Familie betrachtet, teilt man sie nun mit all seinen virtuellen Bekanntschaften (bekanntlich hat sich der Begriff der „Freundschaft" auch durch digitale Plattformen wie Facebook verändert). Hinzu kommt, dass Hemmschwelle und Sensibilisierung für Kommunikationsprozesse durch Anonymität, leichten Zugang und Gruppenbildungen

8 Iqani, Mehita: Spectacles or Publics? Billboards, magazine covers, and „selfies" as spaces of appearance. Wits Interdisciplinary Seminar, 11.11.2013. Online: http://wiser.wits.ac.za/system/files/seminar/Iqani2013.pdf

abnehmen. Teilhabe und Selbstinszenierung erscheinen vielen Menschen im virtuellen Raum einfacher. Es werden Inhalte und Bilder geteilt, die man in der Offline-Welt vermutlich nicht einmal ansprechen würde, schon gar nicht öffentlich. Also all das, was man an Bestätigung oder sozialer Teilhabe früher nur im kleinen Rahmen erreichen konnte, wird nun zum Massenphänomen der Digitalisierung und ist keineswegs mit blankem Narzissmus zu verwechseln.

Denn Kommunikation ist ein Prozess, der sich historisch verändert hat. Durch die Digitalisierung entstehen einerseits neue Kommunikationsformen (von Twitter bis WhatsApp), andererseits aber auch eine Wiederbelebung bereits existierender Formen, die nun einer großen Masse zugänglich sind. Fotografieren und Filmen waren lange Zeit Tätigkeiten, die ausschließlich Profis vorbehalten waren. Heute trägt jeder mindestens eine Kamera in seinem Smartphone mit sich herum und dies vereinfacht den Prozess ein spontanes Foto von sich zu machen. Auf diese Weise kommunizieren auch Nicht-Profis mit Bildern und vermitteln dadurch Emotionen und Botschaften. Einfache Handhabe, kleinere Apparaturen und leicht zugängliche Modifikationsprogramme (z.B. Bild-Programme, Filter) ermöglichen darüber hinaus das Selbstbild nach den eigenen Vorstellungen zu modifizieren (und damit zu manipulieren).

"With the use of the filter function, we have the opportunity to become even more fascinated with ourselves by stylizing our images to look as though they are from the past. The filter function simulates the look of physical age on photographs, which gives our selfies more importance than average self-portraits. For example, this faux-aging process gives us the look of someone who has aged and acquired a certain wisdom that is time-dependent via photographs."[9]

Dies zeigt sich nicht mehr nur lediglich an fotografischen Selbstporträts. „Technologien der Verkörperung"[10] lassen sich auch in anderen Medien finden. Am 11.08.2006 veröffentlicht etwa Ahree Lee ein Video von sich auf YouTube mit dem Titel *Me*[11], das innerhalb weniger Tage von einer knappen Million Menschen angeklickt wird. Das *time-lapse*-Video montiert Fotos von Lee, die sie jeden Tag innerhalb von drei Jahren von sich aufgenommen hat. Bereits am 27.08.2006 veröffentlicht Noah Kalina ein ähnliches Video mit dem Titel *Ever-*

9 Wendt, Brooke: The Allure of the Selfie. Instagram and the New Self-Portrait. Amsterdam: Network Notebooks 2014, S. 9.

10 Vgl. Jones, Amelia: „The Eternal Return: Self-Portrait Photography as a technology of embodiment", in: Journal of Women in Culture and Society 27/4 (2002), S. 947-978.

11 Vgl. https://www.youtube.com/watch?v=55YYaJIrmzo

day[12], das ebenfalls tägliche Fotos von ihm in chronologischer Abfolge zeigt. Zeitraum: sechs Jahre. Kalina dachte erst daran seine Fotos zu teilen, als er Lees Video sah. Obwohl Kalinas Video weitaus häufiger verbreitet wurde und popkulturelle Anspielungen auslöste (vgl. *The Simpsons*[13]), haben beide Videos etwas gemeinsam: Sie zeigen zwei junge Menschen in ihren Zwanzigern, die sich mit starrem Gesichtsausdruck und wechselndem Hintergrund jeden Tag selbst fotografieren. Durch die Inszenierung (Mimik[14], Musik, Ästhetik des Bildmaterials) wird eine bewusste Rezeption des Alterungsprozesses evoziert, die authentische Züge andeuten möchte. Bei der Rezeption dieser Inhalte scheinen auch Inszenierung von Geschlechterrollen, Sexualität und kulturelle Herkunft (insbesondere bei jungen Frauen[15]) eine wesentliche Rolle zu spielen, was sich vor allem an der Mehrheit negativer Kommentare unter Lees Video zeigt.[16]

(No) Self(ie)-Respect and shameless Self(ie)-Promotion

Individuelles Selbstmanagement im kollektiven Raum muss auch Auswirkungen auf die kollektive Wahrnehmung des Einzelnen haben.[17] Während Bestätigung, Anerkennung und Teilhabe bei der Produktion von Selfies eine wesentliche Rolle im Rahmen der digitalen Inszenierung spielen, ist bei der kollektiven Rezeption vor allem der Grad der Aufmerksamkeit entscheidend, der dadurch generiert wird. Vor allem Prominente stehen durch ihre öffentliche Rolle, die bereits durch ihre Definition Inszenierung beinhaltet, deshalb zumeist im Fokus der Aufmerk-

12 Vgl. https://www.youtube.com/watch?v=6B26asyGKDo

13 Vgl. https://www.youtube.com/watch?v=zcAL7bzjAJ0

14 Vgl. hierzu auch zur Bedeutung des Gesichts, z.B. H. Belting: Faces. Eine Geschichte des Gesichts; Fausing, Bent: Self-Media. The self, the face, the media, and the selfies. International Conference on Sensoric Image Science, 24.07.2014. Online: http://www.academia.edu/7988938/SELF-MEDIA._The_Self_the_Face_the_Media_and_the_Selfies

15 Vgl. Moorhead, Joanna: Sexy selfies may upset parents, but they're part of growing up today. Online: http://www.theguardian.com/commentisfree/2013/sep/11/sexy-selfies-upset-parents-texan-mother vom 11.09.2013.

16 Vgl. Rettberg, Jill Walker: Seeing ourselves through technology. How we use selfies, blogs and wearable devices to see and shape ourselves. Houndsmiles: Pelgrave Macmillian 2014, S. 36f.

17 Vgl. hierzu Freedland, Jonathan: The selfie's screaming narcissism masks an urge to connect. Online: http://www.theguardian.com/commentisfree/2013/nov/19/selfie-narcissism-oxford-dictionary-word vom 19.11.2013.

samkeit. Durch Fotografien und Filmaufnahmen mit dokumentarischem Anspruch soll der Inszenierung eine gewisse Form von Authentizität verliehen werden. All das, was augenscheinlich als amateurhaft, spontan und nicht-inszeniert erscheint, wirkt authentisch. Ein Selfie der Bundeskanzlerin im Bundestag wirkt auf uns anders als wenn es sich um ein ausgeleuchtetes und nachbearbeitetes Pressefoto von ihr handeln würde. Die Nähe, die dadurch im Zuge digitaler Inszenierungen aufgebaut wird, spielt vor allem bei Prominenten und den damit verbundenen Fan-Beziehungen eine wichtige Rolle.

Bereits Andy Warhol erkannte in seinen „Star Polaroids" die Möglichkeit Bilder rasch zu verbreiten, was eine wichtige Anschlussquelle für die Selfies auf sozialen Plattformen wurde.[18] Celebrities wie der Schauspieler/Regisseur James Franco (Abb. 1) oder die Sängerinnen Miley Cyrus und Beyoncé nutzen diese Möglichkeit, um mediale Nähe zu ihren Fans durch inszenierte Authentizität auf visueller Ebene aufzubauen. Dies bedeutet gleichzeitig Selbstinszenierung im öffentlichen Rahmen, die in hohem Maße auf sozialen Plattformen verbreitet wird. Höhepunkt dieser (prominenten) Inszenierung ist mit Sicherheit der Oscar-Selfie im März 2014. Moderatorin Ellen DeGeneres entschließt sich während der Preisverleihung der Academy Awards augenscheinlich „spontan" ihr Mobiltelefon zu zücken, um gemeinsam mit einer Schar an prominenten Hollywood-Stars den Rekord für das „most re-tweeted image" auf Twitter zu brechen (was ihr im Zuge der medialen Bekanntheit des Events auch gelingt). Stars wie Brad Pitt, Julia Roberts, Kevin Spacey, Bradley Cooper, Angelina Jolie und Meryl Streep sind Teil einer öffentlichkeitswirksamen Inszenierung der Filmbranche. Denn ähnlich wie die Verleihung weniger dem Zusprechen von Preisen, als vielmehr der medialen Inszenierung dient (auch zu erkennen an der Höhe des Werbeetats während der Veranstaltung und der kamerawirksamen, hochkarätigen Besetzung der ersten Sitzreihen), ist auch die Selfie-Inszenierung keineswegs spontan, sondern geplant. Der Mobiltelefon-Hersteller Samsung soll rund 20 Millionen Dollar bezahlt haben, um im Rahmen der Preisverleihung mit einem seiner Smartphone-Produkte vorzukommen. Dass der Aufmerksamkeitsgrad durch die Verbreitung des Selfies auf Twitter nur noch gesteigert wurde, wird deutlich erkennbar und ist auch im Vorfeld der Veranstaltung besprochen worden.[19] Dass

18 Vgl. hierzu u.a. Jones, Jonathan: The Polaroid production line. Online: http://www.theguardian.com/artanddesign/2008/oct/06/andywarhol.art vom 06.10. 2008.

19 Vgl. Lewis, Hilary: Oscars Behind-the-Scenes: Ellen DeGeneres plans selfie, rehearses „Wine Captain"-Joke (Video). Online: http://www.hollywoodreporter.com/news/oscars-behind-scenes-ellen-plans-686478 vom 06.03.2014.

eine solche Spontan-Aktion bei einem Live-Event alleinig aufgrund von Kamerapositionen, Zeitplänen, Dramaturgie und Verfügbarkeit von Personen einstudiert sein muss, wird deutlich und ist Teil der Medieninszenierung. Dass allerdings das Selfie dafür das geeignete Mittel erscheint, ist bemerkenswert. Es suggeriert Nähe, Spontanität, Witz und ein „Mit-der-Zeit-gehen", was der gesamten Filmbranche eine deutliche Image-Profilierung ermöglichte.

Abbildung 1: Selfie-Montage des Schauspielers James Franco

Quelle: Franco, James: The Meaning of the Selfie. Online: http://www.nytimes.com/2013/12/29/arts/the-meanings-of-the-selfie.html?_r=0 vom 26.12.2013.

Das Selbstverständnis für mediale Selbstinszenierungen im Rahmen des digitalen Selbstmanagements muss aber nicht immer mit der Ansprüchen und Maßstäben kollektiver Wahrnehmung übereinstimmen. Selfies beim Besuch von KZ-Gedenkstätten, dem Holocaust-Mahnmal in Berlin und des 9/11-Memorial am Ground Zero in New York sind kollektive Erinnerungsorte der Trauer, die der spektakelhaften Selbstinszenierung des Einzelnen widersprechen. Die Verbreitung solcher „Selfies at serious places"[20] führte in allen Fällen zu einer öffentlichen Sanktionierung und medialen Abstrafung.[21] Insbesondere die Userin „Prin-

20 Vgl. http://selfiesatseriousplaces.tumblr.com/

21 Vgl. u.a. Krafczyk, Eva: Die unappetitlichen Selfies von Auschwitz. Online: http://www.welt.de/geschichte/zweiter-weltkrieg/article131710140/Die-unappetitlichen-Selfies-von-Auschwitz.html vom 29.08.2014.

cess Breanna“ sorgte mit ihrem Auschwitz-Selfie für eine breit angelegte mediale (wenngleich nicht immer reflektierte[22]) Berichterstattung. Medienkompetenz bedeutet hier auch den angemessen Umgang mit der eigenen Inszenierung, den selbst Politiker und Prominente nicht immer beherrschen.[23] So ließen sich Barack Obama und David Cameron im Zuge einer Trauerfeier für Nelson Mandela zu einem Selfie hinreißen. Selbst wenn der Kontext differenziertere Schlüsse zulassen muss (Hintergründe des Selfies sind nicht bekannt[24]), bleibt die kollektiv wahrgenommene Widersprüchlichkeit zwischen Selbstinszenierung und Trauer im Vordergrund der Aktion.

Selfie Sticks: Die Professionalisierung der Automedialität

Sich von der „Schokoladenseite“ zeigen, sich in ein besseres Licht rücken: All diese Formulierungen verweisen auf den Wunsch Selbstbildnisse nicht zum Nachteil der Abgebildeten zu (re-)produzieren. Bei Selfies ist dies nicht immer einfach, da die Aufnahme tatsächlich von den Modalitäten des eigenen Körpers abhängt: „When taking a selfie, the subject usually holds a smartphone in hand; this does not allow the subject to create a great range of distance between his or her self and the smart- phone's camera."[25] Werkzeuge wie Selfie Sticks[26] dienen hierbei zur Professionalisierung des Aufnahmevorgangs. Wir kennen erste Bildzeugnisse um etwa 1925, auf denen Stangen zur Aufnahme von Selbstporträts verwendet wurden (oft trügt der Schein auch und die Stangen wurden verwendet, um den Auslöser der Kameras aus der Ferne zu bedienen – in jedem Fall also ein

22 Vgl. Brehl, Hektor: Hashtags, die du für dein Holocaust-Gedenkstätten-Selfie nicht verwenden solltest. Online: http://www.vice.com/de/read/25-hashtags-die-du-an-holocaust-gedenksttten-nicht-verwenden-solltest vom 20.11.2013.

23 Vgl. Klausner, Alexandra: „You know I had to do it one time lol #Holocaust“: San Antonio Spurs player Danny Green apologizes for posting a selfie in front of the Holocaust memorial in Berlin. Online: http://www.dailymail.co.uk/news/article-2786057/You-know-I-one-time-lol-Holocaust-San-Antonio-Spurs-player-Danny-Green-apologizes-posting-selfie-iin-Holocaust-memorial-Berlin.html vom 09.10.2014.

24 Vgl. Taylor, Chris: Obama's Funeral Selfie: This is why context matters. Online: http://mashable.com/2013/12/10/obama-funeral-selfie/ vom 10.12.2013.

25 B. Wendt: The Allure of the Selfie. Instagram and the New Self-Portrait, S. 24.

26 Vgl. Lange, Antonia (dpa): Hand(y) aufs Herz: Vom Siegeszug der Selfie Sticks. Online: http://www.tagesspiegel.de/weltspiegel/vom-siegeszug-der-selfie-sticks-handy-aufs-herz/11232512.html vom 15.01.2015.

Gadget, das ein erfinderisches Individuum für seinen Privatgebrauch angefertigt hat).[27] Selfie Sticks, wie man sie gegenwärtig vor allem an den sogenannten Hot-Spots in Großstädten sieht, stammen ursprünglich aus dem Bereich der Extrem-Sportarten. Unternehmen wie GoPro haben sich in den letzten Jahren darauf spezialisiert wasserdichte und robuste Kameras zu produzieren, die es Sportlern ermöglichen auch in Extremsituationen (z.B. als Bergsteiger an der Klippe eines Berges oder als Taucher unter Wasser) hochwertiges Bildmaterial zu erstellen. Im Rahmen dessen entstanden auch Armverlängerungen, die praktisch wie Stative funktionierten. Andere Verwendungsmöglichkeiten abseits dessen wurden aber rasch gefunden und so kamen Selfie Sticks als sogenannte monopods (Einbeinstative) zum ersten Mal vor allem in Südostasien (u.a. auf den Philippinen) im familiären und touristischen Sektor zum Einsatz.

Die Gründe dafür sind recht banal: Sie bieten vor allem bei Gruppenfotos eine erweiterte, stabile Perspektive, die professionellere Aufnahmen ermöglicht. Unternehmen wie Promaster haben diese Marktlücke erkannt und seitdem gibt es Selfie Sticks in unterschiedlichen Preisklassen mit unterschiedlichen Funktionen (u.a. Bluetooth-Auslöser). Im Zuge dieses Trends lassen sich erneut vermehrt Kommentare finden, die darin in erster Linie eine neue Form des Narzissmus erkennen und damit eine primär medienkritische Position einnehmen.[28] Selfie Sticks sind aber lediglich Zubehör und keineswegs Auslöser des Phänomens der Selbstinszenierung. Es ist ein menschliches Bedürfnis, dass wir unseren und den Vorstellungen anderer entsprechen möchten. Es ist ebenso unser Bestreben uns hierbei zu verbessern.[29] Die Sticks sind Zubehör, um vermeintliche Authentizität (welche die Selfies charakterisiert) stärker zu professionalisieren. Dazu zählen passende Kamera-Einstellungen und Fokus bzw. Perspektive des Bildes, die wir aufgrund von Konventionen als „gelungen“ oder „passend“ bewerten. Einfache Nutzung, kleine Apparatur und geringer Preis sind außerdem entscheidend für den Massengebrauch. Identität kann daher als konstruiertes Produkt erachtet werden, das sich aus unterschiedlichen Faktoren speist und in seinem Gesamt-

---

27 Vgl. auch Schmundt, Hilmar: Nahkampf im Stadion, in: Der Spiegel 06/2015, S. 117.

28 Vor allem Museumsbetreibern ist der Selfie Stick ein Dorn im Auge. So wurde er u.a. im Museum of Modern Art in New York und im Getty Center in Los Angeles verboten. Vgl. Wagner, Johannes: Keine lange Stange im Museum. Online: http://derstandard.at/2000011677216/Selfie-Stick-Keine-lange-Stange-im-Museum?_slide=1 vom 24.02.2015.

29 Vgl. Soper, Spencer: How selfie sticks became one of the hottest gifts this holiday season. Online: http://business.financialpost.com/2014/12/31/how-selfie-sticks-became-one-of-the-hottest-gifts-this-holiday-season/ vom 31.12.2014.

bild unserer Vorstellung eines idealen Selbst- und Fremdbildes gleichkommen sollte. Die hauptsächliche Fokussierung auf bildgebende Medien ist hierbei in erster Linie Ausdruck einer von visuellen Medien geprägten Gesellschaft.[30]

Abbildung 2: Barack Obama und der Selfie Stick

Quelle: BuzzFeed/Facebook vom 15.02.2015.

Im Zuge der Überlegungen zur Automedialität bedeutet dies eine weitere Komponente kultureller und medialer Praktiken. Selfie Sticks sind sich in ihrer Bauweise relativ ähnlich. Sie sind reproduzierbare Massenware, die zumindest was Perspektive und Distanz angeht, immer ähnliche Ergebnisse liefern wird. Dadurch geht den digitalen Selbstporträts ein wesentliches Charakteristikum der Spontanität verloren. Die Ausmaße des Selbstmanagements werden auf diese Weise professionalisiert und stehen neben weiteren Tools zur Optimierung unseres Gesamtbildes zur Verfügung. Dies hat in weiterer Folge auch Auswirkungen auf die kollektive Wahrnehmung, wie u.a. Gegenbewegungen und Dekonstruktionen des Selbstbildes (z.B. Sellotape-Selfies[31]) bereits zeigen.

30 Vgl. Traue, Boris: „Visuelle Diskursanalyse. Ein programmatischer Vorschlag zur Untersuchung von Sicht- und Sagbarkeiten im Medienwandel", in: Zeitschrift für Diskursforschung 2/1 (2013), S. 117-136.

31 Vgl. hierzu Gander, Kasmira: „Sellotape selfies" take over „no makeup selfie" as the latest online trend. Online: http://www.independent.co.uk/news/uk/sellotape-selfies-take-over-from-no-makeup-selfie-as-the-latest-online-trend-9206203.html vom 20.03.2014.

ENTWICKLUNGEN UND AUSBLICK

Welche Rolle Selfies im Zuge digitaler Selbstinszenierung und damit im weiteren Sinne den Formen des digitalen Selbstmanagements einnehmen, zeigt nicht nur die enorme Anzahl an mediendiskursiver Berichterstattung. 2013 wurde „Selfie" vom Oxford Dictionary zum „Wort des Jahres"[32] erkoren, wohlwissend, dass die Entwicklung schon so weit fortgeschritten ist, dass sie im Sprachgebrauch bereits fest verankert scheint. Der Begriff „Selfie" geht davon aus, dass es eine visuelle Momentaufnahme des Selbst geben kann, die im Zuge medienkultureller Entwicklungen vor allem in Abhängigkeit technologischer Apparaturen stattfindet. Mobilität erscheint hier als wesentliches Verbindungsstück, unabhängig ob mit Pocket-Kamera, Smartphone oder Tablet. Die dispositiven Eigenschaften mobiler Medientechnologien sind maßgeblich für die Inszenierung unseres Selbst durch Selfies verantwortlich.[33] Automedialität als medienkulturelles Konzept der Autobiografieforschung verweist auf die besondere Stellung der Medien: Subjekt, Identität und Medien konstituieren sich gegenseitig, bestimmen sich wechselseitig und reflektieren sich ständig.

Inszenierung beinhaltet aber auch immer Reflexion. Selbstreflektierter Umgang mit Medientechnologien setzt eine tiefergehende Auseinandersetzung mit den Inszenierungskriterien voraus. Dies bedeutet bei Selfies vor allem die (un-)bewusst gesetzten Parameter der Bildinszenierung im digitalen bildgebenden Medium: Perspektive, Point-of-view, direkte Adressierung und Aufmerksamkeitspotential sind Kriterien, die auf die Wirkung des Selfies Einfluss nehmen können. Dies bedeutet, dass bereits bei der Produktion des Bildes (un)bewusst Kriterien der Rezeption eine Rolle spielen und deren Grenzen und Möglichkeiten durch Tools wie Selfie Sticks weiter geschärft und verortet werden. Professionalisierung im Rahmen performativer Selbstinszenierungspraktiken bedeutet im Umkehrschluss auch verstärkte Planung und Reproduzierbarkeit (was bereits an der Ähnlichkeit diverser Spiegel-Selfies aufgrund ähnlicher technologischer Begebenheiten deutlich erkennbar ist).

Eine besondere Stellung nehmen Selfies unter sozialen und gesellschaftlichen Blickpunkten ein. Die Fixierung auf das Gesicht im Rahmen der visuellen Inszenierung ist Teil des performativen Ausdrucks, Goffman nennt dies „Im-

32 Vgl. Selfie is Oxford Dictionaries' word of the year. Online: http://www.theguardian.com/books/2013/nov/19/selfie-word-of-the-year-oed-olinguito-twerk vom 19.11.2013.

33 Vgl. Elia-Borer, Nadja/Sieber, Samuel/Tholen Georg Christoph (Hg.): Blickregime und Dispositive audiovisueller Medien, Bielefeld: transcript 2011.

pression Management“[34] als Teil sozialer Rolleninszenierungen. Fausing wiederum bezeichnet dies als „masks“: „Masks are faces that have been acquired, immediate personalities. The mask is the most immediate and widespread form of disguise of the face of the self – and thus the transformation of the whole person – that exists.”[35] Unser Gesicht, das auf den meisten Selfies präsent ist, ist selbst laut Fausing nur Teil der Inszenierung, also eine Maske, ein Ausdruck, Visualisierung einer sozialen Rolle nach Goffman, um unser Selbstmanagement zu steuern. Selbst “After-sex-Selfies”, die nach vollzogenem Geschlechtsakt aufgenommen wurden, zeigen das Gesicht in auffälliger Inszenierung.[36] Das Gesicht ist besonders bei Frauen ein exponiertes Element der Identität, oft künstlich korrigierbar durch diverse Make-up-Produkte, um unästhetische Facetten wie Schatten und Falten zu kaschieren. Dies führt wiederum zu einem geschlechtsspezifischen Ungleichgewicht, welches unter Aspekten der Geschlechterkonstruktion besonders auffällig ist.

Das Gesicht wiederum ist fester Teil der Inszenierung, daher muss es auch Strömungen der Dekonstruktion geben. “No-Make-up-Selfies” setzten bei der Bedeutung der weiblichen Inszenierung an, die angesprochenen “Sellotape Selfies” folgten geschlechterübergreifend. Das Abkleben des Gesichtes mit Klebeband resultiert in der bewussten Deformierung der Gesichtszüge (gequetschte Lippen und Nase), wodurch dem Gesicht als visuellem Merkmal der Identität wesentliche Referenzpunkte zum Selbst entzogen werden. Die dadurch konstruierte Ästhetik des Hässlichen ist Teil einer weitreichenden Abkehr von Inszenierungen des Gesichts, die sich u.a. an Bildern zeigt, die Oberkörper, Füße oder Gesäß ins Zentrum rücken. “Belfies” (Butt und Selfie) verweisen auf die sexuelle Konnotation des (häufig weiblichen) Hinterteils, für das der Belfie Stick als weiteres praktikables Werkzeug zur Professionalisierung zur Verfügung steht.[37]

Selfies sind Resultat einer weitreichenden Entwicklung des digitalen Selbstmanagements und dadurch gleichzeitig medial inszenierte Identität unseres Körpers und Verkörperung unserer Identität.

34 Vgl. Goffman, Erving: Wir alle spielen Theater. Die Selbstdarstellung im Alltag. Übersetzt von Peter Weber-Schäfer. 10. Aufl., München: Piper 2003.

35 B. Fausing: Self-Media. The self, the face, the media, and the selfies, S. 7.

36 Vgl. Sanghani, Radhika: After-sex selfies? Showing off just got a whole lot dirtier. Online. http://www.telegraph.co.uk/women/sex/10739067/After-sex-selfies-Showing-off-just-got-a-whole-lot-dirtier.html vom 02.04.2014.

37 Vgl. Lorenz, Taylor: You've heard of the selfie stick – meet the belfie stick. Online: http://uk.businessinsider.com/belfie-stick-2015-1?r=US vom 07.01.2015.

WEITERFÜHRENDE LITERATUR

Belting, Hans: Faces. Eine Geschichte des Gesichts. 2. Aufl., München: Beck 2014.

Bredekamp, Horst: Theorie des Bildakts. Frankfurter Adorno Vorlesungen 2010, Berlin: Suhrkamp 2010.

Därmann, Iris: Tod und Bild. Eine phänomenologische Mediengeschichte, München: Fink 1998.

Elia-Borer, Nadja/Sieber, Samuel/Tholen Georg Christoph (Hg.): Blickregime und Dispositive audiovisueller Medien, Bielefeld: transcript 2011.

Fausing, Bent: Self-Media. The self, the face, the media, and the selfies. International Conference on Sensoric Image Science, 24.07.2014. Online: http://www.academia.edu/7988938/SELF-MEDIA._The_Self_the_Face_the_Media_and_the_Selfies

Jacobs, David L.: „Domestic Snapshots: Toward a Grammar of Motives", in: Journal of American Culture 4/1 (1981), S. 93-105.

Jones, Amelia: „The Eternal Return: Self-Portrait Photography as a technology of embodiment", in: Journal of Women in Culture and Society 27/4 (2002), S. 947-978.

Krämer, Sybille: Gibt es eine Performanz des Bildlichen? Reflexionen über „Blickakte", in: Ludger Schwarte (Hg.), Bild-Performanz. Die Kraft des Visuellen, München: Fink 2010, S. 63-90.

Reichert, Ramón: Amateure im Netz. Selbstmanagement und Wissenstechnik im Web 2.0, Bielefeld: transcript 2008.

Rettberg, Jill Walker: Seeing ourselves through technology. How we use selfies, blogs and wearable devices to see and shape ourselves. Houndsmiles: Pelgrave Macmillian 2014.

Warfield, Katie: Making Selfies/Making Self: digital subjectives in the selfie. Image Conference Berlin 30.10.2014. Online: http://kora.kpu.ca/cgi/viewcontent.cgi?article=1008&context=facultypub

Wendt, Brooke: The Allure of the Selfie. Instagram and the New Self-Portrait. Amsterdam: Network Notebooks 2014.

Linked

Vom Individuum zur Netzgemeinschaft

JAN-HINRIK SCHMIDT

EINFÜHRUNG

Das Internet hat weitreichenden Einfluss auf zahlreiche Bereiche unseres sozialen Lebens, was nicht zuletzt die verschiedenen Beiträge dieses Sammelbandes eindrucksvoll zeigen. Doch es setzt ein ganz grundsätzliches Merkmal unseres menschlichen Daseins nicht außer Kraft, das die Soziologie seit ihren Anfängen – mit unterschiedlichen Begriffen – als Dualität von individuellem Handeln und gesellschaftlicher Struktur beschrieben hat. Anders gesagt: Wir agieren online wie offline als einzelner Mensch, sind zugleich aber immer eingebunden in soziale Bezüge, die unser Handeln motivieren, strukturieren und ihm einen Sinn geben. Der Untertitel dieses Beitrags „Vom Individuum zur Netzgemeinschaft" bringt die beiden Bezugspunkte dieser soziologischen Perspektive prägnant auf den Punkt. Zugleich deutet er an, dass „das Netz" augenscheinlich Veränderungen für das individuelle Handeln und die daraus resultierenden sozialen Formationen mit sich bringt.

Entsprechende Fragen gehörten daher von Anfang an zur sozialwissenschaftlichen Perspektive auf das Internet: Isoliert und vereinzelt das Netz die Menschen? Wie verändern sich Beziehungspflege und Kommunikation online? Welche Möglichkeiten bieten sich für kollektives Handeln, ob im Bereich der wirtschaftlichen Produktion, des Fantums, des politischen Aktivismus oder des Austausches von Wissen? Dieser Beitrag zeichnet im ersten Schritt einige der grundlegenden theoretischen Konzepte nach, mit denen die Verschränkung von individuellem Handeln und sozialen Strukturen in der netzbasierten Kommunikation während der vergangenen zwanzig Jahre beschrieben und erklärt wurde. Daran schließt sich zweitens eine exemplarische Deutung der „#aufschrei"-Debatte auf

Twitter an, welche die theoretischen Konzepte praktisch anwendet. Ein Ausblick beschließt den Text.

THEORIEN UND METHODEN

Seit den 1990er-Jahren sind zahlreiche Konzepte und Theorien entwickelt worden, um die wechselseitigen Zusammenhänge von individuellem Handeln und überindividuellen Strukturen, die sich in der Internet-Kommunikation äußern, beschreiben und erklären zu können. Im Folgenden sollen zwei Stränge dieser Debatten näher vorgestellt werden: das Konzept der „virtuellen Gemeinschaft" und ihrer Weiterentwicklung zu „Verwendungsgemeinschaften" und zu internetbasierten, kollektiven Formationen einerseits sowie praxistheoretisch fundierten Ansätzen und dem Konzept der „vernetzten Individualität" andererseits.

Von „virtual communities" über „Verwendungsgemeinschaften" zu „crowds" und „Schwärmen"

In der Frühphase der gesellschaftlichen Etablierung von Online-Technologien war das Konzept der „virtual community" bzw. der „virtuellen Gemeinschaft" zentraler Bezugspunkt in der Debatte um die sozialen Folgen der computervermittelten Kommunikation. Es wurde vom US-amerikanischen Publizisten Howard Rheingold geprägt, der seine Erfahrungen mit der Mailbox „The Well" in einem seinerzeit vielbeachteten Werk zusammenfasste.[1] Er setzte darin einen Kontrapunkt zur anfangs (teilweise auch heute noch) weit verbreiteten Annahme, computervermittelte Kommunikation sei per se defizitär und mache es unmöglich, tiefergehende Beziehungen zu anderen Menschen aufzubauen und zu pflegen. Stattdessen argumentierte er, dass durch wiederholte Interaktionen und gemeinsame Kommunikation auch in Online-Umgebungen durchaus Zusammengehörigkeitsgefühl und wechselseitige Bindungen entstehen könnten. Er definierte dementsprechend virtuelle Gemeinschaften als „soziale Zusammenschlüsse, die dann im Netz entstehen, wenn genug Leute diese öffentlichen Diskussionen lange genug führen und dabei ihre Gefühle einbringen, so daß im Cyberspace ein Geflecht persönlicher Beziehungen entsteht."[2]

1 Vgl. Rheingold, Howard: Virtuelle Gemeinschaft. Soziale Beziehungen im Zeitalter des Computers, Bonn: Addison-Wesley 1994.

2 Ebd., S. 16.

Das Konzept der „virtuellen Gemeinschaft“ fand in der Folgezeit viel Resonanz und wurde beispielsweise in den Diskussionen rund um E-Commerce und internetbasiertes Marketing[3] sowie um internetbasiertes Wissensmanagement[4] aufgegriffen. Zugleich wurde aber auch deutlich, dass die bei Rheingold prominente Betonung der gefühlsmäßigen Bindung als Grundlage virtueller Communities nicht geeignet war, um die Vielfalt der empirisch beobachtbaren Vergemeinschaftungen angemessen zu erfassen.[5] Eine kommunikationssoziologisch fundierte Weiterentwicklung, die diese Probleme umgeht, findet sich bei Joachim Höflich, der u.a. in Anlehnung an die Mikrosoziologie von Erving Goffman sein Konzept der „Verwendungsgemeinschaft“ entwickelte.[6] Er argumentierte – ähnlich wie Rheingold – dass sich auch in der onlinebasierten Kommunikation bei wiederholten Interaktionen Erwartungen an das kommunikative Verhalten des Gegenübers herausbilden würden.

Diese Erwartungen können sich zu Konventionen oder Regeln verdichten, die Höflich in zwei Gruppen unterteilt: Adäquanzregeln legen fest, welches Medium bzw. welche Plattform oder welcher Dienst zu welchem Zweck zu nutzen oder abzulehnen sei. Sie geben also Aufschluss über die Eignung spezifischer Dienste für bestimmte kommunikative Zwecke. Ein Messaging-Dienst wie WhatsApp beispielsweise hat sich für viele Formen des privaten Austauschs etabliert, gilt aber weiterhin als inadäquat für Kondolenzschreiben. Prozedurale Regeln beeinflussen demgegenüber den konkreten Ablauf der Kommunikation in einem Medium. Wenn also ein bestimmtes Medium bzw. ein bestimmter Dienst

---

3 Vgl. Hagel, John III/Armstrong, Arthur G.: Net Gain – Profit im Netz. Märkte erobern mit virtuellen Gemeinschaften, Wiesbaden: Gabler 1997; Meyer, Jörg: Der Einsatz Virtueller Gemeinschaften im Marketing. Eine netzwerkanalytische Betrachtung von Virtual Communities (= Arbeitspapiere zur Marketingtheorie, Nr. 10), Trier: Universität Trier 2000.

4 Vgl. Schmidt, Michael Peter: Knowledge Communities. Mit virtuellen Wissensmärkten das Wissen in Unternehmen effektiver nutzen, München: Addison-Wesley 2000; Nohr, Holger (Hg.): Virtuelle Knowledge Communities im Wissensmanagement. Konzeption – Einführung – Betrieb, Aachen: Shaker 2001.

5 Vgl. bspw. Schelske, Andreas: Soziologie vernetzter Medien. Grundlagen computervermittelter Vergesellschaftung, München: Oldenbourg 2007, S.115f.

6 Vgl. Höflich, Joachim R.: Mensch, Computer und Kommunikation. Theoretische Verortungen und empirische Befunde, Frankfurt a.M.: Peter Lang 2003; Goffman, Erving: Wir alle spielen Theater. Die Selbstdarstellung im Alltag, München: Piper 1983; Goffman, Erving: Rahmen-Analyse. Ein Versuch über die Organisation von Alltagserfahrungen, Frankfurt a.M.: Suhrkamp 1977.

für einen bestimmten Zweck gewählt wird, bestimmen diese Regeln zum Beispiel den Einsatz von Emoticons oder Aktionswörtern beim Chatten oder die Form einer geschäftlichen Anfrage per E-Mail.

Aus einer solchen regelorientierten Perspektive ist das Verbindende einer „virtuellen Gemeinschaft" also nicht zwingend die sozioemotionale Nähe ihrer Mitglieder, sondern die gemeinsame Orientierung an geteilten Adäquanz- und prozeduralen Regeln. Teilnehmer einer Mailingliste, regelmäßige Besucher des Kommentarbereichs einer Nachrichtenplattform oder aktive Nutzer der Wikipedia folgen (jeweils eigenen) Konventionen und Routinen, mit denen sie ihr Handeln wechselseitig erwartbar machen, und es sind diese geteilten Vorstellungen vom „richtigen" Handeln in den jeweiligen Kommunikationsräumen, die den Zusammenhalt stiften. Nicht regelkonformes Verhalten wird sanktioniert, wobei die Bandbreite von Ignorieren der „Newbies" über konstruktive Kritik bis hin zu aggressivem „Flaming" reichen kann.

Während die Überlegungen von Höflich etablierte Theorien aus der Soziologie alltäglicher Interaktionen auf die computervermittelte Kommunikation übertragen, wenden Ulrich Dolata und Jan-Felix Schrape eine organisationssoziologische Perspektive an, um internetbasierte Formen der Vergemeinschaftung zu beschreiben.[7] Demnach lassen sich soziale Akteure anhand verschiedener Variablen unterscheiden, darunter Handlungsfähigkeit und Handlungsressourcen, die dominierenden Organisations- oder Koordinationsmuster sowie Modi der Entscheidungsfindung. Die Besonderheit der Online-Kommunikation sei nun, dass sie neben individuellen Akteuren (also einzelnen Nutzern) und „klassischen" Organisationen, also bspw. Unternehmen wie Facebook oder Google, auch durch neue kollektive Formationen geprägt sei. Dabei sei im Detail noch einmal zu unterscheiden zwischen nicht-organisierten Kollektiven einerseits und handlungs- und strategiefähigen kollektiven Akteuren andererseits.

Zu den nicht-organisierten Kollektiven zählen Dolata und Schrape zum Beispiel „Crowds" bzw. „Schwärme". Diese werden zwar durch die Fixierung auf ein geteiltes Thema zusammengehalten, bilden aber keine eigenständigen stabilen Koordinationsstrukturen heraus und besitzen keine kollektive Entscheidungsfähigkeit. Politische Petitionen, Twitter-Hashtags oder auch kulturelle Meme können zu Aufmerksamkeitsfokusse werden, um die herum sich kommunikative Aktivitäten (Weiterleiten, Liken, Kommentieren o.ä.) einer Vielzahl von Men-

7 Vgl. Dolata, Ulrich/Schrape, Jan-Felix: „Kollektives Handeln im Internet. Eine akteurtheoretische Fundierung", in: Berliner Journal für Soziologie 24 (2014), S. 5-30.

schen entfalten.[8] Weil diese Formen der Anschlusskommunikation in den sozialen Medien sichtbar werden und damit zugleich auch messbar bzw. quantifizierbar sind, können sie zusätzliche handlungsleitende Kraft entfalten: Sie werden beispielsweise als Ausdruck von Unzufriedenheit und Kritik oder gar als „Shitstorm", also als Sturm der Entrüstung im Internet, der beleidigende Äußerungen und/oder Schmähkritik beinhaltet, gedeutet, oder sie dienen als Ausweis der Popularität einer Person oder eines Themas. Allerdings sind die Formationen, die diese Kommunikationsprozesse tragen, in aller Regel auch sehr flüchtig und können schon nach wenigen Stunden oder Tagen von einem neuen thematischen Fokus abgelöst werden, der wiederum für einige Zeit Aufmerksamkeit bündelt.

Doch nicht alle kollektiven Formationen, die im und mit Hilfe des Internets entstehen, sind gleichermaßen flüchtig. Dolata und Schrape weisen darauf hin, dass sich auch vergleichsweise stabile Organisationsformen – z.B. Wissens- und Expertengemeinschaften oder soziale Bewegungen – vorfinden lassen, die onlinebasierte Plattformen und Werkzeuge für ihre interne wie externe Kommunikation, für Koordination und Entscheidungsfindung einsetzen. Zahlreiche Studien haben dies in den vergangenen Jahren für ganz unterschiedliche gesellschaftliche Bereiche gezeigt, darunter beispielsweise für die Netzwerke von freier Softwareentwicklung[9], für politischen Aktivismus[10] oder für die Wikipedia[11]. Die Forschungsergebnisse zeigen zum einen, dass das Internet „mittlerwei-

8 Vgl. beispielhaft entsprechende Analysen bei Jungherr, Andreas/Jürgens, Pascal: „The Political Click: Political Participation through E-Petitions in Germany", in: Policy & Internet 2 (2010), S. 131-165; Bruns, Axel/Moe, Hallvard: „Structural Layers of Communication on Twitter", in: Katrin Weller et al. (Hg.), Twitter and Society, New York u.a.: Peter Lang 2014, S. 15-28; Shifman, Limor: „An anatomy of a YouTube meme", in: New Media & Society 14 (2012), S. 187-203.

9 Vgl. u.a. Taubert, Niels C.: Produktive Anarchie? Netzwerke freier Softwareentwicklung. Bielefeld: transcript 2006; Kelty, Christopher M.: Two Bits. The Cultural Significance of Free Software. Durham/London: Duke University Press 2008.

10 Vgl. u.a. Bennett, W. Lance/Segerberg, Alexandra: The Logic of Connective Action. Digital Media and the Personalization of Contentious Politics. Cambridge: Cambridge University Press 2013; Losey, James: „The Anti-Counterfeiting Trade Agreement and European Civil Society: A Case Study of Networked Advocacy", in: Journal of Information Policy 4 (2014), S. 205-227.

11 Vgl. u.a. Pentzold, Christian: Wikipedia. Diskussionsraum und Informationsspeicher im neuen Netz (= Internet Research, Band 29), München: Reinhard Fischer 2007; Stegbauer, Christian: Wikipedia. Das Rätsel der Kooperation (= Netzwerkforschung, Band 2), Wiesbaden: VS Verlag für Sozialwissenschaften 2009.

le der zentrale Ausgangspunkt und Ort [ist], an dem neue und oft ortlos agierende soziale Formationen entstehen"[12]. Zum anderen machen sie aber auch deutlich, dass in der Online-Kommunikation etablierte Mechanismen der Vergemeinschaftung nicht völlig außer Kraft gesetzt werden. Die Stabilisierung und Institutionalisierung von kollektivem Handeln benötigt auch bei „Online-Gemeinschaften" geteilte Normen und Werte, eine geteilte kollektive Identität, Mechanismen der Koordination und Kontrolle sowie, damit einhergehend, eine Ausdifferenzierung von (relativ gesehen) machtvollen bzw. einflussreichen Positionen. In dieser Hinsicht funktionieren soziale Prozesse online nicht anders als offline.

Nutzungspraktiken und vernetzte Individualität

Den bisher geschilderten theoretischen Ansätzen ist gemeinsam, dass sie neue Formen der sozialen Organisation beschreiben und die Bedeutung der internetbasierten Kommunikation für deren Zustandekommen und Strukturierung untersuchen. Im Folgenden soll eine andere Perspektive auf den Zusammenhang von individuellen Nutzungsweisen und ihrer gesellschaftlichen Verortung vorgestellt werden, die einen praxistheoretischen Zugang wählt.[13] Ihr liegt der Gedanke zugrunde, dass die Nutzung von Diensten wie Facebook, YouTube oder WhatsApp zwar immer in einzigartigen situativen Episoden stattfindet. Zugleich lassen sich aber im Lauf der Zeit wie auch über verschiedene Nutzer/innen hinweg Regelmäßigkeiten und Wiederholungen identifizieren. Anders ausgedrückt: Die „Praxis des Twitterns" beispielsweise zeigt sich in einer Vielzahl von einzelnen Nutzungsepisoden, bei denen Menschen den Microblogging-Dienst auf ähnliche Weise nutzen; in ähnlicher Weise lässt sich von Blogging-Praktiken, Facebook-Praktiken, etc. sprechen.

---

12 U. Dolata/J.-F. Schrape: „Kollektives Handeln im Internet", S. 22.

13 Vgl. grundlegend Schmidt, Jan: Weblogs. Eine kommunikationssoziologische Studie, Konstanz: UVK 2006; Schmidt, Jan: Das neue Netz. Merkmale, Praktiken und Folgen des Web 2.0, Konstanz: UVK 2011; Schmidt, Jan-Hinrik/Paus-Hasebrink, Ingrid/Hasebrink, Uwe (Hg.): Heranwachsen mit dem Social Web. Zur Rolle von Web 2.0-Angeboten im Alltag von Jugendlichen und jungen Erwachsenen (= Schriftenreihe Medienforschung der Landesanstalt für Medien Nordrhein-Westfalen), Berlin: Vistas 2009. Dieser Abschnitt basiert in wesentlichen Teilen auf Schmidt, Jan-Hinrik/Taddicken, Monika: „Soziale Medien. Funktionen, Praktiken und soziale Formationen", in: Dies. (Hg.), Handbuch Social Media, Wiesbaden: Springer VS (im Erscheinen).

Wie lassen sich diese Gemeinsamkeiten der Nutzung, die über die individuelle Nutzungsepisode hinausweisen, näher beschreiben? Drei Dimensionen sind hier zu nennen: Erstens die „Regeln" im Sinne von Höflich (s.o.), also alle situationsübergreifend verfestigten Erwartungen, die bestimmte Handlungsweisen nahelegen und andere hemmen. Dazu zählen beispielsweise die informellen, oft nicht explizit niedergelegten Normen und Konventionen des Handelns, aber auch rechtlich bindende „Terms of Service" oder „Allgemeine Geschäftsbedingungen", die bei der Registrierung bei einem Social-Media-Anbieter akzeptiert werden müssen. All diesen Regeln ist gemeinsam, dass sie dem tatsächlichen Handlungsvollzug einen Rahmen vorgeben, weil sich in ihnen „normale" oder „erwartbare" Mediennutzung ausdrückt. Allerdings kann ihre normative Intensität sowie die Art und Schwere der Sanktionierung durchaus variieren.

Zweitens rahmen „Relationen" die einzelnen Nutzungsepisoden: Verknüpfungen, Beziehungen und Konnektivitäten, die in und mit Hilfe der internetbasierten Kommunikation entstehen oder aktualisiert werden. Darunter fallen einerseits textuelle Referenzen, also z.B. Verlinkungen zwischen Dokumenten, Kommentare im Anschluss an einen Blog-Eintrag oder in Datenbanken hinterlegte Verknüpfungen zwischen Profilen als „Kontakte". Andererseits haben Relationen immer auch eine soziale Facette, weil sie Beziehungen zwischen Akteuren ausdrücken, z.B. durch kommunikative Bezugnahmen oder als Indikator für Freundschaft. Relationen münden somit in vielfältigen Geflechten und Netzwerken von Personen, Texten und Daten; die einzelne Nutzungsepisode – zum Beispiel das Retweeten einer Nachricht eines Twitter-Kontakts – findet immer vor dem Hintergrund bestehender Relationen statt, aktualisiert, erweitert und verändert diese zugleich aber.

Die dritte strukturierende Dimension von Praktiken sozialer Medien ist der „Code", also die technologische Grundlage digital vernetzter Medien mitsamt der spezifischen, auf dieser Infrastruktur aufbauenden Anwendungen und Dienste. Neben der Hardware von PCs, Routern, Glasfaserkabeln, Smartphones und Funkmasten ist, darauf spielt die Bezeichnung „Code" auch vorrangig an, vor allem die softwaretechnische Gestaltung von Plattformen, Apps, etc. wichtig. In ihren Datenstrukturen und Algorithmen, in den Funktionalitäten, Standardeinstellungen, Interface-Gestaltungen und Schnittstellen zu anderen Programmen drücken sich Vorstellungen über zu ermöglichende (oder auszuschließende) Nutzungsweisen aus, die der individuellen Nutzungsepisode ebenfalls einen Rahmen vorgeben.

Die praxistheoretische Perspektive auf die Nutzung des Internets muss aber nicht bei der Analyse von Episoden und ihrem Kontext stehen bleiben, sondern kann auch die Verbindung von computervermittelter Kommunikation und übergreifenden gesellschaftlichen Handlungsweisen und Anforderungen herstellen.[14] Denn die Online-Technologien unterstützen bestimmte Praktiken – namentlich das Identitäts-, Beziehungs- und Informationsmanagement, s.u. – die sich auch in anderen Situationen stellen und auf zentrale Entwicklungsaufgaben verweisen, die Menschen in zeitgenössischen Gesellschaften bewältigen müssen.

Das Identitätsmanagement umfasst demnach alle Nutzungsweisen, bei denen Menschen Aspekte ihrer selbst für andere zugänglich machen, indem sie beispielsweise das Profil auf einer Netzwerkplattform ausfüllen, eigene Beiträge in einem Forum veröffentlichen, Facebook-Updates kommentieren oder ein YouTube-Video bewerten. In all diesen Fällen drücken Menschen eigene Vorlieben, Erfahrungen, Kompetenzen oder Meinungen aus, d.h. sie betreiben „Selbstauseinandersetzung", weil sie kommunizieren, wer sie sind bzw. wer sie sein wollen.

Mit Beziehungsmanagement werden diejenigen Nutzungsweisen zusammengefasst, mit denen Menschen bereits bestehende Kontakte zu anderen Menschen pflegen oder auch neue Beziehungen aufbauen, zum Beispiel zu Personen, die ähnliche Interessen teilen oder als berufliche Kontakte angefragt werden. Gerade die sozialen Medien sind zu einem wichtigen Werkzeug des Beziehungsmanagements geworden und unterstützen damit ihre Nutzer zugleich auch bei der „Sozialauseinandersetzung", weil sie Freundschaften, Bekanntschaften, berufliche oder anderweitige Kontakte (re-)produzieren und so Menschen dabei helfen, sich ihrer Position in der Gesellschaft zu vergewissern.

Das Informationsmanagement schließlich umfasst alle Nutzungsweisen, mit denen Menschen Informationen über die Welt erstellen, filtern, auswählen, alleine oder mit anderen bearbeiten, teilen und weiter verbreiten. Das Internet unterstützt das Informationsmanagement durch viele unterschiedliche Funktionen und hilft seinen Nutzer/innen dadurch bei der „Sachauseinandersetzung", also der Orientierung in der Welt. Zugleich erleichtert es auch das Erstellen und Veröffentlichen von Inhalten aller Art, was den Bedarf an Orientierung angesichts einer nicht mehr überschaubaren Informationsfülle noch verstärkt. Das Internet

---

14 Vgl. zum Folgenden Paus-Hasebrink, Ingrid/Schmidt, Jan-Hinrik/Hasebrink, Uwe: „Zur Erforschung der Rolle des Social Web im Alltag von Heranwachsenden", in: J.-H. Schmidt/I. Paus-Hasebrink/U. Hasebrink (Hg.), Heranwachsen mit dem Social Web, S. 13–40. Mit einer ähnlichen Unterteilung arbeiten u.a. auch Bechmann, Anja/Lomborg, Stine: „Mapping actor roles in social media: Different perspectives on value creation in theories of user participation", in: New Media & Society 15 (2013), S. 765–781.

ist also zugleich ein Werkzeug für die Bewältigung von Informationsüberfluss, wie auch einer dessen Treiber.

Im Zusammenhang mit den Ausführungen zum Identitäts- und Beziehungsmanagement wurde oben bereits beschrieben, dass die Praktiken der Online-Kommunikation in umfassendere Entwicklungen zeitgenössischer Gesellschaften eingebettet sind. Unter Rückgriff auf Lee Rainie und Barry Wellman lässt sich dieser Gedanke noch einmal ausführlicher beschreiben.[15] Ihrer Analyse zufolge weisen technologische und gesellschaftliche Entwicklungen gleichermaßen den Weg in eine neue Struktur der Beziehung von Individuum und Gesellschaft, die sie „networked individualism“ nennen. Drei grundlegende Entwicklungen – von ihnen als „triple revolution“[16] bezeichnet – kommen demnach zusammen: Erstens der bereits Jahrzehnte andauernde Strukturwandel gesellschaftlicher Organisation („Sozial Network Revolution“), durch den traditionelle, oft örtlich gebundene Formen der Gemeinschaft tendenziell an Bedeutung verloren haben und durch flexiblere, netzwerkartige und individuell freier gestaltbare Formen ersetzt wurden. Zweitens die Etablierung von vernetzter digitaler Kommunikation („Internet Revolution“), die Menschen in die Lage versetzt, informationsbezogene und kommunikative Bedürfnisse leichter, schneller und personalisierter zu befriedigen als in Zeiten vor dem Internet. Und drittens die zunehmende „Mobilisierung“ von Mediennutzung („Mobile Revolution“), die Beziehungspflege, Informationssuche, Konsum und Unterhaltung noch stärker an die einzelne Person bindet, die mit Smartphones und anderen mobilen Endgeräten tendenziell immer und überall verbunden ist.

Was die Analyse von Rainie und Wellman so wertvoll macht, ist, dass sie technologische Entwicklungen und gesellschaftlichen Wandel zusammenführt und die Rolle des Individuums in diesem Kontext reflektiert: „Networked individuals have partial membership in multiple networks and rely less on permanent memberships in settled groups. [....] A key reason, why these kinds of networks function efficiently is that social networks are large and diversified thanks to the way people use technology“[17]. Indem sie aber weder der einen noch der anderen Seite absolute Dominanz zusprechen, vermeiden sie Technikdeterminismus (die technischen Entwicklungen würden unentrinnbar die sozialen Konsequenzen bestimmen) wie Sozialdeterminismus (die Folgen von Technologien seien immer das Resultat gesellschaftlicher Aushandlungen) gleichermaßen. Damit werden

15 Vgl. Rainie, Lee/Wellman, Barry: Networked. The New Social Operating System, Cambridge, MA: The MIT Press 2012.

16 Ebd., S. 1.

17 Ebd., S. 12f.

sie dem Verhältnis von Medientechnologien, ihrem individuellen Gebrauch und der sozialen Einbettung gerecht.

PRAXISBEZÜGE

Die bisher beschriebenen theoretischen Konzepte sollen im Folgenden an einem Beispiel, nämlich der „#aufschrei"-Debatte vom Frühjahr 2013, verdeutlicht werden. Ziel ist nicht, eine umfassende Deutung dieses Phänomens und seiner kommunikativen Dynamik zu geben, sondern vielmehr die Anwendbarkeit von Begriffen und Annahmen zu demonstrieren; die folgenden Ausführungen sind dementsprechend auch nur sehr kurz und schlaglichtartig.[18]

Ende Januar 2013 veröffentlichten mehrere tausend Twitter-Nutzer und Twitter-Nutzerinnen Tweets, in denen sie eigene Erfahrungen mit sexueller Belästigung schilderten oder sich zu diesem Phänomen äußerten. Sie nutzten dabei den Twitter-Hashtag „#aufschrei", wodurch zum einen ihre individuellen Tweets als Beiträge zu diesem Thema kenntlich gemacht sowie auffindbar und aggregierbar wurden; zum anderen beteiligten sie sich damit an einer gesellschaftlichen Debatte um die Alltäglichkeit sexueller Belästigung, die nicht nur auf Twitter geführt wurde, sondern auch von publizistischen Medienangeboten aufgegriffen wurde. Die unten angeführte Abbildung 1 visualisiert die Anzahl der Tweets mit diesem Hashtag über den Verlauf einer Woche und zeigt auch, wie insbesondere zwei ARD-Talkshows, die sich mit dem Thema befassten, von einem hohen Aufkommen entsprechender Tweets begleitet waren.

18 Ausführlichere Analysen finden sich z.B. bei Gsenger, Marlene/Thiele, Martina: „Wird der #aufschrei erhört? Eine kritische Diskursanalyse der Sexismus-Debatte in Deutschland", in: kommunikation.medien, Ausgabe 3 (2014). Online: http://journal.kommunikation-medien.at/2014/02/wird-aufschrei-erhort-kritische-diskurs analyse-sexismus-debatte-in-deutschland vom 06.02.2014; Maireder, Axel/ Schlögl, Stephan: 24 hours of an #outcry: „The networked publics of a socio-political debate", in: European Journal of Communication 29 (2014), S. 687-702.

Abbildung 1: Anzahl der „#aufschrei“-Tweets pro Minute

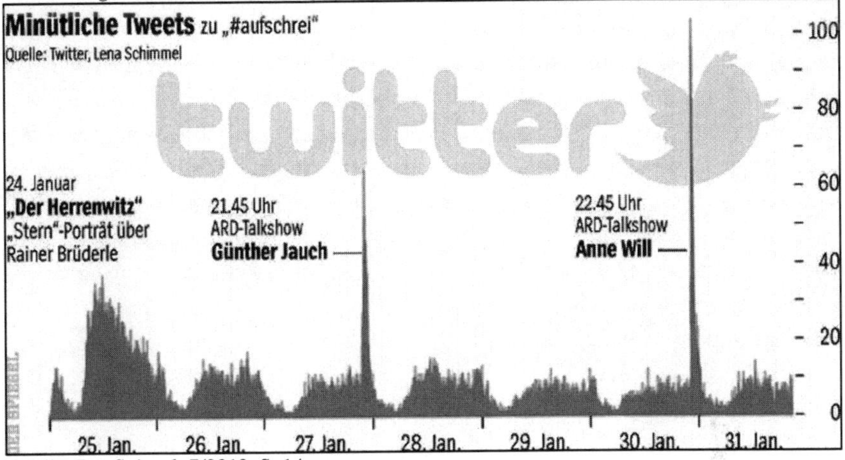

Quelle: Der Spiegel, 7/2013, S. 14.

Wie lässt sich „#aufschrei“ als Phänomen zwischen individueller Nutzung und Vergemeinschaftung beschreiben und deuten? Im Zuge weniger Tage, wenn nicht sogar Stunden bildete sich eine eigene „Verwendungsgemeinschaft“ im Sinne von Höflich: Twitter wurde als adäquat angesehen, persönliche oder sogar intime Erfahrungen mit anderen zu teilen, um die Existenz von Sexismus im Alltag sichtbar zu machen. Um an dieser Verwendungsgemeinschaft teilzuhaben, musste man sich an verschiedenen prozeduralen Regeln orientieren, darunter Konventionen wie das Erwähnen des Hashtags im Tweet, aber auch die Norm, entsprechende Erfahrungen von anderen, insbesondere von Frauen ernst zu nehmen und nicht als belanglos abzutun, ins Lächerliche zu ziehen o.ä.. Entsprechende Wortmeldungen gab es zwar, aber sie wurden als „Getrolle“, also als mutwilliges Stören einer Konversation bezeichnet und mit Nicht-Beachtung oder Ablehnung negativ sanktioniert.

In den Begriffen von Dolata und Schrape handelte es sich bei den beteiligten Nutzern um ein nicht-organisiertes Kollektiv, das für einen vergleichsweise kurzen Zeitraum rund um das geteilte Thema und die entstandenen Konventionen existierte. Zwar wurde in der Folgezeit in Debatten rund um sexuelle Belästigung immer wieder auf den Hashtag Bezug genommen, und manche Beteiligte (wie z.B. Anne Wizorek, die den hashtag in einem Tweet vorschlug) haben sich als sichtbare Sprecher in der öffentlichen Debatte etabliert, doch als soziale Formation entwickelte das Netzwerk der an „#aufschrei“ beteiligten Nutzer keine dauerhafte Stabilität.

Aus praxistheoretischer Perspektive hingegen lässt es sich wie folgt deuten: Einzelne Personen beteiligten sich durch individuelle Tweets, die den Hashtag verwendeten, an der Debatte. In diesen je spezifischen Nutzungsepisoden manifestierten sich Aspekte des Identitätsmanagements (weil sie z.B. eigene Erfahrungen oder Einschätzungen thematisierten) und des Beziehungsmanagements, weil man sich dadurch auch als Teil der Verwendungsgemeinschaft positionierte bzw. allgemeiner als eine Person, die ihre Erfahrungen mit dem Thema sexueller Belästigung mit anderen teilen möchte, auch um gemeinsame Erfahrungen und Haltungen sichtbar zu machen. Durch die bewusste Verwendung des Hashtags verorteten die Nutzer ihre eigenen Äußerungen somit in einem miteinander verwobenen Geflecht von sozialen Beziehungen und kollektiven Erfahrungen einerseits und miteinander (über den hashtag) verknüpften Texten andererseits, die in ihrer Gesamtheit eine „ad hoc"-Öffentlichkeit bildeten. Damit ist das Phänomen auch Ausdruck von vernetzter Individualität, weil je eigene persönliche Erfahrungen den Ausgangspunkt von Kommunikation bilden, zugleich aber die Eingebundenheit des einzelnen in ein vielfältiges Beziehungsgeflecht deutlich wird, das sich über internetbasierte Kommunikation bildet.

ENTWICKLUNGEN UND AUSBLICK

Mit der zunehmenden Veralltäglichung der Online-Technologien wird auch die Verflechtung von internetbasierten Kommunikationsräumen und anderen sozialen Situationen weiter zunehmen. Die Trennung zwischen „virtuellem" und „echtem" Leben, zwischen Cyberspace und realer Welt war immer schon fragwürdig, und sie lässt sich immer weniger aufrecht erhalten, je mehr Menschen immer mehr Aktivitäten ihres persönlichen oder beruflichen Alltags mit Hilfe des Internet unterstützen. Daraus folgt auch, dass sich Online-Technologien immer mehr als strukturierende Kraft in das Verhältnis von Einzelnen zu sozialen Gruppen einnisten. Dies wiederum spricht dafür, soziales Handeln und Vergemeinschaftung immer auch als Bestandteil von „kommunikativen Figurationen" zu deuten, die in und mit Hilfe digitaler Medien aufrechterhalten werden.[19]

Wie solche kommunikativen Figurationen im Wechselspiel von Individuum und Vergemeinschaftung entstehen, ist – wie aufgezeigt – in den vergangenen

19 Zu diesem Konzept vgl. Hepp, Andreas/Hasebrink, Uwe: „Kommunikative Figurationen – ein Ansatz zur Analyse der Transformation mediatisierter Gesellschaften und Kulturen", in: Birgit Stark/Oliver Quiring/Nikolaus, Jackob (Hg.), Von der Gutenberg-Galaxis zur Google-Galaxis. Alte und neue Grenzvermessungen nach 50 Jahren DGPuK (= Schriftenreihe der Deutschen Gesellschaft für Publizistik- und Kommunikationswissenschaft, Band 41), Konstanz/München: UVK 2014, S. 345-362.

zwanzig Jahren zwar bereits vielfach untersucht worden. Doch gerade die hohe technische Dynamik, die wiederum zu vielfältigen, sozial geprägten Aneignungen, Praktiken und Strukturen führt, macht eine fortdauernde wissenschaftliche Beschäftigung notwendig und wertvoll. Die in diesem Beitrag dargestellten Konzepte und Theorien können dabei ein guter Ausgangspunkt sein.

WEITERFÜHRENDE LITERATUR

Dolata, Ulrich/Schrape, Jan-Felix: „Kollektives Handeln im Internet. Eine akteurtheoretische Fundierung", in: Berliner Journal für Soziologie 24 (2014), S. 5–30.

Höflich, Joachim R.: Mensch, Computer und Kommunikation. Theoretische Verortungen und empirische Befunde, Frankfurt a.M.: Peter Lang 2003.

Rainie, Lee/Wellman, Barry: Networked. The New Social Operating System, Cambridge, MA: The MIT Press 2012.

Schmidt, Jan: Das neue Netz. Merkmale, Praktiken und Folgen des Web 2.0, Konstanz: UVK 2011.

Schmidt, Jan-Hinrik: Social Media (= Medienwissen kompakt), Wiesbaden: Springer VS 2013.

Net Smart

Medienkompetenz in einer vernetzten Welt

ANDREAS DITTES

„Medienkompetenz soll aufs Ganze gesehen den Nutzer befähigen, die neuen Möglichkeiten der Informationsverarbeitung souverän handhaben zu können."
DIETER BAACKE: MEDIENKOMPETENZ, S. 21.[1]

EINFÜHRUNG

Als John Perry Barlow im Februar 1996 die Unabhängigkeitserklärung des Cyberspace („*A Declaration of the Independence of Cyberspace*")[2] veröffentlichte, ahnte er vermutlich nicht, dass er damit die Welt in zwei neue Klassen teilen würde. Obwohl es ihm eigentlich um die staatliche Kontrolle im Internet geht, beschreibt Barlow eine Technologiewelt, in der Kinder die Ureinwohner (engl. *natives*) und die Erwachsenen die Einwanderer (engl. *immigrants*) sind.

Einige Jahre später wird der Begriff „*digital native*" für Personen geprägt, die sich in der vernetzten Welt zu Hause fühlen und im Gegensatz zu den „*digital immigrants*" im digitalen Zeitalter und mit digitalen Technologien aufgewachsen sind. Doch wie kommt es dazu, dass wir hier nicht nur von einer neuen Generation, sondern von einem neuen Umgang mit Medien sprechen?

---

1 Baacke, Dieter: „Medienkompetenz als zentrales Operationsfeld von Projekten", in: Dieter Baacke et al. (Hg.), Medienkompetenz. Modelle und Projekte, Bonn: Bundeszentrale für politische Bildung 2004, S. 21.

2 Vgl. https://w2.eff.org/Censorship/Internet_censorship_bills/barlow_0296.declaration vom 09.02.1996.

Das mooresche Gesetz[3] ist eine Beobachtung, die besagt, dass sich die Leistung von Schaltkreisen bei gleichen Kosten regelmäßig verdoppelt. Konkret bedeutet dies, dass wir jedes Jahr Computer mit der doppelten Leistungsfähigkeit für den gleichen Preis bekommen.

Diese Entwicklung hat zu einer digitalen Revolution geführt, in der immer mehr Computer in unser Leben Einzug gehalten haben: als Notebook, Smartphone, im Auto, im Fernseher, in der Uhr und in vielen weiteren Lebensbereichen. Einhergehend mit dieser ständigen Verfügbarkeit eines Computers kam der Zugriff auf das Internet. Seit einigen Jahren können wir nun beobachten, wie jede Branche im Zuge der digitalen Revolution auf den Kopf gestellt wird. Besonders stark hat sich die Technologisierung auf den Konsum von Informationen ausgewirkt: Kein Medium hat in der Geschichte schneller ein Millionenpublikum erreicht als das Internet. Mittlerweile ist es in vielen Ländern zum Hauptmedium geworden.

Digital natives sind in dieser neuen Welt aufgewachsen und navigieren mit ihren Computern und Smartphones wie selbstverständlich durch die Weiten des Internets. Freundschaften werden digital via Facebook gepflegt, Gespräche finden per Chat statt – wobei hier gerne auch mal mehrere Konversationen gleichzeitig geführt werden. Eingekauft wird mit einem Klick bei Onlineshops wie Amazon. Auch die Parallelnutzung von mehreren Medien gehört zur Tagesordnung: Radio und TV werden hierbei aber oft nur noch als Hintergrundmedium genutzt. Sukzessive werden TV, Radio, Bücher und Zeitungen durch das Internet ersetzt und dort auf Abruf konsumiert und zwar in der kleinsten möglichen Einheit. Videoschnipsel und Twitter-Nachrichten aus 140 Zeichen sind der Puls der Informationswelt der *digital natives*. Technische Geräte werden wie selbstverständlich genutzt und verstanden, während die *digital immigrants* Schwierigkeiten haben, das neue Smartphone einzurichten und zu bedienen. Und wo früher Markenkleidung das Statussymbol in den Schulen war, sind es heute die neuesten Smartphones und Apps.

Doch wer lehrt dieser jungen Generation einen reflektierten Umgang mit den neuen Medien? Eltern und Lehrkräfte gehören zu den *digital immigrants* und haben Schwierigkeiten, den neuen Trends zu folgen, geschweige denn, den Umgang damit zu vermitteln. Wer sorgt also für die nötige Medienkompetenz?

---

3 Vgl. Moore, Gordon E.: The experts look ahead. Cramming more components onto integrated circuits, in: Electronics 38/8 (1965). Online: http://www.cs.utexas.edu/~pingali/CS395T/2013fa/papers/moorespaper.pdf

THEORIEN UND METHODEN

Bereits in den 1920er-Jahren erkannte der Dramatiker Bertolt Brecht mit der Ausweitung der Rundfunkprogramme, dass auch auf Seiten der Konsumenten eine Anpassung an die neuen Medien notwendig sei. In den 1960er-Jahren wurde dazu der Begriff der „Medienkompetenz" geprägt. Landläufig wird unter dem Begriff eine Reihe von Fähigkeiten verstanden, die man beherrschen muss, um die Medien richtig einzuordnen und zu verwenden. Ralf Vollbrecht beschreibt Medienkompetenz dagegen als Schemata, die den Konsumenten befähigen sollen, jegliche Medien nach Belieben zu nutzen.[4] Also als eine Anleitung, mit der man selbst Kompetenzen zur Nutzung neuer und fremder Medien aufbauen kann.

In den 1970er-Jahren trug der Erziehungswissenschaftler Dieter Baacke wesentlich zur Definition des Begriffs „Medienkompetenz" bei. Um den Begriff differenzierter zu betrachten, gliederte er diesen in vier Dimensionen[5]:

- **Medienkritik**
  Bei der Medienkritik geht es um die analytische, reflexive und ethische Betrachtung. Diese soll helfen, Inhalte und sich selbst als Konsument einzuordnen, zu bewerten und auch soziale Konsequenzen zu berücksichtigen.

- **Medienkunde**
  Medienkunde beschreibt das Wissen um Medien und Mediensysteme. Es geht also darum, Medien und deren Funktionsweise zu kennen, diese aber gleichzeitig auch mit dem nötigen Sachverstand bedienen zu können.

- **Mediennutzung**
  Die Fähigkeit beschreibt die Programm-Nutzungskompetenz als rezeptive Anwendung der Medien und auch die Interaktion mit diesen. Besonders die Nutzung von interaktiven Anwendungen im Internet fällt in diesen Bereich.

- **Mediengestaltung**
  Besondere Beachtung findet in der digitalen Zeit auch die Dimension der Mediengestaltung, da sich Medien jetzt schneller und stärker ändern als je

4 Vgl. Vollbrecht, Ralf: Einführung in die Medienpädagogik, Weinheim: Beltz 2001, S. 57f.

5 Vgl. Baacke, Dieter: Medienpädagogik. Grundlagen der Medienkommunikation, Bd. 1, Tübingen: Niemeyer 1997, S. 98f.

zuvor und die Nutzer selbst zu Produzenten werden. Die Mediengestaltung umfasst ebenfalls Innovation und ästhetisch-kreative Ausgestaltung.

Der Sozialwissenschaftler Howard Rheingold befasst sich mit den Veränderungen der Medienlandschaft durch das Internet und veröffentlichte ein Modell von Medienkompetenz, das besonders auf die digitale Gesellschaft ausgerichtet ist. Dabei unterteilt Rheingold in fünf aufeinander aufbauende Medienkompetenzen[6]:

- **Aufmerksamkeit** (engl. *attention*)
  In einer Welt, die kontinuierlich Ablenkung bietet, ist unsere Aufmerksamkeit ein wichtiger Baustein für die Mediennutzung. Welche Inhalte und Programme verdienen unsere Aufmerksamkeit?

- **Teilnahme** (engl. *participation*)
  Ein großer Evolutionsschritt des Internets war der Wechsel eines passiven Konsummediums hin zu einer Kollaborationsplattform, auf der jeder Nutzer selbst aktiv werden und Inhalte produzieren kann.

- **Zusammenarbeit** (engl. *collaboration*)
  Eine erweiterte Form der Teilnahme ist die Zusammenarbeit mit anderen. Im Internet ergeben sich durch die permanente Vernetzung mannigfaltige Möglichkeiten der globalen Zusammenarbeit.

- **Vernetzung** (engl. *network awareness*)
  Der Mensch hat als soziales Wesen ein Grundbedürfnis, sich in Netzwerken zusammenzuschließen. Über digitale soziale Netzwerke können wir uns nicht nur spontan, sondern auch global vernetzen.

- **Reflektierter Konsum** *(engl. critical consumption)*
  Das Internet macht jeden Nutzer zu Produzenten von Inhalten. Daher ist es umso wichtiger, stets kritisch zu hinterfragen, wer und was unser Vertrauen verdient und wie Informationen einzuordnen sind.

Obwohl der Begriff „Medienkompetenz“ vor allem durch die medienpädagogische Fachdiskussion geprägt wurde, ist mittlerweile ein Diskurs auf mehreren

6 Vgl. Crook, Jay: Howard Rheingold's five media literacies, Mai 2012. Online: http://www.jaycrook.com/jay/masters/Howard%20Rheingold.pdf

Ebenen entstanden, die alle Teil der modernen Mediengesellschaft sind. So wird auf rechtlicher Ebene diskutiert, inwieweit etwa die öffentliche Live-Übertragung eines Videoanrufes durch den Rundfunkstaatsvertrag eingeschränkt wird. Außerdem wird auch auf gesellschaftlicher Ebene debattiert, welche Implikationen die Publikation von privaten Informationen im Internet haben kann.

PRAXISBEZÜGE

Im Vergleich zum Konsumverhalten früherer Generationen hat sich die Mediennutzung der *digital natives* komplett verändert: Bücher, Zeitungen, Radio und TV sind passive Konsummedien. Doch durch das Internet und soziale Netzwerke kann jeder Konsument auch Produzent werden. Jedes Status-Update, jeder Tweet und jedes hochgeladene YouTube-Video werden dem weltweiten Publikum zugänglich gemacht. Dies sorgt unter anderem auch dafür, dass einzelne Nutzer in diesen vernetzten Medien zu Stars avancieren können. Ein Beispiel dafür ist Justin Bieber. Der Musiker wurde auf YouTube entdeckt, nachdem er dort Videos von sich hochgeladen hatte und auf der Plattform bekannt wurde.

Auch wenn der Sprung aus den digitalen in die klassischen Medien bisher ein lukrativer Karrieresprung war, dreht sich diese Konstellation gerade um. Neue Internetstars wie der schwedische Videospielkommentator Felix Arvid Ulf Kjellberg setzen voll auf den Medienwandel. Bekannt ist Kjellberg auf YouTube unter seinem Pseudonym PewDiePie[7], unter dem er Computerspiele spielt und gleichzeitig kommentiert. Seine Videobeiträge verzeichnen bereits mehrere Milliarden Abrufe und zeigen, welches Ausmaß die Digitalisierung angenommen hat. Statt großer Mannschaft und Produktionsbudget reichen ein Computer und die entsprechenden Internetplattformen aus, um ein eigenes Medienimperium zu erschaffen.

Auch die Vermittlung von Wissen in Schulen und Universitäten wird vor neue Herausforderungen gestellt. Schüler und Studenten erwarten ansprechende, multimediale Lerninhalte, die einfach konsumiert werden können. Neue Modelle wie der „Umgedrehte Unterricht“[8] sollen diesen neuen Begebenheiten Rechnung tragen. Die Schüler erarbeiten sich die Lerninhalte dabei zu Hause und wenden im Unterricht das Gelernte unter Beisein des Lehrers an.

Bei der Vermittlung von Inhalten wird dabei auch auf Bildschirmvideos, sogenannte Screencasts, gesetzt. Diese Videos sind sehr populär, wie auch der

---

7 Vgl. https://www.youtube.com/user/pewdiepie vom 29.04.2010.

8 Vgl. http://www.dw.de/umgedrehter-unterricht/a-16540756

Unternehmer Salman Khan erfahren durfte. Er wollte eigentlich nur seiner Cousine über das Internet Nachhilfe geben und entdeckte dabei, dass seine Erklärungsvideos auch von vielen anderen Nutzern angesehen und gelobt wurden. Aus den Videos entstand die Khan Academy[9], eine erfolgreiche, nichtkommerzielle Lernplattform mit über viertausend Videos.

Digital natives sind zumeist gut vernetzt. Die Globalisierung wurde zwar von früheren Generationen durch stärkeren Handel von Waren und Informationen über Landesgrenzen und Kontinente hinweg eingeleitet, aber dennoch wird mit der Digitalisierung eine ganz neue Dimension der weltweiten Zusammenarbeit und des globalen Handels eröffnet. Während die *digital immigrants* noch auf Netzwerkveranstaltungen gehen, um Visitenkarten auszutauschen, verknüpfen sich die *natives* wie selbstverständlich online mit der ganzen Welt. Globale soziale Netzwerke machen eine Kontaktfindung und einen Austausch möglich. Die Suche nach Kunden, Geschäftspartnern, Investoren und Experten ist dadurch nicht mehr lokal beschränkt.

Die digitalen Kommunikationsmedien erlauben es zudem, sich jederzeit auszutauschen. Videokonferenzen kommen in der modernen Kommunikationswelt täglich zum Einsatz: morgens eine Abstimmung mit einem Geschäftspartner in San Francisco, bevor dieser schlafen geht, mittags eine Verhandlung mit einem Kunden in Südafrika und abends eine Schaltung nach Tokio, wo gerade der neue Tag anbricht. Und das alles, ohne sich auch nur aus dem heimischen Büro zu bewegen.

Digital natives denken und leben global. Es gibt keine Ländergrenzen im Internet. Digitale Geschäftsmodelle sind darauf ausgelegt, vom ersten Tag an global zu funktionieren. Es gibt bereits erste digitale Firmen, die nicht mehr den klassischen Aufbau mit einem Firmenstandort bevorzugen, sondern komplett virtuell aufgebaut sind. Mitarbeiter arbeiten weltweit an unterschiedlichen Orten in Heimarbeit und dennoch in einem digital vernetzten Team.

Bei der Suche nach einem Arbeitsplatz gehen *digital natives* natürlich auch neue Wege. Um die Chancen auf einen Job zu erhöhen, registrieren sie sich auf Business-Netzwerken wie XING[10] oder LinkedIn[11]. Das sind soziale Netzwerke, die den Fokus auf professionelle Profildarstellungen legen und Kontaktaufnahme mit anderen Netzwerkmitgliedern ermöglichen. Dort pflegt man seinen digitalen Lebenslauf und das Kontaktnetzwerk aus Kollegen und Geschäftspartnern. Um sich über einen Bewerber zu informieren, werfen Unternehmen gerne auch einen

---

9 Vgl. https://www.khanacademy.org

10 Vgl. https://www.xing.com

11 Vgl. https://www.linkedin.com

Blick auf das digitale Alter Ego – wenn sie nicht schon direkt in den sozialen Netzwerken nach passenden Kandidaten Ausschau halten. Eine Vielzahl von Informationen über den Bewerber sind nur eine Google-Suche und wenige Mausklicks entfernt. Es ist eine gute Übung, seinen eigenen Namen bei Google zu suchen, um festzustellen, wie viele Informationen über die eigene Person schon auffindbar sind.

IBM-Forscher Moshe Rappoport führte auf der „2. Zürcher Konferenz zu Web 2.0, IT-Trends und Value of IT" noch wesentlich tieferliegende Unterschiede zwischen den *digital immigrants* und den *natives* auf.[12] So habe sich die jüngere Generation bereits durch die rege Nutzung von Computerspielen Fähigkeiten und Denkmuster angeeignet, die auch auf wirtschaftliche Zusammenhänge großen Einfluss haben. Rappoport zeichnet einen Vergleich des Risikoverhaltens in Computerspielen, bei denen rundenbasiert immer wieder neu gestartet werden kann, und der Risikobereitschaft bzw. dem spontaneren wirtschaftlichen Handeln dieser Generation. Rappoport empfiehlt den etablierten Unternehmen sich diesen Wandel vor Augen zu führen, da die neue Generation eine hohe Innovationskraft abverlangt. Als weiteres Beispiel führt er an, dass die Informationsflut genutzt wird, um stets informiert zu sein. Fachgeschäfte bekommen es so mit einer Kundengruppe zu tun, die den Preis eines Produktes in wenigen Sekunden mit denen der Mitbewerber vergleichen kann. Ärzte bekommen auf diese Weise Patienten, die sich vorher über Google schon über mögliche Diagnosen informiert haben. Moshe Rappoport meint im Rahmen seines Vortrags „Global Technology Outlook" dazu passend: „Die Kluft zwischen den vor 1970 und nach 1980 Geborenen hinsichtlich der IT- und Computernutzung ist enorm. Erstere werden Zeit ihres Lebens digitale Immigranten bleiben."[13]

Sogar in der Liebe hält die Digitalisierung Einzug. Ein bekanntes amerikanisches Portal für Online-Dating schmückt sich mit der Aussage, dass bereits schon heute jeden Tag mehrere hundert Ehen geschlossen werden, die nur durch den Anbieter zustande gekommen seien. Auf diesen Portalen verlassen sich die Nutzer auf eine Software, die basierend auf einigen Fragen die passenden Partner vorschlägt.

12 Vgl. http://www.channelpartner.de/a/ibm-ortet-gespaltene-technologie-gesellschaft, 266463 vom 24.09.2008.

13 Rappoport, Moshe: Vortrag „Global Technology Outlook" bei der 2. Zürcher Konferenz zu Web 2.0, IT-Trends und Value of IT, Zürich, 22.09.2008.

ENTWICKLUNGEN UND AUSBLICK

Das Internet hat zu einer Machtverschiebung vom Anbieter zum Nachfrager geführt. Aus den Medien kennen wir Beispiele wie den „Arabischen Frühling", die aufgezeigt haben, welche Macht Kommunikationstools einer Gesellschaft geben können. Auch einzelne Personen wie der erwähnte YouTuber Kjellberg belegen dies eindrucksvoll.

Der Psychologe Peter Kruse hat bei einer Sitzung der Enquete Kommission „Internet und digitale Gesellschaft" im Deutschen Bundestag diese Machtverschiebung vom Anbieter zum Nachfrager damit erklärt, dass wir durch die sozialen Netzwerke eine nie dagewesene Vernetzungsdichte von einzelnen Personen erreicht haben – in Kombination mit viel Spontanaktivität, also der Tatsache, dass die Nutzer vom Konsumenten auch zum Produzenten geworden sind und nun auch selbst Inhalte in den Netzwerken erstellen.[14] Dazu kommt die Funktion der Netzwerke, dass Inhalte einfach geteilt und im eigenen Netzwerk verbreitet werden können. Zusammengenommen entstehen dadurch Systeme, die sich selbst aufschaukeln können und dadurch schnell sehr mächtig und gleichzeitig wenig kontrollierbar werden. Bisher konnten wir solche Effekte vor allem bei der Verbreitung von Viren in Computernetzwerken oder von wichtigen Nachrichten in den Nachrichtennetzwerken beobachten.

Auch wenn Medienkompetenz historisch bedingt eine kritische Grundeinstellung gegenüber Medien voraussetzt, so sehen wir den durch die digitale Revolution ausgelösten Trend, dass Nutzer Medien immer mehr vertrauen – bis hin zu dem Punkt, an dem die privatesten Informationen einer kommerziellen Plattform anvertraut werden. Im Internetzeitalter ist es ein weit verbreitetes Geschäftsmodell geworden, den kostenfreien Zugang zu einem Produkt anzubieten – im Austausch gegen Nutzerinformationen. Seien es kostenlose E-Mail-Dienste, soziale Netzwerke oder Portale: Die Anbieter nutzen die Daten der Anwender, um Marktforschung zu betreiben oder bessere Werbemöglichkeiten zu erhalten.

Doch welcher Nutzer versteht wirklich, was mit seinen Daten bei diesen Anbietern passiert? Die wenigsten werden bei der Anmeldung die vielen Seiten Geschäftsbedingungen durchlesen und auch verstehen. Vielmehr ist der digitale Gruppenzwang der Grund, dass man darauf vertraut, dass schon alles in Ordnung ist, wenn die Freunde und Bekannten auch die Plattform nutzen. Dabei wird auch nicht beachtet, dass die Dienstanbieter nach und nach immer mehr Daten von ihren Nutzern einfordern, um immer bessere Auswertungen und Werbevermarktung durchführen zu können.

---

14 Vgl. https://www.youtube.com/watch?v=e_94-CH6h-o vom 05.07.2010.

Auch rechtlich ist es schwierig klare Vorgaben zu geben, da sich nur Anbieter aus Deutschland an deutsche Gesetze halten müssen. Dies führt dazu, dass sich viele Unternehmen mit angreifbaren Geschäftsmodellen einfach im Ausland niederlassen. Als Nutzer kann man sich also keineswegs darauf verlassen, dass deutsche Gesetze bei diesen Plattformen gelten. Und im Zweifelsfall kann man diese Gesetze dann auch nicht anwenden – sofern es überhaupt einen Zugriff auf den Anbieter gibt – denn Beispiele von illegalen Tauschbörsen haben gezeigt, dass selbst der Staat nicht immer die Möglichkeiten hat, reale Gesetze in die digitale Welt zu übertragen und diese dort auch zu exerzieren.

Die digitale Revolution sorgt auf der anderen Seite aber auch für eine neue Form der Demokratie: Jeder Nutzer kann nicht nur einfach Konsument sein, sondern auch selbst zum Produzenten werden und das Internet frei mitgestalten und sich breit informieren. Mit der Verlagerung dieser Macht hin zum Konsumenten hat jeder einzelne aber auch gleichzeitig mehr Verantwortung. In einer sich schnell wandelnden Medienlandschaft ist es daher für alle Beteiligten umso wichtiger, eine Medienkompetenz zu entwickeln, die einer vernetzten Welt gerecht wird.

WEITERFÜHRENDE LITERATUR

Baacke, Dieter: Kommunikation und Kompetenz. Grundlegung einer Didaktik der Kommunikation und ihrer Medien, München: Juventa 1973.

Baacke, Dieter: Medienpädagogik. Grundlagen der Medienkommunikation, Bd. 1, Tübingen: Niemeyer 1997.

Baacke, Dieter et al. (Hg.): Medienkompetenz. Modelle und Projekte, Bonn: Bundeszentrale für politische Bildung 2004.

Lanier, Jaron: Wem gehört die Zukunft? „Du bist nicht der Kunde der Internetkonzerne. Du bist ihr Produkt", Hamburg: Hoffmann und Campe 2014.

Palfrey, John/Gasser, Urs: Born Digital. Understanding the First Generation of Digital Natives, New York City: Basic Books 2008.

Rheingold, Howard: Net Smart. How to Thrive Online, Cambridge: MIT University Press 2012.

Riederle, Philipp: Wer wir sind, und was wir wollen. Ein Digital Native erklärt seine Generation, München: Droemer Knaur 2013.

Urchs, Ossi/Cole, Tim: Digitale Aufklärung. Warum uns das Internet klüger macht, München: Hanser 2013.

Vollbrecht, Ralf: Einführung in die Medienpädagogik. Weinheim: Beltz 2001.

Partizipative Kultur

Implikationen für Gesellschaft, Politik und Medien

CHRISTINE WEITBRECHT

> „A participatory culture is a culture with relatively low barriers to artistic expression and civic engagement, strong support for creating and sharing one's creations, and some type of informal mentorship whereby what is known by the most experienced is passed along to novices. A participatory culture is also one in which members believe their contributions matter, and feel some degree of social connection with one another (at the least they care what other people think about what they have created)."
> HENRY JENKINS et al. [1]

EINFÜHRUNG

Eine der wichtigsten Voraussetzungen, damit eine Gemeinschaft entstehen kann, ist die Kommunikation. Ohne die Möglichkeit sich zu verständigen und Wissen zu teilen, ist ein Zusammenleben nicht möglich. Allein die Kommunikation erlaubt es zwei oder mehreren Lebewesen, sich zusammenzuschließen, gemeinsa-

---

1 Jenkins, Henry/Purushotma, Ravi/Clinton, Katherine/Weigel, Margaret/Robison, Alice J.: Confronting the Challenges of Participatory Culture: Media Education for the 21st Century, Cambridge: MIT Press 2009. Online: http://www.nwp.org/cs/public/download/nwp_file/10932/Confronting_the_Challenges_of_Participatory_Culture.pdf?x-r=pcfile_d

me Regeln festzulegen, einander zu warnen, sich umeinander zu kümmern und einen Wissensschatz aufzubauen.

Die Unentbehrlichkeit von Kommunikation für ein Zusammenleben macht sie daher gleichzeitig auch zu einem grundlegenden Machtinstrument. Wer die Kommunikation in einer Gruppe bestimmt und formt, wer die Deutungshoheit besitzt, hat im wahrsten Sinne des Wortes „das Sagen" und kann über das Schicksal der Gruppe sowie Einzelner maßgeblich bestimmen.[2] Nach unserem modernen, demokratischen Gedanken folgt, dass im Idealfall alle Mitglieder einer Gesellschaft oder Gemeinschaft an der Kommunikation untereinander gleich teilhaben können. Tatsächlich befinden wir uns aktuell in einem Zeitalter, welches theoretisch genau eine solche partizipative Kommunikationsform zulässt. Zum ersten Mal in der Geschichte der Menschheit besteht die Möglichkeit, dass jeder Einzelne aktiv zur Kommunikation in der Gesellschaft beitragen und sich mit anderen Mitgliedern direkt austauschen kann, ohne Rücksicht auf seine persönliche, wirtschaftliche und politische Position, Ort und teilweise sogar Zeit. Die Auswirkungen der partizipativen Kultur sind dabei so elementar, dass sie nahezu jeden Bereich unseres Lebens beeinflussen.

Was bedeutet „Partizipative Kultur"?

Der Begriff „partizipative Kultur" leitet sich vom Englischen „participatory culture" ab und bezeichnet, einfach gesagt, eine Kultur, in der jeder „mitmachen" kann. Konkret bedeutet dies, dass in der partizipativen Kultur jedes Mitglied einer Gesellschaft

- sich öffentlich äußern,
- Medieninhalte schaffen und veröffentlichen sowie
- diese Inhalte selbst massenhaft verbreiten kann.

Die Möglichkeit der öffentlichen Äußerung eines jeden entstand gemeinsam mit dem Internet und wurde durch die Entwicklung von sozialen Medien verstärkt. Ob auf einer eigenen Webseite, einem Blog oder auf sozialen Netzwerken, wie Facebook, Instagram, YouTube, tumblr oder Twitter – Möglichkeiten, seine Meinung öffentlich kundzutun, gibt es online zuhauf. Gleichzeitig wurden Technologien, um selbst hochwertige Medieninhalte zu erstellen, immer günstiger und somit zugänglicher für einzelne User. Beispielsweise ist es mittlerweile

2 Vgl. Castells, Manuel: Communication Power, Oxford: Oxford University Press 2013, S. 189.

möglich, komplette Filme nur mit einem Smartphone zu drehen und zu schneiden.[3] Die Verbreitung von Inhalten findet ebenfalls über das Internet statt, und zwar über dieselben Plattformen, die öffentliche Äußerungen für jeden möglich machen.

Die partizipative Kultur ist somit eine Kultur der Zugänglichkeit. Sie ermöglicht allen Mitgliedern einer Gesellschaft, die Öffentlichkeit und den darin stattfindenden Diskurs aktiv mitzubestimmen und zu formen und ist in dieser Hinsicht ein geschichtlich absolut einzigartiges Phänomen.

Zugänglichkeit gesellschaftlicher Kommunikation in der Geschichte

Ein kurzer Rückblick in die Geschichte der gesellschaftlichen Kommunikation zeigt rasch auf, inwieweit sich die partizipative Kultur von früheren Kommunikationsstrukturen unterscheidet und weshalb sie so viele gemeinschaftliche Bereiche teilweise revolutionär beeinflusst.

Jahrtausende lang, beginnend mit der Formierung erster Gemeinschaften, wurde die Kommunikation von einer kleinen Elite, bestehend aus Machthabern, Reichen, Gelehrten und Geistlichen, bestimmt, welche häufig lesen und schreiben konnte und die Möglichkeit hatte, sich aktiv an politischen und gesellschaftlichen Kommunikationsprozessen zu beteiligen. Allen anderen Mitgliedern der Gemeinschaft war der Zugang zu diesen Prozessen weitestgehend verwehrt.

Dieser Zustand änderte sich erst mit der Erfindung des Buchdrucks im 15. Jahrhundert, der Bücher (und später Zeitungen) als erste Massenmedien etablierte, sie signifikant vergünstigte und für das allgemeine Volk zugänglich machte. Mit der wachsenden Zugänglichkeit der gesellschaftlichen Kommunikation für die Masse der Bevölkerung entstand somit auch die Möglichkeit eines breit angelegten gesellschaftlichen Diskurses, d.h. eines öffentlichen Dialogs, an dem die verschiedenen Mitglieder einer Gesellschaft teilhaben und somit deren Werte, Gesetze und Zukunft aktiv mitbestimmen konnten. Jürgen Habermas nennt dieses Phänomen die Entstehung der „Öffentlichkeit“:

„Bürgerliche Öffentlichkeit lässt sich vorerst als die Sphäre der zum Publikum versammelten Privatleute begreifen; diese beanspruchen die obrigkeitlich reglementierte Öffentlichkeit alsbald gegen die öffentliche Gewalt selbst, um sich mit dieser über die allgemei-

3 Vgl. iPhone Film Festival: Rules. Online: http://www.iphoneff.com/rules-2

nen Regeln des Verkehrs in der grundsätzlich privatisierten, aber öffentlich relevanten Sphäre des Warenverkehrs und der gesellschaftlichen Arbeit auseinanderzusetzen."[4]

Das Bestehen einer Öffentlichkeit, die sich aus Staatsorganen, den Medien und den Bürgern zusammensetzt, wurde somit zur Voraussetzung für die Bildung stabiler demokratischer Staaten.[5] Im 20. Jahrhundert kamen mit Radio, Film und Fernsehen weitere Massenmedien zur Öffentlichkeit hinzu und boten zusätzliche Wege, Informationen zu verbreiten und einen gesellschaftlichen Diskurs zu führen.

Allerdings zeigte sich auch im Fall der Massenmedien sehr bald, dass sie zwar die Plattform für einen öffentlichen Diskurs boten, jedoch weiterhin nicht alle Stimmen in der Gesellschaft darin auch gehört wurden. Diejenigen Mitglieder der Gesellschaft, die über politischen und wirtschaftlichen Einfluss verfügten, waren in der Öffentlichkeit weiterhin überproportional vertreten, da es meist sie waren, welche die Massenmedien besaßen und/oder kontrollierten und über deren Inhalte den gesellschaftlichen Diskurs maßgeblich formen konnten.[6] Die Zugänglichkeit der gesellschaftlichen Kommunikation vergrößerte sich dementsprechend im Vergleich zu der Zeit vor den Massenmedien, war im Großen und Ganzen jedoch weiterhin nicht allen Mitgliedern der Gesellschaft vorbehalten.

Veränderung der Zugänglichkeit gesellschaftlicher Kommunikation durch das Internet

Der Zugang zu gesellschaftlicher Kommunikation änderte sich jedoch radikal mit der Ankunft des Internets. Während die klassischen Massenmedien „one-to-many"-Kommunikation betrieben und nur wenige Redakteure, Autoren und Künstler Inhalte erstellen und verbreiten konnten, bot das Internet zum ersten Mal die Möglichkeit der „many-to-many"-Kommunikation. Jeder Internet-Nutzer ist heutzutage in der Lage, per E-Mail, eigener Webseite oder Dienste Dritter, wie z.B. sozialer Medien, mit Millionen Menschen auf der Welt gleichzeitig zu kommunizieren. Es bedarf keiner Redakteure mehr zu bestimmen, was gesendet werden darf und wann – die Entscheidung ist allen Usern selbst überlassen. Entsprechend weitet sich der öffentliche Diskurs nun auf die virtuelle Welt aus, wo alle mitdiskutieren können. Es besteht eine *partizipative Kommu-*

4 Habermas, Jürgen: Strukturwandel der Öffentlichkeit. Untersuchungen zu einer Kategorie der bürgerlichen Gesellschaft, Frankfurt a. M.: Suhrkamp 1990, S. 86.

5 Vgl. ebd., S. 55.

6 Vgl. ebd., S. 267.

nikationskultur, die besonders durch zwei Phänomene begünstigt wird: Der Demokratisierung von Information und der Vernetzung des Einzelnen.

THEORIEN UND METHODEN

Demokratisierung von Information

„Wissen ist Macht."
(Volksmund, inspiriert durch Sir Francis Bacon, 1598)

Das Internet demokratisiert Information. Sie wird öffentlich zugänglich, kann einfach und günstig verbreitet werden und löst sich sogar von Zeit und Raum. Wissen ist nicht mehr auf bestimmte Personen beschränkt, sondern kann der gesamten Menschheit zur Verfügung gestellt werden – von Raketenbauplänen bis hin zu Universitätsvorlesungen, Putzratschlägen und Modellbautipps. Ein Internetnutzer muss sich nicht mehr länger nur auf das Wort weniger Personen in seinem Umfeld oder in den Massenmedien verlassen, sondern kann direkt recherchieren, was andere – inklusive Experten – dazu sagen.

Diese Demokratisierung von Information ist die radikalste Veränderung, die das Internet mit sich gebracht hat, da sie Machtverhältnisse grundlegend beeinflusst. Wie zu Anfang dieses Kapitels beschrieben, hält derjenige die Macht in einer Gesellschaft, der die Deutungshoheit gesellschaftlicher Kommunikation besitzt. Die Deutungshoheit legt fest, wie sich eine Gesellschaft positioniert, was ihre Werte sind, was als richtig oder falsch, legal und illegal definiert wird und wie sie daraus folgend die einzelnen Mitglieder ihrer Gesellschaft behandelt. Die Deutungshoheit bestimmt somit die Realität, der sich die Gesellschaft gegenüber sieht.[7] In vergangenen, nicht-partizipativen Kommunikationsstrukturen war es verhältnismäßig einfach, bestimmte Themen oder Vorkommnisse im wahrsten Sinne des Wortes „totzuschweigen", wenn sie den Machthabern oder anderen, einflussreichen Mitgliedern der Gesellschaft unangenehm waren oder deren vorherrschende Position gefährdeten. Wer auf die Inhalte der Massenmedien Einfluss nehmen konnte – politisch oder wirtschaftlich –, bestimmte den öffentlichen Diskurs und welche Meinungen und Fakten darin widergespiegelt wurden.

In Zeiten des Internets mit seiner partizipativen Kommunikationskultur ist das Unterdrücken von Information um einiges schwieriger geworden. Fälle wie Wikileaks und die Enthüllungen von Edward Snowden zeigen beispielhaft auf,

7 Vgl. J. Habermas: Strukturwandel der Öffentlichkeit, S. 57f.

wie selbst als geheim klassifizierte Informationen der globalen Öffentlichkeit zugänglich gemacht werden können, um die Vorgehensweisen von Staaten und Geheimdiensten einer weltweiten Inspektion preiszugeben. Die Deutungshoheit verlagert sich dank der globalen Vernetzung sowohl vom Staat zu den eigenen Bürgern, als auch zu den Regierungen und Bürgern anderer Nationen. Darstellungen, Fakten und Auslegungen von Informationen werden hinterfragt und überprüft und die Verantwortlichen zur öffentlichen Rechenschaft gezwungen. Die Macht der Deutung obliegt nun einer Öffentlichkeit, die sich weiterhin aus Staatsorganen, Medien und Bürgern zusammensetzt, in der die Bürger nun jedoch eine weitaus größere Rolle einnehmen können und dies auch tun.

Vernetzung des Einzelnen, Communities und Kollaboration

Neben der Demokratisierung von Information führte die Entstehung des Internets zu einer weiteren, grundlegenden Entwicklung: der globalen Vernetzung des Einzelnen. Jeder Internetnutzer kann heutzutage nicht nur unzählige Informationen aufrufen, sondern mit seinen Worten auch tausende Menschen erreichen und mit anderen Nutzern auf der ganzen Welt in Kontakt treten. Dies hat zur Folge, dass sich zahllose Communities bilden, die jegliches menschliches Interesse widerspiegeln.

Beginnend mit Gruppen-Chats unter Freunden und Familie, zu Foren, die sich um Hobbies und Interessen drehen, bis hin zu Experten-Diskursen im jeweiligen Berufsfeld – jeder Internetnutzer ist zumeist in mehreren Communities gleichzeitig vertreten und nimmt dabei Kontakt mit Gleichgesinnten aus der ganzen Welt auf. Diese Entwicklung schafft ein völlig neues Zusammengehörigkeitsgefühl von Usern, das sich nicht mehr auf Ort und Kultur beschränkt, sondern auf gleichen Interessen und persönlichen Werten basiert. Man nimmt aktiv teil an politischen und gesellschaftlichen Geschehnissen, die Mitglieder der eigenen Community betreffen, egal wo diese sich befinden. Landesgrenzen lösen sich auf und man fordert aktiv Rechenschaft und Gerechtigkeit in allen Teilen der Welt.

Die Vernetzung durch das Internet lässt damit auch völlig neue Möglichkeiten für die Zusammenarbeit zwischen Menschen zu. Es ist wenig überraschend, dass sich Unternehmen sehr schnell die kollaborativen Möglichkeiten des Internets zu nutze gemacht haben.[8] Was jedoch sehr erstaunlich ist und Forscher wie

8 Vgl. Bliss, Friederike R./Johanning, Anja/Schicke, Hildegard: Communities of Practice – Ein Zugang zu sozialer Wissensgenerierung. Online: http://www.die-bonn.de/esprid/dokumente/doc-2006/bliss06_01.pdf vom 07.02.2006, S. 5.

Unternehmer immer wieder verwundert, ist das Ausmaß komplett gemeinnütziger Kollaboration ohne finanziellen Ausgleich, die das Internet hervorgebracht hat.[9] Von Nachschlagewerken bis zu (illegalen) Film-Streaming-Plattformen, von Experten-Blogs bis zu Open-Source-Software – das Internet ist voll von Inhalten und Dienstleistungen, die von Nutzern gemeinschaftlich erstellt und anderen kostenlos zur Verfügung gestellt werden.

PRAXISBEZÜGE

Auswirkungen der partizipativen Kultur auf die Politik

Die Demokratisierung von Information und auch deren Deutungshoheit betrifft Politik sowohl auf der nationalen als auch auf der internationalen Ebene. Manuel Castells fasst dies wie folgt präzise zusammen:

> „Discourses, in our society, shape the public mind via one specific technology: communication networks that organize socialized communication. Because the public mind – that is, the set of values and frames that have broad exposure in society – is ultimately what influences individual and collective behavior, programming the communication networks is the decisive source of cultural materials that feed the programmed goals of any other network. *Furthermore, because communication networks connect the local with the global, the codes diffused in these networks have a global reach.*" [10]

Die Fähigkeit zu bestimmen, was im gesellschaftlichen Diskurs behandelt wird und auf welche Weise, definiert Manuel Castells als „programming capacity". Wer also die Deutungshoheit oder die „programming capacity" auf der lokalen bzw. nationalen Ebene besitzt, erreicht durch die vernetzte Welt auch die internationale Ebene. Dies bedeutet, dass, obwohl weiterhin nicht alle Machtinstrumente in einer Gesellschaft demokratisiert werden – insbesondere die der physischen Gewalt –, die Demokratisierung von Information und die Vernetzung der Bürger die Reichweite deren kommunikativer Macht so sehr verstärkt, dass sie

9 Vgl. ebd., S. 243. Vgl. auch Bullinger, Hans-Jörg/Baumann, Timo/Fröschle, Norbert/Mack, Oliver/Trunzer, Thomas/Waltert, Jochen: Business Communities. Professionelles Beziehungsmanagement von Kunden, Mitarbeitern und B2B-Partnern im Internet, Bonn: Galileo Press 2002, S. 40, 247.

10 M. Castells: Communication Power, S. 53.

nun sogar bis auf das globale politische Parkett reicht, wie im Fall des Arabischen Frühlings oder der Occupy-Bewegung.[11]

Die partizipative Kultur verändert die Politik also insofern, dass sie nicht nur allen Bürgern die Möglichkeit gibt, am öffentlichen Diskurs teilzuhaben und so gesellschaftliche Entscheidungen mitzutreffen, sondern sie auch dazu befähigt, den nationalen Diskurs an Bürger aus der ganzen Welt heranzutragen, um deren moralische bis physische Unterstützung zu erreichen. Nationale, demokratische Machthaber stehen dadurch nicht nur einer stärkeren und gesteigert kritischen Gesellschaft gegenüber, sondern müssen stets bedenken, dass ihre Handlungen und Entscheidungen auch die Aufmerksamkeit und sogar die Tätigkeit von Bürgern und Regierungen anderer Staaten auf sich ziehen können.

Hinzu kommt, dass in der partizipativen Kultur Randgruppen und Minderheiten verstärkt zu Wort kommen können, um auf sich und ihre Anliegen aufmerksam zu machen. Dabei fordern sie häufig nicht nur die Politik, sondern auch die Gesellschaft als allgemeine Bestimmer der Politik heraus. Ein Beispiel hierfür ist die Bewegung, die sich für die Gleichberechtigung von Homosexuellen einsetzt. Dank der globalen Vernetzung verbreiten sich Erfahrungen unterdrückter oder benachteiligter Homosexueller sehr schnell, sodass häufig eine ebenfalls globale Welle der Entrüstung und moralischer Unterstützung hervorgerufen wird. Vor und auch während der Olympischen Winterspiele im russischen Sotschi 2014 gab es z.B. aufgrund von viralen Online-Videos eine globale, öffentliche Welle der Empörung darüber, wie grausam Homosexuelle in Russland oft behandelt werden, dass sich sogar einige bekannte Persönlichkeiten, wie Bundespräsident Joachim Gauck und EU-Komissarin Viviane Reding, dazu entschlossen, die Spiele zu boykottieren.[12]

Auswirkungen der partizipativen Kultur auf Medien: Nachrichten und Journalismus

Die Vernetzung der Bürger und die Möglichkeit, dass diese sich jederzeit Menschen auf der ganzen Welt gegenüber äußern können, wirkt sich auch fundamental auf die Medien aus. Für Nachrichten und Journalismus bedeutet die partizipative Kultur, dass dank der Möglichkeiten zur öffentlichen Äußerung, die das

11 Vgl. Castells, Manuel: Networks of Outrage and Hope. Social Movements in the Internet Age, Cambridge, UK: Polity Press 2012, S. 53f, 156f.

12 Vgl. Spiegel Online: Kein Besuch in Sotschi: EU-Kommissarin schließt sich Gaucks Olympia-Boykott an. Online: http://www.spiegel.de/politik/ausland/eu-kommissarin-reding-schliesst-sich-gaucks-olympia-boykott-an-a-938131.html vom 10.12.2013.

Internet über persönliche Webseiten, Blogs oder auch soziale Medien bietet, und der Möglichkeit, Medieninhalte, wie Fotos und Videos, kostengünstig und einfach herstellen zu können, auf einmal theoretisch jeder zum Journalisten werden kann. Dieses Phänomen, auch bekannt als „Citizen Journalism" oder „Grassroots Journalism", zeichnet sich dadurch aus, dass diejenigen, die direkt von einem Ereignis betroffen sind, ihr Erlebnis der Öffentlichkeit auch direkt darlegen können, ohne dass ein Journalist sich dieses Erlebnisses annimmt. Die direkte Berichterstattung im Graswurzel-Journalismus kann somit z.B. schneller erfolgen als die journalistische und eine Vielzahl von Zeugen und Sichtweisen mit einschließen, die sich ergänzen oder widersprechen. Auch erlaubt Graswurzel-Journalismus eine Berichterstattung, wenn versucht wird, Journalisten, die von Nachrichtendiensten geschickt werden, zu zensieren oder auszuschließen, wie ebenfalls im Beispiel des oben genannten Arabischen Frühlings. Während der ägyptischen Revolution versuchten professionelle Journalisten zwar, über die lokalen Zustände zu berichten, wurden jedoch massenhaft von ägyptischen Bürger-Journalisten übertrumpft, die Videos, Bilder und Berichte von Auseinandersetzungen und der Lage vor Ort direkt auf soziale Medien luden und darüber wie ein Lauffeuer verbreiteten.[13,14]

Neben dem Graswurzel-Journalismus entstand durch die partizipativen Möglichkeiten des Internets noch eine weitere Form der Nachrichtenberichterstattung und der Meinungsbildung: die Blogosphäre. Die Blogosphäre bezeichnet alle bestehenden Weblogs und bindet auch videobasierte Weblogs mit ein. Diese Blogs sind zumeist auch untereinander vernetzt und werden zu einem Großteil von Privatpersonen betrieben, aber auch von Firmen und Journalisten. Blogs gibt es zu allen erdenklichen Themen: Politik, Wirtschaft, Technologie, Hobbies, Freizeit, Haushalt, Lifestyle, Mode, Gesundheit, Schönheit etc. Da keine Qualifizierung oder Ausbildung nötig ist, um einen Blog zu erstellen, kann die Qualität, Berichterstattung und Glaubwürdigkeit von Blogs stark variieren – es sei denn, ein Blog wird von einem bestehenden, anerkannten Experten betrieben. In allen anderen Fällen müssen Blogger zumeist ihre Expertise, Unabhängigkeit und ihre Glaubwürdigkeit bei ihrer Leserschaft und in der Öffentlichkeit erst unter Beweis stellen. Tun sie dies erfolgreich, können sich Blogger zu gewichtigen Meinungsbildnern in der Öffentlichkeit entwickeln und zu direkten Wettbewerbern von traditionellen Journalisten.

13 Vgl. M. Castells: Networks of Outrage and Hope, S. 56f.

14 Vgl. Diab, Khaled: Egypt's heavily censored media continues to take on the regime. http://www.theguardian.com/commentisfree/2012/feb/09/arabic-press-freedom-censorship vom 09.02.2012.

Auswirkungen der partizipativen Kultur auf Medien: Unterhaltung

Die Möglichkeit, sich öffentlich zu äußern, Medieninhalte selbst zu produzieren und diese dann auch zu verbreiten, wirkt sich auch auf die Unterhaltungsindustrie sehr stark aus. Zum einen führt die Vernetzung von Internetnutzern dazu, dass sich größere und stärkere Fan-Communities bilden können als je zuvor; zum anderen kann jeder Nutzer theoretisch selbst unterhaltende Medieninhalte produzieren und verbreiten und damit in den direkten Wettbewerb mit Medienunternehmen treten. Medieninhalte an sich können in der breiten Öffentlichkeit diskutiert und kritisiert werden, während Film-Piraterie große wirtschaftliche Schäden für die Unterhaltungsindustrie bedeutet.

Die Bildung von großen Online-Fan-Communities hat zunächst für Medienunternehmen viel Gutes. Fans von Medieninhalten, wie die berühmten „Trekkies", also Star Trek-Fans, gibt es an sich schon seit mehreren Jahrzehnten.[15] Allerdings waren diese Fans zu Zeiten der klassischen Medien auf ihr direktes Umfeld angewiesen wenn es darum ging, Fan-Communities, z.B. Fan-Clubs, zu gründen. Gab es in der Nähe eines Fans keine weiteren Fans desselben Films, derselben Fernsehserie, desselben Buchs oder derselben Band, war der Fan weitestgehend isoliert. Durch die Vernetzung des Einzelnen ist es nun jedoch möglich, dass sich Fans aus allen Teilen der Welt online zusammenfinden, um sich über ein Fanobjekt[16] – also etwas, von dem sie Fan sind – auszutauschen. Sie suchen dabei aktiv den Kontakt mit Produzenten, äußern sich öffentlich über die Medieninhalte, von denen sie Fan sind, tragen ihre Begeisterung darüber in die Welt hinaus und informieren dabei auch Nicht-Fans über den Medieninhalt, von dem sie selbst Fan sind. Für Medienunternehmen haben Fan-Communities daher ein gewaltiges Marketingpotenzial.

Gleichzeitig führt die Vernetzung von Fans jedoch auch dazu, dass diese durch die Online-Fan-Communities ihr gefühltes Recht der Mitbestimmung verstärkt zum Ausdruck bringen. Da Fans in Fan-Communities sich meist täglich mit ihrem Fanobjekt auseinandersetzen und dieses – manchmal schon von dessen Entstehung an – in- und auswendig kennen, fordern sie den Produzenten gegenüber häufig ein Mitspracherecht, wie sich das Objekt weiterentwickeln

15 Vgl. Jenkins, Henry: Textual Poachers. Television Fans and Participatory Culture, Oxon, UK/New York: Routledge 2013, S. 11f.

16 Vgl. Sandvoss, Cornel: Fans. The Mirror of Consumption, Cambridge/Malden, Mass.: Polity Press 2005, S. 3.

sollte und bringen auch lautstark ihren Missmut zum Ausdruck, wenn sich das Objekt auf eine Art verändert, die sie nicht gutheißen.

Kritik an Medieninhalten ist in Zeiten der partizipativen Kultur jedoch nicht nur Fans in Fan-Communities vorbehalten. Medienunternehmen stehen seit jeher vor der schwierigen Aufgabe, ihr wirtschaftliches Interesse mit den Anforderungen der Kunst zu vereinen. Nun, da die Öffentlichkeit jeden einzelnen Internet-Nutzer einschließt, weitet sich auch die Kommentierung von Medieninhalten auf diese Nutzer aus und konfrontiert Medienunternehmen mit einem weiteren Faktor, der in die Schaffung von Inhalten miteingerechnet werden muss.

Durch die öffentliche Kommentierung von Medieninhalten können zum einen globale Hypes entstehen, welche die Begeisterung für einen Film, eine Fernsehserie oder für Bücher global verbreiten, was sich wiederum auf die produzierenden Medienunternehmen wirtschaftlich sehr positiv auswirken kann, wie im Fall von *Der Herr der Ringe, Der Hobbit, Harry Potter, Die Tribute von Panem,* oder auch bestimmten Neuverfilmungen der letzten Jahre, wie *The Dark Night* oder dem kompletten Marvel Cinematic Universe (*Iron Man, Thor, Captain America, The Avengers* etc.). Gleichzeitig kommen jedoch auch kritische User zu Wort und nehmen Medienunternehmen unabhängig von einem Fan-Dasein in die Pflicht. Ein gutes Beispiel hierfür ist die Debatte um die Unterrepräsentierung von weiblichen Hauptfiguren in aktuellen Kino-Filmen, insbesondere dem Marvel Cinematic Universe, das bis 2014 bei insgesamt neun Filmen nur männliche Hauptfiguren hervorgebracht hat. Fans, aber auch allgemeine User, Journalisten und Blogger bemängeln das Fehlen einer weiblichen Hauptfigur regelmäßig und üben aktiv Druck auf große Medienunternehmen, wie Marvel/Disney und DC Entertainment, aus.[17] In 2014 haben beide Unternehmen schließlich bekannt gegeben, dass sie je einen Film mit weiblicher Hauptfigur planen: *Wonder Woman* von DC Entertainment und Warner Bros. sowie *Captain Marvel* von Marvel Entertainment und Walt Disney.

Trotzdem ist in erster Linie der öffentliche Druck nicht komplett verschwunden, da es weiterhin viele Kritiker gibt, die anmerken, dass eine weibliche Hauptfigur das bisherige Ungleichgewicht der Hauptfiguren allein nicht auf-

---

17 Vgl. Docktermann, Eliana: Marvel President Tries to Explain Lack of Female-Superhero Movies. Online: http://time.com/3075927/marvel-kevin-feige-guardians-of-the-galaxy-black-widow/ vom 03.08.2014 und Moloney, Al: Why won't cinema embrace female superheroes? Online: http://www.bbc.com/culture/story/20130911-where-are-the-female-superheroes vom 11.09.2013.

wiegt.[18] Medienunternehmen können also nicht mehr nur ein Produkt auf den Markt bringen und auf gute Beurteilungen von ein paar wenigen Kritikern hoffen, sondern müssen sich aktiv mit der Meinung ihrer Konsumenten auseinandersetzen, die ihnen gegenüber Kritik als auch Begeisterung direkt und offen äußern.

Zudem befindet sich die Unterhaltungsindustrie in einer ähnlichen Situation wie der Journalismus in Bezug auf Graswurzel-Journalismus. Die Möglichkeit, dank Internet und neuer Medien, Medieninhalte relativ günstig erstellen und verbreiten zu können, bedeutet für die Unterhaltungsindustrie, dass Medienunternehmen nicht mehr zwingend als Mittelsmänner benötigt werden, damit ein Künstler oder Produzent sein Projekt umsetzen kann. Stattdessen treten solche unabhängigen Künstler und Produzenten in den direkten Wettbewerb mit Medienunternehmen und kämpfen um dasselbe Publikum. Ein Beispiel hierfür ist die Web-Serie *The Lizzie Bennett Diaries* (abgekürzt: *The LBD*) von Pemberly Digital. *The LBD* ist eine Adaption von *Stolz und Vorurteil* von Jane Austen, wurde mit verhältnismäßig geringem Aufwand gedreht und über YouTube und soziale Medien verbreitet.[19] Und das extrem erfolgreich: *The Lizzie Bennett Diaries* erhielt über 50 Millionen YouTube-Views, den ersten Prime Time Emmy für eine Webserie sowie zahlreiche weitere Preise.[20] Laut Produzent Bernie Su waren 70% des Serienpublikums weiblich und unter 25 Jahren alt[21] – eine der wichtigsten demografischen Gruppen in der Unterhaltungsindustrie. Finanziert wurde *The LBD* über YouTube-Werbung und den Verkauf von Fan-Artikeln, wie T-Shirts. Als die Serie beendet war, baten die Produzenten zudem über eine Crowd-Funding-Aktion öffentlich um Spenden, um die Serie auch auf DVD veröffentlichen zu können. Trotz der Tatsache, dass die Serie weiterhin auch kostenlos auf YouTube verfügbar war, kamen Spenden im Wert von mehr als $460.000 zusammen – fast achtmal so viel wie das eigentliche Spendenziel von

18 Vgl. Pomerantz, Dorothy: 'Captain Marvel' And 'Wonder Woman' Are The New Superhero Movies With The Most To Lose. Online: http://www.forbes.com/sites/dorothypomerantz/2014/10/29/captain-marvel-and-wonder-woman-are-the-new-superhero-movies-with-the-most-to-lose/ vom 29.10.2014.

19 Vgl. Weitbrecht, Christine: SXSW 2014 Re-Cap: How Jane Austen Conquered Social Storytelling. Online: http://christineweitbrecht.com/2014/05/sxsw-2014-re-cap-how-jane-austen-conquered-social-storytelling/ vom 04.05.2014.

20 Vgl. ebd.

21 Vgl. ebd.

$60.000.[22] Fälle wie *The LBD* zeigen dementsprechend, dass die partizipative Kultur den Wettbewerb im Unterhaltungsmarkt merklich verschärft, da sie unabhängigen Künstlern und Produzenten die Möglichkeit gibt, Medieninhalte mit einem sehr geringen Budget und ohne die Unterstützung von großen Medienunternehmen zu erstellen und global erfolgreich zu verbreiten.

Doch nicht nur unabhängige Künstler stehen im direkten Wettbewerb mit bestehenden, großen Anbietern von Medieninhalten. Auch eigene, von Internet-Nutzern generierte Inhalte, sogenannter „User-Generated-Content" (kurz: UGC), revolutionieren den Unterhaltungsmarkt. Zumeist werden diese Inhalte von Video- oder Audio-Bloggern produziert, die kurze, regelmäßige Videos oder Podcasts mit geringem Produktionsaufwand, dafür aber umso höherem Unterhaltungswert produzieren. Es geht den Produzenten dieser Inhalte dabei in erster Linie nicht um die Erzielung eines finanziellen Gewinns, sondern um Selbstverwirklichung, die Vernetzung mit anderen und die Aufmerksamkeit anderer.[23] Gute Beispiele hierfür sind die Beauty-Vloggerinnen Koko von Kosmo[24] und Mamiseelen[25], Comedy-Vlogger freshaltefolie[26] oder Gaming-Vloggerin HoneyballLP[27], die alle regelmäßig Video-Inhalte produzieren und ein großes Publikum haben, sich mit dem Vloggen aber nicht ihren Lebensunterhalt verdienen. Damit weitet sich der Wettbewerb in der Unterhaltung von Medienunternehmen über unabhängige Künstler und Produzenten bis auf einzelne Internet-User aus.

Neben dem Wettbewerb durch unabhängige Künstler hat die Möglichkeit, eigene Medieninhalte schaffen und verbreiten zu können, auch Auswirkungen auf bestehende Medieninhalte und die Medienunternehmen, die dahinter stehen. Schon lange vor Ankunft des Internets brachten Fans ihre Leidenschaft und ihre Begeisterung für ein Fanobjekt dadurch zum Ausdruck, dass sie Geschichten schrieben, welche die Erzählwelt ihres Fandoms oder zumindest dessen Figuren aufgriffen („Fanfiction"), Bilder malten oder skizzierten, die Szenen aus dem

---

22 Vgl. ebd.

23 Vgl. Altmann, Myrian-Natalie: User Generated Content im Social Web. Warum werden Rezipienten zu Partizipienten, Münster: LIT Verlag 2011, S. 235, 237.

24 Vgl. YouTube: Koko von Kosmo: About. Online: http://www.youtube.com/user/KokovonKosmo/about vom 15.09.2008.

25 Vgl. YouTube: About: Mamiseelen. Online: http://www.youtube.com/user/Mamiseelen/about vom 21.12.2012.

26 Vgl. Baller, Susanne: Total geerdet – der Superstar aus Wesselburen. Online: http://www.stern.de/familie/leben/youtuber-freshtorge-total-geerdet-der-superstar-aus-wesselburen-2146075.html vom 17.10.2014.

27 Vgl. Honeyball LP: About. Online: http://dein-infotext.blogspot.de/p/about.html

Fandom darstellten („Fan Art“) oder auch Videos erstellten, die Erzählstränge zusammenfassten, Collagen von Szenen beinhalteten oder Geschichten der Erzählwelt komplett neu schrieben („Fan Vids“).[28] Vor Ankunft des Internets war die Zirkulation von solchem Fan-generierten UGC auf das direkte, geografische Umfeld des Einzelnen beschränkt – genau wie die eigene Fan-Aktivität. Durch das Internet verlagert sich jedoch auch diese Zirkulation und UGC-Fan-Inhalte verbreiten sich nun global. Medienunternehmen sehen in diesem Phänomen vor allem ein rechtliches Problem, da Fan-UGC in der Regel die Urheber- und Nutzungsrechte verletzt, die beim Medienunternehmen liegen.[29] Gleichzeitig hilft Fan-UGC jedoch auch dabei, das Fan-Objekt inoffiziell global zu bewerben, weshalb die meisten Medienunternehmen Fan-UGC dulden, solange es nicht genutzt wird, um Geld zu verdienen.[30]

Auswirkungen der partizipativen Kultur auf Unternehmen und Marken

Unternehmen und insbesondere Marken als emotionale, kommunikative Verkörperungen von Unternehmen und deren Produkten, finden sich aufgrund der partizipativen Kultur ebenfalls in einem veränderten Markt wieder. Zum einen entstehen für Unternehmen und Marken in der partizipativen Kultur viele Herausforderungen, da sie, wie alle anderen gesellschaftlichen Bereiche einer weitaus breiteren und verstärkt kritischen Öffentlichkeit gegenüberstehen, zum anderen bietet die partizipative Kultur für sie jedoch auch viele Gelegenheiten, die eigenen Konsumenten besser zu verstehen, auf sie einzugehen und sogar mit ihnen zusammenzuarbeiten.

Die Vernetzung der einzelnen User und die Zugänglichkeit von Informationen bedeutet auch eine größere Skepsis in der Öffentlichkeit, was die Praktiken von Unternehmen angeht. Ob ethische Handlungsweisen, unmenschliche Fertigungsbedingungen und Inhaltsstoffe von Produkten – alles wird heute mehr denn je unter die Lupe genommen und die Ergebnisse dessen global verbreitet. Im Fall, dass dabei etwas gefunden wird, was Kritik hervorruft, kann sich diese dabei so sehr aufbauen, dass sie in regelrechte „Shitstorms“ ausartet, also massenhafte, öffentliche Angriffe auf ein Unternehmen.[31] Um diesem vorzubeugen und das Image eines Unternehmens oder einer Marke nicht zu gefährden, ist es daher

28 Vgl. H. Jenkins: Textual Poachers, S. 32.

29 Vgl. ebd., S. 30.

30 Vgl. ebd.

31 Vgl. hierzu das Kapitel von Thomas Zorbach in diesem Buch.

wichtig, dass ein Unternehmen oder eine Marke offen und transparent kommuniziert und dabei nur so viel verspricht, wie auch eingehalten werden kann. Einfach gesagt bedeutet dies z.B., dass wenn ein Unternehmen mit natürlichen Inhaltsstoffen wirbt, in den Produkten auch tatsächlich nur natürliche Inhaltsstoffe enthalten sein dürfen. Ähnlich: Wenn ein Unternehmen sich als sozial verantwortlich und nachhaltig präsentiert, darf es nicht passieren, dass die Produkte unter schlechten Arbeitsbedingungen gefertigt werden. Es klingt zunächst vielleicht selbstverständlich oder aber auch unmöglich, dass ein Unternehmen oder eine Marke keine falschen Versprechungen machen sollte. Tatsächlich ist eine offene, ehrliche Selbstdarstellung in der vernetzten Welt jedoch ein absolutes Muss, um auf lange Sicht Vertrauen auf Seite der Konsumenten, als auch auf Seiten wichtiger Meinungsbildner und Interessenvertreter zu schaffen und so die Marke oder das Unternehmen weniger anfällig für Krisen zu machen.

In der partizipativen Kultur entstehen somit auch partizipative Verbraucher. Diese zeichnen sich zum einen eben dadurch aus, dass sie viel hinterfragen und Kritik offen äußern, zum anderen jedoch auch dadurch, dass sie – genau wie die Fan-Communities der Unterhaltungsindustrie – ein Mitsprache- und Mitbestimmungsrecht fordern. In der Postmoderne bestimmt Konsum die eigene Identität; Verbraucher entscheiden sich bewusst für ein Produkt und gegen das andere, weil das eine mehr zu ihrem Lebensstil passt – beginnend beim Design bis hin zu Inhaltsstoffen oder auch Geschäftspraktiken. Das kann soweit gehen, dass sich auch um Marken und Unternehmen Fan-Communities formen, die sich auf täglicher Basis mit der Marke oder dem Unternehmen auseinandersetzen und diese/s genau kennen. Hier ist es wichtig, dass ein Unternehmen oder eine Marke grundsätzlich einen öffentlichen Dialog mit seinen Verbrauchern sucht und diesen aktiv betreibt – z.B. auf sozialen Medien – und dass sie Fan-Communities und Meinungsbildner identifizieren und für sich mobilisieren. Je nach Unternehmen, Marke oder Produkt kann dies bedeuten, dass man im Austausch mit Fan-Communities und mit Meinungsbildnern Marktforschung betreibt, Möglichkeiten für Produkt-Optimierungen sucht, Produkte vorab testet und eventuell sogar Produkte gemeinsam mit ihnen entwickelt.

Zu guter Letzt ergibt sich für Marken und Unternehmen in der partizipativen Kultur die Möglichkeit, einen bleibenden Eindruck in der eigenen Fan-Community zu hinterlassen, indem sie Inhalte generieren und veröffentlichen, die einen Mehrwert für ihre Fans und Verbraucher bieten. Je nach Marke, Produkt und Unternehmen gestalten sich diese Inhalte anders: Ein Versicherungsunternehmen oder eine Bank müssen sich dabei z.B. mehr auf Kompetenz, Expertise und Vertrauen fokussieren, während eine Lifestyle-Marke wie Apple primär auf Funktionen und Design eingeht. Herauszufinden – bzw. im bestehenden Dialog „herauszuhorchen“ – was Fans und Verbrauchern wichtig ist, ist also das eine; diese Inhalte dann unterhaltsam bzw. ansprechend zu verpacken, damit die Fans und Verbraucher sich angesprochen fühlen und den Inhalt bestenfalls mit anderen teilen, das Ideal. Im partizipativen Internet, in dem sich jeder seine eigenen Inhalte zusammenstellt, ist kein Platz für klassische, rein werbliche Botschaften. Um sich von den vielen Inhalten und Nachrichten abzuheben, mit denen der durchschnittliche User tagtäglich konfrontiert wird, muss jegliche Information relevant sein und so präsentiert werden, dass sie sich organisch in den Kanal einfügt, über den sie verschickt wird.

Ein gutes Beispiel für eine offene, partizipative Kommunikation einer Marke ist McDonald's. Das Fastfood-Unternehmen bemüht sich aktuell sehr, sein öffentliches Image als Hersteller minderwertiger und ungesunder Speisen zu verändern und bindet dabei aktiv Verbraucher ein. Auf Facebook[32] und mit einem eigenen Frage-Antwort-Tool „Unser Essen. Eure Fragen.“[33] führt McDonald's einen aktiven Dialog mit Fans und Verbrauchern, in dem auf alle Fragen, Kommentare und Beschwerden offen und zeitnah eingegangen wird. Auch auf der Webseite wird Transparenz geübt: Ob Inhaltsstoffe, Kalorien, Geschäftspraktiken oder soziales Engagement – es gibt detaillierte Informationen zu genau den Bereichen, aufgrund denen McDonald's in der Vergangenheit in der öffentlichen Kritik stand und es häufig auch weiterhin tut.[34] Auf der Webseite ist es sogar möglich, sich für persönliche Backstage-Touren in einem McDonald's-Wunschrestaurant anzumelden.[35]

Die Inhalte auf den sozialen Medien von McDonald's fügen sich zudem inhaltlich organisch in die einzelnen Medienformen ein. Auf YouTube gibt es z.B. Behind-the-Scenes-Dokumentationen, Event-Begleitungen und die Werbespots aus dem Fernsehen, während auf Facebook Informationen zu Produkten und Aktionen veröffentlicht werden – zumeist in unterhaltsamer Gestaltung.[36] Twitter[37] begleitet live Events, bei denen McDonald's dabei ist, und auf Instagram[38] werden die Marke und ihre Produkte durch emotionale Bilder, die in Instagram-

32 Vgl. Facebook: McDonald's. Online: https://www.facebook.com/mcd

33 Vgl. McDonald's: Unser Essen. Eure Fragen. Online: http://frag.mcdonalds.de

34 Vgl. McDonald's: Über uns. Online: https://www.mcdonalds.de/web/presse/uber-uns/home

35 Vgl. McDonald's: Backstage Touren. Online: https://www.mcdonalds.de/uber-uns/backstage-touren

36 Vgl. YouTube: mcdonaldsDE. Online: http://www.youtube.com/user/mcdonaldsDE

37 Vgl. Twitter: McDonald's DE News. Online: https://twitter.com/McDonaldsDENews

38 Vgl. Instagram: mcdonalds. Online: http://instagram.com/mcdonalds

Manier ,wie selbst gemacht' aussehen, in Szene gesetzt. Derartige organische Inhalte, die sich an das Medienverhalten der User auf verschiedenen Medien anpassen, vertiefen die Nähe zwischen einer Marke und deren Fans weiter, da Fans das Gefühl haben, gehört zu werden und dass die Marke versucht, sich an sie anzupassen – anstatt die Fans zu zwingen, sich an die Marke anzupassen.

Darüber hinaus werden bei McDonald's auch die Verbraucher direkt eingebunden: Aktionen wie „Mein Burger" rufen Fans z.B. dazu auf, Vorschläge für neue Produkte einzureichen, von denen fünf schlussendlich für eine bestimmte Zeit auch in McDonald's Restaurants verkauft werden,[39] während Angebote wie die oben genannte persönliche „Backstage-Tour" das Unternehmen selbst physisch nahbar und zugänglich macht. In der Kombination dieser gesammelten Maßnahmen schafft es McDonald's somit, seinen Verbrauchern gegenüber offen aufzutreten und Vertrauen zu schaffen, indem nicht nur Gesprächsbereitschaft signalisiert, sondern zu kritischem Hinterfragen sogar eingeladen wird.

ENTWICKLUNGEN UND AUSBLICK

Die partizipative Kultur beeinflusst fast jeden Bereich unseres privaten und gesellschaftlichen Lebens und schafft viele neue Möglichkeiten der Kommunikation, der Mitbestimmung, der Kreation und der Kollaboration. Gleichzeitig gibt es jedoch auch in der partizipativen Kultur Einschränkungen und Herausforderungen. Auch wenn in der partizipativen Kultur theoretisch jeder Einzelne sich öffentlich äußern, eigene Inhalte produzieren und diese verbreiten kann, und das Internet und die neuen Medien zugänglicher sind als je zuvor, hat auch heute noch nicht jeder einen Internetzugang oder Zugang zu neuen Medien allgemein.

Hinzu kommt, dass eine Welt, in der sich jeder öffentlich äußern und mitdiskutieren kann, zwar extrem demokratisch ist, gleichzeitig jedoch auch extrem unübersichtlich. Wie ist es in einer Öffentlichkeit mit endlosen, verschiedenen Meinungen möglich, als Einzelner den Überblick zu behalten und die Unmenge von Information effektiv auszuwerten, um sich eine eigene, wohl unterrichtete Meinung zu bilden? Und was macht einen Experten aus – reicht es, wenn sich eine Person eine gewisse Zeit mit einem bestimmten Thema beschäftigt und darüber seine Meinung öffentlich kundgetan hat – wie im Fall von Bloggern – oder

39 Vgl. App, Ulrike: McDonald's: Über 200.000 Vorschläge bei Aktion ,Mein Burger'. Online: http://www.wuv.de/marketing/mcdonald_s_ueber_200_000_vorschlaege_bei_aktion_mein_burger vom 15.04.2013.

ist doch eine akademische oder praktische Schulung nötig? All dies sind Fragen, die in den nächsten Jahren beantwortet werden müssen.

WEITERFÜHRENDE LITERATUR

Castells, Manuel: Communication Power, Oxford: Oxford University Press 2013.

Diamond, Larry/Plattner, Marc F.: Liberation Technology: Social Media and the Struggle for Democracy, Baltimore: John Hopkins University Press 2012.

Gillmor, Dan: We the Media. Grassroots Journalism by the People, for the People, Sebastopol, CA: O'Reilly Media 2006.

Jenkins, Henry: Convergence Culture. Where Old and New Media Collide, New York: New York University Press 2006.

Jenkins, Henry: Spreadable Media. Creating Value and Meaning in a Networked Culture, New York: New York University Press 2013.

Jenkins, Henry: Textual Poachers. Television Fans and Participatory Culture, Oxon, UK: Routledge 2013.

Stegbauer, Christian: Wikipedia. Das Rätsel der Kooperation, Wiesbaden: VS Verlag 2009.

Shitstorms

Social Media und die Veränderungen der digitalen Diskussionskultur

JÜRGEN PFEFFER UND THOMAS ZORBACH

EINFÜHRUNG

Anfang des Jahres 2012 wurde die breite Öffentlichkeit in Deutschland auf ein Phänomen aufmerksam, für das sich zuvor vorwiegend Social Media-Experten interessiert hatten. Die Ursache dafür waren zwei Ereignisse, die beinah zeitgleich stattfanden und die weit über die Grenzen der Marketingwelt hinaus für Aufmerksamkeit sorgten.

Zunächst geriet der Marktführer unter den Direktbanken, die ING-DiBa, unvermittelt ins Kreuzfeuer der Kritik[1]. Angriffsziel war die Facebook-Seite der Bank. Auslöser für die Aufregung war ein TV-Spot, der kurze Zeit zuvor im deutschen Werbefernsehen Premiere gefeiert hatte. Der Film zeigte den weltbekannten Basketballstar Dirk Nowitzki in einer Metzgerei beim Verzehr eines Stücks Wurst. Was ursprünglich als großangelegte Imagekampagne für ein besonders günstiges Bankkonto gedacht war, schien unvermittelt zu einem PR-Desaster zu werden. Die Kritiker beschwerten sich sinngemäß darüber, wie sich die Bank zum Komplizen einer unethischen und schrecklichen Vernichtungsindustrie machen könne.

Während sich die ING-DiBa noch im „Wurstkrieg“ befand, stellte eine Jury aus Sprachwissenschaftlern das neuartige Phänomen in einen größeren Zusammenhang. Die Linguisten erklärten den Begriff „Shitstorm“ zum Anglizismus

1 Brinkmann, Bastian: Dieser Shitstorm ist Wurst. Online: http://www.sueddeutsche.de/digital/vegetarier-wettern-gegen-ing-diba-dieser-shitstorm-ist-wurst-1.1256820 vom 13.01.2012.

des Jahres 2011. In ihrer Begründung heißt es: Der Begriff „Shitstorm füllt eine Lücke im deutschen Wortschatz, die sich durch Veränderungen in der öffentlichen Diskussionskultur aufgetan hat."[2]

Empörungswellen, die sich gegen Unternehmen oder Einzelpersonen wie Politiker und Prominente richteten, waren durchaus auch schon in den Nullerjahren zu beobachten. Ein gut dokumentiertes und vielzitiertes Fallbeispiel stammt aus dem Jahr 2005 und drehte sich um ein Fahrradschloss der Marke Kryptonite. Ein Biker hatte herausgefunden, dass man ein hochpreisiges Schloss des Herstellers ganz einfach mit einem Kugelschreiber öffnen konnte. Das Beweisvideo wurde, ebenso wie Hohn und Spott, massenhaft in themenbezogenen Blogs und Foren geteilt. Das Verhalten des Unternehmens, das die Kritik im Web anfänglich ignorierte und sich erst zu einem Zeitpunkt zu einer Reaktion genötigt sah, als zahlreiche, landesweite US-Medien bereits über den Fall berichteten, gilt heute als Lehrbuchbeispiel für schlechte Krisen-PR.[3]

Als neuartiges, kulturelles Phänomen zeichnete sich der Shitstorm jedoch erst zu einem späteren Zeitpunkt ab. Seine Entstehung geht einher mit der steigenden Nutzung sozialer Medien und mobiler Endgeräte, die etwa um das Jahr 2010 eine kritische Masse in der Bevölkerung erreichte. In Deutschland ist die wachsende Bedeutung des Begriffs eng mit drei Ereignissen auf der politischen Bühne verknüpft: die Auseinandersetzungen um das Bahnhofsprojekt „Stuttgart 21" auf der Straße und im Web, die auch die Bezeichnung „Wutbürger" hervorbrachte, sowie die hitzig geführten Debatten zu den Affären um den ehemaligen Verteidigungsminister zu Guttenberg und den Ex-Bundespräsidenten Christian Wulff.

Die sich abzeichnenden Veränderungen in der Debattenkultur, die von den Sprachforschern benannt wurden, lösen seitdem bei vielen Entscheidungsträgern in der Politik, aber auch in vielen Unternehmen verstärkt Irritationen aus. So räumte die Bundeskanzlerin Angela Merkel erstmals im Jahr 2012 ein, in Anbetracht der latenten Bedrohung durch einen Shitstorm, bei manchen Sachthemen zurückhaltender in ihren Äußerungen zu sein.[4] Aber auch die Medien selbst sehen sich immer öfter mit dem Phänomen konfrontiert. So kündigte beispielswei-

2 Vgl. http://www.anglizismusdesjahres.de/anglizismen-des-jahres/adj-2011/

3 Vgl. Zorbach, Thomas: „Die Kunst des Zuhörens: Customer Insights im Kontext viraler Kampagnen am Beispiel PONS", in: H.-C. Riekhof (Hg.): Customer Insights: Wissen wie der Kunde tickt, Wiesbaden: Gabler, S. 67–81.

4 Vgl. Gathmann, Florian: Politiker-Protest gegen Wut im Netz: Shitstorm, nein danke! Online: http://www.spiegel.de/politik/deutschland/shitstorm-politiker-fuerchten-hass-im-internet-a-829312.html vom 25.04.2012.

se die Süddeutsche Zeitung im September 2014 an, ihre Kommentarfunktion auf der Website zu deaktivieren, um die zunehmende Flut negativer Wortmeldungen zur Berichterstattung einzudämmen.[5]

Wie diese Beispiele zeigen, ist das Phänomen Shitstorm für unterschiedliche Sphären der partizipativen Kultur von wachsender Bedeutung. Durch die Verbreitung neuer, sozialer Medien ist eine Arena entstanden, in der jeder Nutzer, der über ein funktionsfähiges Endgerät samt Internetanschluss verfügt, seine Meinung verbreiten kann. Plattformen wie Facebook und Twitter, auf denen die Mitglieder Unternehmen, Parteien oder bekannten Persönlichkeiten folgen können, vermitteln zudem eine nie dagewesene Nähe. Die Möglichkeit zum Dialog auf Augenhöhe fördert jedoch, wie die aktuelle Entwicklung zeigt, nicht automatisch Rahmenbedingungen für sachliche, konstruktive Diskurse. Unter dem Deckmantel der Anonymität im Web neigen viele Menschen eher dazu, sich zu Pöbeleien, Beleidigungen und Hasstiraden hinreißen zu lassen. Für Unternehmen und Marken ergibt sich dadurch ein Spannungsfeld.

Auf der einen Seite bietet die Nutzung sozialer Medien ohne jeden Zweifel große Chancen für das Management von Kundenbeziehungen, insbesondere im Hinblick auf die Bereiche Service und Dialog. Seit einigen Jahren schon wächst der Anteil der Aufwendungen für Online-Maßnahmen am Gesamtbudget stetig. Einer Umfrage zufolge werden im Jahr 2017 rund 20 % der Marketingausgaben in Social Media fließen.[6] Auf der anderen Seite vergrößert die Präsenz in Medien wie Facebook und Twitter auch die Angriffsfläche und somit das Risiko, dass die eigene Marke von einer Wutwelle erfasst und mitgerissen wird. Vor diesem Hintergrund ist es wichtig, dass Entscheidungsträger in der Lage sind, auch die Risiken abzuschätzen, die mit neuen Medien einher gehen. Denn Shitstorms können unmittelbare Auswirkungen haben, nicht nur auf das Image einer Marke, sondern auch auf Kaufentscheidungen der Kunden. Dies bekam auch das Unternehmen Kryptonite zu spüren. Nach einer viel zu spät in die Wege geleiteten Rückrufaktion, brachen die Umsätze des Fahrradschlossherstellers dramatisch ein. Das Image der Marke leidet unter der fehlgeleiteten Informationspolitik bis heute.

---

5 Vgl. http://www.deutschlandradiokultur.de/internet-kommentare-die-sz-setzt-auf-die-selbstregulierung.1013.de.html?dram:article_id=296615,/ vom 04.09.2014.

6 Vgl. Social Media continues to soar. Online: http://cmosurvey.org/blog/social-media-spend-continues-to-soar/ vom 06.03.2012.

THEORIEN UND METHODEN

Entstehung und Einordnung des Begriffs

Interessant ist die Tatsache, dass der Begriff „Shitstorm“ zwar aus dem englischen Sprachraum stammt, dort aber nicht im gleichen Kontext verwendet wird. In den USA beispielsweise, die wie keine zweite Nation die digitale Kultur weltweit prägt, ist das Phänomen zwar durchaus bekannt und verbreitet. Eine einheitliche Bezeichnung existiert jedoch nicht. Am häufigsten findet in den Fachmedien noch der Begriff „Online Firestorm“ für eine maßgeblich über das Web angefeuerte, emotional aufgeheizte Debatte Verwendung. Erst in jüngster Zeit scheint sich der „Shitstorm“ auch in den USA als Etikett durchzusetzen, beispielsweise taucht die Bezeichnung erstmals im Programm der Konferenz SXSW 2015 auf.[7] Was sich hemmend auf die Verbreitung auswirkt, ist der Umstand, das der Gebrauch von Fäkalsprache in amerikanischen und englischen Kulturen als unhöflich und beleidigend gilt, anders als in Deutschland.

Im Unterschied zu vielen anderen Phänomenen der neuen Medienkultur gibt es für den Begriff „Shitstorm“ eine Geburtsstunde: die *re:publica* 2010. In dem Keynote-Vortrag „*How to survive a shit storm*“ schilderte der Blogger, Buchautor und Journalist Sascha Lobo, wie er persönlich Opfer von online vorgebrachten Beleidigungen und Diffamierungen wurde und legte eigene Erfahrungen mit Bewältigungsstrategien offen. Die Blogger-Konferenz erwies sich als idealer Nährboden für die Bezeichnung, denn im Anschluss wurde sie von der digitalen Elite Deutschlands erfolgreich weiterverbreitet, sodass sie unmittelbar auch Einzug in die klassischen Medien hielt. In Anlehnung an die von Sascha Lobo skizzierte Bedeutung kann der Begriff „Shitstorm“ wie folgt definiert werden: „Ein Shitstorm ist ein Online-Phänomen, dass einen Sturm der Empörung beschreibt, der sich gegen eine Person, ein Unternehmen oder einer Institution richtet und der mit zunehmender Dauer mit beleidigenden Äußerungen einhergeht.“[8]

Die Grenzen zum Begriff Cyber-Mobbing sind fließend, vor allem wenn dadurch die Diskussion von Diffamierungen geprägt wird. Während Cyber-Mobbing jedoch keinen erkennbaren Grund benötigt und es dabei im Kern um die Herabwürdigung eines anderen Menschen geht, gibt es bei einem Shitstorm in der Regel eine konkrete Ursache für die Diskussion, etwa ein bestimmter

7 Vgl. http://schedule.sxsw.com/2015/events/event_IAP35839

8 Vgl. https://www.youtube.com/watch?v=-OzJdA-JY84 vom 21.04.2012.

Sachverhalt, der von einem Teil der Internetnutzer subjektiv als Fehlverhalten eingestuft wird, wie die eingangs erwähnte Werbekampagne der ING DiBa.

Große Resonanz erreichte der Begriff in der Piratenpartei, die um das Jahr 2010 vorübergehend einen bundesweiten Aufschwung erlebte. Ihr Konzept der „Liquid Democracy" fördert die Austragung von öffentlichen Debatten im Web. „Shitstormen" entwickelte sich schnell zu einem festen Bestandteil der Parteikultur und wurde zur legitimen Form der Auseinandersetzung mit den politischen Gegnern. Auf dem Zenit ihrer öffentlichen Wahrnehmung wurde das Ausrufen eines „Shitstorm des Tages" als ein Ritual zelebriert. Mit der Zeit wurde der Shitstorm von den Piraten jedoch immer öfter auch als Mittel zur Befeuerung parteiinterner Debatten eingesetzt, was in der Öffentlichkeit den Eindruck einer zutiefst zerstrittenen Partei entstehen ließ und letztendlich auch ihren Niedergang beförderte.[9]

Erklärungsmodelle für die Entstehung von Shitstorms

Im Folgenden werden verschiedene Theoriemodelle herangezogen, um das Aufkommen des Phänomens und seine speziellen Dynamiken näher zu erklären.[10]

Echtzeit-Kommunikation

Wenn in früheren Zeiten, irgendwo auf der Welt ein Ereignis von großer Tragweite stattfand, erfuhren viele Menschen erst in den Abendnachrichten davon, manche erst in der Zeitung am nächsten Tag. In der Kultur der neuen Medien sind die Menschen dagegen einem permanenten Fluss an Informationen ausgesetzt. Webnutzer werden quasi ohne Zeitverzögerung über Trending Topics auf ihrem Mobiltelefon benachrichtigt. Der Autor und Medienkritiker Douglas Rushkoff bezeichnet die Auswirkungen der Technologie, die immer mehr auf das Leben und Erleben in Echtzeit ausgerichtet ist als *„Present Shock"*.[11] Shitstorms sind ein Symptom dieses Gegenwart-Schocks. Die Verbreitung sozialer Medien hat die Halbwertszeit von Informationen dramatisch verkürzt und damit

---

9 Vgl. Reinbold, Fabian: Anti-Shitstorm-Konferenz: Piraten auf der Suche nach Liebe. Online: http://www.spiegel.de/politik/deutschland/flauschcon-piraten partei-will-gegen-shitstorms-vorgehen-a-854762.html vom 09.09.2012.

10 Vgl. Pfeffer, Jürgen/Zorbach, Thomas/Carley, Kathleen M.: Understanding online firestorms: Negative word-of-mouth dynamics in social media networks, in: Journal of Marketing Communications 20, 1-2 (2014), S. 117-128.

11 Vgl. Rushkoff, Douglas: Present Shock: When everything happens now, New York: Current Hardcover 2013.

auch die Reaktionszeit von Unternehmen auf Krisenereignisse.[12] Nirgendwo sonst ist die Geschwindigkeit der Echtzeit-Kommunikation eindrucksvoller zu beobachten als auf Twitter. Der Dienst fungiert für viele Shitstorms als eine Art Leitmedium. Ein Grund dafür ist das Limit von 140 Zeichen, das für „Tweets" gilt und zum schnellen Verfassen von kurzen Nachrichten einlädt. Demzufolge weist die Timeline eines Nutzers, der vielen anderen Profilen folgt, einen hohen Nachrichtendurchsatz auf. Hat eine Nachricht eine hohe Relevanz, kann diese auf Twitter innerhalb kürzester Zeit eine große Anzahl an Nutzern erreichen. Daraus kann sich die vorübergehende Dominanz eines Einzelthemas ergeben.

Entweder-Oder-Entscheidungen
Eine weitere Ursache für die Entstehung des Phänomens liegt direkt in den technischen Eigenschaften vieler Social Media-Plattformen begründet. Netzwerke wie Twitter, Facebook oder Google+ unterstützen durch ihre Funktionalitäten zwar die Vernetzung, aber nicht in gleichem Maß eine differenzierte Meinungsbildung. Nutzer können ihre Zustimmung zu einem Update mit einem „Gefällt mir", einem „Retweet" oder einem „+1" versehen, ohne diese Aktion näher zu begründen. Bei Twitter beispielsweise ist der Platz für eine nähere Erläuterung oder Argumentation aufgrund der Zeichenbeschränkung stark eingeschränkt. Aber auch auf anderen Plattformen neigen die Nutzer eher zu Verknappungen bzw. Akronymen. Dies hängt auch damit zusammen, dass immer mehr Menschen die sozialen Medien mit mobilen Endgeräten nutzen und das Schreiben von langen Texten auf einem Mobiltelefon weniger praktikabel ist als an stationären Rechnern. Vor diesem Hintergrund kann die Verbreitung von Shitstorms als eine Kette von Entweder-Oder-Entscheidungen gesehen werden[13]. Der Entschluss, eine Information zu teilen, ist in diesem Sinne binär. Die Abwesenheit von diskursiven Interaktionsmöglichkeiten fördert bei vielen Themen, die online debattiert werden, eine starke Polarisierung bzw. Lagerbildung, bei der ein Schwarz-Weiß-Denken zu Tage tritt, das eine sachliche, konstruktive Diskussion eher erschwert als fördert.

12 Vgl. Fang, W./Hubermann, B. A.: Novelty and Collective Attention. Proceedings of the National Academy of Sciences USA 104, 45 (2007), S. 17599–17601.

13 Vgl. Schelling, T. C.: „Hockey Helmets, Concealed Weapons, and Daylight Saving: A Study of Binary Choices with Externalities", in: Journal of Conflict Resolution 17, 3 (1973), S. 381–428.

Echokammer-Effekt

Wenn Medien einen geschlossenen Resonanzraum erzeugen, in dem sich eine vorherrschende Meinung durch jede Übertragung immer weiter verstärkt und dadurch andere Ansichten überlagert werden, sodass diese nicht mehr wahrnehmbar sind, spricht man von einem „Echokammer-Effekt". Die Beobachtung ist keineswegs neu, sie ist bereits seit einem halben Jahrhundert von medienwissenschaftlichem Interesse und wurde ursprünglich vor dem Hintergrund des Zusammenwirkens klassischer Medien wie Fernsehen, Radio und Tageszeitungen angestellt.[14] Die Dynamik von Shitstorms legt nahe, dass der „Echokammer-Effekt" auch in den sozialen Medien zum Tragen kommt.

Die interpersonelle Kommunikation in Netzwerken wie Facebook wird durch lokale Cluster gekennzeichnet.[15] In der sozialen Netzwerkanalyse beschreibt der Begriff Netzwerkcluster die Existenz von transitiven, wechselseitigen Verbindungen. Das bedeutet, wenn Nutzer A mit Nutzer B verknüpft ist und Nutzer B mit Nutzer C, so besteht eine hohe Wahrscheinlichkeit, dass Nutzer A auch mit Nutzer C in Verbindung steht. Dadurch, dass die Menschen ihre Kontakte mehr und mehr im Web organisieren, verfügen sie über eine viel höhere Anzahl von Netzwerknachbarn als noch zu früheren Zeiten. Die sogenannten schwachen Verbindungen (Weak Ties) begünstigen die Verbreitung von Shitstorms. Eine Welle der Empörung kann sich einem Nutzer, ähnlich wie die Schallwellen eines Echos, aus unterschiedlichen Richtungen gleichzeitig nähern und ihm dabei den Eindruck vermitteln, dass alle Menschen in seinem persönlichen Umfeld die gleiche Meinung vertreten.

Die Analyse von Shitstorms, wie dem „Wurstkrieg" der ING-DiBa, zeigt zudem, dass klassische Medien bei ihrer speziellen Dynamik eine zentrale Rolle spielen. Da die Redaktionen, egal ob TV oder Print, heutzutage das Web als Themenradar für ihre Inhalte nutzen, verstärken sie dadurch den Echokammer-Effekt.

Filterblase

Das von Eli Pariser erstmals beschriebene Konzept der „filter bubble"[16] deutet an, dass der moderne Internetnutzer nur einen kleinen Ausschnitt der Wirklich-

14 Vgl. Key, Valdimer Orlando.: The Responsible Electorate, Cambridge, MA: Harvard University Press 1966.

15 Vgl. Pfeffer, Jürgen/Carley, Kathleen M.: Modeling and Calibrating Real-World Interpersonal Networks. Proceedings of IEEE NSW 2011, S. 9–16.

16 Vgl. Pariser, Eli: The Filter Bubble: What the Internet is Hiding from You, New York: Penguin Press 2011.

keit erlebt. Die Inhalte, die in der eigenen Blase ankommen, werden zuvor zweifach gefiltert, sozial und technisch. Die soziale Filterung erfolgt durch die Auswahl der eigenen Kontakte, also in Verbindung mit der Frage, mit wem man sich bei Facebook befreundet, wem man bei Twitter folgt oder wen man bei Google+ seinen Kreisen hinzufügt. Der Auswahlprozess wird durch soziale Homophilie dominiert, also durch die Tendenz von Individuen, andere Menschen zu mögen und mit ihnen in Interaktion zu treten, wenn diese ihnen ähnlich sind.[17] Je größer die Übereinstimmungen bei Alter, Geschlecht, Bildung und den abgeleiteten Einstellungen und Interessen sind, desto höher die Wahrscheinlichkeit, dass eine Verbindung aufgebaut wird. Im Umkehrschluss bedeutet dies, dass Social Media-Nutzer danach streben, ihr Umfeld von Einflüssen frei zu halten, die auf andere Gesinnungen hindeuten. Dieses Verhalten führt bei emotional geführten Debatten oft zu Entfreundungs-Wellen, wie zuletzt in der Diskussion über die PEGIDA-Bewegung.

Der Mangel an Diversität wird zudem durch Funktionalitäten unterstützt, die Plattformen wie Facebook charakterisieren. Der Facebook-Algorithmus, nach dessen Gesetzen dem Nutzer Meldungen in der eigenen Timeline angezeigt werden, wird maßgeblich von den Interaktionen untereinander beeinflusst. Ein Individuum, das in der Vergangenheit verstärkt Inhalte eines bestimmten Freundes geteilt oder mit „Gefällt mir" bewertet hat, bekommt die Inhalte dieses Kontaktes häufiger angezeigt. Diese doppelte Filterung hat zur Folge, dass Nutzer dazu neigen, die Bedeutung einzelner Themen und Meinungen, die eher der eigenen entsprechen, über zu bewerten und diesen Ansichten grundsätzlich mehr Beachtung zu schenken als abweichenden Standpunkten.

Netwerkeffekte vs. kognitive Prozesse

Die Diffusionstheorie beschreibt einen mehrstufigen Prozess, nach dem sich Innovationen verbreiten.[18] Neueste Forschungen auf dem Gebiet der Sozialen Netzwerkanalyse zeigen, dass die Aneignung von Meinungen und Überzeugungen immer nach einem ganz ähnlichen Muster abläuft. In dem von Rogers entwickelten Modell beschreibt *Knowledge* den Moment, in dem eine Person die ersten Informationen zu einem Sachverhalt erhält. Während des zweiten Schritts, *Persuasion*, nehmen die Menschen eine positive oder negative Haltung gegenüber der Meinung ein. Nachdem im dritten Schritt eine Entscheidung gefällt

17 Vgl. McPherson, Miller/Smith-Lovin, Lynn/Cook, James M.: „Birds of a Feather: Homophily in Social Networks", in: Annual Review of Sociology 27 (2001), S. 415-444.

18 Vgl. Rogers, Everett: Diffusion of Innovations. 4. Aufl., New York: Free Press 1995.

wurde (*Decision*) und die Meinung entweder übernommen oder abgelehnt wurde, teilen die Menschen ihre Entscheidung mit (*Implementation/Propagation*) und beeinflussen fortan ihr Umfeld im Entscheidungsprozess. Das Zusammentreffen mit Menschen gleicher Meinung stabilisiert das Individuum in seiner Ansicht (*Affirmation*), wohingegen sich negatives Feedback destabilisierend auswirkt.

Im Kontext sozialer Medien stellt sich der Prozess der Meinungsübernahme jedoch differenziert dar. Ausschlaggebend hierfür sind die bereits zuvor geschilderten Effekte: der Echokammer-Effekt und der Filterblasen-Effekt. Die Filterblase dominiert den Prozess der Wissensaneignung (*Knowledge*), in dem die Informationen, die das Individuum erhält, einer sozialen und technischen Vorauswahl unterliegen. Die Echokammer hingegen bestärkt den Nutzer in seiner einmal gefassten Meinung und unterstützt die Weitergabe. Die Wirkkraft dieser beiden Effekte hat dramatische Auswirkungen für die Verbreitung von Meinungen und ist maßgeblich für die Entstehung von Shitstorms als Phänomen der neuen Medienkultur verantwortlich. In der Konsequenz bedeutet dies, dass kognitive Prozesse in den sozialen Medien zumindest teilweise durch epidemische Netzwerkeffekte ersetzt werden.

PRAXISBEZÜGE

Handlungsoptionen im Umgang mit Shitstorms

Die Frequenz und Wucht, mit der Shitstorms immer wieder Unternehmen und Marken treffen, sorgen für Unruhe. Mitunter treibt die Sorge, man selbst könne das nächste Opfer sein, seltsame Blüten. So entschuldigte sich das ZDF Ende Oktober 2014 für die Hemdfarbe des Moderators Jochen Breyer. Der Sender fürchtete, das eigentlich olivgrüne Oberteil, das auf dem Bildschirm braun wirkte, könne einen optischen Zusammenhang zu einem von Breyer anmoderierten Beitrag über die rechtsextreme Szene herstellen. Für diese Form von vorauseilendem Gehorsam erntete die verantwortliche Redaktion am Ende erst Recht Spott und Häme.[19]

Entscheidungsträger in den PR- und Marketing-Etagen fragen sich, welche Maßnahmen zur Intervention es gibt, wenn der Shitstorm zuschlägt bzw. ob es

19 Vgl. Heidböhmer, Carsten: Braunhemd-Gate im „Morgenmagazin“. Online: http://www.stern.de/kultur/tv/braunes-hemd-zdf-entschuldigt-sich-fuer-kleidung-von-jochen-breyer-2148788.html vom 29.10.2014.

wirksame Möglichkeiten der Prävention gibt. Auch wenn die Beraterbranche von der allgemeinen Verunsicherung der letzten Jahre profitiert, gibt es trotzdem keine Patenrezepte zum Umgang mit dem Phänomen. Dafür sind die Ursachen zu unterschiedlich und die Dynamiken im Einzelnen noch zu wenig erforscht. Dennoch kann ein Handlungsleitfaden entwickelt werden, der zum Ziel hat, Orientierung beim Umgang mit Shitstorms zu stiften:

- Shitstorm-Alarm
- Situationsanalyse
- Interventionsmaßnahmen und Implementierung
- Prävention

1. Shitstorm-Alarm

Typisches Kennzeichen des Shitstorms ist, dass er die Kommunikationsverantwortlichen völlig unvorbereitet trifft, sozusagen aus heiterem Himmel. Weil viele Unternehmen die gängigen Social Media-Plattformen erst seit kurzer Zeit in ihre Gesamtstrategie eingebunden haben, fehlt zumeist die Sensorik um eine Krisensituationen frühzeitig zu erkennen. Es mangelt oft an den richtigen Werkzeugen und den nötigen Ressourcen für ein systematisches Monitoring.

Was für Krisen allgemein gilt, trifft auch auf einen Shitstorm zu: Mit dem richtigen Management der Situation ergeben sich für das Unternehmen durchaus Chancen. Gute Voraussetzung können gleich zu Beginn geschaffen werden und zwar paradoxerweise, indem man unmittelbar erst einmal nichts tut. Diese Einschätzung mag zunächst überraschen, da sie scheinbar im direkten Widerspruch zum bereits angesprochen Gebot der Echtzeit-Kommunikation steht und scheinbar eine schnelle Reaktion impliziert. Viele Fehler passieren jedoch, weil die Betroffenen aus der Emotion heraus handeln.

Wer Opfer eines Shitstorms wird, unabhängig ob Social Media-Beauftragter eines Unternehmens, Gründer eines Start-ups, Politiker oder Prominenter, ist einer psychischen Grenzsituation ausgesetzt. Wenn man auf verschiedenen Kanälen mit Beleidigungen, Hämen und Spott überzogen wird, so lautet das wichtigste Gebot, unbedingt Ruhe zu bewahren. Auch wenn man reflexartig zu den Vorwürfen Stellung nehmen möchte, weil man sich entweder provoziert oder ungerechtfertigt behandelt fühlt, so sollte man diesen Impuls unbedingt unterdrücken. Dies gilt auch für den Fall, wenn die Kritik im Kern berechtigt ist. Bevor man sich zu einer Handlung hinreißen lässt, sollte man zunächst eine genaue Analyse des Sachverhalts vornehmen, am besten mit kühlem Kopf.

2. Situationsanalyse

Die Grundlage zur Entwicklung von zielführenden Maßnahmen zur Bewältigung der Krisensituation ist eine umfassende Bestandsaufnahme. Auch wenn die Stimmen im Web parallel dazu verletzender werden, sollte Zeit für eine Analyse des Ist-Zustandes eingeplant werden.

Die erste Aufgabe ist es, ein Verständnis dafür zu entwickeln, welche Akteure den Shitstorm befeuern. Sind überwiegend Trolle die treibenden Kräfte oder sind es treue Kunden oder gar Fans, die lautstark ihren Unmut äußern? Als Erstes gilt es, die genaue Motivation zu identifizieren, um wirksame Gegenmaßnahmen ergreifen zu können. Nicht selten sind Aktivisten in Shitstorms verwickelt, die Markenplattformen als Bühne von gesellschaftspolitischen Diskursen nutzen. So ergab die zeitnahe Analyse der ING-DiBa, dass der Wurstkrieg maßgeblich von einer gut vernetzten, aber verhältnismäßig kleinen Interessengruppe vorantrieben wurde, nämlich den Veganern. Aus dieser Erkenntnis leitete die Bank wichtige Impulse für ihre Intervention ab.

Als nächstes gilt es, Empathie zu beweisen und sich in die Köpfe seiner Kritiker hineinzuversetzen. Auch wenn dies oft schwer fällt, da sich bereits beleidigende Untertöne in den Dialog gemischt haben können. Jedoch sind die Ergebnisse aus diesem Perspektivenwechsel mitunter sehr wertvoll und zielführend. Nur wenn es gelingt, den genauen Grund für die Empörung zu begreifen, hat man die Chance, den Beschwerdeführern den Wind aus den Segeln zu nehmen. Zu den wiederkehrenden Ursachen für Shitstorms zählen Fehlverhalten des Unternehmens, Missverständnisse, latente Unzufriedenheit, unerfüllte Erwartungen, divergierende Prinzipien oder Wertesysteme oder auch eine versteckte Agenda auf Seiten der Kunden. Häufig zeigen Kunden ihre Frustration und ihren Unmut, indem sie eine Online-Kampagne kapern. So erlebten die Berliner Verkehrsbetriebe eine unliebsame Überraschung als sie ihre Fahrgäste bat, sich auf Twitter zu äußern, warum sie den öffentlichen Nahverkehr in der Hauptstadt so schätzen. Der Hashtag #weilwirdichlieben wurde unvermittelt zum einem „Bashtag" und verleitete zahllose Berliner dazu ihren Frust abzulassen.[20]

Im ersten Moment erscheinen viele Shitstorms schlimmer, als sie es tatsächlich sind. Grund dafür ist die bereits angesprochene Filterblase, in der man sich auch als Opfer einer Empörungswelle in der Regel befindet. Als Marketingverantwortlicher ist man aus nachvollziehbaren Gründen daran interessiert, mög-

20 Vgl. #WeilWirDichLieben: Charmeoffensive der BVG geht nach hinten los. Online: http://www.spiegel.de/reise/deutschland/weilwirdichlieben-bvg-ernten-shitstorm-a-1012735.html vom 13.01.2015.

lichst viele Stakeholder auf seinen Kanälen hinzuzufügen, so ist es nicht selten der Fall, dass die ersten Alarmmeldungen im eigenen Netzwerk stattfinden.

Dies ist im Zweifel durchaus positiv, da sich im eigenen Umfeld auch Menschen befinden können, die gegenüber Anwürfen sensibel reagieren und einem wohlgesonnen sind. Im günstigen Fall sind bislang nur die eigenen Plattformen von der Empörungswelle betroffen. Es gilt jedenfalls, schnellstmöglich einen Blick über den Tellerrand zu werfen, also über das eigene Netzwerk und die unternehmenseigenen Social Media-Plattformen hinaus. Es sollte überprüft werden, ob bereits Plattformen von Dritten wie Blogs oder Foren involviert sind und wenn ja welche. Gravierender wird der Sachverhalt, wenn bereits klassische Medien über den Shitstorm berichten, da sie als Verstärker wirken und sich die Reichweite der Kritiker dadurch drastisch erhöht.

Um einschätzen zu können, wie stark der Wind tatsächlich weht, sollte man auch einige Anhaltspunkte für die Messung der Geschwindigkeit definieren. Hierfür müssen Parameter definiert werden, wie z.B. der Eingang von Kommentaren auf der eigenen Facebook-Pinnwand, die Menge der abgesetzten Tweets, die Anzahl der Posts in Blogs oder auch der Erhalt von E-Mails. Auf dem Höhepunkt des „Wurstkriegs" ging auf ihrer Facebook Seite im Schnitt alle fünf Sekunden ein negativer Kommentar oder eine Nachricht ein. Um die Veränderung des Momentums beurteilen zu können, muss die Messung also fortlaufend durchgeführt werden, damit die Werte miteinander verglichen werden können.

In der allgemeinen Hysterie rund um das Thema, die auch von den Medien geschürt wird, werden manche Vorkommnisse in den Rang eines Shitstorms erhoben, bei denen es sich bei näherem Hinsehen lediglich um ein laues Lüftchen handelt. Eine Handvoll negativer Kommentare ist sicher ein guter Anlass, Ursachenforschung zu betreiben, aber noch kein Grund zur Panik.

Als letzter Punkt der Ist-Situation muss geklärt werden, welche Vorkehrungen das Unternehmen für den Fall der Fälle getroffen hat. Neben den bereits angesprochenen Monitoring-Werkzeugen sollte geprüft werden, ob sich das Unternehmen bereits zu einem früheren Zeitpunkt über einheitliche Rahmenbedingungen für die Social Media-Arbeit verständigt hat und wenn ja, ob diese Vereinbarung Anhaltspunkte für den Umgang mit Krisensituationen enthält. Es empfiehlt sich die „Hausregeln" öffentlich zu machen, sodass man bei Verstößen (z.B. der Nutzung unflätiger Sprache) darauf verweisen kann. Das Unternehmen Tchibo informiert seine Kunden diesbezüglich mit einem unterhaltsamen Video.[21] Wichtig sind daher vor allem klare Aufgabenverteilung beim Management des Shitstorms und die konzentrierte Vorgehensweise aller Akteure im Unternehmen.

21 Vgl. https://www.youtube.com/watch?v=e_mLQ_eWk_o

3. Interventionsmaßnahmen und Implementierung
Grundsätzlich gilt: Je früher die Informationen aus der Analyse vorliegen und eine Entscheidung zum weiteren Vorgehen getroffen werden kann, desto besser. Wenn der Shitstorm etwa an einem Wochenende zuschlägt, sollte man mit der Erarbeitung eines Lösungsszenarios nicht erst bis zum Montag warten. Bricht die Krise nach Feierabend herein, so ist es durchaus legitim, sich bis zum nächsten Morgen mit einer Reaktion Zeit zu lassen.

Generell sollte das Ziel der Intervention sein, den Krisenherd einzudämmen, sodass der Shitstorm ein lokales Ereignis bleibt, das etwa auf die eigenen Unternehmensplattformen beschränkt ist. In jedem Fall sollte versucht werden zu verhindern, dass der Sachverhalt von den klassischen Medien aufgegriffen wird. Um dies zu erreichen, empfiehlt es sich den persönlichen Kontakt zum Initiator der Empörungswelle aufzunehmen, sollte die Identifikation der Quelle von Negativinformation in der Analysephase gelungen sein. Handelt es sich etwa um die Beschwerde eines unzufriedenen Kunden, sollte dieser zeitnah, persönlich und individuell angesprochen werden, am besten von einem Entscheidungsträger im Unternehmen. Sollte das Epizentrum der negativen Kommentartätigkeit außerhalb der eigenen Social Media-Hemisphäre liegen, ist man gut beraten, wenn man die Diskussion auf die eigene Bühne lenkt. Hierzu eignet sich etwa - falls vorhanden - eine Wortmeldung im Corporate Blog des Unternehmens.

Die nachfolgenden Optionen sind daher weniger als Alternativszenarien zu verstehen, sondern vielmehr als unterschiedliche Handlungsstränge. Es ist denkbar, dass mehrere aufgeführte Handlungsalternativen innerhalb eines einzigen Shitstorms kombiniert werden und zum Einsatz kommen. Insgesamt ist es ratsam, das Management der Krise kohärent durchzuführen und eine klare Linie auch für interne Maßstäbe für Interventionsmaßnahmen vorzugeben.

Es gilt weithin als selbstverständlich, dass bei einem Shitstorm eine Reaktion erforderlich ist, die im Idealfall auch noch möglichst schnell erfolgen soll. Dies gilt jedoch nicht, wenn die Hauptinitiatoren hauptsächlich sogenannte „Trolle“ sind. Also Menschen, die nicht an einem konstruktiven Dialog interessiert, sondern als notorische Unruhestifter und Provokateure im Web unterwegs sind. Trolle sind eine eigene Spezies der digitalen Kultur, welche die Evolution der partizipativen Medienlandschaft hervorgebracht hat. Generell gilt der Grundsatz „Don’t feed the Troll!“. Es ist kontraproduktiv mit Trollen eine sachliche Auseinandersetzung anzustreben, weil man ihre Streitlust dadurch nährt und ihnen durch Bezugnahme Respekt zollt, den sie nicht verdient haben. Nichts trifft einen Troll jedoch mehr, als ihn gänzlich mit Nichtbeachtung zu strafen.

Wenngleich es sicher richtig ist, während der gesamten Krisensituation Affekthandlungen zu vermeiden und einen kühlen Kopf zu bewahren, so bedeutet dies nicht, dass Gefühlsregungen um jeden Preis vermieden werden müssen. Es hat keineswegs etwas mit Unprofessionalität zu tun, wenn man offen legt, dass einem die Krise zusetzt. Im Gegenteil kann dadurch der eigenen Kommunikation eine menschliche Note verliehen werden. Das Zeigen von Gefühlen hat dabei nicht unbedingt mit einem Schuldeingeständnis zu tun. Es ist durchaus möglich, sich nachdenklich zu geben oder sich betroffen zu zeigen, etwa durch eine Wortmeldung im eigenen Blog, ohne sich dabei unmittelbar auf die Ebene einer inhaltlichen Auseinandersetzung zu begeben. Bei vielen Menschen führt eine solche Reaktion bereits dazu, dass ihnen der Wind aus den Segeln genommen wird, weil sie nicht erwarten, dass ihre Kritik gehört und beachtet wird. Wichtig ist allerdings, dass die gezeigten Gefühle authentisch sind, sonst gießt man Öl ins Feuer seiner Gegner.

Häufig ist die Ursache eines Shitstorms eigenes Fehlverhalten. Dabei ist es mitunter interessant zu beobachten, dass es den Verantwortlichen schwer fällt, den naheliegenden Schritt einer Entschuldigung in die Tat umzusetzen. Den Hintergrund bildet oft eine Fehlervermeidungskultur. Dabei ist jedem Kunden bekannt: Unternehmen bestehen aus Menschen und Menschen machen Fehler. Es spricht absolut nichts dagegen auf seine Kritiker zuzugehen und einzugestehen: Wir haben einen Fehler gemacht.

Die nächste Eskalationsstufe nach der Entschuldigung ist die Entschädigung. Diese Maßnahme kann sowohl für Einzelpersonen als auch für Personengruppen in Frage kommen. Wichtig ist, dass man sich zuvor bewusst wird, welche Konsequenzen und Kosten mit dieser Interventionsmaßnahme im Extremfall verbunden sind, vor allem dann, wenn es sich um eine größere Anzahl unzufriedener Personen handelt. Im Zweifelsfall ist eine großangelegte und kostenintensive Wiedergutmachungsaktion jedoch immer noch besser als ein nachhaltiger Imageschaden.

Eine genaue Prüfung kann möglicherweise auch ergeben, dass die Ursachen für den Shitstorm tiefer liegen, etwa bei grundsätzlichen Mängeln von Qualität und Service. In diesem Fall ist man mit der rein taktischen Maßnahme einer Wiedergutmachung schlecht beraten. Vielmehr sollte die Krisensituation zum Anlass genommen werden, eine strategische Weichenstellung vorzunehmen und eine Verbesserung im Rahmen eines Change-Prozesses einzuleiten. So kündigte z.B. Burger King einem seiner Franchise-Nehmer, nachdem dieser aufgrund massiver Hygienemängel in die Kritik geraten war.[22]

---

22 Vgl. Rentz, Ingo: Burger King kündigt Verträge mit umstrittenem Franchisenehmer. Online: http://www.horizont.net/marketing/nachrichten/Yi-Ko-Burger-King-kuendigt-Vertraege-mit-umstrittenem-Franchisenehmer-131512 vom 19.11.2014.

Es ist durchaus auch möglich, dass eine Analyse ergibt, dass die Ursache für den Shitstorm nicht in einem objektiv begründbaren Fehlverhalten des Unternehmens liegt, sondern in der Divergenz von Prinzipien und Werten zwischen einem Unternehmen und einzelnen Interessengruppen. In diesem Fall reicht das Handlungsspektrum von Maßnahmen zur Aufklärung bis hin zum Aufzeigen von Grenzen. Ein Beispiel hierfür ist erneut der „Wurstkrieg". Die Bank agierte von Anfang an taktisch sehr geschickt, indem sie sich inhaltlich komplett aus der Debatte heraushielt und die Rolle eines Moderators einnahm. Sie räumte den streitenden Parteien bis zu einem gewissen Punkt das Diskussionsrecht auf ihrer Plattform ein und mahnte nur zu einem fairen Umgang miteinander. Erst nach etwa zwei Wochen wurde die Debatte nach vorheriger Ansage mit Verweis auf das „Hausrecht" unterbunden. Solche transparenten Spielregeln bieten einen wirksamen Schutz vor Trollen, da sie es ermöglichen, im Einzelfall Kommentare zu löschen oder Nutzer zu sperren.

4. Prävention

Gänzlich ausschließen kann man die Gefahr nicht: Ein Shitstorm kann jeden treffen, der in den sozialen Medien aktiv ist. Es ist jedoch möglich, wirksame Vorkehrungen zu treffen, um die eigene Identität möglichst „sturmsicher" zu machen und sie vor Angriffen von außen zu schützen. Zu den Präventionsmaßnahmen zählen die bereits angesprochenen Monitoring-Werkzeuge, die Erkenntnisse über die Verbreitung der Empörung in Echtzeit liefern können, und die Social Media Guidelines, die bereits mögliche Handlungsoptionen enthalten. Außerdem sollte vorab geklärt werden, wo im Ernstfall die Dialogfäden zusammenlaufen und wer hauptverantwortlich ist, damit die Handlungsschnelligkeit sichergestellt werden kann. Die wirksamste Methode ist jedoch die langfristige Vernetzung mit den Stakeholdern der eigenen Identität/Marke und der Aufbau einer lebendigen und zielgruppennahen Präsenz in den sozialen Medien. Ein solches Netzwerk von Fürsprechern kann sich im Krisenfall positiv auswirken. Denn ähnlich wie bei der Zirkulation eines Gerüchts sind bei der Verbreitung eines Shitstorms sogenannte „frühe, vertrauenswürdige Quellen" von Bedeutung.[23] Im besten Fall übernehmen Fans die Rolle der glaubwürdigen Quellen und sorgen für eine Eindämmung der Empörungswelle bevor das Unternehmen selbst aktiv werden muss.

23 Vgl. J. Pfeffer/T. Zorbach/K. M. Carley: Understanding online firestorms: Negative word-of-mouth dynamics in social media networks.

ENTWICKLUNGEN UND AUSBLICK

Für lange Zeit waren soziale Medien wie das Versprechen einer verheißungsvollen Zukunft. Eine Zukunft, in der die Menschen auf Augenhöhe miteinander kommunizieren, sowohl untereinander, als auch mit Vertretern aus Unternehmen und der Politik und sich gegenseitig mit Respekt und Achtung begegnen. Die reale Entwicklung, maßgeblich beeinflusst durch die Verbreitung von Social Media, zeigt, dass die neuen Möglichkeiten der Meinungsäußerung nicht nur Chancen, sondern auch Risiken bergen. Cyber-Mobber, Trolle und Shitstormer sind zu Prototypen einer neuen Diskussionskultur avanciert, die nicht mehr viel mit der Vision der Internetpioniere gemein haben. Shitstorms sind eine reale Bedrohung, vor allem für PR-und Kommunikationsverantwortliche, die viel Geld in den Aufbau und die Pflege eines Markenimages stecken. Für Prävention und Management eines Shitstorms müssen Ressourcen eingeplant und bereitgestellt werden. Dabei gilt es zu berücksichtigen, dass die Dynamiken des Phänomens kaum erforscht sind. Hinzu kommt, dass die Social Media-Landschaft einem stetigen Wandel unterworfen ist, indem neue Player einmal gefundene Antworten schnell obsolet machen können. Die spannende Frage wird sein, ob die Gesellschaft künftig bereit sein wird, Grenzüberschreitungen, wie sie bei Shitstorms vorkommen, dauerhaft zu tolerieren oder ob sie neue Spielregeln einfordert und verhandelt, die konstruktive Debatten im Web auch in Zukunft möglich machen.

WEITERFÜHRENDE LITERATUR

McPherson, Miller/Smith-Lovin, Lynn/Cook, James M.: „Birds of a Feather: Homophily in Social Networks", in: Annual Review of Sociology 27 (2001), S. 415-444.

Pariser, Eli: The Filter Bubble: What the Internet is Hiding from You, New York: Penguin Press 2011.

Pfeffer, Jürgen/Carley, Kathleen M.: Modeling and Calibrating Real-World Interpersonal Networks. Proceedings of IEEE NSW 2011, S. 9–16.

Pfeffer, Jürgen/Zorbach, Thomas/Carley, Kathleen M.: Understanding online firestorms: Negative word-of-mouth dynamics in social media networks, in: Journal of Marketing Communications 20, 1-2 (2014), S. 117-128.

Rogers, Everett: Diffusion of Innovations. 4. Aufl., New York: Free Press 1995.

Rushkoff, Douglas: Present Shock: When everything happens now, New York: Current Hardcover 2013.

Zorbach, Thomas: „Die Kunst des Zuhörens: Customer Insights im Kontext viraler Kampagnen am Beispiel PONS", in: H.-C. Riekhof (Hg.): Customer Insights: Wissen wie der Kunde tickt, Wiesbaden: Gabler, S. 67–81.

Netiquette

Auf der Suche nach einer digitalen Etikette

PATRICK BREITENBACH

> „Höflichkeit ist ein sprachliches oder nichtsprachliches Verhalten, das zum normalen Umgang der Menschen miteinander gehört und den Zweck hat, die Vorzüge eines anderen Menschen indirekt zur Erscheinung zu bringen oder ihn zu schonen, wenn er vielleicht nicht vorzüglich sein will."
>
> ARTHUR SCHOPENHAUER[1]

EINFÜHRUNG

Wenn man bei dem wunderbaren Kofferwort „Netiquette" das Netz, also „Net", zunächst einmal komplett ausblendet, reduziert sich der Begriff auf seinen eigentlich wichtigen Bedeutungskern, der „Etiquette" bzw. Etikette. Mit „Etikette" verbinden wir normalerweise eine Ansammlung von Regeln zum Umgang in und rund um menschliche Beziehungen. Uns fallen auf Anhieb populäre Benimm-Ratgeber (Freiherr von Knigge lässt grüßen[2]) ein, die uns Menschen erklären möchten, wie wir uns in bestimmten Situationen und Kontexten, z.B. bei Tisch, bei Empfängen, auf der Arbeit oder in fremden Kulturen, so verhalten, dass wir nicht negativ auffallen. Diese Ratgeber sind vermutlich deshalb so

---

1 Schopenhauer, Arthur: Werke, Bd. 4: Parerga und Paralipomena I, Zürich: Diogenes 1998, S. 453.

2 Vgl. Freiherr von Knigge, Adolf: Über den Umgang mit Menschen, Hamburg: Nikol 2009.

begehrt, weil wir ohne diese konkreten Ratschläge in Situationen geraten könnten, die nicht von uns unmittelbar sozial beherrschbar sind. Sie helfen dabei, die uns unbekannten sozialen Gegebenheiten richtig einzuordnen und sie letztlich besser zu kontrollieren. Verlieren wir die Kontrolle, so kann in Folge dessen eine soziale Abwertung durch das Gegenüber erfolgen. Durch unpassendes Verhalten in bestimmten sozialen Situationen fordern wir etliche Probleme heraus. Wir können andere kränken, beleidigen oder uns selbst lächerlich machen. Kurzum: Wir begeben uns durch Unangepasstheit in Gefahr, nicht zugehörig zu erscheinen und somit am Ende ausgegrenzt zu werden.

Die Frage nach Zugehörigkeit oder Ausgrenzung steckt schon im Begriff selbst. „Etikette" leitet sich ab vom französischen Begriff für „Ticket", also der Eintrittskarte[3]. Die Verhaltensnormen fungieren also als Mittel zum Einlass. Verstößt man dagegen, besitzt man also kein „Ticket", bleibt man entsprechend außen vor. Das Resultat dieser Ausgrenzung ist oftmals ein Schamgefühl, die „Angst vor der sozialen Degradierung, oder, allgemeiner gesagt, vor den Überlegenheitsgesten Anderer".[4] Zur vorausschauenden Vermeidung eines solchen negativen Gefühlszustandes verlassen wir uns also auf die geschriebenen und ungeschriebenen Gesetze des sozialen Umgangs.

Blickt man einige Jahrhunderte zurück, so dienen diese Benimmregeln zu weitaus mehr als nur zur Vermeidung von Schamgefühlen. Im Grunde definieren Sie überhaupt erst Szenarien, die sich zum Schämen eignen. So war beispielsweise die Etikette zu Zeiten Erasmus' von Rotterdam, Anfang des 16. Jahrhunderts, eher ein pragmatisches Regelwerk, das fast schon über Leben und Tod entschied. Rotterdams Etiketten-Buch "De civilitate morum puerilium" ("Über den Anstand der Sitten von Knaben") liefert uns interessante Einblicke in das damalige offenbar noch recht unzivilisierte Zusammenleben. Das Werk ist daher eher der Versuch, bestimmte Verhaltensweise mit Scham zu besetzen. Hier ein besonders eindrucksvolles Beispiel aus dem Buch:

„Verunreinige Treppenhäuser, Korridore, Kleiderschränke oder Wandbehänge nicht mit Urin oder anderem Schmutz. Erleichtere dich nicht vor Damen oder vor Türen oder Fenstern der Kammern bei Hofe. Rutsche nicht auf deinem Stuhl vor und zurück, wenn du versuchst, Winde zu lassen. [...] Wenn dir auf dem Bettlaken etwas Abstoßendes begegnet, wende dich nicht an deinen Bettgenossen, um es ihm zu zeigen, und halte das stinkende

3 Duden. Deutsches Universalwörterbuch. Mannheim: Bibliographisches Institut, 6. Auflage, hier: S. 1680.

4 Elias, Norbert: Über den Prozeß der Zivilisation. Frankfurt am Main: Suhrkamp 1997, S. 408.

Ding nicht in die Höhe, damit der andere es riecht und sagt: "Ich wüßte gern, wie sehr das stinkt."[5]

Diese Regeln waren also in mehrfacher Hinsicht fundamental wichtig für das menschliche Zusammenleben. Jede dieser Benimmregeln ist von Grund auf eigentlich so angelegt, dass sie eine Provokation des Gegenübers vermeidet und damit einen potenziellen Gewaltausbruch (physisch wie psychisch, also Unterlegenheitsgefühl) verhindert.

Die Summe all dieser Regeln könnte man vereinfacht als Prozess der Zivilisierung bezeichnen, einem Übergang von willkürlicher, triebgesteuerter, chaotischer Interaktion (Barbarei) hin zur friedlichen, vernünftigen und geregelten Koexistenz (Kultur). Eines der sichtbaren Ergebnisse von Zivilisierung ist die zunehmende Transformation der Taten in Worte – jedenfalls in unserem Kulturkreis. Sigmund Freud wird folgendes Bonmot zugeschrieben[6]: "Derjenige, der zum ersten Mal anstatt eines Speeres ein Schimpfwort benutzte, war der Begründer der Zivilisation." Der erste wichtige Schritt der Zivilisierung scheint also die Abkehr einer willkürlichen, affektiven, physischen Gewalt zu sein, unter anderem erzielt durch Triebregulierung und Achtsamkeit beim eigenen Verhalten (Selbstkontrolle). „Eine Kultur der Ehre – die Bereitschaft Rache zu nehmen – machte einer Kultur der Würde Platz – der Bereitschaft, die eigenen Gefühle zu kontrollieren."[7] Die Höflichkeit, als besondere Form von Kommunikation, und dass „Fremdzwänge sich in Selbstzwänge verwandeln"[8] gelten als wichtige Faktoren der Zivilisierung.

Zwischenmenschliche Kommunikation spielt dabei stets eine übergeordnete Rolle. Daher ist die Art und Form von Kommunikation nicht ganz unwichtig. Es geht schließlich immer auch darum *wie* wir miteinander kommunizieren und über welche Medien wir das tun. „The medium is the message"[9] formulierte einst Marshall McLuhan und brachte damit den Effekt auf den Punkt, dass jedes Medium auch maßgeblich den Inhalt der Kommunikation mitbestimmt. Über das

---

5 Pinker, Stephen: Gewalt. Eine neue Geschichte der Menschheit, Frankfurt am Main: Fischer 2011, S. 119.

6 Vgl. Schächtele, Petra: Mehr Schlagfertigkeit! 111 Antworten und Übungen. So wehren Sie sich souverän gegen Angriffe, München: Gräfe und Unzer Verlag 2009, S. 233.

7 S. Pinker: Gewalt. Eine neue Geschichte der Menschheit, S. 125.

8 N. Elias: Über den Prozeß der Zivilisation, S. 324.

9 Vgl. McLuhan, Marshall/Fiore, Quentin: The Medium is the Massage, Corte Madera: Gingko Press 2001.

Fernsehen wirken die transportierten Inhalte von vornherein ganz anders als in Zeitungstexten oder in Radiobeiträgen. Daher benötigt im Grunde jede neue Spielart und Medienform auch ein eigenes passendes Regelwerk. Kommunikation im Netz benötigt demnach folgerichtig auch eine ganz eigene Etikette und doch basiert diese immer auch auf dem menschlichen Beziehungsgefüge.

Tauchen wir doch gleich mal ein in die moderne Form der Kommunikation und fügen damit das Netz zur Etikette hinzu. Wir schreiben das Jahr 2005 und befinden uns in der U-Bahn, irgendwo unter der südkoreanischen Hauptstadt Seoul. Eine junge Dame ist mit ihrem kleinen Hund unterwegs. Plötzlich verrichtet das Haustier sein Geschäft mitten auf dem Boden des Zugabteils. (Erkennen Sie die fäkale Parallele zu den oben genannten mittelalterlichen Benimmregeln eines Erasmus von Rotterdam?). Die Mitfahrenden reichen der jungen Dame hilfsbereit einige Papiertücher zur Beseitigung dieses Malheurs. Sie nimmt diese dankbar an, murmelt etwas zu ihrem Hund, dass er doch so etwas normalerweise nie tun würde und säubert behutsam den Anus ihres Hundes von übrig gebliebenen Kotresten. Als klar wird, dass sie den herumliegenden Haufen Kot nicht wegwischt, weisen die Mitfahrenden sie vehement darauf hin. Die junge Dame ignoriert die Forderungen und verlässt an der nächsten Station das von entsetzten Menschen gefüllte Abteil. Eine Frau, die das Ganze beobachtet hat, kann mit ihrem Handy das Geschehen fotografisch dokumentieren. Zu Hause stellt die Zeugin die Fotos in ihren persönlichen Blog und lässt ihrer Empörung freien Lauf. Offensichtlich ist diese Frau so gut vernetzt, dass binnen Stunden nicht nur ihre Fotoreportage die große Runde in allerlei großen sozialen Netzwerken und Foren macht, sondern gleich noch die Identität der Delinquentin aufgedeckt und verbreitet wird. Es entstand eine regelrechte Hexenjagd rund um „Gae-Ttong-Nyeo“, der neu vergebene Spitzname der Schuldigen, der ins Englische übersetzt wurde mit „Dog Shit Girl“ oder „Dog Poo Girl“[10]. Empörte Menschen belagerten zunächst ihr Profil auf der Website ihrer Universität und hinterließen dort tausende von bitterbösen Kommentaren. Als die Universität die Unterseite vom Netz nahm, riefen die Empörten direkt in der Institution an. Kurz darauf brauch „Dog Shit Girl“ ihr Studium ab und verließ ihre Universität[11]. Rund um ihre Person und ihre Geschichte entstanden haufenweise verunglimpfende Internet-Meme, die sie und ihre Handlung beschämen sollten. Also ähnlich wie bei John Pike (vgl. Kapitel „Internet-Meme“), ein Polizist der UC Davis

10 Vgl. http://knowyourmeme.com/memes/dog-poo-girl vom 11.09.2010.

11 Vgl. Krim, Jonathan: Subway Fracas escalates into test of the internet's power to shame. Online: http://www.washingtonpost.com/wp-dyn/content/article/2005/07/06/AR2005070601953.html vom 06.07.2005.

Universität, der friedlichen Aktivisten Pfefferspray ins Gesicht sprühte und daraufhin Opfer einer umfassenden Internet-Meme-Attacke wurde.[12] Beide Beispiele zeigen deutlich auf, wie Zivilisierung durch sozialen Druck auf völlig neue und wirkmächtige Art durch Kommunikation über das Internet erfolgen kann. So wirkmächtig, dass selbst diese Art der Zivilisierung eigentlich einer weiteren Zivilisierungsstufe bedarf, denn die Geschichte rund um John Pike oder dem „Dog Poo Girl" verlief eher wie ein Akt willkürlicher Selbstjustiz, eine Hexenjagd und damit einhergehend ein unkontrollierbarer Ausbruch von kollektiver, psychischer Gewalt, die längst ihre Verhältnismäßigkeit des Vergehens durch die immense Dynamik in sozialen Netzwerken verloren hat. Daher steht die Benutzung von vernetzten Kommunikationsmedien an sich vor der Aufgabe, sich selbst erneut zu zivilisieren. Die Regeln und Normen für eine solche zivilisierte Benutzung könnten wir in der sogenannten „Netiquette" vorfinden.

THEORIEN UND METHODEN

Das Wichtigste vorab: Es gibt keine einheitliche Netiquette, jedenfalls keine, die bisher staatlich legitimiert wurde oder sonst in irgendeiner Weise institutionell verankert ist. Aus Norbert Elias „Über den Prozess der Zivilisation" haben wir gelernt, dass ein starkes Gewaltmonopol vermutlich eine wichtige Voraussetzung für den Wandel im Umgang mit Gewalt war. Willkürliche Gewalt wurde dadurch massiv eingedämmt. Im Internet fehlt diese zentrale Gewalt bisher. Zwar greifen die jeweiligen Ländergesetze, doch das Internet selbst setzt sich bekanntlich über geografische Grenzen hinweg. Die Daten fließen und lagern weltweit und damit kann das jeweilige Staatsmonopol nur schwer konsequent durchgreifen.

Und doch gibt es natürlich Urquellen der Netiquette. Ein wichtiger Strang führt zur Ethik der Computerbenutzung. Inspiriert durch die Gedanken des Mathematikers Norbert Wiener in der Disziplin der Kybernetik, entwickelte der Wissenschaftler Walter Maner den Gedanken, dass die Benutzung eines Computers – selbst wenn dieser noch nicht annähernd in der Masse verbreitet war – einer besonderen Ethik bedarf. Auf Basis dieser grundsätzlichen Überlegungen entstanden 1970 „Die 10 Gebote der Computerethik"[13].

---

12 Vgl. http://knowyourmeme.com/memes/casually-pepper-spray-everything-cop vom 20.11.2011.

13 Vgl. http://www.uni-forst.gwdg.de/~wkurth/cb/html/ea_th07_07.html

1. Du sollst nicht deinen Computer benutzen, um anderen Schaden zuzufügen.
2. Du sollst nicht anderer Leute Arbeit am Computer behindern.
3. Du sollst nicht in anderer Leute Dateien stöbern.
4. Du sollst nicht den Computer zum Stehlen benutzen.
5. Du sollst nicht den Computer benutzen, um falsches Zeugnis abzulegen.
6. Du sollst nicht Software benutzen oder kopieren, für die du nicht die Nutzungs- oder Kopierrechte erworben hast.
7. Du sollst nicht anderer Leute Ressourcen ohne deren Erlaubnis verwenden.
8. Du sollst nicht anderer Leute geistig Werk als deines ausgeben.
9. Du sollst über die sozialen Konsequenzen deiner Programme nachdenken.
10. Du sollst den Computer so benutzen, dass du Verantwortung und Respekt zeigst.

Es ist aus heutiger Sicht hochspannend, wie vorausschauend Walter Maner diese zehn Gebote damals formuliert hat. Sie enthalten klare Anweisungen und Anregungen zu den wohl wichtigsten Problemen und Herausforderungen der Gegenwart, die mittlerweile zum Teil erst jetzt durch die breite Digitalisierung der Gesellschaft akut wurden: „Du sollst nicht deinen Computer benutzen, um anderen Schaden zuzufügen“ bezieht sich unmittelbar auf die heutige Problematik von Schadsoftware und Cyberattacken. „Du sollst nicht in anderer Leute Dateien stöbern“ steht im Zusammenhang mit der gegenwärtigen digitalen Überwachung durch Regierungsbehörden und Privatunternehmen, die erst 2013 durch Edward Snowden in diesem umfassenden Ausmaß bekannt wurde.[14] „Du sollst nicht den Computer benutzen, um falsches Zeugnis abzulegen“ könnte sich auf das heutige Problem von gezielter Desinformation zu Propagandazwecken in sozialen Netzwerken beziehen.[15] „Du sollst nicht Software benutzen oder kopieren, für die du nicht die Nutzungs- oder Kopierrechte erworben hast“ spricht die Urheberrechtsproblematik durch die digitale Kopierfähigkeit an und „du sollst nicht anderer Leute geistig Werk als deines ausgeben“ trifft auf die zahlreichen Plagiatsaffären rund um prominente Persönlichkeiten aus Politik, Wirtschaft und Wissenschaft zu[16]. So vorausschauend diese vor 45 Jahren formulierten Leitsätze

14 Vgl. http://www.theguardian.com/us-news/the-nsa-files vom 01.11.2013.

15 Vgl. Tanriverdi, Hakan: Virale Propaganda der Terroristen. Online: http://www.sueddeutsche.de/digital/is-video-in-sozialen-netzwerken-virale-propaganda-der-terroristen-1.2095997 vom 20.08.2014.

16 Vgl. http://www.rp-online.de/politik/politiker-und-plagiats-affaeren-bid-1.2182047

waren, so wenig pragmatische Anwendung scheinen sie gefunden zu haben. Vielleicht liegt es daran, dass es immer noch einer institutionell verankerten Legitimation bedarf?

Der erste Versuch, eine Internet-Etikette allgemeingültig zu formulieren, erfolgte 1995 per RFC („Request for Comments")[17]. Dieses Dokument verstand sich aber ausdrücklich nicht als in Stein gemeißelter Internetstandard, sondern vielmehr als ein Vorschlag, ein Angebot mit unverbindlichem Charakter. Heute dürfte das RFC 1855 nur noch wenigen Internetbenutzern wirklich bekannt sein, allenfalls kennen dieses etwas sperrige Dokument die digitalen Pioniere von damals heute noch. Interessant ist auch der Entstehungskontext des Dokumentes. 1995 war schließlich ein interessantes Schwellenjahr für das Internet. Das „World Wide Web" der Privatnutzer stand kurz vor seinem großen Durchbruch als neues Massenmedium. So sieht man beispielsweise in der TV-Reportage „Computer Chronicles – The Internet"[18] aus dem Jahr 1995, wie ein Desktop-PC mit Internetanschluss mitten in einem Café platziert ist. Das Internet begann also Mitte der Neunzigerjahre zunehmend, in etablierte, soziale Lebenswelten einzusickern, die weit über die engen wissenschaftlich-militärischen Biotope und Laborumgebungen hinausgingen. Der Privatanwender, der „Ottonormalverbraucher", stand plötzlich im Fokus der IT-Industrie. Und mit großer Sorge blickten einige Pioniere des Internets – meist Ingenieure und Wissenschaftler – auf diese Popularisierung. Plötzlich konnten alle unterschiedlich kulturell geprägten und sozialisierten Menschen, ohne besonderen technischen Sachverstand und Hintergrundwissen, dieses neue Medium und damit auch die neue Kommunikationsform des „Many-to-Many"[19] benutzen, was wiederum ohne Vorwissen und reflektierter Sorgfalt zu jeder Menge zwischenmenschlicher Konflikte führen kann. Im Wortlaut klingt die Befürchtung der damaligen IT-Elite so:

„In the past, the population of people using the Internet had „grown up" with the Internet, were technically minded, and understood the nature of the transport and the protocols. Today, the community of Internet users includes people who are new to the environment.

---

17 RFCs sind erstellte Dokumente des RFC-Editors, einer Gruppe innerhalb der ISOC ("Internet Society") dem größten weltweiten Internetverband, der sich um die Weiterentwicklung der Internet-Infrastruktur kümmert und entsprechende Standards dafür formuliert. Das RFC mit der Nummer 1855 aus dem Jahre 1995 beschäftigt sich explizit mit einer Ethik des Internets.

18 Vgl. https://www.youtube.com/watch?v=XluovrUA6Bk vom 05.04.2012.

19 Petersen, Anita: Interpersonale Kommunikation im Medienvergleich, Münster: Waxmann 2002, S. 79.

These „Newbies" are unfamiliar with the culture and don't need to know about transport and protocols. In order to bring these new users into the Internet culture quickly, this Guide offers a minimum set of behaviors which organizations and individuals may take and adapt for their own use."[20]

Frei und sehr überspitzt übersetzt heißt das: Nur wir, die das Internet aus einer bestimmten (zumeist wissenschaftlichen) Haltung heraus erfunden und als erstes „besiedelt" haben, sind überhaupt in der Lage, es auch wirklich zu verstehen. Alle neuen Nutzer, die durch Abbau der technischen Barrieren nun dazukommen, sind mit den Gesamtzusammenhängen der neuen vernetzten Kommunikation nur wenig bis gar nicht vertraut. Wir, die Wissens- und Kulturträger, müssen demnach mit diesem Dokument alle Neuankömmlinge mit unseren bestehenden, kulturellen Regeln vertraut machen, um zukünftige Konflikte von vorn herein zu vermeiden.

Was hier also deutlich durchschimmert sind zwei interessante Aspekte: Erstens scheint der Umgang mit diesem neuen Medium anscheinend auch ein eigenes Regelwerk zu erfordern und zweitens besteht vorab schon die Angst vor kulturellen Konflikten, also Krisen, induziert durch unsachgemäße Bedienung dieser Kommunikationstechnologie. Was dann im RFC 1855 folgt, ist eine Kombination aus technischen und sozialen Regeln. Die technischen Regeln beziehen sich zum Beispiel explizit auf die unterschiedlichen Kommunikationsvarianten im Web. Ganz grob unterteilt das Dokument drei Bereiche: die „One-to-One"-Kommunikation (also Dialoge auf elektronischem Weg), „One-to-many" (die Vorläufer der „Social Network"-Kommunikation, dass jeder theoretisch mit jedem öffentlich reden kann) und der Bereich der allgemeinen Informationsinfrastruktur wie WWW, FTP (Handhabung zur Speicherung und Zugänglichkeit von Dokumenten) etc. Diese Bereiche unterteilen sich dann wiederum feingliedriger und konzentrieren sich auf die jeweilige konkrete Anwendungsform, z.B. hauptsächlich E-Mail, Foren oder Newsgroups. Je mehr man darin liest, desto schneller wird man feststellen, dass einige Regeln längst überholt scheinen. Aber noch viel wichtiger: Es sind in der Zwischenzeit neue Kommunikationsspielarten in das Medienkonglomerat Internet hinzugekommen. 1995 gab es weder Mikroblogging[21] noch spezielle Formen des Instant Messagings, die wir heute mit Produkten wie „WhatsApp" oder „Snapchat" selbstverständlich im Mainstream ver-

20 Vgl. https://www.ietf.org/rfc/rfc1855.txt

21 Vgl. Kuhn, Johannes: Echtzeit-Ethik im Auge des Todes. Online: http://www.sueddeutsche.de/digital/twitter-bei-katastrophen-echtzeit-ethik-im-auge-des-todes-1.149435 vom 17.05.2010.

ankert sehen. Ein Jahr vor der Formulierung des RFC 1855 veröffentlichte die Wissenschaftlerin Virginia Shea ein Buch mit dem Titel „Netiquette“ und formulierte darin, ähnlich wie 20 Jahre zuvor Walter Maner, zehn grundlegende Regeln im Umgang mit Onlinekommunikation[22]:

1. Remember the human
2. Adhere to the same standards of behaviour online
3. Know where you are in cyberspace
4. Respect other people's time and bandwith
5. Make yourself look good online
6. Share expert knowledge
7. Help keep flame wars under control
8. Respect other people's privacy
9. Don't abuse your power
10. Be forgiving of other people's mistakes

Die erste Regel „Vergiss niemals, dass auf der anderen Seite ein Mensch sitzt“, halte ich persönlich für die fundamentalste aller Regeln. Sie sollte in jeder eigens formulierten Netiquette auftauchen. Allein daraus kristallisiert sich ein wichtiger theoretischer Anknüpfungspunkt: Die wichtigen Benimmregeln im und um das WWW bedürfen weniger eines rein technischen Wissenstransfers[23] sondern vielmehr einer sozio-kulturellen Betrachtungsweise. Wir sollten nicht nur wissen, wie das Internet und seine verschiedenen Spielarten im Detail technisch funktionieren, wir sollten uns vielmehr bewusst werden, dass es am Ende immer auf eine Kommunikation in zwischenmenschlichen Beziehungen hinausläuft. Netiquette speist sich also eher aus den Feldern der Sozialwissenschaft, der Philosophie und vor allem der Kommunikationswissenschaft. Jede heute noch gangbare Kommunikationstheorie, die völlig entkoppelt von einem bestimmten Medium entworfen wurde, ist im Grunde extrem hilfreich zur Formulierung und Optimierung bestehender Netiquetten. Die Regel „Remember the humans“ tritt einem grundsätzlichen Effekt entgegen, der maßgeblich für kommunikative Entgleisungen wie Cybermobbing oder Shitstorms verantwortlich gemacht wird. Der amerikanische Psychologe John Suler beschreibt in seiner Aufsatzsammlung

22 Vgl. Shea, Virginia: Netiquette, San Francisco: Albion Books 1994.

23 Darum kümmern sich die Informationsdienste mittlerweile selbst, denn das Credo des sogenannten Mitmach-Webs, des Web 2.0, ist längst zum Standard bei der Anwendungsentwicklung geworden.

„The Psychology of Cyberspace"[24] dieses Phänomen als „online disinhibition effect"[25], also ein „Online-Enthemmungseffekt". Suler benennt insgesamt sechs wichtige Faktoren oder Haltungen, die zu diesem Enthemmungseffekt führen:

Tabelle 1: Faktoren des Online-Enthemmungseffektes frei nach John Suler

Faktor	**Bedeutung und Auswirkung**
„Du kennst mich nicht"	Beschreibt die Folge von Anonymität im Netz. Der Nutzer wiegt sich durch die Verschleierung seiner Identität in Sicherheit und fürchtet demnach auch keine Sanktionen oder negative Konsequenzen seines Handelns. Extrem sinnvoll für kritische Haltungen gegenüber Machtapparaten, aber auch verführerisch für antisoziales Verhalten und verbale Entgleisungen.
„Du siehst mich nicht"	Beschreibt die Fähigkeit, in unterschiedliche Rollen, also Avatare, zu schlüpfen und somit die eigene, wahre Identität zu verschleiern. Zudem werden wichtige nonverbale Signale, wie Mimik, Gestik, Geruch etc. (vor allem bei der schriftlichen Kommunikation) vollkommen abgeschirmt. Allein dadurch entstehen schon Missverständnisse und Konflikte. Aber das virtuelle Gegenüber wird oftmals auch gar nicht ernst genommen, z.B. könnte ja statt einer Frau auch ein Mann sprechen usw.
„Ich sehe dich später"	Beschreibt die asynchron stattfindende Kommunikation im Netz, also die Möglichkeit, etwas zu publizieren und dann die Diskussion einfach zu verlassen, z.B. seiner Wut im Netz freien Lauf zu lassen und danach gleich wieder weiter zu ziehen.
„Es ist alles nur in meinem Kopf"	Durch den Wegfall wichtiger nonverbaler Feedbacksignale wird Kommunikation schnell zu einer solipsistischen, egozentrierten Einbahnstraße. Dort, wo wichtige Informationen fehlen, werden diese nachträglich einfach von uns

24 Vgl. http://truecenterpublishing.com/psycyber/psycyber.html vom 11.09.2013.

25 Vgl. Suler, John: „The online disinhibition effect", in: International Journal of Applied Psychoanalytic Studies (2005), S. 184-188.

	selbst hinein interpretiert. Wir unterstellen dem Sender Gefühle, die vielleicht gar nicht so vorhanden sind und machen entsprechende Zuschreibungen. Das führt zwangsläufig zu Missverständnissen und Kommunikationskrisen.
„Es ist doch nur ein Spiel“	Beschreibt das Phänomen einer emotionalen Abgrenzung, der strikten Trennung von Virtualität und Realität. Das Virtuelle wird als nicht real wahrgenommen. Alle Aktivitäten im Netz drohen als eine Simulation oder gar als ein Spiel betrachtet zu werden. Damit entzieht man sich der Verantwortung des eigenen kommunikativen Handelns.
„Deine Regeln gelten hier nicht“	Beschreibt den scheinbaren Wegfall der hierarchischen Strukturen und Rollen. Damit entfallen auch die entsprechenden Regeln im Umgang. Auch hier zeigt sich deutlich das Spannungsfeld zwischen Nutzen und Missbrauch. Wegfall von Hierarchien führt unter Umständen zu mehr Offenheit und Gleichberechtigung, aber auch zu einem Wegfall der höflichen Umgangsformen innerhalb dieser Kontexte.

Die Regel „Remember the humans“ versucht also in erster Linie auf diese Faktoren hinzuweisen und die potenziellen Probleme und Konflikte überhaupt erst bewusst zu machen. Erst wenn das verinnerlicht wurde, kann überhaupt der nächste Schritt gegangen werden. Solange Menschen davon ausgehen, dass sie ja nur mit Maschinen und damit künstlichen, vom Menschen getrennten Welten interagieren, dass es eine strikte Trennung zwischen „realer“ und „virtueller“ Realität gibt, dürfte die Verantwortung für das eigene Handeln im digitalen Raum in weiter Ferne liegen. Die amerikanische Wissenschaftlerin Sherry Turkle hat die wahrgenommene Trennung zwischen Virtualität und Realität anhand einer eigenen Untersuchung anschaulich dargestellt und in ihrem Buch „Life on the Screen: Identity in the Age of the Internet“ beschrieben. Sie befasste sich darin u.a. mit virtuellen Vergewaltigungen in textbasierten Online-Rollenspielen (MUD). In einem davon demütigt ein Spielcharakter Mitspieler und zwingt sie zum Cybersex. Interessant war dabei die Kluft der Wahrnehmungen, die sich aus der Befragung der Täter und Opfer offenbarte. Während die Täter stets darauf hinwiesen, es handle sich ja schließlich nur um ein Spiel, das gar nichts mit der Realität zu tun habe, gaben die Opfer der Attacken zu, dass sie zum Teil in Tränen aufgelöst vor dem Bildschirm saßen.[26] Natürlich ist eine virtuelle, psychische Vergewaltigung in einem Spiel ganz und gar nicht mit einer realen, körperlichen Straftat zu vergleichen, dennoch zeigt dieses Beispiel sehr deutlich auf, dass es eben nicht völlig egal und ohne emotionale Konsequenzen ist, wie man das Gegenüber virtuell behandelt und dass das Virtuelle eben sehr eng mit dem realen Gefühlsleben (was auch immer das sein mag) verbunden ist. Die physische Distanz liegt zwar vor, die psychische Trennung ist aber so einfach nicht gegeben. Die Regel „Remember the humans" stellt damit die verlorengeglaubte Verbindung wieder her. Sie schafft das notwendige Bewusstsein für die emotionale Konsequenz der digitalen Kommunikation.

Die zweite von Virginia Shea formulierte Regel „Halte die bereits vorhandenen Verhaltensregeln auch online ein", ist die logische Fortführung der ersten Regel. Wenn sich am anderen Ende tatsächlich immer Menschen befinden, sollten eigentlich selbstverständlich auch alle bereits formulierten Verhaltensregeln im Umgang mit Menschen auch im virtuellen Raum gelten.

Regel Nummer drei „Wisse genau, in welchem Bereich du dich im Cyberspace bewegst", macht auf unterschiedliche Kontexte aufmerksam, in denen wir uns im Internet bewegen. Das Internet ist im Grunde eine Ansammlung und Vernetzung verschiedener Medienspielarten. So besitzt jede Anwendung, jede Plattform, jede Website ihren ganz eigenen medialen Kontext – inhaltlich wie formal. Das bedeutet am Ende für den Nutzer, dass er wissen muss, auf welcher Seite und in welchem Themengebiet er sich gerade befindet und welche jeweiligen Implikationen das auf sein Verhalten hat. Hinzu kommt, dass jede Plattform, jeder Blog und jedes Forum im Grunde ganz eigene Regeln formulieren kann oder ungeschriebene Regeln mit sich bringt. Das kann beispielsweise die Limitierung der Zeichenanzahl und damit auch einer zusätzlichen Begrenzung der Kommunikationssignale (bei Twitter sind e nur 140 Zeichen erlaubt) sein oder ein eigens formuliertes Regelwerk wie ein „Code of Conduct" oder eine „Social Media Policy". Sie bilden eine eigene Netiquette für das jeweilige Angebot des Plattformbetreibers, aber auch des Plattformnutzers. So kann Facebook als Plattform eine eigene Netiquette besitzen und gleichzeitig auch jede einzelne Facebook-Seite ein eigenes Regelwerk formulieren und umsetzen. Ein solches Regelwerk legt dann z.B. fest, welche Beiträge nicht geduldet werden und welche Konsequenzen bei Verstößen drohen. Jeder Kontext formuliert mehr oder weniger offen konkrete Erwartungen, die es zu erfüllen gilt, möchte man einen Konflikt vermeiden oder Zugehörigkeit erzielen.

26 Vgl. Turkle, Sherry: Life on the Screen, New York: Simon & Schuster 1995, S. 253.

Die vierte Regel „Respektiere die Zeit und Bandbreite anderer Leute" könnte aus heutiger Sicht als überholt gelten, schließlich wurde dieser Satz formuliert, als die meisten Menschen sich noch per Modem in das Netz einwählten und somit eine wesentlich geringe Datenübertragungsgeschwindigkeit zur Verfügung hatten. Allerdings besteht diese Herausforderung, vor allem global gesehen, auch heute noch. Längst ist der Breitbandausbau nicht so fortgeschritten wie er sein könnte, das zeigt sich insbesondere an einem angeblich so hochentwickelten Land wie Deutschland, das aber im Vergleich zu Ländern wie Südkorea noch meilenweit hinter dem Bandbreiten-Potenzial liegt.[27] Ganze Dörfer und Städte sind in Deutschland noch von einer schnellen Internetanbindung ausgeschlossen.[28] Kurzum sollte man auch heute darauf achten, die Datenmenge nicht größer aufzublasen als sie sein muss. So straft Google beispielsweise Webseiten mit zu langen Ladezeiten entsprechend ab und platziert sie im Index weiter nach hinten.[29] Ladezeiten und Datenmengen sind also nach wie vor ein Thema und vor allem der zeitliche Aspekt, verbunden mit einer Flut an Botschaften, spielt eine immer größer werdende Rolle. Die Zahl der digitalen Interaktionen nimmt rasant zu[30] und damit schrumpft auch das jeweilige Zeitkonto. Jede Mail, jeder Eintrag, jeder Kommentar, kurzum jedes noch so kleine digitale Feedback unterbricht unser Denken und Tun. Als Sender einer Botschaft trage ich auch die Verantwortung für die Zeit des gegenüberliegenden Empfängers.

Mit Regel Nummer 5 „Präsentiere dich gut im Netz" umschreibt Shea ganz klar einen Aufruf zur Höflichkeit. Zum einen ist es ihr Anliegen darauf hinzuweisen, dass Texte sorgfältig formuliert werden sollten, nämlich sowohl inhaltlich wie auch grammatikalisch korrekt. Schlampige Rechtschreibung liefert entsprechende Rückschlüsse auf die Persönlichkeit des Verfassers und lässt ihn somit auch weniger glaubwürdig erscheinen. Zudem zeugt ein wohlformulierter Text von Wertschätzung und Achtsamkeit den Empfängern gegenüber. Außerdem bittet Shea um Mäßigung bei der Wortwahl. Auf unmittelbare Beleidigungen und unnötige Provokationen sollte verzichtet werden um keine „Flame

27 Vgl. http://thewebindex.org/report/#2._overview_of_rankings

28 Vgl. Lischka, Konrad/Reißmann, Ole: Zukunftsbremse langsames Internet: Die Schmalband-Republik. Online: http://www.spiegel.de/netzwelt/web/schmalband-deutschland-warum-unser-internet-immer-noch-zu-langsam-ist-a-901508.html vom 21.06. 2013.

29 Vgl. Beus, Johannes: Google macht die Ladegeschwindigkeit zum Rankingfaktor. Online: http://www.sistrix.de/news/google-macht-die-ladegeschwindigkeit-zum-rankingfaktor/ vom 09.04.2010.

30 Vgl. http://pennystocks.la/internet-in-real-time/

Wars“[31] zu erzeugen, die eine bisherige sinnhafte und angeregte Debatte im Handumdrehen für alle anderen kaputt machen können. Mit der Regel „Teile dein Expertenwissen“ betont Shea die ursprüngliche idealistische Komponente des Internets als einem Ort der Wissensvernetzung und des Austausches von Erkenntnissen. Das Netz kann ein Ort der Aufklärung und des Lernens sein, doch dazu bedarf es auch einer Bereitschaft des Teilens von Wissen und gleichzeitig der höflichen Form des (Er-)Fragens. Gerade wenn keine unmittelbaren kommerziellen Strukturen vorhanden sind, entscheidet der gegenseitige Respekt über den Erfolg der Wissensvermittlung.

Mit „Helfe dabei „Flame Wars“ unter Kontrolle zu halten“ spricht Shea unmittelbar das Phänomen der „Flame Wars“ an, einer Art emotional eskalierenden Debatte, bei dem es im Grunde genommen nur noch darum geht, sich möglichst massiv und umfassend gegenseitig virtuell anzuschreien. „Flaming“ an sich bezeichnet einen emotionalen Wortbeitrag, wenn man sich also leidenschaftlich für eine Sache stark macht, was zunächst einmal gar nicht problematisch sein muss. Mit „Flame War“ hingegen bezeichnet man eine eskalierte emotionale virtuelle Debatte. Ein beleidigter Autor ruft dann schon einmal seinen Freundeskreis zur Hilfe, die fortan die Diskussion diktieren sollen. Es geht dann längst nicht mehr um die eigentliche Sache, sondern nur noch darum, Mitdiskutanten und Andersdenkende zu diskreditieren. Die Diskussion wird „off-topic“ und damit unbrauchbar für alle an der Sache interessierten Leser. Anderen Menschen beim Brüllen zuzusehen, kann mitunter recht unterhaltsam sein, daher wird in solchen Momenten gerne virtuell zu Popcorn gegriffen, aber eine echte Erkenntnis in der ursprünglich sachlichen Debatte darf in diesem Moment dann nicht mehr erwartet werden.

Regel Nummer 8 „Respektiere die Privatsphäre der anderen Nutzer“ ist im heutigen Kontext ein echtes politisches Schwergewicht. Die NSA-Affäre verstößt umfassend und in einem nie dagewesenen Ausmaß gegen diese Regel. Ursprünglich meinte Shea aber damit wohl eher die damaligen IT-Systemadministratoren, die aus ihrem beruflichen Kontext heraus die Möglichkeit besaßen, theoretisch auf die E-Mailkonten von Mitarbeitern oder Kunden zuzugreifen. Gleiches gilt heute für die Mitarbeiter von Facebook & Co., die natürlich ebenfalls über die Macht verfügen, scheinbar private Konversationen mitzulesen und sich sogar aktiv darin einschalten zu können.

Regel Nummer 9 „Missbrauche deine Macht nicht“ fügt sich dem nahtlos an. Als IT-Administrator, Programmierer oder erfahrener Internetnutzer verfügt man

31 Flaming Wars sind rituelle Diskussionskriege, meist in Foren oder Kommentarsträngen.

über einen entsprechenden Wissensvorsprung gegenüber den Internet Anfängern. Wissensvorsprung bedeutet auch immer Macht.

Die letzte Regel rundet die Netiquette wunderbar ab und schließt den Kreis. Mit „Sei gnädig bei Fehlern von anderen“ weist man auf eine weitere wichtige menschliche Eigenschaft, neben der Fähigkeit, Fehler zu begehen, hin: Die Fähigkeit, anderen zu verzeihen. Dies scheint mir gerade im Zeitalter der „Post-Privacy“[32] einer der wichtigsten ethischen Grundsätze zu werden. Das Internet macht vieles sichtbar und transparent. Es offenbart die Stärken aber auch die Schwächen von Menschen und archiviert diese auf lange Zeit öffentlich abrufbar. Im Zuge dieses Umstandes wird auch immer wieder darüber diskutiert, ob das Internet vergessen können soll[33]. Mit Hinblick auf die letzte Regel der Netiquette von Virginia Shea würde ich behaupten: Das Internet sollte nicht unbedingt lernen zu vergessen, die Menschen sollten vor allem lernen zu verzeihen.

PRAXISBEZÜGE

Welche konkreten praktischen Bezüge hat also die Netiquette? Man kann zunächst einmal grob unterscheiden zwischen rein ökonomischen und darüber hinausgehenden, soziokulturellen Zusammenhängen. Die wohl wichtigste ökonomische Disziplin im Zusammenhang mit der Netiquette dürfte das Feld des „Community Managements“ sein. Das klassische Berufsbild eines Community Managers wird vom deutschen Verband der Community Manager wie folgt beschrieben:

> „Community Management ist die Bezeichnung für alle Methoden und Tätigkeiten rund um Konzeption, Aufbau, Leitung, Betrieb, Betreuung und Optimierung von virtuellen Gemeinschaften sowie deren Entsprechung außerhalb des virtuellen Raumes. Unterschieden wird dabei zwischen operativen, den direkten Kontakt mit den Mitgliedern betreffenden, und strategischen, den übergeordneten Rahmen betreffenden, Aufgaben und Fragestellungen.“ [34]

---

32 Vgl. Heller, Christian: Post-Privacy: Prima leben ohne Privatsphäre, München: C.H.Beck 2011.

33 Vgl. http://www.sueddeutsche.de/thema/Recht_auf_Vergessen

34 http://www.bvcm.org/2010/05/veroffentlichung-der-offiziellen-definition-community-management/ vom 12.05.2010.

Die Netiquette ist dabei eine wertvolle Grundlage zur täglichen Arbeit des Community Managers. Sie formuliert wichtige Regeln im gegenseitigen Umgang in der jeweiligen Community und legitimiert sozusagen eine Art Gewaltmonopol. Erst mit Hilfe klar formulierter Regeln kann ich nämlich als Community Manager entsprechende Sanktionen ausführen, ohne dabei in Kritik zu geraten. So kann eine Beitragslöschung durch Verstoß gegen die Netiquette legitimiert sein, ohne dass ich in den Verdacht der Zensur gerate, die immer wieder bei solchen Fällen von Beitragslöschungen auftritt. Zudem hilft allein die Regel „Beachte, dass hinter dem Computer immer ein Mensch sitzt" dabei, eine entsprechend andere Haltung zu entwickeln, die ausufernde Konflikte von vorn herein eingrenzt.

Mit diesem Bewusstsein lässt sich ganz anders arbeiten. Nicht umsonst bezeichnet Svea Raßmus, Community Management Chefin der Bahn, ihr Soziologie-Studium und einen gesunden Menschenverstand als beste Voraussetzung für diesen Beruf.[35] Beides schlägt sich glasklar in der ersten Regel der Netiquette nieder. Neben der ökonomischen Relevanz, also die Zufriedenheit von Kunden im Netz zu generieren und sie zur Weiterempfehlung zu animieren, besitzt Netiquette natürlich auch eine gesellschaftspolitische Anwendung. Würde jeder Internetbenutzer nach einer Netiquette handeln oder sie wenigstens kennen, so könnte eine Vielzahl von ausufernden Konflikten vermutlich vermieden werden. Die Kenntnis um eine Netiquette fällt damit klar in den Zuständigkeitsbereich der Medienkompetenz, sozusagen als Teil einer neuen Medienethik. Auf lange Sicht gilt es, dem „Neuland" Internet ein Regelwerk zum zwischenmenschlichen Miteinander zu verpassen, sofern wir daran interessiert sind, unliebsame Phänomene wie „Shitstorms", „Cybermobbing" und dergleichen einzugrenzen. Ich persönlich sehe dieses Thema in Zukunft fest verankert in den Stundenplänen aller Regelschulen. Die Ausgestaltung des Diskurses steht und fällt mit der persönlichen Ethik der Diskursteilnehmer. Es gilt, ein breiteres Bewusstsein dafür zu schaffen.[36]

---

35 Vgl. Raßmus, Svea: Best Practice Social Media: Wie die Bahn vom „Chef-Ticket" lernte. Online: http://upload-magazin.de/blog/8793-best-practice-social-media-db-bahn/ vom 05.05.2014.

36 Vgl. Breitenbach, Patrick: 3 Denkanstöße für Kommunikation im Netz. Online: http://blog.karlshochschule.de/2012/11/27/was-geht-gar-nicht-im-netz-3-ideen-fur-kommunikation-im-netz/ vom 27.11.2012.

ENTWICKLUNGEN UND AUSBLICK

Besonders auf gesellschaftspolitischer Ebene wird die Netiquette als Regelwerk einer neuen Medienkompetenz immer notwendiger. Mit der Zunahme von Kommunikation steigt auch das Potenzial von Konflikten. Kulturen und ihre jeweiligen Wertvorstellungen rücken zunehmend in den öffentlichen Diskurs. Bisher galten die professionellen Medien als Gatekeeper, also als Vermittler von Diskursen. Die öffentlich vernetzte Kommunikation emanzipiert sich von dieser traditionellen Vermittlerrolle. Debatten werden nun auch verstärkt von Prosumenten ausgetragen, also Menschen, die bisher als reine Medienkonsumenten galten aber nun mit Hilfe der neuen, technischen Möglichkeiten Angebote wahrnehmen können, um selbst im Handumdrehen Medienproduzent zu werden.

Ich würde sogar noch weiter gehen. Jeder „Like", jeder „Share", jeder öffentlich platzierte Kommentar ist bereits ein kleiner publizistischer Akt. Beispiele wie „Dog Shit Girl" zeigen zudem deutlich auf, welche medialen Dynamiken und Kaskaden sich aus einfachen Handlungen und Postings entfalten können. Jeder Kommunikationsakt ist daher ein Funke, und die Öffentlichkeit, auf die sie trifft, kann mit Benzin durchtränkt sein. Das Internet hat einen interessanten, widersprüchlichen Effekt in Gang gesetzt. Marshall McLuhan sprach noch vom „globalen Dorf"[37]. Doch bis dahin können wir zwei Dinge feststellen: Das Internet bietet unendlichen Raum für Kommunikation, aber je mehr kommuniziert wird, desto stärker scheint dieser Raum zusammenzuschrumpfen, denn vielschichtige aufeinandertreffende Kommunikation führt auch zu entsprechenden Konflikten. Wenn man das Internet tatsächlich als einen kommunikativen Raum betrachtet, der die Welt in ein Dorf quetscht, so wird eine neue Phase der Zivilisierung notwendig werden. Man kann diese neue Phase durchaus als „Hyperzivilisierung"[38] bezeichnen, denn natürlich ist jede Art von öffentlich ausgetragenem Konflikt zugleich ein Teil des gesamten Prozesses der Zivilisierung. Durch die vernetzte öffentliche Kommunikation scheint sich dieser Prozess gewaltig zu beschleunigen und auf sämtliche Bereiche des Zusammenlebens auszuweiten. Fälle wie „Dog Shit Girl" oder einer Dame, die durch einen rassistischen Witz auf

---

37 Vgl. McLuhan, Marshall: The Gutenberg Galaxy Centennial Edition, Toronto: University of Toronto Press 2011.

38 Vgl. Breitenbach, Patrick: The Day after Shitstorm: Die zweite Stufe der Zivilisierung. Online: http://blog.karlshochschule.de/2014/01/08/the-day-after-shitstorm-die-zweite-stufe-der-zivilisierung/ vom 08.01.2014.

Twitter ihren Job verloren hat,[39] werden zunehmen und entsprechende Auswirkungen haben. Der soziale Druck nimmt zu und zwar von allen Seiten. Einhergehend damit findet aber auch immer der Prozess der Zivilisierung statt. Die Freiheit des Individuums wird eingeschränkt für die Freiheit der Allgemeinheit oder dem Schutz der Minderheiten. Eigentlich ein wünschenswerter Prozess, wenn er natürlich so in der Breite kaum wahrgenommen wird. Zivilisierung wird oftmals als Gängelei interpretiert, weil man sich selbst zurücknehmen soll, in Sprache, Haltung und zwischenmenschlicher Konfliktlösung. Eigentlich etwas Unbequemes, doch schenkt man Gewaltforschern wie Steven Pinker Glauben, so sind dies alles Faktoren für eine langfristige Befriedung innerhalb von Gesellschaften. Durch die Zunahme von technischen Sensoren im Alltagsbereich (Smartphone etc.) und die Möglichkeit, die aufgezeichneten Daten zu veröffentlichen und so für alle Welt sichtbar zu machen, ergibt sich ein Szenario der freiwilligen und unfreiwilligen Überwachung und damit auch ein Szenario einer neuen Kategorie von sozialem Druck.

Das Internet als Kommunikationsraum zeigt ganz deutlich, dass bisherige Verhaltensweisen wie das Erzählen von rassistischen Witzen oder unflätiges Benehmen in der Öffentlichkeit nicht länger verheimlicht werden und dafür in der Öffentlichkeit zur Rechenschaft gezogen werden. Es wird ein enormer Fremdzwang verübt, der sich früher oder später in einen Selbstzwang wandelt, setzt man jedenfalls logischerweise die Gedanken von Norbert Elias fort. Die Netiquette wiederum ist ein kreatives und sinnstiftendes Werkzeug, um sich proaktiv um ein besseres Miteinander im Netz zu bemühen. Netiquette resultiert eigentlich aus den schmerzhaften Erfahrungen der Hyperzivilisierung. Netiquette ist immer die Bemühung, einem Fremdzwang proaktiv zuvorzukommen.

39 Vgl. Southall, Ashley: A Twitter message about AIDS, followed by a firing and an apology. Online: http://thelede.blogs.nytimes.com/2013/12/20/a-twitter-message-about-aids-africa-and-race/?_r=1 vom 20.12.2013.

WEITERFÜHRENDE LITERATUR

Brodnig, Ingrid: Der unsichtbare Mensch: Wie die Anonymität im Internet unsere Gesellschaft verändert, Wien: Czernin 2014.

Elias, Norbert: Über den Prozeß der Zivilisation, Frankfurt am Main: Suhrkamp 1997.

Knigge, Adolf Freiherr von: Über den Umgang mit Menschen, Hamburg: Nikol 2009.

McLuhan, Marshall/Fiore, Quentin: The Medium is the Massage, Corte Madera: Gingko Press 2001.

McLuhan, Marshall: The Gutenberg Galaxy, Centennial Edition, Toronto: University of Toronto Press 2011.

Pinker, Steven: Gewalt: Eine neue Geschichte der Menschheit, Frankfurt am Main: Fischer 2011.

Rheingold, Howard: Net Smart, Cambridge: MIT University Press Group 2012.

Shea, Virginia: Netiquette, San Francisco: Albion Books 1994.

Turkle, Sherry: Alone Together: Why we expect more from technology and less from each other, New York: Basic Books 2011.

Turkle, Sherry: Leben im Netz, Reinbek bei Hamburg: Rowohlt 1998.

Always on

Ständige Erreichbarkeit, Onlinestatus und Lebensgefühl

JULIA SCHÖNBORN

> „Konkret und praktisch veranlagt, nehmen wir unweigerlich an, die Revolutionen fänden im Einflußbereich der harten Dinge statt. Die Werkzeuge, die Hämmer und Sicheln, haben es uns angetan. Ganze Zeitalter unserer Geschichte haben wir nach ihnen benannt [...] In Wahrheit hat die Erfindung der Schrift und, später, des Buchdrucks unsere Kulturen und Kollektive gründlicher revolutioniert als alle Werkzeuge zusammen."
> MICHEL SERRES: ERFINDET EUCH NEU, S. 29F.

EINFÜHRUNG

Seit einiger Zeit sprechen wir im Zusammenhang mit den digitalen Medien von der *digitalen Revolution.* Das Schlagwort suggeriert eine plötzlich stattfindende Umwälzung. Dabei gestaltet sich diese Revolution bisher eher als ein schrittweiser Wandel.[1] Mit dem Verbindungsstatus *always on* wird innerhalb dieses Wan-

1 Vgl. zuletzt Diekmann, Peter: „2015 – das Jahr, in dem wir digital werden". Online: https://medium.com/@DerPeder/2015-das-jahr-in-dem-wir-digital-werden-246bb3718cff vom 08.01.2015. In Übereinstimmung mit einem Artikel auf neunetz.com beschreibt er bisher vier Etappen der Digitalisierung, und zwar 1. Computer, 2. Internet, 3. Miniaturisierung, Personalisierung, Mobilisierung, 4. Das Internet der Dinge.

dels die Wende hin zu mobilen Geräten mit Zugang zum Internet bezeichnet. Waren die internetfähigen Rechner bis vor wenigen Jahren über ein Kabel mit einer langsamen Telefonleitung verbunden, entwickelte sich mit dem Wireless-LAN eine Möglichkeit, höhere Datenvolumina immer ortsunabhängiger zu verarbeiten. Die Smartphones machten das WWW schließlich überall und ständig verfügbar.[2] Aus dem vereinzelten Dauer-Onliner der späten 90er-Jahre wurde die „Generation always on". Derzeit gehen Schätzungen von ca. 15 Millionen Menschen aus, die allein in Deutschland ständig mit dem Internet verbunden sind.[3] Prognosen halten ca. 3,3 Milliarden genutzte Smartphones weltweit bis zum Jahr 2018 für realistisch.[4]

Die mobilen internetfähigen Endgeräte bedeuten permanente Zugänglichkeit zu allen Informationen des WWW. Auch immer mehr unserer privaten Informationen machen wir von überall zugänglich. Cloudlösungen und Synchronisationen zwischen den eigenen Geräten via Internet erlauben mobilen und komfortablen Zugriff und werden immer häufiger genutzt. Aber nicht nur die Informationen, die wir dem Netz zur Verfügung stellen oder uns aus dem Netz holen sind ständig verfügbar – Bekannte, Freunde, Arbeitskollegen und wir selbst sind es ebenfalls.

Mit der Wende zum mobilen Internet hat sich unsere Kommunikation noch einmal verändert, sowohl online als auch offline. Neben die Chatrooms, Foren und Boards traten die sozialen Netzwerke und die Instant Messaging-Dienste. Die beiden vorherrschenden Kommunikationsformen – synchroner Chat ähnlich dem Telefonieren, und asynchrone E-Mail ähnlich dem Brief – bewegten sich immer mehr aufeinander zu.

Heute sind Messenger-Dienste wie Line, WhatsApp oder der Facebook-eigene Messenger die am häufigsten verwendeten (digitalen) Kommunikations-

---

2 Häufig wird die ständige Verfügbarkeit von dem Vorhandensein eines mobile device abhängig gemacht. Ich sehe hier die Grenzen fließend. Kleine Notebooks und Tablets, die einfach mitgeführt werden können, erfüllen 2015 die gleichen Voraussetzungen wie die Smartphones für einen *always on*-Status ihrer Besitzer.

3 Weigert, Martin: „15 Millionen Deutsche praktizieren ‚always on'". Online: http://netzwertig.com/2013/05/07/ins-internet-gehen-war-gestern-15-millionen-deutsche-praktizieren-always-on/ vom 07.05.2013.

4 o.A.: „Bis 2018 gibt es 3,3 Milliarden Smartphones weltweit". Online: http://www.abendblatt.de/wirtschaft/article111354027/Bis-2018-gibt-es-3-3-Milliarden-Smartphones-weltweit.html vom 21.11.2012.

formen.[5] Sie erlauben sowohl Gespräche in (beinahe-)Echtzeit, als auch das Speichern und zeitlich versetzte Lesen von Nachrichten. Auch die Anzahl integrativer Clients nimmt daher immer mehr zu. Der Eingang einer neuen Nachricht kann dabei meist per Push-Mitteilung hörbar gemacht werden.

Paralleles Online- und Offline-Kommunizieren wird immer mehr zu einer sozial akzeptierten Kommunikationsform. Das Bedienen des Smartphones während eines Gesprächs ist ein Bild, an das sich viele gewöhnt haben, und das dennoch kritisch diskutiert wird. Bereits 2002 beschreibt Howard Rheingold anhand von Beobachtungen, wie der Gebrauch der digitalen Medien über mobile Endgeräte soziale Codes verändert hat. Während er die Kommunikation einer Gruppe beobachtet, die durch eine parallele Onlinekommunikation einiger ihrer Mitglieder weder unterbrochen noch gestört wird, stellt er fest: „A new mode of social communication, enabled by a new technology, had already diffused into the norms of [...] society."[6] Diese Diffusion der technischen Möglichkeiten, die zur Verankerung neuer Codes führte, ist allerdings auch heute noch ein vieldiskutierter Streitpunkt, auch zwischen den Generationen.

Mit den Smartphones konvergierten verschiedene Medien und Kommunikationskanäle und sind nun – nebeneinander -- über ein einziges, portables Gerät zu erreichen. Die Vernetzung zwischen Menschen und die permanente Verfügbarkeit der Wissensarchive des WWW ermöglichen neben einer fortgesetzten Kommunikation – der *ongoing interaction* – heute neue Formen der privaten und beruflichen Organisation. Freiheit, Flexibilität, Kollaboration und Integration sind in diesem Zusammenhang Begriffe, die der Generation der heute Zwanzig- bis Dreißigjährigen zugeschrieben werden. Generationsforscher sind sich sicher: Die eigentliche digitale Revolution steht uns noch bevor. Gleichzeitig existieren heute Gegenbewegungen, die eine zumindest teilweise Abkehr von den digitalen Technologien fordern. Die Gründe hierfür sind vielschichtig: Technikangst, Sorge um die Generation der heutigen Jugendlichen, Misstrauen in die überwachten Kanäle und Angst vor Verlust der Privatsphäre.

In einem Bericht von 2011 fasst der Verein „Internet und Gesellschaft: collaboratory" die möglichen zukünftigen Entwicklungen in verschiedenen Szenarien zusammen. Dabei ergeben sich für die Verfasser unter der Prämisse, „dass

5 Vgl. van Eimeren, Birgit: „Ergebnisse der ARD/ZDF-Onlinestudie 2013 ‚Always on' – Smartphone, Tablet & Co. als neue Taktgeber im Netz", in: Media Perspektiven 7/8 (2013), S. 386-390. Online: http://www.ard-zdf-onlinestudie.de/fileadmin/Onlinestudie/PDF/Eimeren.pdf

6 Rheingold, Howard: Smart Mobs. The Next Social Revolution, Cambridge: Basic Books 2002, S. xvi.

der Zugang zum Internet [in der Zukunft, Anm. d. Verf.] ubiquitär und drahtlos sein wird und jedermann jederzeit [...] auf Internetdienste zugreifen kann (always on)" zwei Pole, zwischen denen sich die Zukunft voraussichtlich bewegen wird: „Privatheit (Verschlossenheit) und Öffentlichkeit (Transparenz)".[7] Die herausgearbeiteten Probleme der durch die Onliner selbst verursachten Datenflut und der (aktuell stark zentralisierten) Verarbeitung der Daten stehen in den Szenarien der Verfasser in einem Spannungsverhältnis zu den vielen Möglichkeiten von *always on*. Auch mehr als drei Jahre später finden sich diese beiden Extrempositionen in jeder Darstellung über das digitale Leben. Die folgende Einführung wird sich daher an diesen beiden Positionen orientieren.

THEORIEN UND METHODEN

Wissenschaftliche Literatur und aktuelle akademische Forschung zum Thema der ständigen Verfügbarkeit sind rar. Niklas Johannes schreibt in der Zusammenfassung seiner Arbeit an der Universität Mannheim sehr zutreffend:

> „Mehr und mehr Menschen sind mit Hilfe von Smartphones, Tablets, Notebooks etc. permanent online und mit ihren Freunden und Bekannten verbunden. Mediennutzer/innen scheinen fähig und willens, jederzeit und überall zu kommunizieren. Obwohl dieses Phänomen in kürzester Zeit eine hohe Relevanz bekommen hat, gibt es wenig bis keine Forschung dazu."[8]

Dies ist zu einem wesentlichen Teil dem sich stetig verändernden Gegenstand sowie der noch sehr neuen Thematik geschuldet. Die akademische Forschung kann mit der Geschwindigkeit der Entwicklung mobiler Internettechnologien kaum Schritt halten. Hier ist ein klares Forschungsdesiderat zu sehen, auch wenn sich der gesellschaftliche Wandel in einem Tempo vollzieht, das eine Herausforderung an wissenschaftliches Arbeiten darstellt.[9] Zu diesem Wandel stellt Michael Klemm fest: „Die ‚Verdichtung' der Welt durch Intensivierung und Ver-

---

7 Internet und Gesellschaft: collaboratory: Gleichgewicht und Spannung zwischen digitaler Privatheit und Öffentlichkeit. Abschlussbericht 2011, Berlin: collaboratory 2011, S. 59.

8 Johannes, Niklas: „Bis das Smartphone glüht. Need to Belong und Kompetenz als Erklärungsversuch für permanente Vernetztheit" (Abstract), Mannheim: Universität Mannheim 2013.

9 Für Beispiele siehe „Weiterführende Literatur".

vielfältigung sozialer Netzwerke und Aktivitäten, die politische, wirtschaftliche, kulturelle und geografische Grenzen überschreiten (müssen), hat unser aller Leben verändert – ‚Globalität' ist bereits der Normalzustand."[10] Diese Globalität, so Klemm, bringe vollkommen neue Anforderungen an die potentiell grenzenlose Kommunikation via digitale Medien. Deren Rahmenbedingungen und Besonderheiten lernen wir als Nutzer gemeinsam kennen, sind aber ihrem schnellen Wandel ebenso unterworfen. So kann der gemeinsame Sprung zu *always on* als eine gesamtgesellschaftliche Herausforderung gesehen werden. Deutlicher wird dies, so wenig wissenschaftliche Bearbeitungen auch derzeit vorliegen, an der Vielzahl journalistischer Artikel zum Thema.

In den letzten Jahren erschienen beinahe im wöchentlichen Rhythmus journalistische Publikationen über die digitalen Medien. Nicht wenige handeln von Angst und Misstrauen gegenüber der Technik.[11] Viele beleuchten den Smartphonegebrauch heutiger Jugendlicher und drücken ihre Sorge vor einer neuen Mediensucht aus, andere stellen die Chancen in den Vordergrund ihrer Kommentare. Die Abschaffung der Privatsphäre wird ebenso diskutiert wie die Überwachung durch Geheimdienste oder die Kapitalisierung der Daten durch große Unternehmen. Dabei wird häufig unzulässig verkürzt und nicht von der Verwendung der Medien und Technologien gesprochen, sondern von der Technik selbst. Das Smartphone ist zum potentiellen Suchtmittel der letzten Jahre avanciert. Obwohl hierzu mittlerweile einige Studien vorliegen, wird auf die vielschichtige Benutzung der digitalen Medien dabei nur sehr selten eingegangen.

Die Umfragen dieser Studien zeigen, dass ein Großteil der Nutzung von digitalen Medien in der Kommunikation mit anderen Menschen besteht. Vor allem Jugendliche und junge Erwachsene verbringen laut eigenen Angaben viele Stunden am Tag mit sozialen Netzwerken und Instant Messengern. Sie sind jederzeit für ihre Freunde und peer groups erreichbar.[12]

Robert Franken fasst die Möglichkeiten der digitalen Medien wie folgt: „Digital ist kein Kanal, sondern Konvergenz: Es verbindet alle kommunikativen Kanäle und integrativen Plattformen mit interaktiven Zugangswegen zu neuen

10 Klemm, Michael: „Verstehen und Verständigung aus medienwissenschaftlicher Sicht", in: Klaus Fischer/Hamid Reza Yousefi (Hg.), Verstehen und Verständigung in einer veränderten Welt. Probleme, Theorien, Perspektiven, Wiesbaden: Springer 2012, S. 41-53, hier S. 42.

11 Vgl. für einen kommentierten Überblick Schönborn, Julia: „Internet? Kann das weg?", in: Der Digitale Wandel Q/2 (2014), Berlin: Oktoberdruck 2014, S.7f.

12 Vgl. B. van Eimeren, „Ergebnisse der ARD/ZDF-Onlinestudie 2013 ‚Always on' – Smartphone, Tablet & Co. als neue Taktgeber im Netz".

Ökosystemen."[13] Diese Zugangswege haben die Lebens- und Verabredungskultur heutiger Jugendlicher und junger Erwachsener grundlegend verändert. Soziale Netzwerke erlauben durch das Posten des Standortes die spontane Begegnung an öffentlichen Plätzen, während die Kommunikation via Messenger sowohl zeitliche und räumliche Flexibilität bei Treffen ermöglicht, als auch die ständige und einfache Interaktion mit Freunden und Bekannten sichert. Johnny und Tanja Häusler erläutern, was das Konzept *always on* für die Jugendlichen heute bedeutet,

> „nämlich die konstante virtuelle Anwesenheit seiner Freundinnen und Freunde. [...] Die Erweiterung des Schulhofes auf immer und überall, der konstante virtuelle Zugriff auf den neuesten Tratsch und vor allem das Gefühl, dass die engsten Freunde quasi jederzeit für einen kurzen Gedankenaustausch zur Stelle sind ... das ist der Traum eines jeden jungen Menschen, für den der Kontakt zum eigenen sozialen Umfeld außerhalb des Elternhauses schon seit Vor-Internet-Zeiten einer der wichtigsten Faktoren beim Erwachsenwerden war."[14]

So positiv sehen die totale Verfügbarkeit aber nicht alle. Aus Sorge vor der „Digitalen Demenz"[15] beschränken Eltern die Onlinezeiten ihrer Kinder. Schulen verbieten den Einsatz von Smartphones auf dem Schulgelände sowohl aus Angst vor Missbrauch, als auch aus Unbeholfenheit den neuen Medien gegenüber. Und Medienkompetenzunterricht beschränkt sich häufig auf Warnungen vor den Gefahren des Internet. Scott Hess vermutet Neid hinter der Sorge und der Kritik am Smartphonegebrauch heutiger Jugendlicher. In seinem Vortrag „Millennials: Who They Are & Why We Hate Them" erläutert er, welche Unterschiede zwischen den Generationen und ihrer Mediennutzung liegen. Heutige Jugendliche, so Hess, erleben die Isolation, die vor 1980 Geborene aus ihrer eigenen Adoleszenz noch kennen, aufgrund vernetzter Kommunikationstechnologien praktisch nicht mehr. Auch in seinen Augen geht mit *always on* ein Wunsch eines jeden Heranwachsenden in Erfüllung.[16] Auf der anderen Seite wird zu Recht ange-

13 Franken, Robert: „Digital kills the analog star? Warum das Prinzip einer Digitalen Transformation zu kurz greift". Online: https://digitaletanzformation.wordpress.com/2014/11/05/digital-kills-the-analog-star-warum-das-prinzip-einer-digitalen-transformation-zu-kurz-greift/ vom 05.11.2014.

14 Häusler, Tanja/Häusler, Johnny: Netzgemüse. Aufzucht und Pflege der Generation Internet, München: Wilhelm Goldmann 2012, S. 53 und 55.

15 Vgl. weiter unten den Abschnitt „Den Kopf in der Cloud".

16 Vgl. https://www.youtube.com/watch?v=P-enHH-r_FM

merkt, dass aus der ständigen Kommunikationsbereitschaft sowohl Stress als auch gesellschaftlicher Druck entstehen kann. An den sozialen Netzwerken oder dem Austausch über Messaging-Dienste kommt derzeit kaum ein Jugendlicher vorbei. Die eigene peer group ist schließlich ebenso *always on*.

Die sicher am meisten diskutierte Begleiterscheinung der ständigen Verfügbarkeit vor allem bei jüngeren Menschen ist die häufig unbewusste und unbeabsichtigte Transparenz der Kommunikation. Hier treffen sehr unterschiedliche Vorstellungen von Privatsphäre aufeinander. Die extreme Gegenposition zur Ablehnung von privaten Inhalten im Netz wird oft als Post Privacy-Ansatz bezeichnet. Für Jan Firsching ist klar: „Privatsphäre spielt für die Generation Z keine Rolle mehr."[17] Er sieht in der gesellschaftlichen Entwicklung der letzten Jahre einen starken Indikator für eine zukünftige Überwindung der Privatsphäre an sich – für die kommende Generation überwögen die Vorteile der Technologien bei weitem die eventuellen Nachteile durch unbeabsichtigte Transparenz, Datensammelei und -missbrauch. So stellt er fest: „Je selbstverständlicher Technologien sind, umso angstfreier werden sie genutzt."[18] Dazu zählt auch eine immer stärkere Gewöhnung an die zunehmende Transparenz jeglicher Kommunikation.

„Online oder Offline? Ich verstehe die Frage nicht"[19]

Die Verkürzung bei der Diskussion um Smartphonegebrauch und Medienkonsum greift auch Eva Flecken auf: „Nur die Mediennutzung zu betrachten, häufig verstanden als Rezeption klassischer Massenmedien online wie auch offline, greift zu kurz, wenn die sozialen Auswirkungen der Digitalisierung beobachtet werden sollen", schreibt sie. „Wir müssen dafür vielmehr unser gesamtes Kommunikationsverhalten in den Blick nehmen."[20] Die heutige Elterngeneration, die mit den neuen kommunikativen Möglichkeiten zwar nicht aufgewachsen ist, die digitalen Medien aber häufig auch beruflich intensiver nutzt, verbindet mit *always on* vor allem die eigene ständige Verfügbarkeit für ihre Arbeit und ihre Vorgesetzten. Auch hier schwankt die Reflexion über die eigene Verwendung

17 Firsching, Jan: „Hier bin ich! Privatsphäre spielt für die Generation Z keine Rolle /mehr". Online: http://www.futurebiz.de/artikel/privatsphaere-generation-z-keine-rolle vom 09.07.2014.

18 Ebd.

19 Vgl. Flecken, Eva: „Online oder offline? Ich verstehe die Frage nicht". Online: http://www.vocer.org/online-oder-offline-ich-verstehe-die-frage-nicht/ vom 07.10.2013.

20 E. Flecken: „Online oder offline? Ich verstehe die Frage nicht".

der digitalen Medien zwischen Befreiung und Chance einerseits, und dem Stressfaktor Smartphone andererseits. Zahlreiche Artikel erklären, wie wichtig ein *Digital Detox* – eine Entgiftung von dauernder Erreichbarkeit – für ein ausgeglichenes modernes Leben ist. Unternehmen gehen dazu über, zum Schutz ihrer Mitarbeiter, die Postfächer während der Urlaubszeiten automatisch zu leeren und Mails direkt zu löschen, um die Arbeitnehmer vor dem Beantworten arbeitsbezogener Mails in ihrer Freizeit zu schützen. Apps wie das neu entwickelte *Offtime* sollen bessere Übersicht über die eigene Smartphonenutzung geben und gleichzeitig die Nutzer dazu animieren häufiger abzuschalten. Selbst wenn die Vorteile der ständigen Verfügbarkeit – wie z.B. die schnelle Hilfe eines Kundendienstes über Twitter oder die zeit- und ortsunabhängige Abrufbarkeit wichtiger Informationen – durchaus auch von weniger netzaffinen Menschen wahrgenommen werden, überwiegt in der medialen Darstellung dieser Generation oft der Aspekt des Stresses durch dauernde Kommunikationsbereitschaft.

Am Beispiel eines mit seiner weit entfernten Familie regelmäßig skypenden Vaters erläutert Heike Greschke ihre Sicht auf den bis heute so gebräuchlichen Gegensatz „online – offline“:

> „An dieser […] in Szene gesetzten Geschichte wird die ein oder andere Dichotomie, in der „virtuelles“ dem „realen“ Leben gerne gegenübergestellt wird, ad absurdum geführt. So zeigt das Beispiel sehr anschaulich den hohen Grad der Integration von on- und offline-Bereichen des täglichen Lebens. Es sind keine Fremden, sondern die Nächsten, mit denen man über Kontinente hinweg kommuniziert. Es sind keine separaten, vom Boden, auf dem man gerade steht, abgetrennten Räume, in denen man sich im Netz bewegt.“[21]

Und auch Martin Weigert führt zusammen:

> „Ein wichtiger Teil des Lebensgefühls im Netz aktiver Bürger ist die nicht mehr vorhandene Unterscheidung zwischen offline und online. Das Internet ist nicht mehr eine Mediengattung unter vielen, sondern es ist DAS allgegenwärtige Medium, welches einen rund um die Uhr begleitet. [...] Das Internet ist nicht nur Medium. Es ist das überlegene Werkzeug, mit dem sich alle anderen Aspekte des Lebens organisieren, steuern und vereinfachen lassen. Wer dies erkannt hat, sieht das Netz nicht mehr als etwas Losgelöstes von der Realität, wie es häufig von Vertretern traditioneller Denkweisen gemacht wird. Es

21 Greschke, Heike: „Mein Smartphone ist mein Schatz“, in: Kornelia Hahn (Hg.), E<3Motion. Medienkulturen im digitalen Zeitalter, Wiesbaden: Springer VS 2014, S. 151-167, hier: S. 152.

ist essentieller Teil des Lebens. Es ist globales Kommunikations-, Planungs-, Wissens- und Unterhaltungs-Tool in einem.“[22]

Der Großteil der heutigen Bevölkerung ist erst verhältnismäßig kurze Zeit *always on.* Er denkt weiterhin im oben beschriebenen Gegensatz und sieht die größten Herausforderungen im eigenen Ausbalancieren von Onlinezeiten, dem Umgang mit Privatsphäre und dem Schutz personenbezogener Daten. Aber werden das auch die Probleme der nächsten Generation sein, deren Grundzustand ein vernetzter ist?

PRAXISBEZÜGE

Unsere Kommunikation hat sich verändert, hin zu einer Art ständig präsentem und überall wahrnehmbaren Dauergetuschel, das Michel Serres als „Hintergrundrauschen“, als „unaufhörliche[s] Durcheinander privater und öffentlicher, realer oder virtueller Rufe und Stimmen“[23] bezeichnet. Netzwerke dienen dabei nicht nur dem privaten Austausch, sondern werden immer mehr auch für gemeinsame Arbeitsprozesse, gegenseitige Hilfe und Empfehlungen genutzt. Schüler organisieren Hausaufgaben und Referate per WhatsApp-Gruppe, und an den heute noch vereinzelten Einrichtungen, die sich aktiv um Einbindung neuer Medien bemühen, erhalten sie Zusatzinformationen zu Themen via sozialen Netzwerken oder pflegen einen Klassen-Blog. Kollaborative Tools helfen bei der Arbeit im Team, unabhängig vom jeweiligen Aufenthaltsort der einzelnen Mitarbeiter. Das Arbeitsprinzip wird heute auch als *Working Out Loud* bezeichnet. Dahinter steht die Vorstellung, dass vom Sichtbarmachen der eigenen Arbeitsprozesse und Gedankengänge alle Beteiligten profitieren können. Das stellt einen radikalen Schnitt in der bisherigen Vorstellung von Wissensvermittlung dar. Der einzelne Experte löst sich in einem Kollektiv auf, das zeit- und ortsunabhängig an verschiedenen Aufgaben mitarbeiten kann. Eine Entprivilegierung der bisherigen Wissensinstanzen findet statt:

22 Weigert, Martin: „Über das Lebensgefühl ‚Always-On‘“. Online: http://netzwertig.com/2009/10/02/gesellschaft-ueber-das-lebensgefuehl-always-on/ vom 02.10.2009.

23 Serres, Michel: Erfindet Euch neu! Eine Liebeserklärung an die vernetzte Generation, Berlin: Suhrkamp 2013, S. 56.

„Zum zweifellos ersten Mal in der Geschichte werden die Öffentlichkeit, die Individuen, die Personen, der Mann, die Frau von der Straße, die man einst vulgär nannte, kurzum: wird Däumelinchen in der Lage sein, [...] über mehr Weisheit, mehr Wissen, mehr Information, mehr Entscheidungsfähigkeit zu verfügen als jene [...], denen wir [...] noch immer zu Diensten sind“,[24]

schreibt Michel Serres, und Anja Osswald erläutert das passende Schlagwort dazu:

„WeQ lautet die derzeit gehypte Formel, mit der dem IQ, dieser egogetriebenen und irgendwie altmodisch daherkommenden Intelligenzform zu Leibe gerückt wird. WeQ stellt eine Art Sammelbegriff für all das dar, was mit der Sharing Economy in Verbindung steht: Tauschen, Gemeinschaft, Zusammenarbeit, Partizipation, ökologisches und soziales Unternehmertum.“[25]

Für Anja Osswald ist dies durchaus kritisch zu sehen. Während Michel Serres in Teilhabe und Zugang zu Wissen bisher nie dagewesene Chancen sieht, konzentriert sich Anja Osswald auf die finanziell verwertbaren Aspekte der Sharing-Kultur für die großen Konzerne, denen wir unsere Daten geben. Sie sieht in der Hinwendung zum ‚Wir' die Auflösung der Autonomie und den Verlust der Freiheit. Die ständig wachsende Datenmenge durch immer mehr online aktive Menschen führe zu einem neuen Kapitalismus des Internetzeitalters, von dem nur wenige große Anbieter letztendlich finanziell profitieren würden.[26] Dies betrifft vor allem die *always on*-Generation, denn die ständige Verfügbarkeit hat den Nebeneffekt permanenter Auffindbarkeit.

Daten über Daten

always on bedeutet auch, dass unsere Smartphones und Tablets permanent Daten und Metadaten unserer Kommunikation, Arbeitsprozesse und Netzbewegungen erzeugen. Jedes *mobile device* sendet seinen Standort sowie die Metadaten der Verbindungen an die Telefonunternehmen, die diese Daten speichern. 2013 erstellte Malte Spitz eine Visualisierung der Angaben seines Telefonanbieters und

24 M. Serres: Erfindet euch neu!, S. 63.

25 Osswald, Anja: „Digital infiziert – das Wir im Netz“, in: Der Digitale Wandel Q/4 (2014), Berlin: 2014, S. 10.

26 Vgl. A. Osswald: „Digital infiziert – das Wir im Netz“.

machte deutlich, wie groß die Menge dieser Daten heute bereits ist.[27] Jedes größere soziale Netzwerk verwertet die von uns über mobile Geräte mitgeteilten Daten zu ihren eigenen Zwecken und aufgrund finanzieller Interessen und speichert sie. Unser eigener Umgang mit diesem Fakt ist durch einen Mangel an Reflexion häufig ein vollkommen unbedachter. Die Vorteile der permanenten Verfügbarkeit aller benötigten Informationen und die Annehmlichkeiten von Cloud-Lösungen und synchronisierten Geräten überwiegen für die Nutzer vor dem potentiellen Schaden, der durch die diffuse Gefahr von Datendiebstahl oder Datenmissbrauch entstehen könnte.

Während in der Generation der Arbeitnehmer so genannte *Downtimes* – bewusst gesetzte Offline-Zeiten – immer beliebter werden, verspürt besonders die jüngere Generation einen bereits einsetzenden gesellschaftlichen Druck zum *always on*. Das Ende dieser Entwicklung bzw. den Umgang der heranwachsenden Generation mit diesem gesellschaftlichen Wandel ist heute noch kaum abzusehen. Dabei ist die Tendenz allerdings deutlich: Hinsichtlich der Kommunikation über digitale Kanäle werden wir (bewusst oder unbewusst) immer transparenter.

Zwei kleine blaue Haken

Als der in Deutschland am häufigsten genutzte Messaging Dienst WhatsApp 2014 zwei blaue Haken einführt, die dem Sender einer Nachricht anzeigen, wann diese gelesen wurde, findet eine öffentliche Diskussion um die Privatheit digitaler Kommunikation statt. Für das PC Magazin schreibt Manuel Medicus:

> „Gleichzeitig bedeuten die blauen Haken in Whatsapp einen Eingriff in die Privatsphäre, indem sie indirekt anzeigen, wann jemand „online“ war. Damit torpedieren sie zu einem gewissen Teil die Datenschutz-Einstellungen der App. Dort kann ausgewählt werden, dass niemand den „Zuletzt online“-Status sehen darf – die blauen Haken werden jedoch trotzdem angezeigt.“[28]

Tatsächlich ist eine der Basisfunktionen vieler Messenger bereits vor der Einführung der WhatsApp-Haken eine Anzeige, ob eine Nachricht empfangen wurde. Im Falle des Facebook-eigenen Messengers zum Beispiel unter genauer Zeitan-

27 Vgl. Spitz, Malte: Was macht Ihr mit meinen Daten?, Hamburg: Hoffmann und Campe 2014.

28 Medicus, Manuel: „Whatsapp jetzt mit ‚Gelesen'-Status“. Online: http://www.pc-magazin.de/news/whatsapp-blaue-haken-gelesen-nachricht-status-umgehen-reaktionen-2696847.html vom 06.11.2014.

gabe. Auch eine Statusmeldung („Schreibt") oder ein entsprechendes Icon (z.B. sich bewegende Punkte, die Aktivität signalisieren), wenn der Gesprächspartner etwas in das Eingabefeld tippt, ist Bestandteil vieler Chat-Clients und Messaging-Dienste. So kann mitunter sogar erkannt werden, wie viel Zeit der Angeschriebene für das Formulieren seiner Antwort benötigt. Solche Ergänzungen nähern die computergestützte Chat-Kommunikation wieder der auch heute noch als überlegen wahrgenommenen face-2-face-Kommunikation an.[29] Gleichwohl wurde das Update in den sozialen Netzwerken extrem kritisch diskutiert. Vom vermeintlichen Ende vieler Beziehungen wurde gesprochen, weil in Zukunft die Ausrede, man habe eine Nachricht nicht gesehen, nicht mehr möglich sei.[30]

Die Optionalität solcher Einstellungen ist, wie an der Debatte um WhatsApp deutlich wird, vielen Nutzern wichtig. Fraglich bleibt lediglich, wie lange solche Möglichkeiten zur Wahrung der eigenen Privatsphäre noch eingefordert werden. Jochen Fuchs zumindest merkt in seinem Kommentar an:

> „Ach? Den kann man abschalten, den Onlinestatus? Mal ehrlich? Wer hat denn den ausgeschaltet, den Status? Eine Blitzumfrage an meine gesamte Whatsapp-Liste mit rund 150 Personen zeigt, zumindest in meinem Bekanntenkreis und in deren Listen, ganz genau: Niemand."[31]

29 Vgl. hierzu Döring, Nicola: „Sozialkontakte online: Identitäten, Beziehungen, Gemeinschaften", in: Wolfgang Schweiger/Klaus, Beck (Hg.), Handbuch Online-Kommunikation, Wiesbaden: Springer VS 2010, S. 159-183.

30 Bei Manuel Medicus findet sich eine kleine Sammlung von Reaktionen zum Thema. Aus Sicht der Möglichkeiten und Grenzen der Chat-Kommunikation ist anzumerken, dass die Möglichkeiten der Messenger, auch asynchrone Kommunikation zuzulassen, selten in ihren positiven Aspekten dargestellt werden. Bei der eigenen Verwendung der Kanäle wird Nutzern schnell deutlich, dass eine Verzögerung einer Antwort nicht unbedingt Missachtung eines Gesprächsteilnehmers ist, sondern durchaus eine Form des Respekts sein kann. Der Angesprochene ist evtl. zeitlich nicht in der Lage, eine Antwort zu formulieren, möchte darüber nachdenken und sich Zeit nehmen. Mit zunehmender Gewöhnung an die verschiedenen Kanäle der digitalen Medien erscheint dieses Verlangsamen der schnellen und ortsunabhängigen Messenger-Kommunikation auch als Chance für achtsames Kommunizieren.

31 Fuchs, Jochen: „Whatsapp: Der Haken an dem Aufstand um die ‚Blauen Haken'". Online: http://t3n.de/news/whatsapp-haken-aufstand-um-578907/ vom 16.11.2014.

Mit einem Update reagierte WhatsApp im November 2014 auf die Beschwerden der Nutzer und stellte eine Funktion zur Verfügung, mit der die Lesebestätigung ausgeschaltet werden kann.[32]

Interessant an der Diskussion um die Transparenz der Kommunikation als einer Verletzung der Privatsphäre ist, dass bereits heute ganz andere Werkzeuge genutzt werden, um nicht nur die Kommunikation, sondern auch den Standort von Gesprächspartnern zu überwachen. Eine App, die sich *Family Tracker* nennt, sendet auch ohne bewusstes Einschalten den genauen Standpunkt eines mit der App synchronisierten Gerätes. Bewegungen lassen sich in Echtzeit von den anderen Geräten aus mitverfolgen. Warum diesbezüglich nicht viel mehr Diskussion um Privatsphäre und Datenschutz stattfindet, ist im Hinblick auf die WhatsApp-Debatte mehr als verwunderlich.[33]

Den Kopf in der Cloud

Die ständige Verfügbarkeit bezieht sich auch auf die Informationen, die wir selbst kreieren. Nicht nur im Sinne eines öffentlich zugänglichen *UserGeneratedContent (UGC)* im Internet, sondern auch und immer stärker in Bezug auf unsere privaten Dokumente, Fotos und Videos. Attraktiv für den Nutzer ist der mobile Zugriff auf die Daten, sowie – wenn er möchte – die schnelle Synchronisation zwischen den verschiedenen Geräten. So sind die benötigten Daten ortsunabhängig verfügbar und können von jedem Gerät aus aktualisiert werden. Die empfangenden Endgeräte benötigen nur wenig Speicherplatz. Neue technische Ansätze propagieren daher schon heute Rechner ohne Festplatten, welche die benötigten Daten direkt im Browser zwischenspeichern und danach wieder in die Cloud laden. Entwickler wiederum gehen davon aus, dass die derzeitigen Clouds für die Lösungen der Zukunft (das „Internet der Dinge") noch einmal grundlegend verändert werden müssen, denn auch sie sollen und müssen mobil werden.

---

32 Vgl. Fischl, Gabriele: „Whatsapp – Blaue Haken ab sofort deaktivierbar". Online: http://www.pc-magazin.de/news/whatsapp-blaue-haken-deaktivieren-update-apk-download-2720201.html vom 14.11.2014.

33 Vgl. Baum, Franziska: „Familien-Tracker". Online: http://beste-apps.chip.de/android/app/family-tracker-gps-tracking-app-fuer-kinder-und-eltern,com.fibercode.familytracker/ vom 10.10.2012. Vgl. zur Problematik des Datenschutzes auch Eikenberg, Ronald: „Datenleck: WhatsApp petzt Online-Status". Online: http://www.heise.de/newsticker/meldung/Datenleck-WhatsApp-petzt-Online-Status-2400819.html vom 22.09.2014.

Auch im Hinblick auf die Diskussion um das Auslagern unseres Wissens und unserer Daten in die Cloud finden sich die thematisierten Positionen: Zum einen wird zu Recht auf die Gefahren des Auslagerns sensibler Daten auf fremde Server hingewiesen – ein datenschutztechnisches Problem, das besonders im Jahr 2014 vielfach diskutiert wurde, als private Fotos von berühmten Schauspielerinnen von Rechnern gestohlen und im Netz verbreitet wurden. Zum anderen wird die beständige Frage, wie sich das Internet auf uns als Menschen auswirkt, diskutiert: Was macht dieses Verschieben unseres Wissens – sei es durch den mobilen Zugang zum Internet, sei es durch die eigenen Daten in der Cloud – mit den Menschen?

Manfred Spitzer war sich 2012 sicher, dass der häufige Gebrauch sozialer Netze und computergestützter Technologien für eine ‚Digitale Demenz' beim Nutzer verantwortlich seien. Er versuchte zu belegen, wie durch digitale Medien die eigene Gehirnleistung immer weiter herabgesetzt werde.[34] Mittlerweile gelten seine Thesen aus der Perspektive vieler anderer Wissenschaftler als widerlegt.[35] Den auch als *Google-Effekt* bezeichneten nachweisbaren Umstand, dass sich die Menschen offenbar Informationen, die sie im Internet finden oder in der Cloud gespeichert haben, schlechter merken, erklären Forscher mit dem Hinweis auf das sogenannte ‚Verzeichniswissen': „The Internet has become a primary form of external or transactive memory, where information is stored collectively outside ourselves", schreiben Betsy Sparrow, Jenny Liu und Daniel Wegener im Forschungsbericht zu ihrer Studie über die Merkfähigkeit des Menschen im Zusammenhang mit digitalen Technologien. Dabei heben sie hervor, wie entscheidend das Vertrauen in die jeweilige Technik für diese Auslagerung von Wissen ist.[36] Das Internet als moderne Enzyklopädie, überall zeit- und ortsunabhängig einseh- und benutzbar; die Cloud als privater mobiler Speicher – für den Psychologen Roddy Roediger ist es eine Tatsache, dass dieser Umstand gesellschaftliche Veränderungen mit sich bringt: „Zweifelsohne verändern sich unsere Lernstrategien", sagt Roediger. „Warum sollte ich mir etwas merken, wenn ich weiß, dass ich es jederzeit wieder nachschlagen kann. [...] Wir können unsere Ge-

34 Vgl: Spitzer, Manfred: Digitale Demenz, München: Droemer 2012.

35 Für einen Überblick über die Debatte vgl. http://www.keine-bildung-ohne-medien.de/pages/zur-kontroverse-um-das-buch-von-manfred-spitzer-digitale-demenz-2012/

36 Vgl. Sparrow, Betsy/Liu, Jenny Liu/Wegener, Daniel M.: „Google Effects on Memory: Cognitive Consequences of Having Information at Our Fingertips", in: Science 5/333 (2011), S. 776-778. Online: http://www.sciencemag.org/content/333/6043/776.abstract

dächtnisleistung auslagern. Ist das etwas Schlechtes? Ich glaube nicht."[37] Aber nicht nur das Wissen wird ausgelagert, auch unsere individuellen Entscheidungen sind immer sichtbarer von den von uns geschaffenen Netzwerken abhängig.

always on – always crowd-driven

Die Möglichkeiten, die Howard Rheingold in den neuen Technologien sieht, erscheinen ihm als erste Anzeichen eines kommenden *social tsunami*. Die Selbstorganisation der Masse in *Mobile ad hoc Social Networks* funktioniert ausschließlich über die vernetzte Kommunikation, da nur sie sowohl Gruppen kreieren als auch Bidirektionalität aufweisen.[38] Was Rheingold in Bezug auf die Menschenmassen als Schwarm ausführt, sehen wir heute in den modernen Industrieländern vor allem in der Freizeitgestaltung und im Konsum: Urlaubsplanungen via Foursquare sind keine Seltenheit mehr, Feedreader und der Newsfeed der sozialen Netzwerke bestimmen die Lektüreauswahl, und die #followerpower auf Twitter hilft bei Problemen oder gibt Empfehlungen. Algorithmengestützt antwortet die Crowd bereits auf Fragen, welche die Nutzer noch gar nicht gestellt haben, denn Web-Personalisierung basiert nicht mehr nur auf der eigenen Browser-historie, sondern zunehmend auch auf den Interessen, den Likes und den Shares unserer Netzwerke. Der UGC spielt in der Wahrnehmung von Onlinern eine immer größere Rolle. Christian Heinrich fasst in seinem Artikel „Forschen mit Facebook" einige Studien zusammen, die sich mit der Auswertung dieser in sozialen Netzwerken sichtbar werdenden Beziehungen und der gegenseitigen Einflussnahme der Nutzer aufeinander beschäftigen.[39] Er zitiert den Psychologen Sam Gosling:

> „Längst wirkt das Soziale Netzwerk auf unser reales Leben zurück. Es beeinflusst, welche Konzerte wir besuchen, welche Produkte wir kaufen, wo wir essen gehen. [...] Vor fünf Jahren suchte man im Internet noch den Chinesen anhand der Speisekarte aus. Heute schauen viele nur noch, wer ihn bei Facebook mit ‚gefällt mir' markiert."[40]

---

37 Zitiert nach Schultz, Nora: „Computer und Gehirn: Der Mythos von der digitalen Demenz". Online: http://www.spiegel.de/wissenschaft/mensch/computer-und-gehirn-der-mythos-von-der-digitalen-demenz-a-1008229.html vom 02.01.2015.

38 H. Rheingold, Howard: Smart Mobs, S. xii.

39 Heinrich, Christian: „Forschen mit Facebook", in: Die Zeit vom 01.06.2011. Online: https://www.academics.de/wissenschaft/forschen_mit_facebook_48754.html

40 Ebd.

Im „globalen Dorf" übernehmen diejenigen Personen, mit denen wir uns in einem Netzwerk befinden, die wichtigen Filterfunktionen, die einst die eigene Familie innehatte. Da allerdings die Zahl derjenigen, mit denen wir uns vernetzen, um ein Vielfaches höher sein kann, als die Bezugspersonen und Wissensplattformen der prä-digitalen Ära, haben wir mehr Zugang zu ganz unterschiedlichem Wissen. Wir sind noch wesentlich stärker *crowd-driven* als vor den Kommunikationskanälen der digitalen Medien. Lászlo Blázovics und seine Mitautoren nehmen in ihrem Artikel zu zukünftigen, kooperativen Kommunikationssystemen an, dass die Vielzahl an Verbindungen über mobile soziale Netzwerke einen direkten Effekt auf uns und unsere Entscheidungen hat, und dass die Crowd den Einzelnen auffängt, wenn dieser Hilfe braucht: „So the assumption is that whenever I meet people of my community, it is more likely that those people will help me."[41]

Die vorhergehenden Ausführungen haben gezeigt, wie viele Aspekte unseres privaten und öffentlichen Lebens sich durch die ständige Verfügbarkeit sowohl von Informationen, als auch von Kommunikationspartnern, und nicht zuletzt: die permanente Erreichbarkeit von uns selbst für andere, verändern. *always on* steht dabei aktuell für einen für viele noch ungewohnten und weiter zu diskutierenden Status. Aber wie lange noch?

ENTWICKLUNGEN UND AUSBLICK

Vor nur wenigen Monaten fragte ich mich in einem Artikel für den Jahresrückblick ‚Das Netz', „ob wir nicht längst in der Lage sind, selbstfahrende Autos auf den Markt zu bringen. Und ob es der Mensch ist, der das verhindert, weil er noch nicht bereit ist, loszulassen."[42] Pünktlich zur Abgabe dieses Artikels finden die ersten Testfahrten mit selbstlenkenden Autos auf der deutschen A2 statt und es gibt Gerüchte, Apple plane die Markteinführung eines eigenen Autos in den nächsten fünf Jahren. Ein klares Indiz, dass unser Verständnis und unsere Verarbeitung der Entwicklungen weit hinter dem technischen Fortschritt zurückbleiben. Die gesamtgesellschaftlichen Prozesse brauchen viel mehr Zeit als die sich immer schneller entwickelnde Technik uns lässt. In einem Interview spricht

41 Blázovics, Lászlo et al.: „Future Cooperative Communication Systems Driven by Social Mobile Networks", in: Wireless Personal Communications, Bd. 57, Wiesbaden: Springer VS 2011, S. 377-391, hier S. 379.

42 Schönborn, Julia: „Digitales Leben. Keine Panik", in: Das Netz 2014/2015, S. 13-14, hier S. 13.

Frank Fitzek von derzeit etwa 7 Milliarden internetfähigen Geräten: „2020 werden es 500 Milliarden sein."[43] Und wir können sicher sein: Mit den Endgeräten der Zukunft haben unsere derzeitigen *mobile devices* vermutlich wenig gemeinsam. Das „Internet der Dinge" ist in Form der ersten *wearables* sowie der vernetzten Haushaltsgeräte bereits da.[44]

In der Ankündigung für die Konferenz ‚Digital, Life, Design' sagte Stefanie Czerny: „Ich glaube, die digitale Revolution hat noch gar nicht stattgefunden. [...] [W]as wir in den vergangenen Jahren gesehen haben, war nur das Vorspiel."[45] Vermutlich ist *always on* als neuer Status und Lebensgefühl innerhalb kurzer Zeit Normalzustand für die überwiegende Mehrheit der heutigen Bevölkerung. Dies macht aber auch diachrone Betrachtungen der gesellschaftlichen Veränderungen keineswegs obsolet. Vielmehr sind hier Theoriebildung und Forschung in der Pflicht, die gesamtgesellschaftlichen Prozesse aufzuarbeiten und zu analysieren. Auch und insbesondere in dem Bewusstsein, mit welcher Geschwindigkeit die Theoriebildung von den technischen Gegebenheiten überholt werden kann.

Kooperation, Zugang zu Wissen, die Möglichkeit, aktiver Teil einer Crowd zu sein: Das sind die aktuellen Chancen von *always on*. Dem gegenüber stehen die dargestellten datenschutzrechtlichen Probleme, die zunehmende Transparenz unserer Kommunikation, die sich mit dem Konzept unserer Privatheit bricht, sowie die rasant stattfindende Durchdringung aller Bereiche unseres öffentlichen wie privaten Lebens durch das WWW.

---

43 Fitzek, Frank: „Die Cloud wird beweglich", in: Das Netz 2014/2015, Berlin: irights.Media 2014, S. 107-109, hier S. 107.

44 Vgl. den Beitrag von Stephan Sonnenburg in diesem Buch.

45 „Digitale Revolution: Da kommt noch was". Online: http://www.heute.de/internetmesse-dld-zu-schattenseiten-der-digitalen-revolution-36788080.html vom 18.01.2015.

WEITERFÜHRENDE LITERATUR

Fischer, Klaus/Yousefi, Hamid Reza (Hg.): Verstehen und Verständigung in einer veränderten Welt. Probleme, Theorien, Perspektiven, Berlin: Springer 2012.

Bündgens-Kosten, Judith/Wefelnberg, Marianne: „Sollte uns Facebook Angst machen? Medienpädagogische Arbeit und ihre Herausforderungen am Beispiel ‚soziale Netzwerke'", in: Zeitschrift für Theorie und Praxis der Medienbildung 2014. Online: http://www.medienpaed.com/Documents/medienpaed/2014/buendgens-kosten1402.pdf

Fitzek, Frank/Katz, Marcos: Mobile Clouds – Exploiting Distributed Resources in Wireless, Mobile and Social Networks, Berlin/New York: Wiley 2014.

Bächle, Thomas Christian/Thimm, Caja (Hg): Mobile Medien – Mobiles Leben. Neue Technologien, Mobilität und die mediatisierte Gesellschaft, Berlin: Hopf 2014.

Krotz, Friedrich/Hepp, Andreas (Hg.): Mediatisierte Welten. Forschungsfelder und Beschreibungsansätze, Wiesbaden: Springer VS 2012.

Spitz, Malte: Was macht Ihr mit meinen Daten?, Hamburg: Hoffmann und Campe 2014.

Turkle, Sherry: Verloren unter 100 Freunden: Wie wir in der digitalen Welt seelisch verkümmern, München: Riemann 2012.

Wimmer, Jeffrey/Hartmann, Maren (Hg.): Mobilkommunikation in Bewegung: Mobilisierung – Mobile Medien – Kommunikative Mobilität, Wiesbaden: Springer VS 2014.

Medienrealität(en)

Zur Konstruktion medialer Wirklichkeiten

CHRISTIAN STIEGLER

> „Die mögliche Welt des Films und die wirkliche Welt außerhalb des Films sind niemals, unter keinen Umständen, identisch. Sie mögen einander strukturgleich sein, auf denselben Regeln beruhen und eine hohe Ähnlichkeit aufweisen. Immer aber wird da, wo der Film ist, die Wirklichkeit nicht sein. Film und Realität schließen sich gegenseitig immer aus; man könnte geradezu die Wirklichkeit als das definieren, was nicht Film ist."
>
> LORENZ ENGELL: SINN UND INDUSTRIE, S. 180.

EINFÜHRUNG

Um den Kern medialer Realitäten besser zu verstehen, lohnt sich eine Reise nach London. Genau genommen in die Warner Bros. Studios in Leavesden, etwa dreißig Kilometer nordwestlich der britischen Hauptstadt. Die ehemalige Rolls-Royce-Fabrik, die später zum Filmstudio umfunktioniert wurde, widmet sich seit März 2012 fast ausschließlich einer der großen Blockbuster-Filmreihen der letzten Jahrzehnte: *Harry Potter*. Kulissen, Kostüme, Requisiten und der Blick hinter die Entstehung der Filmproduktionen ist Teil einer durchdachten Inszenierung, die in ihrem gesamten Umfang der Tour rund drei Stunden des Aufenthalts umfasst. Für all jene begeisterten Leser und dem daraus entstandenen Filmpublikum, die mit dem Zauberschüler, seinem Widersacher Lord Voldemort und dem magischen Internat Hogwarts aufgewachsen und somit medial sozialisiert wurden, ist dieser Themenpark (und nichts anderes ist eine solche Studio-Tour) eine weitere Möglichkeit, ihr Fan-Dasein auch nach dem offiziellen Ende der Narration der sieben Bücher bzw. acht Film-Adaptionen weiterzuführen.

Aber selbst für Nicht-Potterianer beinhaltet die Studio-Tour gleich zu Beginn eines der wesentlichsten Merkmale medialer Realitäten. Die Tour wird mit einem etwa sechsminütigen Kurzfilm eingeleitet, der noch einmal die Eckpunkte der gesamten *Harry Potter*-Saga anreißen und das bevorstehende Tour-Erlebnis anteasern möchte. Harry Potter, Hermine Granger und Ron Weasley lassen in dem Kurzfilm bereits erste Kennzeichen medialer Realitäten erkennen, indem die Figuren abgestreift werden und sich die realen Personen dahinter – Daniel Radcliffe, Emma Watson und Rupert Grint – als Schauspieler zu erkennen geben. Die literarische Diegese (erzählte Welt) spielt hier keine Rolle mehr, denn hier geht es um die Filme und ein Großteil des *Harry Potter*-Publikums assoziiert mit dem Zauberschüler ohnehin das Gesicht des Schauspielers Radcliffe. Das letzte Bild des Kurzfilms, der das nun folgende immersive Erlebnis des Themenparks einläutet, ist der Schlüssel zum Verständnis: Die Leinwand zeigt ein großes, massives Eichentor, das in den Filmadaptionen direkt in die Große Halle von Hogwarths führt. (Abb.1).

Abbildung 1: Tor in die „Great Hall"

Quelle: Warner Bros. Studio Tour, Dan Kitwood

Nun geschieht ein Bruch, ein Portal hinein in eine Verschmelzung von Fiktionalität und realer Tour-Situation (und dass es sich hierbei ausgerechnet um ein Tor handelt, ist bemerkenswert): Die Leinwand wird mitsamt des letzten Bildes hochgefahren und dahinter entblößt sich in denselben Proportionen, denselben Farben und Kontrasten exakt dasselbe Eichentor, als hätte die Leinwand niemals das Blickfeld der Zuschauer verlassen. Erste Impulse und Reaktionen des Publikums sind Überraschung, Unglaube, manche schreien. Denn jetzt kollidieren Realitäten, von der eine in dieser Form eben nur während der Dauer der Spielfilme rezipiert werden konnte, aber – und dies ist das Entscheidende – die in der gesamten Wahrnehmung der fiktiven Realität der *Harry Potter*-Erzählung längst die Dauer der Filme und der Romane überholt hat und Teil der erlebten Wirklichkeit geworden ist. Als sich hinter dem Tor, das die Zuschauer nun auch haptisch berühren können, die tatsächliche Kulisse der großen Halle verbirgt, ist die Simulation perfekt. In diesem Moment befindet sich kaum jemand mehr in der Studio-Tour eines Medienunternehmens, sondern in einer fiktiven Welt, die nun Realität geworden scheint, es aber in den Köpfen schon längst war.

Welche Macht Medien bei der Konstruktion solcher Realitäten einnehmen, wird nicht nur bei großen medialen Inszenierungen wie *Harry Potter*, *Star Wars* oder Disneyland ersichtlich. Sie lässt sich auch in den verschiedenen Ausformungen medialer Kulturen abseits des Films finden, von der Abstraktion realer Identitäten auf sozialen Netzwerken und digitalen Profilen über die Wahrnehmung und Generierung von Wissen abseits des eigenen Erlebens bis zur Beeinflussung gesellschaftlicher, kultureller, politischer und wirtschaftlicher Faktoren aufgrund medialer Berichterstattungen. Es geht also um die Frage von Realitätsdarstellung und Realitätswahrnehmung: Bilden Medien Wirklichkeit ab oder stellen sie diese vielmehr her? Mediale Realitätskonstruktionen sind keineswegs ausschließlich Kennzeichen neuer oder digitaler Medien, jedoch hat die Wechselwirkung solcher Realitätsphänomene mit medialen Phänomenen der Netzkultur und ihren virtuellen und realen Ausformungen im Vergleich zu traditionellen Medien zugenommen und ist daher eine eigenständige Betrachtung wert.

THEORIEN, METHODEN UND PRAXISBEZÜGE

Begriffsdefinitionen: Hyperrealität und mediale Realität

Lange bevor der französische Medientheoretiker Jean Baudrillard die Erzählung des Zauberschülers Potter, geschweige denn die Inszenierung des dazugehörigen Themenparks, kennen konnte, nahm er in seiner „Agonie des Realen“ (1978), bereits wesentliche Merkmale vorweg. In seinem Text beschreibt Baudrillard einen Zustand des trügerischen Scheins. Die vorgespielten Symptome einer Krankheit ähneln in einem seiner vorgebrachten Beispiele der wirklichen Krankheit so sehr, dass Realität und (Ab-)bild kaum voneinander zu trennen sind. Performative Anzeichen wie nasale Aussprache, die auf eine verschnupfte Nase hindeuten könnten oder eine kratzige Stimme sind keineswegs ausreichende Indizien, um auf eine tatsächliche Krankheit hinzuweisen. Ganz im Gegenteil: Die Simulation des Realen kann realer als die Realität, also die tatsächliche Krankheit, inkl. ihrer performativen Zeichen, wirken. Den Clash der Realitäten macht er am Beispiel Disneylands fest, das er als sogenannte „Hyperrealität" bezeichnet. Disneyland werde durch seine überhöhte, utopische und imaginäre Inszenierung realer als die Realität selbst: ein Fluchtpunkt für Menschen, die ihrem Alltag entfliehen möchten, um sich in einer alternativen Realität wiederzufinden, welche ihnen mehr Sicherheit, mehr Ordnung, mehr Wohlgefallen bietet, als ihre hauptsächlich wahrgenommene Wirklichkeit. Baudrillard geht aber noch einen Schritt weiter, indem er die Realität (im Falle Disneylands ist der Mythos Amerika gemeint) selbst als Inszenierung entblößt:

> „Disneyland existiert, um das ‚reale' Amerika, das selbst ein Disneyland ist, zu kaschieren [...] Disneyland wird als Imaginäres hingestellt, um den Anschein zu erwecken, alles Übrige sei real. Los Angeles und ganz Amerika, die es umgeben, sind bereits nicht mehr real, sondern gehören der Ordnung des Hyperrealen und der Simulation an. Es geht nicht mehr um die falsche Repräsentation der Realität (Ideologie), sondern darum, zu kaschieren, daß das Reale nicht mehr das Reale ist, um auf diese Weise das Realitätsprinzip zu retten."[1]

Die Inszenierung des Imaginären basiert bei Disneyland ähnlich wie bei *Harry Potter* auf bereits etablierten Medientexten, seien es Comics, Animationsfilme oder die Geschichten und Erzählungen, auf denen diese wiederum aufbauen. So inszeniert Disneyland keine bestimmte historische Epoche anhand von Charakteren oder Architektur, sondern konstruiert bewusst ambivalente Räume, um Leerstellen zur Interpretation und Imagination zu eröffnen. Das Zeitlose ist hier das Traditionelle, Nostalgische, Verträumte, das Hyperreale, das realer als die Realität wird, damit jeder sich davon angesprochen fühlt. Und im Zentrum dieser *Über*-Realität steht ausgerechnet das Märchenschloss von Cinderella, das wiederum selbst auf einer anderen Wirklichkeit basiert, nämlich Schloss Neuschwanstein im Süden Bayerns. Touristen, die dieses Schloss besuchen, wollen zumeist weniger die historischen Prunkbauten König Ludwigs II. besichtigen, sondern

1 Baudrillard, Jean: Agonie des Realen, Berlin: Merve 1978, S. 25.

vielmehr jenes architektonische Gebilde, das als Inspiration für das Märchenschloss im Herzen Disneylands diente.

In seiner Essay-Sammlung „Simulacra and Simulations“ erkennt Baudrillard die völlige Abhängigkeit der Gesellschaft von medialen Repräsentationen im Zuge der Postmoderne[2], welche die kollektive Wahrnehmung maßgeblich beeinflussen: „Everywhere sozialisation is measured by the exposure to media messages. Whoever is underexposed to media is desocialized or virtually asocial.“[3] Wahrnehmung, griech. „*aisthesis*“, beschränkt sich hier auf die Wahrnehmung von Realität (etwas „für wahr nehmen“), jedoch ist Realität ein ungenauer Begriff, ähnlich wie sich der Wahrnehmungsbegriff über die Jahre verändert hat. Er meint ursprünglich „Sinn“ und „Sinnesorgan“, bedeutet aber auch das Empfinden von inneren Vorgängen. Auch wie wir Wirklichkeit wahrnehmen, hängt stark von unserer kulturellen, ideologischen, nicht zuletzt medialen Perspektive ab. Medien bilden daher keine Realität ab, sie stellen vielmehr eigene Medientexte her, die nach den Bedingungen der Medien organisiert sind.[4]

Medienkonstruktivismus

Die erkenntnistheoretische Strömung des Konstruktivismus geht davon aus, dass es keine objektive Realität geben könne, da jeder bereits durch die Wahrnehmung des Gegenstandes diesen durch Sinnesreize und Gedächtnisleistung konstruiere. Erst durch diese subjektive Konstruktion seien Wahrnehmung und Erkennen erst möglich. Die Theorien des radikalen Konstruktivismus (u.a. Heinz von Foerster), aber auch wesentliche philosophische Vorüberlegungen (z.B. die „Grundlagen der gesamten Wissenschaftslehre“ (1794/95) von Johann Gottlieb Fichte) sind hierfür wesentliche Impulsgeber. Es geht also um epistemologische Fragen der Entstehung von Erkenntnis und dem Abschied von einer allumfassenden Wahrheit und Realität. In diesem Sinne steht der Konstruktivismus auch in direkter Opposition zum Realismus: „Der Realismus geht davon aus, dass es *eher* oder überhaupt nur die Wirklichkeit ist, die auf die Instanz einwirkt (und nicht umgekehrt); während der Konstruktivismus behauptet, dass es *eher* oder überhaupt nur die Instanz ist, die im Akt des Erkennens die Wirklichkeit er-

2 Vgl. dazu auch Yeh, Sonja: Anything goes? Postmoderne Medientheorien im Vergleich. Die großen (Medien-)Erzählungen von McLuhan, Baudrillard, Virilio, Kittler und Flusser, Bielefeld: transcript 2013.

3 Baudrillard, Jean: Simulacra and Simulations, Ann Harbour: UMP 2002, S. 80.

4 Vgl. Hickethier, Knut (Hg.): Einführung in die Medienwissenschaft, Stuttgart, Weimar: J.B. Metzler Verlag 2003, S. 34.

zeugt."[5] Stefan Weber führt in diesem Zusammenhang neben mehreren interdisziplinären Vertretern (vom neurobiologischen Konstruktivismus bis zur Systemtheorie von Niklas Luhmann) auch den medienkulturellen Konstruktivismus von Gebhard Rusch und Klaus Merten und die soziokulturellen Ausformungen, die wiederum eng durch Kommunikation, Medien und Kultur determiniert werden (z.B. Siegfried J. Schmidt) als „Spielarten des Konstruktivismus" auf.[6] In einer weiteren Annäherung versucht Weber das Spielfeld präziser zu definieren und landet bei Zuschreibungen wie „Semantisches Feld [...]; Bilden; Konstruieren, Generieren; Entwerfen, Designen, Erzeugen, Erschaffen, (Re-)Produzieren; Verkörpern, Hervorbringen, Aufbauen; Erfinden [...];"[7], also all jenen Begriffen, die direkt oder indirekt bereits mediale Vermittlung voraussetzen. Dies bedeutet gleichzeitig aber auch, dass es keine Wahrnehmung ohne den Betrachter und ohne Medien geben kann und diese eine wesentliche Rolle bei der Konstruktion von Realität spielen. Merkmale des (Medien-)Konstruktivismus sind also:

- Menschen haben keinen unmittelbaren Zugang zur Realität, sie benötigen eine Korrespondenzfunktion zwischen Erlebnis und konstruierter Wirklichkeit, vermittelt durch Medien;
- Die wirkliche Beschaffung von Dingen ist ausschließlich durch mediale Vermittlung möglich;
- Es existiert keine unabhängige, objektive (ontische) Welt;
- Es gibt keine Wirklichkeit ohne einen Wahrnehmenden bzw. Beobachter, der diese (re-)konstruiert;
- Wir konstruieren nicht nur unsere Umwelt, sondern auch uns selbst.

Insbesondere der letzte Punkt ermöglicht ein wesentliches Verständnis für mediale Realitäten. Diese werden zwar durch Medien erst ermöglicht und nach ihren Bedingungen und Regeln organisiert, aber erst der Wahrnehmende ist in der Lage daraus Sinn und Wirklichkeit zu (re-)konstruieren. Avatare unseres Selbst auf sozialen Netzwerken sind daher weniger Abbilder unserer realen Identität, sie sind vielmehr Rekonstruktion unserer Vorstellung von uns selbst bzw. wie wir möchten, dass andere uns wiederum durch das Medium Internet wahrnehmen. Und jetzt die entscheidende Frage: Wenn es sich hierbei um mediale

5 Weber, Stefan: „Was heißt ‚Medien konstruieren Wirklichkeit'? Von einem ontologischen zu einem empirischen Verständnis von Konstruktion", in: Medienimpulse. Beiträge zur Medienpädagogik 40 (2002), S. 11-16, hier: S. 11.

6 Ebd.

7 Ebd., S. 12.

Realitäten handelt, auf welcher Basis werden dann Kontakte, Freundschaften, Arbeitsbeziehungen, sprich jegliche Form von menschlicher Kommunikation und Identitätsbeschlüssen ermöglicht? All dies basiert auf der Grundlage medialer Inszenierungen, die einen höheren Stellenwert für uns einnehmen können, als die Wirklichkeit abseits der Medien. Für Eleonore Kalisch ist Authentizität, also all das, was wir als real wahrnehmen, ebenfalls Bestandteil einer Inszenierung, die medial vermittelt wird. Sie ist der Meinung, dass Darstellung schon immer wesentlich konstitutives Element von Authentizität sei.[8]

Übung zur Offenlegung medialer Konstruktionen:
Betrachten Sie die beiden Bilder, die jeweils die Inszenierung eines Arztes zeigen. Links (Abb. 2, Quelle: Creative Commons) ein nicht näher definierter Mediziner, rechts (Abb. 3, Quelle: Fox Broadcasting Company) Dr. House, bekannt aus der gleichnamigen TV-Serie.

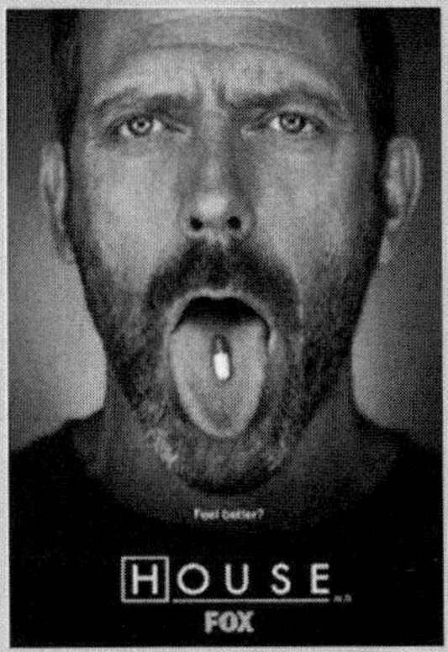

Stellen Sie sich folgende Fragen in Bezug auf mediale Inszenierungen:

Welchen der beiden Ärzte halte ich für authentischer?
Aufgrund welcher Basis komme ich zu dieser Einschätzung?
Von welchem der beiden Ärzte würde ich mich eher behandeln lassen, wenn ich die Wahl hätte?
Woher stammen Bilder und Erwartungshaltungen, die ich von bzw. an einen Mediziner habe (abseits eigens erlebter Erfahrungen)?

8 Vgl. Kalisch, Eleonore: „Aspekte einer Begriffs- und Problemgeschichte von Authentizität und Darstellung“, in: Erika Fischer-Lichte/Christian Horn et al. (Hg.), Inszenierung von Authentizität. 2. überarb. und akt. Aufl., Marburg: Francke 2007, S. 31-46.

Theorie-Praxis-Transfer am Beispiel der Identitätskonstruktion

Medienrealitäten, Inszenierungen, Authentizität und Wirklichkeitskonstruktionen lassen sich in fast allen Praxisbereichen wiederfinden. Mediale Wirklichkeiten umgeben uns stets, daher können auch Praxis, Unternehmen und wirtschaftliche Kontexte davon nicht ausgenommen sein. Wesentliche politische und gesellschaftliche Thematiken, wie medienpädagogische Fragestellungen, Migration und Politikerinszenierung, stehen dabei immer wieder im Fokus der Forschung.[9]

Die Konstruktion medialer Identitäten[10], deren Resultat wiederum mediale Realitätskomplexe unterschiedlichen Ausmaßes sein können, findet man abseits des unternehmerischen in erster Linie im privaten Kontext. Auch wenn sich Unternehmen stärker auf sozialen Netzwerken präsentieren (müssen), um in der virtuellen Realität ihrer potentiellen Kunden weiterhin eine Rolle zu spielen und um mit diesen zu kommunizieren, ist doch die Konstruktion einer virtuellen Identität für Privatpersonen eines der wesentlichsten Merkmale dieser Netzwerke. Menschen verwenden sogar einiges an Zeit, um ihre Online-Identitäten zu pflegen, zu erweitern, zu konkretisieren und ihnen Tiefe zu verleihen. Im Zuge der Erkenntnisse des Medienkonstruktivismus ist abzuleiten, dass die Wahrnehmung unserer eigenen Inszenierung auf sozialen Netzwerken wiederum ausschließlich durch Medien (re-)präsentiert werden kann: also Texte, Fotos, Videos, etc., die wir bewusst (oft auch unbewusst) einsetzen, um unserer Darstellung Authentizität zu verleihen. Die Wahrnehmung dieser Artefakte ist stark vom Wahrnehmenden abhängig, weshalb auch widersprüchliche, bewusste bzw. unbewusste, intendierte bzw. nicht-intendierte Interpretationen einfließen können. Hinzu kommt, dass bereits die Basis für solche Rekonstruktionen äußerst subjektiv und monoperspektivistisch verläuft. Anders ausgedrückt: Menschen werden sich selbst immer anders wahrnehmen, als ein Außenstehender.

All das, was schließlich an Botschaften von virtuell wahrgenommenen Identitäten aufgenommen wird, steht in einer komplexen, reziproken Beziehung aus drei sich wechselseitig ergänzenden Faktoren zueinander: dem sogenannten Bildkomplex, dem Identitätskomplex und dem semantischen Netzwerk. Der Bildkomplex ist eine Ausverhandlung zwischen Selbst-, Fremd- und Metabild (z.B. Student Max sieht sich selbst (nicht nur) als Student, wird von anderen (nicht nur) als Student wahrgenommen, muss aber durch die Einbeziehung des allgemeinen Studenten-Bildes (Meta-Bild) auch mit diesen Wahrnehmungsfaktoren eine ausgewogene Beziehung finden). Der Identitätskomplex wiederum ist

9 Vgl. etwa Dahinden, Urs/Süss, Daniel (Hg.): Medienrealitäten, Konstanz: UVK 2009.

10 Vgl. hierzu auch den Beitrag von Judith Ackermann zu Avatars in diesem Buch.

die Zusammenführung all jener Faktoren, die Identität als Komplex von kohäsiven und konkurrierenden Selbstwahrnehmungen erscheinen lässt (Identität als Ergebnis, Prozess und Interaktion, als Zugehörigkeit zu Nationen, Kulturen, Gesellschaften, etc.). Das semantische Netzwerk als dritter Einflussfaktor umfasst all jene selbstorganisierten Netzwerke, die uns umgeben und unsere Wahrnehmung beeinflussen, inkl. jener der Medien, z.B. sozialer Netzwerke (vgl. Abb. 4).

Die Wahrnehmung medialer Realitäten findet am Beispiel medialer Identitätskonstruktionen als komplexe Wider- und Gegenspiegelung unterschiedlicher Einflüsse statt. Ähnlich verläuft es bei der Inszenierung auf sozialen Netzwerken: Es sind subjektive Abbilder, vorgefertigte Rollen und mediale Realitäten, die nach den Bedingungen des Mediums organisiert sind.

Abbildung 4: Wahrnehmung von Identitäten

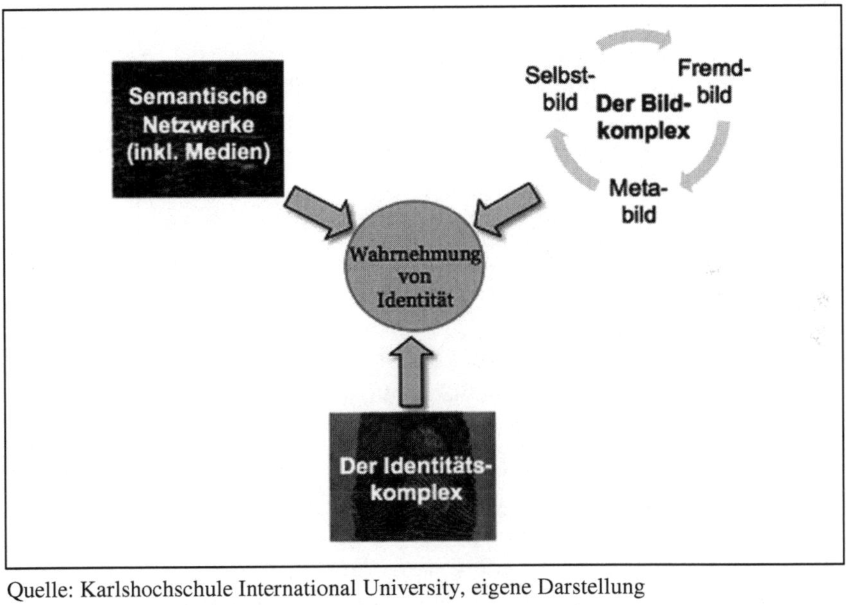

Quelle: Karlshochschule International University, eigene Darstellung

Virtuelle Rollenspiele wie *The Sims* oder *World of Warcraft* basieren auf dieser Form der Identitätskonstruktion. Wesentlicher Bestandteil dieser Spiele ist es, eine Identität zu konstruieren, einerseits in einer unserer Wirklichkeit ähnelnden Fiktion (*The Sims*), andererseits in einer stark fiktionalisierten Fantasiewelt (*WoW*), die nur wenige Anknüpfungspunkte zur Wirklichkeit aufweist (und gerade deshalb so interessant erscheint). Beide haben jedoch die Heldenreise als gemeinsames dramaturgisches/mediales Merkmal: Es geht um eine Bewältigung verschiedener Entwicklungsstufen, bei *The Sims* u.a. Arbeit zu finden, sich zu verlieben, eine Familie zu gründen. Bei der Konstruktion und Konsumierung dieser medialen Realität werden traditionelle Familienbilder und Karrierewege wahrgenommen, die den Wunsch nach dem Erreichen ähnlicher Ziele auch außerhalb des Spiels erwecken oder bestärken können.

Unternehmen (re-)konstruieren ebenfalls ihre Identitäten und kommunizieren unter den gleichen Bedingungen wie Privatpersonen auf sozialen Netzwerken. Ein Beispiel kann die komplexe Zusammenführung der oben genannten Faktoren erläutern: Im Jahr 2009 ändert McDonald's, eine der größten weltweiten Fast-Food-Ketten, sein Logo und wechselt den bisher roten Hintergrund durch einen grünen aus. Die neue Farbgebung ist bewusst gewählt, wird die Farbe Grün doch zumeist mit Umwelt, Ökologie und Nachhaltigkeit („Bio") assoziiert. Es handelt sich um eine intendierte Beeinflussung der Wahrnehmung der Marke durch ein mediales Zeichen zur Neupositionierung der Identität. Markenführung ist eine Kategorie des Brand Managements, die sich mit Wahrnehmungs- und Identitätskonstruktionen auseinandersetzt. Das Logo ist nur ein Teil der Wahrnehmung eines Unternehmens. Bei McDonald's zählen dazu alle Facetten des Konsumerlebnisses, von der Architektur der Restaurants (Farbgebung der Möbel, Spielplätze, etc.) über das Essen, das zumeist mit den Fingern gegessen wird bis zum populären Maskottchen, dem Clown. All dies evoziert in der kollektiven Wahrnehmung die Emotionalität von Kindheitserinnerungen, sofern man sich als Konsument (und primäre Zielgruppe) nicht noch ohnehin selbst in diesem Stadium des Lebens befindet. Spielerischer Konsum von Nahrungsmitteln, bunte Farben und die Inszenierung der Produkte konstruieren eine mediale Wirklichkeit, die wiederum das Gesamterlebnis beeinflusst.

Markenführung ist niemals ein ausschließlich linearer Prozess, doch durch die Eigenschaften und Besonderheiten der sozialen Medien wird die gegenseitige Wechselwirkung in größerem Ausmaß visualisiert und sogar durch wechselseitige Kommunikation der Teilnehmer beeinflusst (Community Branding). Durch den starken Clash zwischen Identität und Image der Marke entsteht 2012 eine besondere Entwicklung. McDonald's startet 2012 eine Kampagne auf Twitter unter dem Hashtag #McDStories, um von den Kunden positives Feedback und damit Geschichten (also weitere mediale Realitäten) zu sammeln und zur Festigung der Markenidentität zu nutzen. Die Unkontrollierbarkeit der massenmedialen Wahrnehmung führt jedoch dazu, dass innerhalb kürzester Zeit vor allem Gegner der Fast-Food-Kette über 1.000 negative Erlebnisse posten (z.B. siehe Abb. 5). Ob diese der Wahrheit entsprechen, ist in diesem Zusammenhang nur sekundär. Sie verbinden sich mit den bereits vorgefertigten Erwartungshaltungen (die wiederum selbst medial mehrfach repräsentiert sind, z.B. in Morgan Spurlocks Film *Super Size Me* (2004) und diversen medialen Berichterstattungen über die Relation zwischen Fast-Food und gesundheitlichen Beeinträchtigungen) und sind daher bereits Teil der medialen Realitätskonstruktion von McDonald's. Dass das Unternehmen bewusst gegensteuert, u.a. mit der Veränderung des Logos, das mit einer Anpassung des Produktsortiments einhergeht, ist bereits Reaktion auf die Anerkennung kollektiver Identitätskonstruktionen in neuen Medien. Das Unternehmen beendet die Kampagne nach den schlechten Erfahrungen.[11]

Abbildung 5: Negativer Twitter-Post zur Kampagne #McDStories

Quelle: Twitter vom 18.01.2012.

Die Identitätskonstruktion von Unternehmen führt 2014 zu einer weiteren Entwicklung. Eine österreichische PR-Agentur betreibt sogenanntes „Online-Reputationsmanagement".[12] Diverse namhafte Unternehmen sollen die Agentur beauftragt haben, mit positiven Postings in Online-Foren und sozialen Medien die Identität der Unternehmen in ein besseres Licht zu rücken. Meinungsbildend und bewusstseinsschaffend sind zwei Kennzeichen, die auf all das verweisen, was bereits bei den zuvor genannten Beispielen in unterschiedlichen medialen Kontexten sichtbar wurde. Die Wahrnehmung von medialen Wirklichkeiten ist ein konstruierender Vorgang und die Tätigkeiten der PR-Agentur basieren auf der Annahme, dass wenige und gezielt gesetzte Aussagen zu einer konstruktivis-

11 McDonald's hat nach dem Scheitern der Kampagne einen differenzierteren Zugang zu Partizipation, vgl. hierzu den Beitrag von Christine Weitbrecht in diesem Buch.

12 Vgl. Apfl, Stefan/Kleiner, Sarah: Die Netzflüsterer. Wie Parteien und Banken, Pharmakonzerne und Staatsunternehmen das Internet über die Wiener PR-Agentur Mhoch3 mit hundertausenden Postings manipulierten. Online: http://www.datum.at/artikel/die-netzfluesterer/ vom 01.11.2014.

tischen Leistung des Wahrnehmenden führen, die dann eben im besten Fall zugunsten besagter Unternehmen ausfallen können.

ENTWICKLUNGEN UND AUSBLICK

Die eingangs zitierte These von Lorenz Engell ist keineswegs nur auf das Medium Film zutreffend. Man müsste seine Überlegungen auf jegliche Form von Medien ausdehnen, um zum Schluss zu gelangen: Die mögliche Welt der Medien und die wirkliche Welt außerhalb der Medien sind niemals, unter keinen Umständen, identisch. Sie mögen einander strukturgleich sein, auf denselben Regeln beruhen und eine hohe Ähnlichkeit aufweisen. Immer aber wird da, wo Medien sind, die Wirklichkeit nicht sein. Medien und Realität schließen sich gegenseitig immer aus; man könnte geradezu die Wirklichkeit als das definieren, was nicht Medium ist.[13] Wenn das expandierende Wachsfigurenkabinett *Madame Taussauds* seine Werbung mit der Frage „Who do you want to meet" / „Wen würden Sie gerne treffen?"[14] einläutet, dann impliziert die Marketing-Botschaft bereits die intendierte Bedürfnisbefriedigung des Publikums. Wahrnehmung findet immer nur durch Medien statt und massenmedial reproduzierte Celebrities inszenieren sich bereits durch ihre öffentliche Rolle, welcher wiederum hohe mediale Aufmerksamkeit zuteil wird. Der Hauptgrund eines der angesprochenen Wachsfigurenkabinette zu besuchen, ist daher vermutlich keineswegs, um die detailreich angefertigten Statuen aus Wachs zu bewundern. Vielmehr geht es um die möglichst realitätsnahe Abbildung einer berühmten Persönlichkeit in medial vermittelten Rollen, also einer weiteren medialen Realität: Johnny Depp als Captain Jack Sparrow, Oliver Kahn in einer seiner energiegeladenen Torwart-Posen, Lady Gaga während eines Konzertes von der Decke hängend. Es sind medial vermittelte Identitäten, die reproduziert und immer gleich verstanden werden (von Filialen in Tokio, London, Berlin bis Wien). Besucher sollen die Figuren sogar berühren und sich mit ihnen fotografieren lassen, um so die mediale Illusion, mit einer berühmten Persönlichkeit abgelichtet zu sein, zu bannen, und dieses Erlebnis in sozialen Netzwerken zu teilen.

Mediale Realitäten umgeben uns ständig: Sie basieren in gewisser Weise immer auf Vorstellungen mit einem gewissen Fiktionalitätsgehalt, die nur einen geringen Wirklichkeitsbezug haben müssen. Solche Realitätskonstrukte sind be-

---

13 Vgl. im Original: Engell, Lorenz: Sinn und Industrie. Einführung in die Filmgeschichte, Frankfurt am Main: Campus 1992, S. 180.

14 Vgl. www.madametussauds.com

sonders in virtuellen Räumen und Inszenierungen der Netzkultur präsent und werden als dialogischer Prozess von mehreren Einflussfaktoren geformt: Profile auf sozialen Netzwerken werden etwa auf Webseiten und Blogs widergespiegelt (und umgekehrt) und dadurch reproduziert. Virtuelle Teilhabe basiert auch auf Basis jener Informationen, die zur Verfügung gestellt werden und das Ausmaß der präzisen (und in gewisser Weise positiv besetzten) Inszenierung hat immer auch Konsequenzen in den Offline-Realitäten, angefangen bei der Wahrnehmung von Beziehungen und ästhetischen Entwürfen bis hin zu Konsumbedingungen. Oder wie es Niklas Luhmann formuliert: „Was wir über Gesellschaft, ja über die Welt, in der wir leben, wissen, wissen wir durch die Massenmedien [...]“[15]. Hinzu kommt, dass die Konstruktion medialer Wirklichkeiten stark von den Medien selbst abhängig ist, denn „[...] Medien bilden also nicht eine allgemein vorhandene Wirklichkeit ab, sondern erzeugen eine eigene Medienwirklichkeit, sie produzieren Medientexte über die Welt, die nach den Bedingungen der Medien organisiert sind.“[16]

Denkt man Marshall McLuhans Definition der neuen Medien weiter, dann landet man bei Formen erweiterter Realität (*augmented reality*) durch visuelle Dispositive wie *Google Glass* oder *iOptik*: der Brille bzw. Kontaktlinse als blicklenkendes Medium, verbunden mit dem Internet und inkl. digitaler Visualisierungen und Split Screens, die in das eigentliche Blickfeld positioniert werden. *Virtual Reality*-Produkte werden wiederum als nächstes großes Medium der Videospiel- und Elektronikindustrie angesehen. Headsets wie *Oculus Rift*, dessen Hersteller Oculus VR von Facebook gekauft wurde, und *Project Morpheus* von Sony stellen erste massenmarkttaugliche Angebote dar. Dies trifft auch auf die sich immer stärker verbreitenden Hologramm-Technologien und 3D-Drucker zu, die in mehreren Bereichen von Medizin bis Entertainment und Mode zum Einsatz kommen und Realität nicht mehr nur einfach (re-)konstruieren, sondern tatsächlich erschaffen. Dass dann jegliche Form von Wirklichkeitsbezug auf virtuellen, medialen Realitäten basieren würde, könnte sich in seiner gedanklichen Weiterführung zu einer Hyperrealität entwickeln: All das, was Menschen über sich online finden werden, wird für sie realer und repräsentativer als ihre Offline-Präsenz wirken. Beides ist lediglich eine Inszenierung. Jedoch bei stetig wachsender Bedeutung von medialen Realitäten wäre die Flucht in mediale Hyperrealitäten (wie bei Disneyland oder *Harry Potter*) nur der nächste logische und allzu menschliche Schritt.

---

15 Luhmann, Niklas: Die Realität der Massenmedien. 2. erw. Aufl., Opladen: Westdeutscher Verlag 1996, S. 9.

16 K. Hickethier: Einführung in die Medienwissenschaft, S. 34.

WEITERFÜHRENDE LITERATUR

Baudrillard, Jean: Agonie des Realen, Berlin: Merve 1978.

Baudrillard, Jean: Simulacra and Simulations, Ann Harbour: UMP 2002.

Dahinden, Urs/Süss, Daniel (Hg.): Medienrealitäten, Konstanz: UVK 2009.

Engell, Lorenz: Sinn und Industrie. Einführung in die Filmgeschichte, Frankfurt am Main: Campus 1992.

Fichte, Johann Gottlieb: Grundlage der gesamten Wissenschaftslehre (1794/95), Hamburg: Meiner 1997.

Fischer-Lichte, Erika/Horn, Christian et al. (Hg.): Inszenierung von Authentizität. 2. überarb. und akt. Aufl., Marburg: Francke 2007.

Foerster, Heinz von: Einführung in den Konstruktivismus. 2. Aufl., München, Zürich: Piper 1995 (Bd. 1165).

Hickethier, Knut (Hg.): Einführung in die Medienwissenschaft, Stuttgart, Weimar: J.B. Metzler Verlag 2003.

Luhmann, Niklas: Die Realität der Massenmedien. 2. erw. Aufl., Opladen: Westdeutscher Verlag 1996.

Pias, Claus/Vogel, Josef et al. (Hg.): Kursbuch Medienkultur. Die maßgeblichen Theorien von Brecht bis Baudrillard. 4. Aufl., München: DVA 2002.

Reichert, Ramón: Amateure im Netz. Selbstmanagement und Wissenstechnik im Web 2.0, Bielefeld: transcript 2008.

Rötzer, Florian (Hg.): Digitaler Schein. Ästhetik der elektronischen Medien, Frankfurt am Main: Suhrkamp 1991 (= edition suhrkamp 1599).

Weber, Stefan: „Was heißt ‚Medien konstruieren Wirklichkeit'? Von einem ontologischen zu einem empirischen Verständnis von Konstruktion", in: Medienimpulse. Beiträge zur Medienpädagogik 40 (2002), S. 11-16.

Yeh, Sonja: Anything goes? Postmoderne Medientheorien im Vergleich. Die großen (Medien-)Erzählungen von McLuhan, Baudrillard, Virilio, Kittler und Flusser, Bielefeld: transcript 2013.

Ultra-Fandom

Mediale Implikationen des Fan-Daseins

CHRISTINE WEITBRECHT UND THOMAS ZORBACH

EINFÜHRUNG

Millionen Menschen auf der ganzen Welt hatten diesem Moment monatelang entgegengefiebert. Am 28. November 2014 um 9:00 Uhr EST war es endlich soweit: Der Teaser-Trailer zum neuen *Star Wars*-Film *Das Erwachen der Macht*, Auftakt des von den Fans mit nervöser Spannung erwarteten Sequels des Sternen-Epos unter der Regie von J.J. Abrams, feierte Premiere in den Kinos und im Web. Bereits wenige Minuten später waren unterschiedliche, teilweise deutlich gegenläufige Reaktionsmuster in sozialen Medien wahrnehmbar. Während viele Anhänger ihrer Vorfreude auf die Fortsetzung der Saga Ausdruck verliehen und den Clip begeistert in Blogs, auf Facebook und Twitter teilten, baute sich zeitgleich eine Häme-Welle im Web auf.[1] Auslöser: das Lichtschwert, eine Waffe, die unter glühenden Fans der Franchise eine kultartige Verehrung erfährt und die in dem knapp 70-sekündigen Snippet in einer ungewohnten, kreuzförmigen Variante präsentiert wird. Stein des Anstoßes bildete das Parier-Element, das die Hand des Kämpfers vor Angriffen durch das Schwert des Gegners schützen soll. Die Kritiker bemängelten, dass die Laserstrahlen nicht direkt vom Griff sondern von zwei angeflanschten Metall-Elementen ausgehen, und die Waffe somit keinen hinreichenden Schutz böte, schlimmer noch, sie beschwöre die Gefahr einer Selbstverstümmelung herauf. Ein großer Teil der Fangemeinde war der Mei-

1 Vgl. Star-Wars-Fans veräppeln neues Lichtschwert, Online http://www.stern.de/kultur/star-wars-vii-the-force-awakens-lichtschwert-wird-im-internet-veraeppelt-2156403.html vom 29.11.2014.

nung, die neue Optik passe nicht in den *Star Wars*-Kanon. Die Folge: massenhaft geteilte und nicht ganz ernst gemeinte Optimierungsvorschläge.

Die Diskussion um das Lichtschwert ist charakteristisch für die Art und Weise wie Fandom in der neuen partizipativen Medienkultur des 21. Jahrhunderts funktioniert und praktiziert wird. In diesem Beitrag wird ein neuer Fantyp vorgestellt, den diese Kultur hervorgebracht hat: den Ultra-Fan. Ein „Ultra" ist ein Mensch, dessen Identifikation mit dem jeweiligen Fanobjekt weit über das normale Maß hinaus geht. Ein typisches Kennzeichen von Ultra-Fans ist die Leidenschaft, mit der sie sich über jedes neue Detail austauschen, das zu ihrem Fanobjekt bekannt wird, wie im oben genannten Beispiel beschrieben. Angetrieben werden Ultra-Fans vom Bedürfnis nach Immersion, also nach dem Eintauchen und eins werden mit der Erzähl- bzw. Markenwelt, die das Fanobjekt umgibt. Das Entstehen von Ultra-Szenen hat Einfluss auf Fankulturen unterschiedlichster Couleurs und damit signifikante Implikationen für das effektive Management von dialogorientierten Fan-Beziehungen, wie sie heute von vielen Unternehmen, auch jenseits der Entertainment-Industrie, angestrebt werden.

Der Begriff „Ultra" (lat. *„darüber hinaus"*) zur Bezeichnung einer speziellen Organisationsform fanatischer Anhänger, stammt ursprünglich aus der Fußballszene. Bereits seit den 1960er-Jahren werden in diesem Feld Gruppierungen beobachtet, die sich als harter Kern der Fangemeinde eines Vereins wahrnehmen, zunächst hauptsächlich in Italien, seit den 1980er-Jahren zunehmend auch in Deutschland. Sichtbar werden die Ultra-Gruppierungen an den Spieltagen vor allem durch ihre teilweise sehr aufwändigen Fan-Choreographien. Die Ultras beanspruchen eine Vormachtstellung gegenüber nicht-organisierten Fans, sie stehen mit der Vereinsführung beziehungsweise mit Fanbeauftragten in Kontakt und verhandeln über ihre Interessen. Nicht selten kommt es dabei zu Konflikten.[2]

Die Autoren dieses Beitrags gehen von der Annahme aus, dass solche extremen Formen des Fan-Seins in der neuen Medienkultur nicht mehr nur auf Fußballarenen beschränkt ist, vielmehr prägt es inzwischen auch die Welt der Waren und Dienstleistungen. Eine Erscheinungsform von Ultra-Fandom in der Markenwelt ist die überbordende Kreativität, mit denen Menschen mithilfe modernster Produktions- und Online-Distributionsmittel Liebeserklärungen abgeben – individuell oder im Kollektiv, sei es per Video, Fanfiction oder in Form eines Schreins aus Bildern, z.B. auf der Plattform Pinterest. Ähnlich wie in der Fußballszene kann der Enthusiasmus jedoch auch in der Markenwelt schnell in Ent-

2 Vgl. Thein, Martin/Linkelmann, Jannis (Hg.): Ultras im Abseits? Portrait einer verwegenen Fankultur, Göttingen: Die Werkstatt 2012.

rüstung umschlagen, wenn die Erwartungen von Fans enttäuscht werden und sich Anhänger im Web solidarisieren.[3] Durch diese Entwicklung werden Unternehmen in den Bereichen Kommunikation, Service und Beziehungsmanagement vor große Herausforderungen gestellt, insbesondere die Social Media- und Community-Manager.

Dieser Beitrag rückt die Ultra-Fans als Speerspitze einer Fan-Community in den Blickpunkt. Es soll beleuchtet werden, welche Merkmale Ultra-Fans kennzeichnen und welche medialen und kulturellen Ursachen zur Entstehung dieses neuen Fantyps beigetragen haben. Darüber hinaus soll aufgezeigt werden, welche Möglichkeiten es gibt, mit Ultra-Fans im Rahmen eines effektiven Fan Relationship Managements für beide Seiten gewinnbringend zu kooperieren.

Relevanz und Einordnung des Ultra-Begriffs

In der Forschung gibt es keinen einheitlichen Konsens in der Frage, wie lange Fans als gesellschaftliches Phänomen existieren. Jedoch ist es durchaus legitim zu behaupten, dass Elemente dessen, was wir heute unter einer fanatischen Anhängerschaft verstehen, nachweislich bereits im antiken Rom zu finden sind, man denke in diesem Zusammenhang nur an die Gladiatorenkämpfe und Wagenrennen. Mit Beginn der Neuzeit dehnte sich das Feld der Fanobjekte aus und erreichte neue Gebiete wie die Literatur. Markantestes Beispiel war die Begeisterung rund um Goethes Roman *Die Leiden des jungen Werther* aus dem Jahr 1774. Die Verehrung der titelgebenden Romanfigur und die Identifikation mit dem Werk löste unter glühenden Anhängern eine Selbstmordwelle aus. Erstmals verwendet wurde der Begriff „Fan" hingegen erst im Jahr 1889 im Rahmen einer Reportage über ein Baseballspiel in den USA.[4]

Inzwischen hat der Fan-Begriff erfolgreich Einzug in die Marketingetagen gehalten, wodurch jedoch seine ursprüngliche Bedeutung weitgehend verlorengegangen ist. Mit der zunehmenden Akzeptanz sozialer Medien und deren Einsatz im Marketingkontext sind Fans für viele Entscheidungsträger in erster Linie zu einer relevanten Messgröße für den Erfolg kommunikativer Maßnahmen geworden. Die Ursache dafür liegt maßgeblich im Aufstieg von Facebook als Leitmedium auf dem Gebiet des Social Networkings begründet. Denn bis ins

3 Vgl. Knoke, Felix: Umstrittenes Ende. Wenig Hoffnung für frustrierte „Mass Effect 3"-Spieler. Online: http://www.spiegel.de/netzwelt/web/protest-gegen-mass-effect-3-ende-a-822948.html vom 22.03.2012..

4 Vgl. Schmidt-Lux, Thomas: Geschichte der Fans in Fans: Soziologische Perspektiven, Wiesbaden: VS Verlag für Sozialwissenschaften 2010, S. 52f.

Jahr 2012 wurden die Seiten für Unternehmen, auf denen diese ihre Kontakte aggregieren können, „Fanpages" genannt. Dies hat zur Folge, dass viele Kommunikationsverantwortliche erfolgreiches Fan Relationship Management mit einer großen Reichweite bzw. einer hohen Interaktionsrate auf Facebook gleichsetzen. Möglichst viele Fans zu besitzen, gilt als erstrebenswertes Ziel. Daher übertreffen sich Unternehmen regelmäßig gegenseitig mit Erfolgsmeldungen, was die Gefolgschaft ihrer Seiten anbelangt: Coca Cola hat weltweit bereits über 90 Millionen Facebook-Kontakte, in Deutschland steuert die Lufthansa die 2 Millionen-Marke an[5]. Die Fixierung auf die Fanzahlen reflektiert das Paradigma der alten Marketingschule, das sich im klassischen Reichweitendenken äußert und das die Quantität der Kontakte vor die Qualität setzt. Nicht selten führt dieses Denken zu fragwürdigen Maßnahmen, wie dem Ersteigern von Fankontingenten, bestehend aus Fake-Profilen auf Ebay, damit Zielvorgaben eingehalten werden. Dabei erklärt ein Facebook-Nutzer, der den „Gefällt mir"-Button einer Unternehmensseite klickt, eigentlich nur seine grundsätzliche Bereitschaft zur Interaktion und zum Dialog. Nicht mehr und nicht weniger. Es ist zwar durchaus wahrscheinlich, dass sich unter den Personen auf einer Facebook-Page auch besonders leidenschaftliche Fans befinden. Doch haben Unternehmen in der Regel keinerlei Sensorik ausgebildet, um die Spreu vom Weizen bzw. um „Gefällt-mir-Klick-Lemminge" von einem echten bzw. einem Ultra-Fan zu trennen. Woran aber erkennt man einen wahren Fan?

Um sich dem „Ultra"-Phänomen zu nähern, muss zunächst geklärt werden, welche Dimensionen die Forschung mit dem Begriff „Fan" verbindet. Fans sind „Menschen, die längerfristig eine leidenschaftliche Beziehung zu einem für sie externen, öffentlichen, entweder personalen, kollektiven, gegenständlichen oder abstrakten Fanobjekt haben und in die emotionale Beziehung zu diesem Objekt Zeit und/oder Geld investieren."[6] Diese Typisierung macht deutlich: Zwischen der Wissenschaftstheorie und der Marketingpraxis liegt eine große Divergenz.

Kevin Kelly, Mitgründer des Wired-Magazins hat mit besonderem Blick auf Kulturschaffende beschrieben, was einen wahren Fan auszeichnet.

---

5 Vgl. Lufthansa Group: Lufthansa gefällt einer Million Facebook-Fans, online http://www.lufthansagroup.com/nc/presse/meldungen/view/article/2130.html?print=1 vom 24.04.2012.

6 Roose, Jochen/Schäfer, Mike S./Schmidt-Lux, Thomas: Einleitung. Fans als Gegenstand soziologischer Forschung in Fans: Soziologische Perspektiven, Wiesbaden: VS Verlag für Sozialwissenschaften 2010, S. 12.

"A True Fan defined as someone who will purchase anything and everything you produce. They will drive 200 miles to see you sing. They will buy the super deluxe re-issued hi-res box set of your stuff even though they have the low-res version. They have a Google Alert set for your name. They bookmark the eBay page where your out-of-print editions show up. They come to your openings. They have you sign their copies. They buy the t-shirt, and the mug, and the hat. They can't wait till you issue your next work. They are true fans."[7]

Kelly analysiert den ökonomischen Wert und rechnet vor, dass einem Künstler 1.000 wahre Fans ausreichen, um seinen Lebensunterhalt zu bestreiten. Ausgehend von dieser Annahme plädiert er entschieden dafür, dass Autoren nicht auf den Bestseller und Musiker nicht auf den großen Chartbreaker spekulieren sollten, sondern stattdessen ihren Fokus auf die Pflege der Fanbeziehungen legen. Nach Kelly liegt der Schlüssel für den Erfolg im Fan Relationship Management, nicht im Streben nach Masse, Quantität und Reichweite, sondern in Klasse, Qualität und Fannähe.

Wichtig bei der Einordung des Ultra-Begriffs ist die Tatsache, dass es sich bei dieser extremen Form von Fan-Verhalten um ein weltweites Phänomen handelt. In Japan beispielsweise wird dieser besondere Fantyp bereits seit den 1980er-Jahren als „Otaku" bezeichnet. Der Begriff entstammt ursprünglich der Manga- bzw. Anime-Szene, wird jedoch heute auch in anderen Kontexten eingesetzt, in denen Anhänger einem Hobby besonders intensiv nachgehen. So gibt es Militär-Otakus, PC-Otakus oder auch Geschichts-Otakus. Alle Otakus haben gemein, dass sie über ein großes Wissen über das Fan-Objekt verfügen. Sie leisten regelmäßig eigene Beiträge zur Fanwelt z.B. in Form von Geschichten zu einer persönlichen Lieblingsserie; sie verkleiden sich gern, um ihre Identifikation mit dem Fanobjekt nach außen zu tragen wie beim Cosplay; und sie legen Wert auf die Vernetzung mit anderen Fans, etwa in Form von Veranstaltungen.[8] Anfänglich war der Begriff Otaku in Japan negativ konnotiert und mit Vorurteilen behaftet, ähnlich wie die Begriffe „Nerd" und „Geek" in der westlichen Kultur. Hintergrund bildete der Umstand, dass das Ausleben eines gesteigerten Individualismus, wie es den Otaku zu eigen ist, in der japanischen Gesellschaft, die das Kollektiv über das Ego stellt, als verdächtig gilt. Durch Meldungen über die Adaption des Begriffs in der westlichen Welt, vor allem in der Manga- und

7 Kelly, Kevin: 1.000 Fans. Online: http://kk.org/thetechnium/2008/03/1000-true-fans/ vom 04.03.2008.

8 Vgl. Grassmuck, Volker: Eine Lebensform der Zukunft? Der Otaku in Neue, schöne Welt? Lebensformen der Informationsgesellschaft, Herne: Heitkamp Edition 1999.

Anime-Szene, werden Otakus jedoch inzwischen von der Öffentlichkeit differenzierter, mitunter auch positiv gesehen. Ein Beispiel, das auch im Westen für Schlagzeilen sorgte, ist das der Idol-Otakus der virtuellen Figur Miku Hatsune. Vom Unternehmen Crypton ursprünglich als Maskottchen einer Software zum Erzeugen einer künstlichen Gesangsstimme eingeführt, wurde die Figur von den Fans zum Leben erweckt, zunächst durch selbstproduzierte Musikvideos. Mit der Zeit entwickelte sich Miku Hatsune zu einem synthetischen Popstar, der heute auch auf Konzerten erlebt werden kann. Das Fan-Universum umfasst inzwischen hunderttausend Tracks mit Miku Hatsune als Interpretin, 170.000 Videos auf YouTube und etwa einer Million Illustrationen.[9]

Merkmale eines Ultra-Fans

Der gute Umgang mit hochinvolvierten, gut vernetzten und engagierten Akteuren innerhalb einer Fan-Bewegung spielt eine immer größere Rolle für den kommunikativen Erfolg von Marken. Um die Fan Relations zu Ultras für beide Seiten gewinnbringend zu gestalten, bedarf es seitens der Verantwortlichen im Unternehmen genauer Kenntnisse der jeweiligen Szene, ihrer Bedürfnisse und ihrer kulturellen Eigenheiten. Wenn eingangs von einer mangelnden Sensorik seitens der Marketingtreibenden die Rede war, was die Identifikation wahrer Fans anbelangt, so soll im Folgenden der Frage nachgegangen werden, an welchen Eigenschaften man einen Ultra typischerweise erkennt. Dabei ist zu beachten, dass ein Mensch keineswegs alle nachfolgenden Kriterien in sich vereinigen muss, um als Ultra-Fan eingestuft werden zu können. Je mehr Merkmale er jedoch auf sich vereinigt, desto höher ist die Wahrscheinlichkeit, dass es sich um einen solchen Akteur handelt.

1. Emotional

Ultras unterhalten eine besonders intensive und leidenschaftliche Beziehung zu ihrem Fanobjekt. Die Emotion, mit der sich diese Beziehung am treffendsten beschreiben lässt, ist die Verehrung.[10] Diese Emotionalität wird jedoch keineswegs nur Menschen wie Sportlern, Musikern oder Schauspielern entgegengebracht, sondern kann sich auch auf Objekte aus der Markenwelt beziehen wie Apple. Ein Beispiel sind hierfür sind die Rituale rund um die Einführung neuer Produkte.

9 Vgl. http://www.crypton.co.jp/miku_eng

10 Vgl. Schäfer, Mike S.: Fans und Emotionen in Fans: Soziologische Perspektiven, Wiesbaden: VS Verlag für Sozialwissenschaften 2010, S. 52f.

2. Loyal

Die Beziehung eines Ultras zu seinem Fanobjekt ist durch ihre Langfristigkeit gekennzeichnet. Im Markenkontext macht sich diese Treue in der Regel auch durch eine gewisse „Immunität“ gegenüber Angeboten des Wettbewerbs bemerkbar. Großer Bedeutung kommt der Loyalität in Krisenzeiten zu, in denen Ultras dazu neigen das Unternehmen vor Angriffen in Schutz zu nehmen und dadurch in der Lage sind Empörungswellen einzudämmen.

3. Organisiert

In Abgrenzung zu normalen Fans tendieren Ultras dazu sich zu vernetzen, real und/oder virtuell. Eine typische Organisationsform ist der Fanklub, der nicht nur im Sportbereich anzutreffen ist, sondern beispielsweise auch bei Anhängern von Autoren oder Automarken. Innerhalb von Fanklubs sind Funktionsträger wie Gründer oder Forenadministratoren von besonderem Interesse für Marketingentscheider, da diese Personen in der Regel eine Gatekeeper-Position einnehmen.

4. Dialog- und diskussionsfreudig

Der Drang Fan von etwas sein, ist tief im menschlichen Bedürfnis nach Individualität und Differenzierung verwurzelt. Indem sich Menschen öffentlich zu einem Fanobjekt bekennen, konstruieren sie ihre eigene Identität. Die sozialen Medien sind Bühne für die persönliche Selbstinszenierung von Ultra-Fans und ermöglichen den regelmäßigen und einfachen Austausch mit Gleichgesinnten.

5. Kreativ und produktiv

Ultras unterscheiden sich von normalen Fans auch dadurch, dass sie Inhalte nicht nur passiv konsumieren möchten, sondern auch bereit sind aktiv eigene Beiträge zum Kanon zu liefern. Die Bedeutung dieses Merkmals ist durch den technologischen Fortschritt, der es jedem Menschen mit einem internetfähigen Computer oder Mobiltelefon ermöglicht Inhalte zu produzieren und zu publizieren, stark gewachsen.

6. Sach- und fachkundig

Ultras neigen dazu, Informationen zu ihrem Fanobjekt zu horten, zu archivieren und über das Web zu teilen. Ein gängiges Verhalten innerhalb vieler Fankulturen ist die lexikalische Anordnung von Faktenwissen in Form von Wikis. Dies hat zur Folge, dass Fans nicht selten über ein größeres Expertenwissen über Produkte verfügen, als die Markenverantwortlichen im Unternehmen.

7. Statusbewusst

Aufgrund ihres gesteigerten Engagements bilden Ultras die Speerspitze einer Fanbewegung und beanspruchen zur Bestätigung dieser Rolle eine Sonderbehandlung. Zu den Erwartungen zählen u.a. sozialer Vorsprung gegenüber anderen Fans oder größere Nähe zum Fanobjekt. Diese Bedürfnisse stellen für Markenverantwortliche, die das Gebot der Gleichbehandlung verinnerlicht haben, eine Herausforderung dar.

8. Missionarisch

Hohe Emotionalität und Hang zur Verehrung gehen oft mit dem Bedürfnis einher, das eigene soziale Umfeld für das Fanobjekt zu begeistern. Dies geschieht nicht nur explizit durch Teilen von Neuigkeiten aus dem Fan-Universum im Web, sondern auch implizit durch Verkleidung und Praktizieren von Ritualen. Vor allem aufgrund dieser Funktion als Multiplikator sind Ultras für Unternehmen besonders relevant.

9. Kritisch

Hohes Fan-Involvement birgt jedoch auch Risiken. Diese liegen vor allem in gesteigerten Erwartungen an das Fanobjekt. Werden diese Erwartungen unterlaufen, führt dies zu Enttäuschungen, die schnell in Empörung umschlagen kann. Während sich normale Fans in solchen Fällen eher in Zurückhaltung üben, neigen Ultras dazu ihre Kritik zu artikulieren, nicht nur direkt gegenüber dem Unternehmen, sondern auch öffentlich.

10. Besitzergreifend

Das wohl markanteste Merkmal eines Ultra-Fans ist seine Beziehung zur Marke selbst. Anders als der normale Fan, sieht sich der Ultra in der partizipativen Kultur des Internets als Teilhaber und leitet aus dieser Selbstwahrnehmung mitunter besondere Ansprüche ab. Dies ist umso mehr der Fall, wenn der Fan aktive Beiträge zum Fan-Kosmos leistet, von denen die Marke profitiert.

Ursachen für die Entstehung von Ultra-Fandom

Zwar gab es extremes Fantum, wie bereits beschrieben, durchaus schon zu früheren Zeiten. Die neue partizipative Medienkultur befördert das Phänomen jedoch erheblich. Hierfür sind im Wesentlichen drei Faktoren verantwortlich:

Konnektivität

Die Beziehung zu einem Fanobjekt wird nicht nur individuell, sondern in hohem Maße auch im Kollektiv erlebt. Durch die Verbreitung von sozialen Medien ist es Menschen heute mühelos möglich, sich zu vernetzen und in Clubs bzw. Communities zu organisieren. Wer sich auf die Suche begibt, der findet Gleichgesinnte, sei das Interesse oder Hobby auch noch so randständig. Mit Hilfe von Instant-Messaging-Diensten wie Whatsapp können sich Fans in Gruppen zusammenfinden und erleben dadurch ein permanentes Gefühl von Nähe, das den Zusammenhalt der Gemeinde untereinander stärkt. Die empfundene Nähe, die sozialen Medien vermitteln, prägt und intensiviert auch die Beziehung zum jeweiligen Fan-Objekt und verschafft diesem eine enorme Reichweite in der Community[11].

Immersion

Digitale Medientechnologien wie der 3D-Film im Kino oder die sozialen Medien im Web ermöglichen neue Formen der Inszenierung und Interaktion zwischen Produzenten und Rezipienten bis hin zum völligen Eintauchen des Publikums. Die Verschmelzung mit einer Welt, egal ob es sich in einem Hollywoodfilm um eine Erzählwelt oder in einer transmedialen Werbekampagne um eine Markenerlebniswelt handelt, wird als Immersion bezeichnet[12]. Das völlige Vertiefen und Aufgehen in einer Tätigkeit löst ein Glücksgefühl aus, das in der Psychologie als „Flow-Effekt“ bezeichnet ist[13]. Sich wiederholende Flow-Erlebnisse initiieren bzw. stärken die emotionale Bindung zu einem Fanobjekt und fördern die Entstehung von Ultra-Fandom.

Identität

Tief im Menschen verwurzelt gibt es ein Bedürfnis, das eigene Leben als Epos wahrzunehmen und sich als Held seiner eigenen Geschichte zu inszenieren. Davon künden bereits die Höhlenmalereien der Altsteinzeit. Die Facebook-Pinnwand kann als moderne Form der Höhlenwand gesehen werden. Menschen nutzen sie, um anderen zu erzählen, wer sie sind und was ihnen gefällt. Was für Unternehmen gilt, trifft auch auf Individuen zu: Wer in der neuen medialen Sphäre nicht präsent ist, existiert nicht. Und wer sich für eine Präsenz entschei-

---

11 Vgl. Earnshaw, Jessica: Justin Bieber fans react on Twitter after he's unveiled as the new face of Calvin Klein. Online: http://www.express.co.uk/news/showbiz/550652/Justin-Bieber-Calvin-Klein-Twitter-reaction vom 11.01.2015

12 Vgl. Rose, Frank: The Art of Immersion: How the digital generation is remaking Hollywood, Madison Avenue, and the way we tell stories, New York: W.W. Norten & Company Ltd. 2011.

13 Vgl. Csíkszentmihályi, Mihaly: Das Flow-Erlebnis. Jenseits von Angst und Langeweile im Tun aufgehen, Stuttgart: Klett 2000.

det, der benötigt fortwährend Inhalte, um die Timelines seiner Kontakte zu bespielen. Geteilte Meldungen und Stories zu einem Fanobjekt erfüllen einen Doppelnutzen: Einerseits geben sie dem Ultra-Fan die Möglichkeit die eigenen Kanäle mit Content zu füllen, andererseits vermitteln sie implizit die Werte, Anschauungen und Interessen und tragen somit zur Konstruktion der eigenen Identität bei.

THEORIEN, METHODEN UND PRAXISBEZÜGE

Grundsätzliche Erwägungen für den Aufbau von Fan Relations mit Ultra-Fans

Beschließt ein Unternehmen Fan Relations mit Ultra-Fans aufzubauen, gibt es einige grundsätzliche Erwägungen, die zunächst intern geklärt werden müssen, um eine passende Strategie entwerfen zu können. Die wichtigste Frage dabei lautet: Wie viel Nähe zu (Ultra-)Fans ist man als Unternehmen bereit zuzulassen? Die Antwort wird je nach Firmenphilosophie und -kultur, Marke, Branche, Zielgruppe und den verfügbaren Ressourcen sehr variieren. Eine große Bank oder Versicherung, von der auf dem Markt eine eher konservative Herangehensweise, Diskretion und Kompetenz erwartet wird, beschließt eventuell mit Ultra-Fans zwar einen Dialog zu führen, diese aber nicht zu sehr hinter die Kulissen schauen zu lassen, während Lifestyle-Marken, die sich an junge, extrem medienaffine Zielgruppen richten, Ultra-Fans eventuell sogar bei Produktentwicklungen einbeziehen. In jedem Fall ist bei der Festlegung, wie weit das Fan Relationship Management gehen darf, wichtig, dass alle betroffenen Bereiche eines Unternehmens in die Entscheidungsfindung einbezogen werden – angefangen natürlich bei den Abteilungen, die für die Kommunikation zuständig sind, über Produktentwicklung bis hin zur Rechtsabteilung und Compliance – damit sichergestellt werden kann, dass alle, die an Fan Relations in irgendeiner Form beteiligt sind oder sein können, mit der Linie des Unternehmens einverstanden sind und diese auch umsetzen können. Dies verhindert, dass zu einem späteren Zeitpunkt Unregelmäßigkeiten im Beziehungsmanagement mit Fans entstehen, welche das Verhältnis zwischen dem Unternehmen und dessen Fans unnötig belasten können.

Hat ein Unternehmen für sich beschlossen, wie viel Nähe zu Ultra-Fans maximal möglich sein soll, besteht die nächste Aufgabe darin festzulegen, in welcher Form Ultra-Fans angesprochen werden sollen und wie häufig. Diese Frage wird besonders dadurch bestimmt, welche Ressourcen für Fan Relations mit Ultra-Fans zur Verfügung stehen. Wie alle Formen von Beziehungspflege sind auch Aufbau und Aufrechterhaltung von Fan Relations sehr zeitaufwändig. Daher sollte bei der Entscheidung einer Fan-Relations-Strategie und deren Maßnahmen genau überlegt werden, ob sie in der angedachten Form alltäglich und konsequent im Rahmen der verfügbaren Ressourcen auch umgesetzt werden können. Das Beziehungsmanagement mit Fans sollte im Idealfall dieselbe Beständigkeit und Qualität reflektieren, die Verbraucher von den Produkten einer Marke oder eines Unternehmens erwarten würden.

Der Umgang mit Ultra-Fans

Ultra-Fans sind die besten Freunde eines Unternehmens oder einer Marke. Sie haben meist über mehrere Jahre hinweg eine tiefe, emotionale Bindung zu ihrem Fanobjekt[14] (also dem Produkt, dem Inhalt, oder der Person, dessen Fan sie sind) aufgebaut, die mit einer außergewöhnlichen Loyalität gegenüber dem Fanobjekt einhergeht. Beginnt ein Unternehmen mit Ultra-Fans zusammenzuarbeiten, muss es sich zunächst mit der bestehenden Fan-Kultur vertraut machen und versuchen, sich organisch in diese Kultur einzugliedern. Es gilt viel zuzuhören und zuzusehen; zu lernen, welche Fan-Communities es gibt, wie sie aufgebaut sind, und wer ihnen angehört; und zu erkennen, welche Rituale, Diskussionen und Phänomene vorhanden sind. Selbstverständlich sollte dabei der Umgang mit allen Fans stets von Respekt gekennzeichnet sein, und Fans sollten zu jedem Zeitpunkt als ebenbürtig gesehen werden – eben wie unter Freunden.

Dies bedeutet auch, dass ein Unternehmen sich stets fragen sollte, wie es im Sinne der Fans zu einer bestehenden Fan-Kultur beitragen kann, um die Fans beim Ausleben ihrer Leidenschaft zu unterstützen, ohne die bestehende Dynamik in Fan-Communities zu stören. Ein Unternehmen sollte keinesfalls versuchen, Fans zu zwingen sich und ihre Kultur den Wünschen des Unternehmens anzupassen. Im besten Falle werden solche Versuche von der bestehenden Community ignoriert werden, im schlimmsten Falle kann es zu einer äußerst negativen Reaktion führen, die das Verhältnis von Unternehmen und Fans auf Dauer schädigen kann. Fans wissen genau, wer und wie sie sind, und wie sie ihre Fan-Leidenschaft zum Ausdruck bringen wollen.

14 Vgl. Sandvoss, Cornel: Fans. The Mirror of Consumption, Cambridge/Malden, MA: Polity Press 2005, S. 3.

Identifizierung von Ultra-Fans

Um Fan-Relations betreiben zu können, muss ein Unternehmen zunächst relevante Ultra-Fans identifizieren und kontaktieren. Dies erfordert einige Recherche nach bestehenden Fan-Communities zum eigenen Unternehmen, Produkt oder der eigenen Marke. Diese Fan-Communities formieren sich in den verschiedensten Medien: Manchmal sind es Facebook-Gruppen, ein anderes Mal Blog-Communities und in wiederum anderen Fällen eventuell unabhängige Foren oder Gruppen-Chats. Hat ein Unternehmen einige, relevante bestehende Fan-Communities gefunden, muss es als nächstes die Ultra-Fans darin identifizieren. In den meisten Fällen sollte sich dies nicht allzu schwer gestalten, da Ultra-Fans oft Meinungsbildner innerhalb einer Fan-Kultur darstellen, häufig posten und zu Fan-Communities überdurchschnittlich viel beitragen. In vielen Fällen kommt es zudem vor, dass Ultra-Fans von selbst den Dialog mit Unternehmen und Marken suchen. Insbesondere die Entwicklung von sozialen Medien hat diese Tendenz verstärkt, sodass ein Unternehmen auch seine eigenen Seiten auf sozialen Netzwerken analysieren sollte um zu sehen, ob manche User weitaus häufiger Kontakt darüber aufnehmen als andere.

Aufbau einer persönlichen Beziehung

Hat ein Unternehmen Ultra-Fans identifiziert, gilt es diese zu kontaktieren. Für den Aufbau von Fan-Relations ist dabei ein persönlicher Ansprechpartner besonders wichtig. Sind mehrere Personen für Fan-Relations zuständig, sollte deren Anzahl übersichtlich bleiben, damit es möglich ist, eine persönliche Nähe und Vertrauen zwischen den Fan Relations Managern und den Fans aufzubauen. Die Fan Relations Manager können Ultra-Fans dabei direkt anschreiben, sich vorstellen und sich für Fragen und Anliegen als Ansprechpartner erklären, um einen ersten Anknüpfungspunkt anzubieten. In welcher Form die persönlichen Ansprechpartnern mit den Fans kommunizieren, bleibt den Unternehmen selbst überlassen – in manchen Fällen ist es am einfachsten, das Beziehungsmanagement per E-Mail zu verfolgen, andere Fan Relations Manager stehen auch auf sozialen Medien wie Facebook oder Twitter zur Verfügung, und wiederum andere nutzen lieber Gruppen-Chats oder Teile eines unternehmenseigenen Forums. Natürlich ist auch eine Kombination von Medien möglich. Bei der Wahl der Kommunikationsmittel sollte in jedem Fall auch deren Grad an öffentlicher Zugänglichkeit berücksichtigt werden. Hat man vor mit Ultra-Fans hin und wieder sehr offen zu sprechen oder vertrauliche oder exklusive Informationen auszutauschen, sind direkte Kommunikationswege wie per E-Mail empfehlenswerter als ein Forum – selbst wenn sich im Forum normalerweise nur Ultra-Fans aufhalten oder es eigentlich nur für bestimmte Mitlieder zugänglich sein sollte. Im Rahmen dieses sehr direkten und persönlichen Beziehungsaufbaus gehören weitere Maßnahmen zur Beziehungspflege. Genau wie andere Geschäftspartner sollten Ultra-Fans, mit denen man regelmäßig in Kontakt steht, Aufmerksamkeiten wie z.B. Weihnachtskarten oder Weihnachtsgeschenke erhalten. Im Idealfall weiten sich derartige Maßnahmen sogar auf andere persönliche Meilensteine aus, wie zum Beispiel auf eine Gratulation zum Geburtstag oder zur Hochzeit, insofern dies der anvisierten Enge der Beziehung zum Fan entspricht.

Damit Fan-Aktivität überhaupt entstehen kann, müssen virtuelle und physische Räume vorhanden sein, in denen Fans sich treffen können, um sich über ihr Fanobjekt auszutauschen. Auch wenn Fans sich diese Räume in der Regel selbst schaffen, können Unternehmen ebenfalls Online-Communities als einen weiteren Bereich anbieten, in dem sich Fans ausleben können. Derartige Online-Communities von Unternehmen können als komplett eigenständige Plattformen angeboten werden, aber auch über bestehende Medien, wie z.B. Facebook-Gruppen. Der Vorteil an diesen von Unternehmen angebotenen Communities ist, dass sowohl Fans als auch Unternehmen einen direkten Zugang zueinander in einer eher informellen Umgebung haben, was die Annäherung zwischen beiden um einiges erleichtern kann. Zudem ist es in solchen Communities für Unternehmen möglich, relativ einfach ein Auge darauf zu behalten, welche Themen für die eigenen Fans wichtig sind, um eventuelle Probleme und potenzielle Krisen früh zu entdecken und aus der Welt zu schaffen.

Natürlich ist der persönliche Kontakt nicht nur auf die virtuelle Kommunikation beschränkt. Genau wie bei allen anderen menschlichen Beziehungsformen ist es auch bei Fan Relations für beide Seiten sehr hilfreich, Möglichkeiten zu schaffen, bei denen sich Fan und Ansprechpartner im direkten Gegenüber treffen und austauschen können. Hierzu eignen sich u.a. Veranstaltungen, die das Unternehmen ausrichtet (z.B. Presseveranstaltungen, Produktvorstellungen oder auch gesponserte Konzerte oder Shows), einzelne Treffen zwischen Fan-Relations-Manager und Fan, oder aber auch Events, die eigens für Fans geschaffen werden. Persönliche Begegnungen in der physischen Welt verbinden, vertiefen bestehende Beziehungen, erleichtern die Begegnung für neue Bekanntschaften, und bieten die Möglichkeit, heikle Themen fernab der üblichen, offiziellen Kommunikation zu besprechen. Daher sollten persönliche Begegnungen einen festen Bestandteil jeder Fan-Relations-Strategie formen.

Information als wichtigstes Mittel von Fan Relations

Fans und insbesondere Ultra-Fans leben von Information.[15] Sie sammeln jegliche erdenkliche Fakten zu ihrem Fanobjekt – Herstellung, Historie, beteiligte Schöpfer oder Erzeuger, etc. – um sich damit Stück für Stück eine Expertise betreffend ihres Fanobjekts aufzubauen. Dabei fungieren sie gleichzeitig als wertvolle Multiplikatoren: Da sie zumeist nicht nur Mitglieder von unabhängigen Fan-Communities sind, sondern diese lenken[16] und leiten, verbreiten sie Informationen, und auch ihre eigene Expertise, sehr schnell weiter. Somit ist Information das wichtigste Mittel im Aufbau einer Beziehung mit Ultra-Fans.

Wenn möglich sollten Ultra-Fans daher regelmäßig mit neuen und idealerweise sogar exklusiven Informationen versorgt werden. Die Form, in der dies geschieht, hängt auch hier vom Unternehmen und dem Medienverhalten der Fans ab. In manchen Fällen ist ein regelmäßiger Newsletter per E-Mail angebracht, in anderen eine persönliche Mitteilung des Fan Relations Managers, und in wiederum anderen ist ein News-Ticker oder ein exklusiv zugänglicher Blog am relevantesten. In allen Fällen ist es wichtig, dass Ultra-Fans als eine der ersten Teile der Öffentlichkeit von neuen Informationen erfahren und die Möglichkeit haben, direkt Rückfragen zu stellen, um diese dann natürlich auch zeitnah beantwortet zu bekommen.

Partizipative Einbindung von Ultra-Fans

Neben der Möglichkeit, Fans als Multiplikatoren von Informationen zu nutzen, gibt es für Unternehmen und Marken noch weitere Wege, die Leidenschaft und Expertise von Ultra-Fans zum Vorteil beider Seiten zu nutzen. All diese Wege sind partizipativ, d.h. sie erlauben den Fans sich dem Unternehmen gegenüber offen zu äußern, aktiv an dessen Prozessen teilzuhaben und somit die Arbeit des Unternehmens mitzubestimmen. Auch hier muss ein Unternehmen zunächst selbst entscheiden, inwieweit eine partizipative Einbindung von Fans strategisch gewünscht ist sich dann für passende Maßnahmen entscheiden.

Eine Möglichkeit Fans partizipativ einzubinden ist, mit Hilfe von Ultra-Fans und Fan Communities Marktforschung zu betreiben. Da Fans und insbesondere Ultra-Fans sich ohnehin bereits sehr offen austauschen und auch Unternehmen

---

15 Vgl. Jenkins, Henry: Textual Poachers. Television Fans and Participatory Culture, Oxon, UK/New York: Routledge 2013, S. 30.

16 Vgl. Jenkins, Henry: Convergence Culture. Where Old and New Media Collide, London/New York: New York University Press 2006, S. 31f.

und Marken gegenüber klare Kritik äußern, kann man bereits beim Verfolgen von Unterhaltungen von Fans viele Erkenntnisse über Verbrauchermeinungen zu einem Produkt und dessen Herstellung, Verfügbarkeit, Inhaltsstoffe, etc. gewinnen. Möchte man jedoch noch einen Schritt weitergehen, kann man an Fans auch direkt herantreten und sie einladen an Umfragen, Interviews, Fokusgruppen und Produkttests teilzunehmen. In der Regel stehen Fans solchen Anfragen sehr offen gegenüber, da sie sich freuen, an der Entstehung oder Verbesserung eines Produkts aktiv teilhaben zu können. Je nachdem wie viel Nähe ein Unternehmen zu Fans zulassen möchte, ist es ebenso möglich Fans schon einen Schritt früher in die Produktentwicklung einzubeziehen und sie abstimmen zu lassen, welches Produkt oder welches Design es geben soll – oder sie sogar ein Produkt komplett mitgestalten zu lassen, von der Ideenfindung zur technischen Gestaltung bis hin zum Aussehen. Derartige Einbindungen können die Bindung zu Fans extrem vertiefen, da Fans sich ernst genommen und respektiert fühlen, bedeuten für das Unternehmen jedoch einiges an Flexibilität und Risikobereitschaft, einen Schritt aus der Komfortzone ihrer eigenen Entwicklungsprozesse zu wagen, was je nach Unternehmenskultur eine große Herausforderung sein kann.

Die Mitgestaltung von Fans kann nicht nur über die Produktentwicklung umgesetzt werden, sondern auch über die Medienpräsenz eines Unternehmens oder einer Marke. Besteht zum Beispiel ein Firmen- oder Markenblog, können Ultra-Fans eingeladen werden zu diesem ebenfalls Beiträge beizusteuern. Dasselbe gilt für soziale Medien wie Facebook, Twitter, Instagram, YouTube oder tumblr, oder auch die eigene Webseite – hier können ebenfalls Fan-Inhalte eingebunden werden, um Nähe zur Fan-Community zu schaffen, neue Verbraucher auf das Bestehen einer Fan-Community aufmerksam zu machen und die Beziehung zu Ultra-Fans zu stärken.

Zu guter Letzt gibt es auch die Möglichkeit einer Kombination aus allen oben genannten partizipativen Maßnahmen: dem Aufgreifen von bestimmten Fan-Kultur-Elementen wie Ritualen, Insider-Witzen, oder bestimmten Begriffen, in die eigene Produkt- und Kommunikationsgestaltung. Geschieht dies auf respektvolle Weise, also in einer Form, in der Fans nicht das Gefühl haben, man mache sich über sie lustig, sondern schätzt und bedankt sich für ihre Leidenschaft, kann dies zu einer weiteren Vertiefung der Beziehung zwischen dem Unternehmen und seiner Fan-Gemeinde führen.

Dies sind bei weitem nicht alle Möglichkeiten Fans und besonders Ultra-Fans partizipativ einzubinden. Alle aufzuführen würde den Rahmen dieses Kapitels sprengen. Grundsätzlich gilt, dass Fan-Manager Augen und Ohren offen halten sollten, da sich partizipative Möglichkeiten auf verschiedenste Weisen und sehr unterschiedlich je Unternehmen und Marke präsentieren können. Bei jeder

Form der partizipativen Einbindung von (Ultra-)Fans gilt jedoch, dass sie für beide Seiten eine „Win-Win"-Situation darstellen und Fans einen echten Mehrwert bieten sollte, damit sie eine langfristige positive Auswirkung auf das Verhältnis von Fans und Unternehmen hat. Dies bedeutet auch, dass Fans zu jedem Zeitpunkt gerecht behandelt werden müssen, und in manchen Fällen sogar ihre Zeit und Aufwand für die Zusammenarbeit vergütet werden sollte.

Anreize und Belohnungen für Ultra-Fans

Wie zu Anfang dieses Kapitels erwähnt, unterscheiden sich Ultra-Fans von der regulären Fan-Community, auch wenn sie ein Teil dieser sind. Ultra-Fans zeichnen sich durch ihre besonders hohe Hingabe und Leidenschaft für das Fanobjekt aus, sie werden eigene Experten und tragen maßgeblich zur Entstehung und Erhaltung der Fankultur um ein Fanobjekt bei. Um Ultra-Fans noch stärker an sich zu binden und sich bei ihnen für ihr außergewöhnliches Engagement zu bedanken, besteht für Unternehmen die Möglichkeit, Ultra-Fans aktiv zu belohnen. Je nach Unternehmen, Produkt und Fan-Kultur kann diese Belohnung verschiedene Formen annehmen: Prämien, Vergünstigungen, Erhalt von Produkten vor offizieller Veröffentlichung oder auch Einladungen zu Veranstaltungen, die vom Unternehmen (mit-)ausgerichtet werden. In unternehmenseigenen Fan-Communities können z.B. für eine bestimmte Anzahl von Fan-Beiträgen auch Titel und Abzeichen verliehen werden. Wenn möglich sollten die Kriterien, um derartige Belohnungen zu erhalten, stets offen kommuniziert werden, um Verärgerung auf Seiten der Fans vorzubeugen und stattdessen sogar Anreize für Fan-Aktivität zu schaffen.

Erfolgsmessung von Fan-Relations

Teil einer erfolgreichen Fan-Relations-Strategie ist selbstverständlich auch deren Auswertung und Erfolgsmessung. Wie bei den meisten Kommunikationsmaßnahmen lässt sich der Erfolg von Fan-Relations nicht kausal an Faktoren wir Absatzsteigerungen messen. Trotzdem gibt es einige Indikatoren, welche den Erfolg von Fan-Relations anzeigen können. Auch wenn Absatzsteigerungen von vielen verschiedenen Einflüssen abhängen, sollten Abverkaufszahlen ab Beginn von Fan Relations im Auge behalten werden, um mögliche Parallelen zwischen Fan-Relations-Aktivitäten und Verkäufen ausmachen zu können. Ebenso sollte die Mund-zu-Mund-Propaganda online, also der Social Media Buzz, beobachtet werden, da sich dieser dank Fan Relations steigern könnte. Das gleiche gilt für mehr Erwähnungen in der Presse, dem Wachstum bei Neukunden und dem wachsenden Bekanntheitsgrad des Unternehmens oder der Marke laut Marktforschungsumfragen – dies alles sind Hinweise darauf, dass eine Fan-Relations-Strategie funktioniert und für das Unternehmen Erfolge bringt.

Auch aus dem direkten Austausch mit Ultra-Fans und der generellen Fan-Community kann ersichtlich werden, ob sich eine Fan-Relations-Strategie auszahlt und positive Ergebnisse bringt. Nehmen die eigenen Ultra-Fans und Fans von sich aus vermehrt Kontakt zum Unternehmen oder zur Marke auf und bringen noch häufiger Lob, Anregungen oder Kritik zum Ausdruck, weist das auf ein gesundes, starkes Verhältnis zwischen Fans und Unternehmen hin, da sich Fans in diesem Fall respektiert und gehört fühlen und die Beziehung weiter vertiefen möchten. Ein gutes Verhältnis zwischen Fans und Unternehmen schlägt sich auch positiv auf Krisen- oder Problemsituationen nieder. Kommt die Fan-Community dem Unternehmen hier zu Hilfe und verteidigt sie das Unternehmen sogar gegenüber Kritikern, ist auch dies ein Hinweis darauf, dass die Beziehung zwischen Fans und Unternehmen auf einem soliden Fundament ruht. Der Erfolg von Fan-Relations lässt sich jedoch auch intern messen. Im Idealfall sollte ein gutes Verhältnis zu Fans im Unternehmen selbst ein größeres Verständnis für die Bedürfnisse und Wünsche der Verbraucher schaffen, sowie neue Anreize und Inspirationen für Produktentwicklungen und -verbesserungen bewirken.

Ein gutes Beispiel für den Umgang mit Ultra-Fans ist der Unterhaltungsgigant Marvel Entertainment. Das aktuelle Sortiment von Marvel umfasst über achttausend verschiedene Figuren in unterschiedlichsten Medienformen, von den ursprünglichen Comic-Büchern bis hin zu Filmen, Fernsehserien, Computerspielen und Büchern.[17] Insbesondere mit der Entwicklung des Marvel Cinematic Universe, d.h. den Kinofilmreihen (*Iron Man, Thor, Captain America, The Avengers, Guardians of the Galaxy*) und Fernsehserien (*Agents of S.H.I.E.L.D., Avengers Assemble, Agent Carter*) der letzten Jahre, ist Marvels Fan-Community seit 2008 stark angewachsen. Marvel bietet seinen Fans zum einen über die eigene Webseite die Möglichkeit sich über Kommentare auszutauschen und arbeitet gerade daran, die alten Fan-Foren komplett neu aufzusetzen,[18] und ist zum anderen auf sozialen Medien wie Facebook, Twitter, YouTube und Pinterest sehr aktiv. Dies gilt besonders für das soziale Netzwerk tumblr, auf dem sich viele Fan-Kulturen zusammenfinden und aktiv sind.[19] Somit bietet Marvel Fans zum einen die Möglichkeit sich in einer unternehmenseigenen Community auszutauschen

17 Vgl. http://marvel.com/corporate/about

18 Vgl. http://marvel.com/fans

19 Vgl. http://marvelentertainment.tumblr.com

und gliedert sich gleichzeitig auch organisch in die bestehenden Fan-Communities auf anderen Medien ein.

Im Fall des Kinofilms *Avengers: Age of Ultron* (2015) zeigt sich außerdem, wie gut Marvel die Kultur und Riten seiner Fans versteht. Zu diesen gehört, dass Film-Trailer mit Hochspannung erwartet werden und danach mehrere Male genau angesehen werden, teilweise in Zeitlupe, um sie genau zu analysieren.[20] Am 21. Oktober 2014 gab Marvel bekannt, dass der erste Trailer zu *Avengers: Age of Ultron* in der darauffolgenden Woche am 28. Oktober 2014 während einer Episode von *Agents of S.H.I.E.L.D.* präsentiert werden würde.[21] Die Nachricht verbreitete sich wie ein Lauffeuer über soziale Medien und Fans zählten bereits gespannt die Tage, als am 22. Oktober 2014 der Trailer auf einmal auf YouTube veröffentlicht wurde – jedoch nicht offiziell von Marvel, sondern einer undichten Stelle in den eigenen Reihen. Marvels Reaktion war souverän: Anstatt die Verbreitung des Trailers so schnell wie möglich einzudämmen, twitterte das Unternehmen auf seinem offiziellen Twitter-Kanal lediglich „Dammit, Hydra!“[22] und bewies Humor, indem es die vermeintliche Schuld für die Vorveröffentlichung auf die Organisation der Bösewichte im Marvel Cinematic Universe schob. Während die Fans den Tweet tausende Male favorisierten und weiterverbreiteten, veröffentlichte Marvel zudem auf seinem eigenen YouTube-Kanal den Trailer und teilte auf Twitter dazu ein weiteres offizielles Poster des Films.[23] Der Trailer wurde daraufhin mit über 50 Millionen Ansichten einer der meistgesehene Film-Trailer auf YouTube im Jahr 2014.[24]

---

20 Vgl. http://www.youtube.com/watch?v=2zbr27YeHrg vom 23.10.2014 und Guerrero, Tony: The Avengers: Age of Ultron Trailer: Scene Breakdown and Analysis. Online: http://www.comicvine.com/articles/the-avengers-age-of-ultron-trailer-scene-breakdown/1100-150175/ vom 23.1.2014.

21 Vgl. Couch, Aaron: 'Avengers: Age of Ultron' Trailer to Air During „Agents of SHIELD“. Online: http://www.hollywoodreporter.com/live-feed/avengers-age-ultron-trailer-air-742812 vom 21.10.2014.

22 Vgl. https://twitter.com/marvel/status/525071656306626560 vom 22.10.2014.

23 Vgl. Lesnick, Silas: The Official Avengers: Age of Ultron Trailer and Poster are Here. Online: http://www.comingsoon.net/movies/news/124335-the-official-avengers-age-of-ultron-trailer-and-poster-are-here#/slide/1 vom 22.10.2014.

24 Vgl. McCarthy, Tyler: „Avengers: Age Of Ultron“ Trailer Breaks Records, Marvel Promises More Footage During „Agents Of SHIELD“. Online: http://www.ibtimes.com/avengers-age-ultron-trailer-breaks-records-marvel-promises-more-footage-during-agents-1714697 vom 28.10.2014.

Doch damit noch nicht genug: Eine Woche später, zur eigentlichen Sendezeit des ersten *Age of Ultron*-Trailers, verbreitete Marvel eine verlängerte Version des Trailers mit zusätzlichen Szenen, die in der ursprünglichen Version nicht zu sehen waren und gab Fans somit eine weitere Möglichkeit sich mit der Vorschau für *Age of Ultron* detailgenau auseinanderzusetzen.[25]

Aufgrund der schieren Größe von Marvel und seiner Fan-Gemeinde ist es schwierig, eine direkte, persönliche Beziehung zu Ultra-Fans aufzubauen. Eine Ansprache über E-Mail ist hier zum Beispiel nicht mehr möglich. Trotzdem schafft Marvel es, dank eines feinen Gespürs für die eigenen Fan-Gemeinde, dieser Informationen und Inhalte so anzubieten, dass die Fan-Gemeinde das Gefühl hat, neue Informationen stets exklusiv direkt von Marvel zu erhalten (primär über deren offiziellen Twitter-Kanal) und als Fans mit all ihrer Leidenschaft und Riten respektiert zu werden.

ENTWICKLUNGEN UND AUSBLICK

Ultra-Fans haben für Unternehmen und Marken viel zu bieten. Mit der richtigen Herangehensweise können sie so zu einer wertvollen Bereicherung für Unternehmen werden, sowohl in der externen Kommunikation als auch für interne Prozesse. Mit der Entwicklung immer neuer Kommunikationsmöglichkeiten und dem Trend der Identitätsbildung durch Konsum ist es sehr wahrscheinlich, dass der Austausch zwischen Fans und Unternehmen weiterhin ansteigt. Eine Fan-Relations-Strategie ist daher insbesondere für Lifestyle- und Unterhaltungsmarken sehr zu empfehlen. Während es für effektive Fan Relations wichtig ist, dass die eigenen Fans in jedem Fall respektvoll behandelt und wertgeschätzt werden, ist zeitgleich zu bedenken, dass insbesondere Ultra-Fans zwar die ausdrucksstärksten Mitglieder der eigenen Fan-Gemeinde sind, jedoch nicht zwingend die Meinung der gesamten Gemeinde selbst und aller Verbraucher an sich wiedergeben. Als „Super User“ haben sie oft eine sehr spezielle Sicht, die ihr Fanobjekt betrifft und je nach Fankultur können sie dabei sogar sehr radikal dem Unternehmen und der eigenen Fan-Gemeinde gegenüber auftreten. Dies kann soweit gehen, dass Ultra-Fans mit ihrem Auftreten Mitglieder der eigenen Fan-

---

25 Vgl. Grauso, Alisha: The Breakdown: Avengers: Age of Ultron Extended Trailer! Online: http://moviepilot.com/posts/2014/11/13/the-breakdown-avengers-age-of-ultron-extended-trailer-2431278?lt_source=external,manual vom 13.11.2014.

Gemeinde vertreiben.[26] Entsprechend gilt es auch hier eine sorgsame Balance zwischen den Bedürfnissen des eigenen Unternehmens, der Ultra-Fans, der Fan-Gemeinde an sich und der Masse der Verbraucher zu finden, um sicherzustellen, dass die Beziehung zu einer dieser Gruppen nicht zu Lasten anderer geht. Nur dann wirkt sich der Erfolg von Fan-Relations auf alle Beteiligte aus.

Die wichtigste Voraussetzung für das effektive Management von Beziehungen zu Ultra-Fans ist die richtige Haltung. Hierzu ist in vielen Unternehmen ein Umdenken erforderlich. Denn oftmals begegnen die Verantwortlichen ihren fanatischsten Anhängern mit Vorurteilen und Skepsis. Dies hängt einerseits mit der Tatsache zusammen, dass Ultras in der Regel betreuungsintensiver sind als normale Fans und Kunden und dadurch mehr Ressourcen abfordern. Andererseits ist das Bedürfnis nach Immersion in der vom protestantischen Arbeitsethos geprägten Kultur vieler Unternehmen unserer westlichen Welt gesellschaftlich nicht anerkannt und wird als Eskapismus gewertet. Solange das reale Verreisen in andere Länder in unserer Gesellschaft zu Erholungszwecken mehr Anerkennung genießt als das Eintauchen in medial erzeugte Erlebniswelten, sei es beim Konsolen- oder Rollenspiel oder beim Binge-Watching der Lieblingsserie, werden Ultra-Fans nicht ernst genommen und ähnlich wie die Otakus in Japan als „Nerds" mit zu viel Zeit abgestempelt. Hierbei wird aber allzu leicht übersehen, dass es sich bei diesen Menschen in der partizipativen Medienkultur, um eine neue Form von Stakeholder handelt, die über die Zukunft einer Marke mitentscheiden.

26 Vgl. Foos, Markus: Wie man einen 4:0-Auswärtssieg hassen lernt. Online: https://hauptsachefussball.wordpress.com/2014/10/31/wie-man-einen-40-auswarts sieg-hassen-lernt/ vom 31.10.2014.

WEITERFÜHRENDE LITERATUR

Duffett, Mark: Understanding Fandom. An Introduction to the study of Media Fan Culture, London/New York: Bloomsbury Academic 2013.

Fiske, John: Understanding Popular Culture 2. Ausg., Oxon, UK/New York: Routledge 2010.

Hills, Matt: Fan Cultures, Oxon, UK/New York: Routledge 2010.

Jenkins, Henry: Convergence Culture. Where Old and New Media Collide, London/New York: New York University Press 2006.

Jenkins, Henry: Textual Poachers. Television Fans and Participatory Culture, Oxon, UK/New York: Routledge 2013.

Roose, Jochen/Schäfer, Mike S./Schmidt-Lux, Thomas: Fans. Soziologische Perspektiven, Wiesbaden: VS Verlag für Sozialwissenschaften 2010.

Rose, Frank: The Art of Immersion. How the digital generation is remaking Hollywood, Madison Avenue, and the way we tell stories, New York: W.W. Norten & Company Ltd. 2011.

Sandvoss, Cornel: Fans. The Mirror of Consumption, Cambridge/Malden, MA: Polity Press 2005.

Gamification

Spielen ist keine Erfindung der Unterhaltungsindustrie

ROMAN RACKWITZ

> „Der Mensch spielt nur, wo er in voller Bedeutung des Worts Mensch ist, und er ist nur da ganz Mensch, wo er spielt."
> FRIEDRICH VON SCHILLER

EINFÜHRUNG

Spiele begleiten uns von Anfang an durch unser Leben. Besonders zu Beginn unseres Daseins erleben wir fast alles als ein Spiel: Wir testen, wir probieren, wir scheitern, wir fallen, wir stehen auf, wir machen weiter, wir lernen, wir werden besser, wir schaffen etwas, wir siegen und so weiter. Dies ist auch die Zeit in unserem Leben, in der wir sogar ermutigt werden zu spielen. Von der Wiege bis zum Kindesalter freuen sich die Eltern, wenn der Nachwuchs spielt, es wird sogar als eine Art Talent angesehen. Und Kinder spielen meistens nicht alleine. Unzählige Stunden verbringen die Eltern mit den Kleinen und spielen dabei „Verstecken" oder „Peek-a-boo" und vieles mehr. Zu spielen wird hier als ideales Mittel zur Weiterentwicklung angesehen. Dabei beginnt es oft mit einem belanglosen Ausprobieren von Dingen und mit der Zeit entwickeln sich daraus ganze Szenarien mit Regeln, Zielen, Verbündeten und Gegnern. Sie spielen und lernen dabei mit einer unglaublichen Geschwindigkeit. Wenn man hier von Lernen spricht, ist sowohl kognitives als auch motorisches Lernen gemeint.

Diese Faszination rund um die spielerische Weiterentwicklung lässt sich sehr gut anhand der unzähligen YouTube-Videos erkennen, die sich ausschließlich mit solchen Situationen befassen. In diesen Videos sind Kinder aus allen Kulturen zu sehen, Mädchen und Jungen allen Alters, wie sie – in der Regel durch Neugier angestachelt – etwas ausprobieren und testen. Manchmal demonstrieren diese Beispiele, wie sie dabei gezielt Spielregeln brechen, nur um zu sehen, was passiert, wenn bestimmte Bedingungen nicht gegeben wären. Das ist Lernen in seiner Urform.

Doch dann gibt es einen Zeitpunkt, mit dem das alles vorbei sein soll. Dieser Zeitpunkt findet spätestens zum Schuleintritt statt. Plötzlich ist Spielen weniger Lernen sondern wird vielmehr als reine Zeitverschwendung empfunden und als sinnloses Herumalbern bezeichnet. Es geht sogar noch weiter: Spielen ist jetzt nicht mehr nur ungenügend in Bezug auf Lernen, sondern wird oft auch als das komplette Gegenteil betrachtet. Wenn das Kind Hausaufgaben macht und die Eltern ein lautes Lachen aus dem Kinderzimmer hören, dann kommt mit hoher Wahrscheinlichkeit die elterliche Aussage: „Wir dachten, dass du Hausaufgaben machst?" Hier lässt sich sehr schön erkennen, wie wir zum Großteil das Verhältnis zwischen Lernen und Spaß sehen: Lernen bzw. Schule ist eher ein Anti-Freude Programm. Es ist erstaunlich, dass wir unsere Kinder erst ermutigen zu spielen, da wir wissen, wie wichtig dies für ihren Lernprozess ist und dass es auch Spaß macht und dann, von einem Moment auf den anderen, scheint dies nicht mehr zu gelten. Als ob wir Menschen uns plötzlich so verändert hätten, dass sogar evolutionär bedingte Methoden nun einfach nicht mehr gelten.

Spielerisches Verhalten existiert mutmaßlich seit dem Erscheinen unserer Spezies und nimmt hier die Rolle des Trainings unserer Fähigkeiten ein. Es lässt sich sogar vermuten, dass eher diejenigen Mitglieder unserer Art, die unfähig waren im Spiel und in Simulationen ihre Fähigkeiten zu trainieren und zu verbessern, langfristig vom Angesicht der Erde verschwanden als andersherum. Wer mehr spielte, trainierte gleichzeitig mehr und erhöhte somit die Wahrscheinlichkeit, im Ernstfall angemessen reagieren zu können. Und bloß weil wir nun mit einer Anzahl anderer Kinder in einem Raum sitzen, um Vernünftiges zu lernen, hat sich unsere Verbundenheit zum effektiven Lernen im Spiel nicht einfach in Luft aufgelöst.

Das Spiel lieferte also einen wertvollen Beitrag, um uns Menschen in ein Umfeld zu versetzen, in dem wir uns selbst effektiv weiterentwickeln konnten und im Kampf um das Überleben unserer Spezies siegreich waren.

Der folgende Beitrag wird sich daher mit dem Thema Spiel und unserer psychologischen aber auch physiologischen Verbundenheit damit auseinanderzusetzen. Wenn es uns in der Vergangenheit bereits so gute Dienste erwiesen hat, sollten wir dann nicht auch versuchen, dieses Potential für die Zukunft zu nutzen? Herausforderungen wird es schließlich immer geben. Genau dieser Gedanke steht hinter dem Ansatz von Gamification.

THEORIEN UND METHODEN

Grundlagen

Es gibt einige anerkannte Definitionen für Gamification, wobei sich diese meist nur sehr unwesentlich voneinander unterscheiden. Eine der bekanntesten Definitionen stammt von Sebastian Deterding: „Gamification is the use of game design elements in non-game contexts."[1] Wichtig ist es also zu unterscheiden, ob es sich um die Anwendung von spielerischen Elementen in einem klassisch spielerischen Kontext handelt oder nicht. Die Grenzen sind manchmal durchaus etwas unklar. Klar ist jedoch: Wird ein klassisches Spiel gespielt, egal ob Video-, Brett-, oder Kartenspiel, dann fällt dies nicht unter Gamification, da ein klassischer, spielerischer Kontext vorhanden ist. Die Person setzt sich dabei bewusst hin und spielt ein Spiel. Dabei ist es egal, worum es inhaltlich in einem Spiel geht. Hier darf Kontext nicht mit Content verwechselt werden. Im Folgenden werden dazu kurz die aktuell bekanntesten spielerischen Anwendungen, die bisher im Unternehmensumfeld bekannt sind, betrachtet.

Simulation

Eine Simulation im spielerischen Unternehmenskontext ist ein Spiel, das dem Spieler die Freiheit gibt, innerhalb der Simulation bestimmte Aufgaben anzugehen und zu testen. Dies erlaubt der beteiligten Person innerhalb dieses Kontexts zu scheitern, daraus zu lernen und es erneut zu versuchen, ohne reale Konsequenzen befürchten zu müssen. Hier wird ein realer Ablauf simuliert, der aus Unternehmenssicht unumgänglich ist. Das heißt, dass die Spieler einer Simulation auf ein ganz bestimmtes Verhalten hintrainiert bzw. ganz bewusst individuelle Fähigkeiten gefördert werden sollen.

Game-based Learning

Game-based Learning (kurz: GBL) nutzt das Produkt Spiel als Tool, um die zu lernenden Inhalte dem Spieler durch spielerische Interaktion unterhaltsamer, verständlicher und nachhaltiger zu vermitteln. Eine Charakteristik dabei ist oftmals, dass der zu lernende Inhalt oberste Priorität hat. Der Spielspaß hat sich diesem

1 Deterding, Sebastian/Khaled, Rilla et al.: „Gamification: Toward a Definition". Vortrag CHI 2011 Gamification Workshop Proceedings, Vancouver, 07.05.2011. Online: http://hci.usask.ca/uploads/219-02-Deterding,-Khaled,-Nacke,-Dixon.pdf

im Zweifelsfall unterzuordnen. Anders ausgedrückt: Bei GBL ist Lernen das Ziel, während bei einem klassischen Spiel Lernen eigentlich nur Mittel zum Zweck ist und der Spielspaß an erster Stelle steht.

Serious Game

Ein Serious Game zielt darauf ab, dass die Spieler, während sie innerhalb eines klassischen Spiels voranschreiten, automatisch ein reales Problem lösen. Dies geschieht, indem eine Fragestellung, die uns im realen Leben beschäftigt, soweit herunter gebrochen wird, dass komplexe Sachverhalte durch die Anpassung an Level, Regeln, Spielelemente leichter verständlich und somit für jedermann zugänglich gemacht werden.

Während sich bis hierhin die Eigenschaften einer Simulation und eines Serious Game eins zu eins gleichen, besteht der Unterschied beider Ansätze letztlich im gewünschten Unternehmensziel[2]. Serious Games zielen durch den spielerischen Einsatz der User auf Lösungsmöglichkeiten realer Probleme ab, die nur schwerlich im direkten und realen Umfeld erarbeitet worden wären. Somit können Serious Games oftmals auch als Crowdsourcing-Tool bezeichnet werden.

Das Spiel Foldit ist hier wohl ein Paradebeispiel. Ihm gelang es, die wissenschaftlich hoch komplexe und langwierige Suche nach körpereigenen Proteinsträngen und ihrer Faltmöglichkeiten so interessant zu gestalten, dass tausende von Spielern sich dieser Herausforderung annahmen und so Faltkombinationen entdeckten, nach denen die Wissenschaft jahrelang vergeblich forschte.

Die drei genannten Theorien haben gemeinsam, dass immer eine Art klassisches Spiel als Trägermedium verwendet wird, um dem Spieler Informationen zu vermitteln und ihn damit arbeiten zu lassen. Genau an dieser Stelle unterscheidet sich Gamification. Zwar zielt es auch auf den gleichen Effekt ab, nämlich der Auseinandersetzung des Spielers mit Informationen und deren effektiven Verarbeitung, jedoch ohne ein klassisches Spiel als Trägermedium zu nutzen.

Warum Gamification?

Unter Gamification – gerne auch als Engagement Design bezeichnet – versteht man das direkte Anwenden von Game-design-thinking, also das Anwenden von Spielelementen, -mechaniken, und -dynamiken, auf reale Aktivitäten. Im Unternehmensumfeld sind hier klassischerweise Bereiche wie Marketing, Human Resources, Wissensmanagement, Verkauf, Projektmanagement, Weiterbildung und

2 Vgl. http://de.slideshare.net/romrack/gamification-serious-games vom 06.03.2013.

Produktion zu nennen. Hier werden aktuelle und bestehende Arbeitsprozesse, Dienstleistungen und eventuell sogar Produkte durch genau die spielerischen Variablen angereichert, die verantwortlich sind für die menschliche Faszination und unsere Verbundenheit mit spielerischen Aktivitäten. Wie bei jedem neuen Thema und aufkommenden Trend stellt sich auch hier die Frage nach der Daseinsberechtigung. Was ist das Potential von Gamification und welches Problem wird damit in der Zukunft gelöst?

In der Natur geschieht nichts ohne Grund und daher liegt es nahe sich zu überlegen, warum Menschen so gepolt wurden, dass sie Spaß beim Spielen empfinden. Warum war und ist es für den Menschen hilfreich, freiwillig zu spielen? Wenn wir etwas gerne bzw. freiwillig tun bedeutet dies in der Konsequenz natürlich auch, dass die Wahrscheinlichkeit steigt, eben diese Aktivität in unseren kostbaren und nur begrenzt verfügbaren freien Minuten auszuführen. Damit kommt solch einer Aktivität automatisch eine höhere Bedeutung in unserem Alltag zu. Da sich diese Eigenschaft rückblickend unter anderem auch noch als erfolgreich herausgestellt hat – immerhin haben wir als Spezies überlebt und uns weiterentwickelt – kann sie so verkehrt nicht sein.

Die Fähigkeit zu überleben bedeutet vor allem auch fähig zu sein sich an die uns umgebenden und sich verändernden Rahmenbedingungen anzupassen, also nichts anderes als zu lernen. Unser Gehirn ist darauf in Perfektion ausgerichtet, denn es ist eine einzige Lernmaschine. Wie bereits erwähnt, ist das Spannende für uns Menschen, im Spiel Dinge ausprobieren zu können. Durch Versuch und Irrtum entstehen direkte Lerneffekte, und dies um ein vielfaches effektiver als durch reine Erzählungen einer anderen Person. Wollten wir in unserer Vergangenheit also besser werden – im Kampf ums Überleben mit wilden Tieren und uns feindlich gesinnten Menschen – brauchten wir eine Möglichkeit, unsere Fähigkeiten im Kampf zu erproben und zu verbessern, ohne uns gleichzeitig in Todesgefahr zu begeben, sollten wir scheitern. Das 'bewusste Spielen' war somit geboren.

Im gemeinsamen Einverständnis mit unseren Mitspielern entstehen Situationen mit eigenen Regeln, Spielfeldern und Zielen. Diese Situationen sind normalerweise sowohl zeitlich als auch örtlich begrenzt und es gelten Regeln, die oftmals sehr realitätsnah aber gleichzeitig immer noch auf unsere Bedürfnisse angepasst sind. Somit ist es möglich, reale Situationen in einer abgeschwächten Form zu simulieren und das eigene Verhalten in solch einer simulierten Situation zu trainieren. Natürlich mit einem Vorteil, der einem in der Realität normalerweise versagt war: durch Fehler gefahrlos lernen zu können.

Dabei haben Spiele sogar einen selbstregulierenden Charakter: Sind sie zu schwer und überfordern somit unsere eigenen Fähigkeiten bei weitem, sind wir frustriert und stoppen sie. Sind sie jedoch zu leicht, werden sie schnell langweilig und wir stoppen ebenfalls. In der Regel beschäftigen wir uns also mit solchen Spielen, die uns zwischen Frustration und Langeweile binden mit regelmäßigen Höhepunkten, die uns auch angemessen darüber hinaus fordern. Wichtig ist hier, dass sich diese Höhepunkte in einer gefühlten Reichweite befinden. Wir wollen das Gefühl haben, auch fähig zu sein, das Spiel und seine Herausforderungen in einer absehbaren Zeit zu lösen.

Dieses Zusammenspiel zwischen dem passenden Verhältnis unserer eigenen Fähigkeiten und der individuellen Herausforderung wurde unter anderem auch vom Verhaltenspsychologen Mihaly Csikszentmihalyi genauer beleuchtet. Aus seiner Betrachtung entstand dabei die Theorie des „Flow-Channels" (Abb.1).

Abbildung 1: Flow-Channel

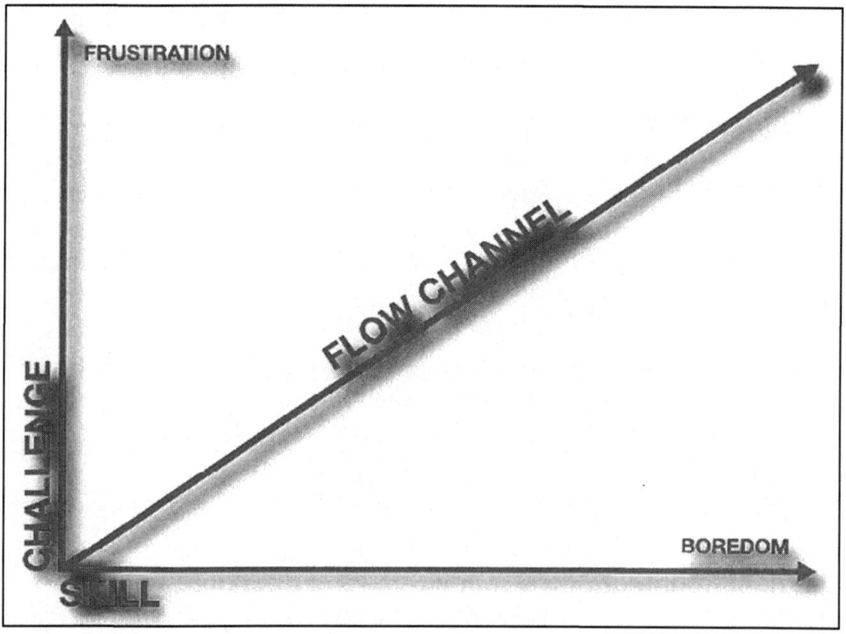

Quelle: Flow-Channel nach Mihaly Csikszentmihalyi; erstellt durch Engaginglab

Die meisten Menschen haben bereits die Faszination des Flow erlebt, wenn man bei der Ausführung einer Aktivität in einen Zustand gelangt, indem man das Gefühl für Zeit und Raum verliert. Das Spannende daran ist, dass man den Flow niemals bei einer Tätigkeit erlebt, die man als unattraktiv empfindet. Oder anders herum: Gelingt es, die Rahmenbedingungen so zu setzen, dass man sich dem

Flow-Channel annähern kann, bestehen gute Chancen, dass die Aktion selbst als interessant und angenehm empfunden wird.

Dabei reicht es aber nicht nur, ein passendes Verhältnis zwischen Fähigkeit und Herausforderung zu schaffen. Mihaly Csikszentmihalyi fand hier noch die folgenden, zusätzlich benötigten Bedingungen heraus:

- Klare Ziele und Regeln
- Individuelles (Echtzeit)feedback
- Informationstransparenz

Genauer betrachtet zeigt sich, dass diese genannten Rahmenbedingungen es erleichtern, den Flow zu erleben und den Zustand, in dem man am effektivsten lernen kann, zu erreichen. Verbindet man dies auch noch mit einer freudigen Emotion, dann fällt auf, dass Spiele bzw. auch spielerische Umgebungen wie Sport und Hobbies genau auf diesen Rahmenbedingungen basieren.

Die Fähigkeit zu lernen hat sich für uns Menschen als eines der Erfolgsgeheimnisse im Kampf ums Überleben herausgestellt. Unser menschliches Gehirn ist eine reine Lernmaschine und das Spielen hat sich als eines der effektivsten Mittel zum Lernen bewährt. Was bei dieser Überlegung aber wirklich überrascht ist, dass Spielen somit einen lehrenden bzw. leistungsfordernden Charakter erhält. In unserer Gesellschaft hat das Spielen eher den Ruf, ein Mittel zum Eskapismus zu sein, sei es, dass der Spieler vor dem Alltag flüchtet oder sich vor Arbeit drückt. Dabei ist ein spielerisches Umfeld – mit all seinen von Herausforderungen, klaren Zielen, Regeln, direktem Leistungs-Feedback und komplexen Informationen – oftmals fordernder (besonders im kognitiven Sinne) als die Realität. Oder anders ausgedrückt: Der Aufbau von Spielen ist für unser Gehirn oft besser verständlich als unser Alltag und unsere Interaktion mit diesen daher befriedigender als unsere Aktivitäten im Berufsalltag. Es erscheint also logisch, von den Erfolgselementen aus Spielpsychologie, Neurowissenschaften und Spieldesign zu lernen, um auch weniger attraktive Bereiche zu verbessern. Ganz im Sinne des Benchmarking.

Gamification im Wirtschaftskontext

In den Massenmedien tauchte der Begriff Gamification gegen Ende 2010 auf. Ein Blick auf Google-Trends (Abb. 2) zeigt uns folgende, weltweite Suchhistorie des Begriffs Gamification auf google.com:

Abbildung 2: Google-Trends – Gamification

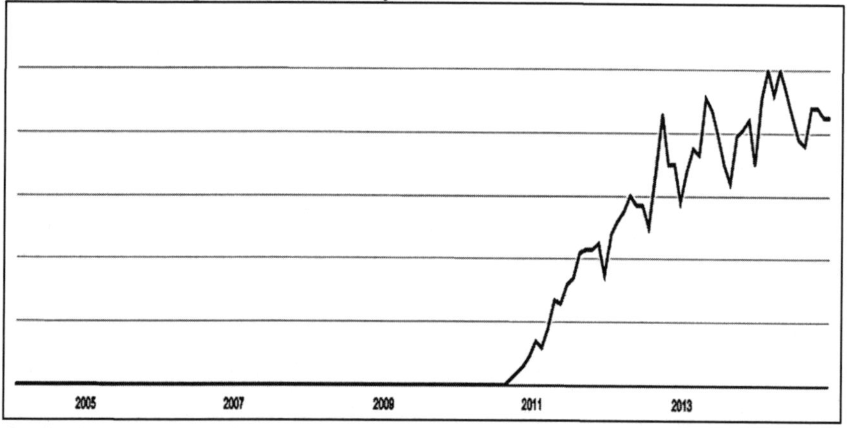

Quelle: http://www.google.com/trends/explore#q=gamification vom 02.11.2014.

Es zeigt, dass der Begriff vor 2011 kaum eine Rolle gespielt, jedoch ab 2011 mehr und mehr an Aufmerksamkeit gewonnen hat. Dies spiegelt sich auch in der Zahl der Konferenzen wieder, die seitdem zu dem Thema stattgefunden haben. Hier seien als Beispiele der *gsummit* in San Francisco, die größte Gamification-Konferenz, oder auch die drei deutschen Konferenzen *GamifyCon* in München, *GamificationDay* in Köln und die *BizPlay* in Karlsruhe gennant. Konferenzen entstehen bzw. halten sich in der Regel nicht ohne die Beteiligung und das Interesse der Wirtschaft. Für diese scheint das Thema rund um Gamification aktuell hochgradig interessant zu sein. Doch warum ist das so? Was genau versprechen sich Organisationen, Unternehmen und mittlerweile auch Bildungseinrichtungen und NGOs davon?

Um dies zu beantworten werden im Folgenden zwei Kategorien unseres generellen Denkens vorgestellt: kristalline und fluide Intelligenz. Diese Kategorien wurden von Raymond Cattell unter dem Begriff der Zweikomponententheorie beschrieben.[3] Während sich die kristalline Intelligenz auf Fähigkeiten bezieht,

3 Vgl. Cattell, R. B.: Abilities: Their structure, growth, and action, New York: Houghton Mifflin 1971.

die auf Wissen und Erfahrung basieren, bedeutet fluide Intelligenz, Fähigkeiten wie Mustererkennung, problemlösungsorientiertes Denken und Lernen zu besitzen. Besonders letztere, ist notwendig für Innovationen bzw. für das Agieren in einem Umfeld, dass geprägt ist von immer schneller werdenden Entwicklungszyklen und individuelleren Dienstleistungen. Dies macht die fluide Intelligenz zu einem der Haupterfolgsfaktoren für Nationen, die überdurchschnittlich abhängig sind von Innovationen und der Erbringung von Dienstleistungen.[4] Daher ist anzunehmen, dass Länder wie Deutschland besonders abhängig sind von der fluiden Intelligenz ihrer Bewohner.

Andrea Kuszewski[5], eine amerikanische Verhaltenstherapeutin und Dozentin in Harvard, beschäftigt sich mit der Entwicklung bzw. dem Training von fluider Intelligenz. In einer ihrer Harvard-Vorlesungen stellte sie die Ergebnisse ihrer eigenen Untersuchungen vor und zeigte dabei fünf Schlüsselfaktoren auf, um die eigene fluide Intelligenz zu verbessern. Diese fünf Elemente sind[6]:

- Seek Novelty
- Challenge Yourself
- Think Creatively
- Do Things The Hard Way
- Network

Wenn man sich die Liste mit diesen Elementen ansieht und dann an die Struktur und Anforderungen spielerischer Umgebungen wie Videospiele, Brettspiele, Kartenspiele, Sport oder auch Hobbies denkt, fällt es nicht schwer hier eine Verbindung zu sehen. Genau diese Anforderungen erfüllen Spiele in der Regel auf perfekte Art und Weise.

Für Dienstleistungsgesellschaften und ihre individuellen Teilnehmer scheint sich hier eine sehr interessante Möglichkeit zu ergeben, um in Zukunft gezielt das Potential der fluiden Intelligenz nutzen und auch trainieren zu können. Durch solch eine Entwicklung, gepaart mit weiteren Begebenheiten, wie z.B. der

---

4 Vgl. Jaeggi, Susanne M/Buschkuehl, Martin et al.: Improving fluid intelligence with training on working memory. Online: www.pnas.org/content/early/2008/04/25/0801268105.full.pdf+html vom 18.03.2008.

5 Vgl. http://www.science20.com/profile/andrea_kuszewski

6 Vgl. Kuszewski, Andrea: You can increase your intelligence: 5 ways to maximize your cognitive potential. Online: http://blogs.scientificamerican.com/guest-blog/2011/03/07/you-can-increase-your-intelligence-5-ways-to-maximize-your-cognitive-potential/ vom 07.03.2011.

technologischen Entwicklungen der Smartphones als Spieleplattform oder auch der Gewohnheiten jüngerer Generationen, die in einer On-Demand Spielewelt aufgewachsen sind, wird Gamification eventuell einen bedeutenden Einfluss auf die zukünftige Wettbewerbsfähigkeit der Dienstleistungsgesellschaften haben. Somit erklärt sich wohl auch die ansteigende Nachfrage zu diesem Thema seit einigen Jahren.

PRAXISBEZÜGE

In der Praxis lassen sich mittlerweile unterschiedliche Einsatzkategorien erkennen. Aktuell am präsentesten ist dabei der Einsatz von Gamification im Marketingumfeld und Personalwesen bzw. im gesamten Spektrum des sogenannten Employee-Life-Cycle. Zusätzlich zeigt sich weiteres Interesse im Bereich des Softwaredesigns, des Community-Managements, der Datenanalyse und auch in der Interaktion zwischen Mensch und Maschine. Die Einsatzmöglichkeiten von Gamification beziehen sich dabei immer auf die eigentliche Aktivität, die die beteiligten Personen auszuführen haben und sind somit branchenunabhängig. Nehmen wir hier als Beispiel die interne Personalweiterbildung, dann konzentriert sich Gamification auf den individuellen Lernvorgang zwischen Lernstoff und der lernenden Person. Dabei ist es erst einmal zweitrangig, ob wir hier von Lerninhalten aus dem Finanzsektor, dem Gesundheitsbereich, der Produktion, Forschung oder anderen Bereichen reden.

Da wir von einem noch relativ jungen Trend und Ansatz reden, halten sich aktuelle und öffentliche Beispiele noch in Grenzen. Dabei muss hier klar abgegrenzt werden zwischen dem, wie Gamification auf Grund der oben genannten Definition von Sebastian Deterding und die oben beschrieben Herleitung bezeichnet werden kann und dem, was im Moment oftmals einfach nur gerne (bewusst oder unbewusst) unter dem Begriff Gamification veröffentlicht wird. Diese Veröffentlichungen versuchen dabei meist, auf den Trend bzw. den Hype um den Begriff aufzuspringen um von seiner aktuellen Attraktivität zu profitieren.

Als Beispiel seien hier die bekannten, klassischen Bonusprogramme im Marketing genannt, die dank dem aktuellen Trend Gamification eine Art Renaissance erleben, ohne sich jedoch wirklich weiterentwickelt zu haben. In der Spielindustrie ist es kein Geheimnis, dass die Faszination des Spiels nicht abhängig ist vom Grad der Belohnung, z.B. durch Punkte, Orden, usw. Es ist die Aktivität des Spielens selbst, die für die Faszination und das Engagement im Spiel sorgen. Eine langweilige Aktivität bleibt langweilig, unabhängig ob mit Belohnung oder ohne. Genau das ist es aber, worauf Bonusprogramme zum Großteil nach wie vor setzen. Dieses Beispiel verdeutlicht eventuell die Charakteristik von Gamification. Mit Hilfe bestimmter Rahmenbedingungen wie Informationstransparenz, Echtzeitfeedback, klaren Zielen und der genannten fünf Schlüsselelemente von Andrea Kuszewski, wird auf die direkte Verbesserung der eigentlichen Aktivität abgezielt und nicht nur auf die simple Einführung von Belohnungsprogrammen nach einem Facelifting. Spiele faszinieren die Menschen schließlich schon seit unseren Urzeiten, als es noch keine Möglichkeiten gab, bunt gestaltete Orden und Ranglisten auf den Bildschirm zu zaubern.

Aber natürlich gibt es auch bereits bekannte Beispiele für den Einsatz von Gamification im Unternehmenskontext. Hier ein paar Beispiele aus den bereits genannten Bereichen Simulation, Game-based Learning, Serious Game und Gamification:

Beispiele für Simulationen

Das bekannteste Beispiel einer Simulation ist wohl der Flugsimulator. Hier wird ein reales Szenario so realistisch wie möglich dargestellt, um in einer risikolosen Umgebung, nämlich der virtuellen Welt des Spiels, Fertigkeiten zu vermitteln und zu prüfen.

Ein weiteres Beispiel für eine Simulation im Unternehmenseinsatz ist *Plantville* (Abb. 3) von Siemens.[7]. Diese Simulation lässt die Spieler die Herausforderungen eines Produktionsstandortmanagers von Siemens erleben. Ziel des Spiels ist es, die Effektivität, Nachhaltigkeit, Mitarbeiterzufriedenheit, und andere wichtige Kennzahlen an dem Produktionsstandort zu verbessern. Dabei lernen die Spieler automatisch mehr über Strategien, Gesetze, Produktionsverfahren, Materialien, usw. bei Siemens.

7 Vgl. http://business.chip.de/news/Plantville-Fabrik-Management-als-Browser-Spiel_50447239.html vom 22.07.2011.

Weitere Beispiele für Simulationen sind *Investorville*[8], *ERPsim*[9], *SAPRoadwarrior*[10] und *SCMGlobe*[11].

Abbildung 3: Plantville – Siemens

Quelle: http://business.chip.de/bii/1/2/1/0/6/6/4/7/Plantville-5416910fac2c24ea.jpg vom 22.11.2011.

8 Vgl. https://www.mywealth.commbank.com.au/landing/property?CID=BCHLIWA000YAB0PPP

9 Vgl. http://batonsimulations.com/erpsim-training-game/what-are-erpsim-games/

10 Vgl. Herger, Mario: Roadwarrior. How SAP trains its sales people on mobility. Online: http://enterprise-gamification.com/index.php?option=com_content&view=article&id=71:roadwarrior-how-sap-trains-its-sales-people-on-mobility&catid=13:education-a-training&Itemid=17&lang=en vom 13.01.2012.

11 Vgl. http://scmglobe.com/user_sessions/new

Beispiele für Game-based Learning

Ein klassisches Beispiel für Game-based Learning ist das Spiel *SoD: Alchemy*. Den aktuellen Erfolg der Filmreihe *School of Dragons*[12] nutzend, wird im Spiel *SoD: Alchemy* (Abb. 4) das Periodensystem der Elemente gelehrt. Hierbei verbindet das Spiel die Geschichte des Films mit den erfolgreichen Spielregeln des Spiels *Candycrush Saga*[13].

Abbildung 4: SoD: Alchemy

Quelle:
https://play.google.com/store/apps/details?id=com.KnowledgeAdventure.ElementsMatch vom 11.12.2014.

Während sich die Spieler dabei auf das Lösen der Aufgaben im Spiel konzentrieren, setzen sie sich automatisch mit der Periodentafel und unterschiedlichsten Kombinationen von Elementen auseinander. Der Unterschied zum klassischen Unterricht ist, dass in solch einem Kontext der zu lernende Unterrichtsstoff nicht Ziel des Lernens ist, sondern Teil einer angestrebten Lösung wird. Damit kommt dem Lehrstoff (in diesem Falle also die Elemente der Periodentafel) aus Sicht des Spielers ein bedeutungsvoller und vor allem nachvollziehbarer Zweck zu.

---

12 Vgl. http://www.schoolofdragons.com/lang/de/how-to-train-your-dragon

13 Vgl. https://play.google.com/store/apps/details?id=com.king.candycrushsaga&hl=en vom 16.12.2014.

Dies ist besonders bei solchen Lehrinhalten interessant, für welche die Schüler im ersten Moment nur wenig Praxisbezug sehen bzw. sich selbst fragen, wozu sie es später brauchen werden. Wie so oft im Spiel ist es hier der Kontext, der den Erfolg ausmacht und weniger der Content.

Weitere Beispiele für Game-Based-Learning sind *Classcraft*[14], *CTF365*[15], und *Ludwig*[16].

Beispiele für Serious Games

Play to Cure (Abb. 5) wurde entwickelt, um Wissenschaftlern eine repetitive Aufgabe abnehmen zu können. In der Forschung gibt es häufig Aufgaben, die sich mit einer zeitraubenden und relativ stupiden Auswertung bestehender Daten beschäftigen. Dies bedeutet in der Regel Kosten für die Zeit der Wissenschaftler, in denen ihr Fachwissen kaum oder nur in sehr geringem Maße eingesetzt werden kann.

Mit der Intention dies zu ändern, entstand das Mobile-Game *Play to Cure.* Die Aufgabe des Spielers ist es, mit Hilfe seines Raumschiffes eine möglichst große Menge an „Element Alpha" einzusammeln und dabei gleichzeitig Asteroiden aus dem Weg zu gehen bzw. diese zu vernichten. Um hier immer effizienter werden zu können, kann der Spieler sein Raumschiff mit der Zeit hochrüsten. Im Vorfeld des eigentlichen Fluges muss der perfekte Flugpfad durch das „Element Alpha" geplant werden (siehe Abb. 5). Das „Element Alpha" simuliert dabei in Wahrheit eine DNA-Mikromatrix und der Spieler wertet diese aus[17]. Besonders die Peaks innerhalb der DNA-Mikromatrix sind für die Wissenschaftler interessant und der Spieler nimmt ihnen nun die Arbeit ab, diese selbst plotten zu müssen. Da das reine Plotten des Flugpfades nicht sonderlich spannend für den Spieler wäre, wird das Spiel um den eigentlichen Flug, also die Spannungskomponente des Spiels, erweitert. Hier kann der Spieler dann sein aufgerüstetes Raumschiff in Szene setzen. Dies ist ein Beispiel dafür, dass, obwohl mit dem eigentlichen Plotten des Pfades die wissenschaftliche Arbeit des Spiels erledigt ist, auf keinen Fall der Spielspaß zu kurz kommen darf. Die Kunst ist es, beide Parteien, die eigentliche Institution mit dem realen Problem (hier die Wissenschaftler) und

14 Vgl. http://www.classcraft.com/de

15 Vgl. https://ctf365.com

16 Vgl. http://www.playludwig.com/en

17 Vgl. http://scienceblog.cancerresearchuk.org/2014/02/04/download-our-revolutionary-mobile-game-to-help-speed-up-cancer-research vom 04.02.2014.

den Spieler selbst, zu bedienen, um Erfolg haben zu können. Nur wenn beide auf ihre Kosten kommen, hat ein Serious Game eine Chance auf Erfolg.

Weitere Beispiele für Serious Games sind u.a. *Foldit*[18] und *Phylo*[19].

Abbildung 5: Play to Cure

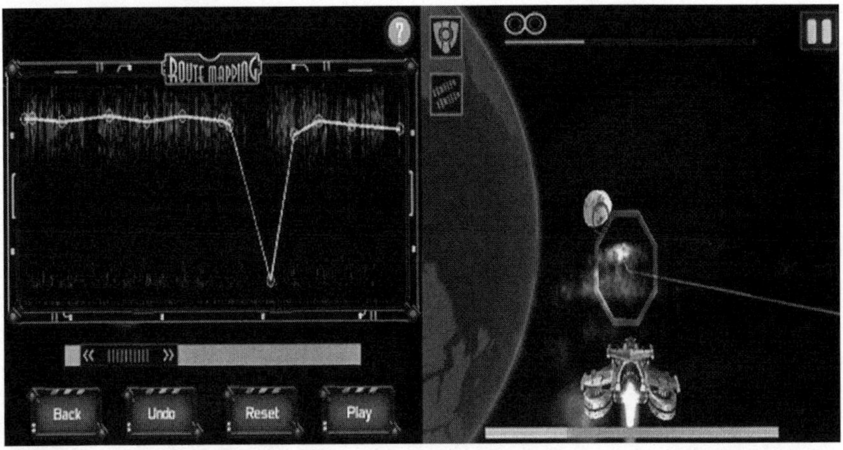

Quelle:
https://play.google.com/store/apps/details?id=com.guerillatea.elementalpha&hl=en vom 21.02.2014.

Beispiele für Gamification

Das Hotel *Prinz Luitpold Bad* (PLB) (Abb. 6) im Allgäu bietet ein gutes Beispiel wie Gamification auf eine sehr einfache Art und Weise im Bereich der Kundenbindung eingesetzt werden kann. Wie fast alle Hotels hat auch das PLB ein eigenes Kundenbindungsprogramm. Ziel ist es natürlich, mit solch einem Programm die Treue der Hotelgäste zu belohnen. Die Krux hinter diesen Bonusprogrammen ist jedoch, dass sie in fast jedem Hotel angeboten werden. Es macht keinen Unterschied, bei welchem Hotel ein Gast absteigt. Sobald er ein Zimmer bucht, bekommt er eine bestimmte Art von Treuepunkten und diese lassen sich später für einen Gegenwert umtauschen. Das wachsende Problem hinter diesen Programmen wurde bereits angesprochen: Sie beschränken sich auf immer mehr Punkte, Sternchen oder ähnliches und die einzige Voraussetzung hierfür ist, dass der Kunde Geld ausgibt.

18 Vgl. http://fold.it/portal

19 Vgl. http://www.sciencegamecenter.org/games/phylo-the-dna-puzzle-game

Nun wissen wir ja inzwischen, was hinter der Emotion „Spaß im Spiel“ wirklich steht (siehe die fünf Punkte von Andrea Kuszewski und die Rahmenbedingungen von Mihaly Csikszentmihalyi) und genau das hat sich die Hotelleitung des PLB zum Vorbild genommen. Nach 21 Übernachtungen erhalten die Gäste des Hotels einen Brief, in welchem sie zum Knappen der Prinz-Luitpold-Tafelrunde ernannt werden. Gleichzeitig erfahren die Gäste, wie viele Nächte sie zum nächsten Aufstieg (Sergeant) benötigen. Damit endet die Gemeinsamkeit des „Prinz-Luitpold-Bad-Kundenbindungsprogramms“ mit anderen auch. Um diese Stufe des Sergeanten zu erreichen, genügt es nämlich nicht, einfach nur weitere Nächte zu buchen. Nun erfahren die Kunden auch, dass sie dafür eine gute Tat vollbringen müssen. Diese gute Tat darf frei gewählt werden, muss aber schriftlich beim Hotel eingereicht werden. Damit baut die Hotelleitung auf eine emotionale Bindung mit den Gästen, basierend z.B. auf den Punkten „Challenge Yourself“, „Think Creatively“ und „Seek Novelty“.

Abbildung 6: Hotel Prinz-Luitplod-Bad, Kundenbindungsprogramm

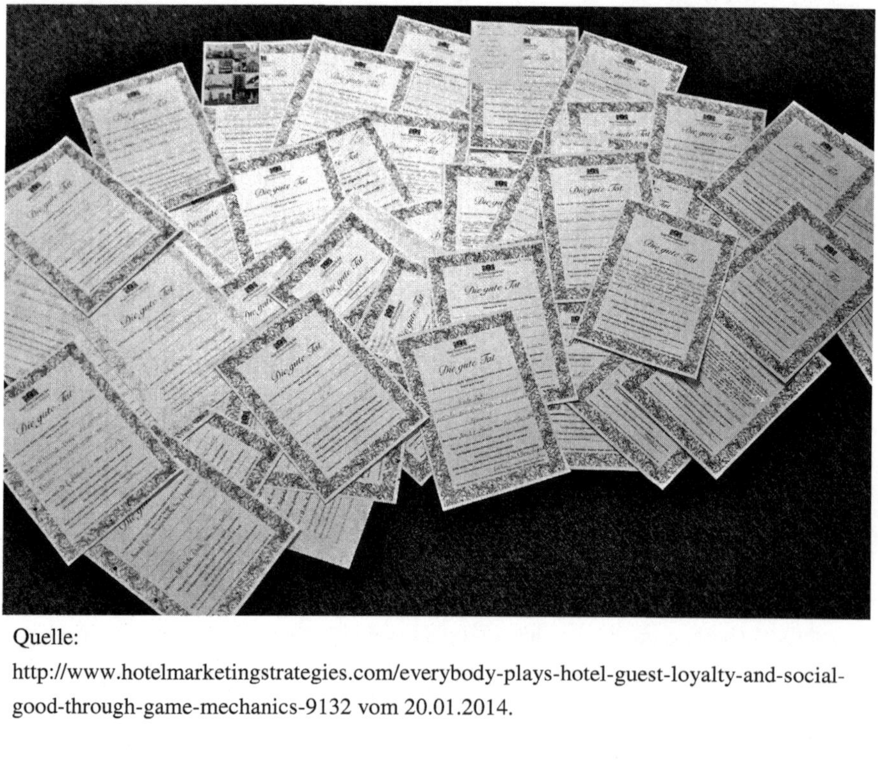

Quelle:
http://www.hotelmarketingstrategies.com/everybody-plays-hotel-guest-loyalty-and-social-good-through-game-mechanics-9132 vom 20.01.2014.

Von den ca. 400 Anschreiben, die im ersten Jahr an Kunden verschickt wurden, kamen über 100 gute Taten zurück, was zusammengerechnet einige tausend Euro für wohltätige Zwecke bedeutete. Der zusätzliche Nutzen dieses Kundenprogramms war, dass sich die Gäste aktiv, gebraucht und letztlich verbundener mit dem Hotel fühlten. Dieses gamifizierte Kundenbindungsprogramm ist auch deshalb interessant, da es bestätigt, dass Gamification bzw. die menschliche Faszination für das Spielen in erster Linie nicht abhängig sind von aufwendigen Graphiken, großem Storytelling und dem Einsatz neuester Technologie. Dies sorgt zum einen für den Einsatz dieses leicht verständlichen Konzepts auch bei älteren Generationen und zweitens für einen enormen Kostenvorteil.

Weitere Beispiele für Gamification-Anwendungen sind *Sony EvolutionUI*[20], *Duolingo*[21], und *Samsung Nation*[22].

ENTWICKLUNGEN UND AUSBLICK

Seit Bestehen des Begriffs Gamification wird er hauptsächlich mit der Implementierung von Punkten, Badges und Ranglisten gleichgesetzt. Im Grunde also einfach nur eine modernere Version der alten Kundenbindungsprogramme. Dass dies weit vom Potenzial entfernt ist, wurde in dem Kapitel angeschnitten.

Jedoch entwickelt sich auch diese Disziplin weiter. Mit zunehmendem, wirtschaftlichem Interesse lohnen sich auch längerfristig angesetzte Kooperationen mit Forschungsinstitutionen aus der Verhaltenspsychologie, den Neurowissenschaften und weiteren Disziplinen.[23] Die wichtigste Erkenntnis aus dieser bisherigen Zusammenarbeit ist, dass es bei der Spielmotivation des Menschen kaum

20 Vgl. http://www.enterprise-gamification.com/mediawiki/index.php?title=EvolutionUI vom 07.05.2014.

21 Vgl. https://www.duolingo.com/

22 Vgl. http://www.samsung.com/us/samsungnation/

23 Vgl. hierzu Hamari, Juho: Does gamification work? Online: http://gamification-research.org/2013/09/does-gamification-work-a-look-into-research/ vom 06.09.2013; Hamari, Juho/Koivisto, Jonna: „Measuring flow in gamification: Dispositional Flow Scale-2", in: Computers in Human Behaviour 40 (2014), S. 133-143. Online: http://www.researchgate.net/publication/264637700_Measuring_flow_in_gamification_Dispositional_Flow_Scale-2; Rhyne, Theresa-Marie/Doenges, Peter et al.: „The impact of computer games on scientific & information visualization". Panel Session: „Computer Games and Viz: If you can't beat them, join them", SIGGRAPH 2001, Los Angeles, 15.08.2001.

um eine simple Belohnung im Spiel selbst geht, sondern die bereits oben genannten Punkte wie Herausforderung, Informationstransparenz, Feedback, Neugierde und soziale Interaktion bestimmend sind.

Persönliche Erfolge sind meistens auch dann noch erfüllend, wenn keine extrinsische Belohnung darauf erfolgt. Eine typische Belohnung jedoch, die für eine Aktivität vergeben wird, die selbst nicht als herausfordernd bzw. bedeutend empfunden wird, ändert nichts an der Aktivität selbst. Im Gegenteil, denn oftmals verliert die Belohnung dadurch selbst an Bedeutung.

Zukünftige technische Entwicklungen werden voraussichtlich dafür sorgen, dass die benötigten Rahmenbedingungen für Gamification – Informationstransparenz, individuelles Feedback, Kommunikation, etc. – immer einfacher, schneller und kostengünstiger bereitgestellt werden können. In den Startlöchern hierfür stehen bereits Entwicklungen wie Augmented Reality und Quantified Self, die auf eine perfekte Art und Weise auch für Gamification-Zwecke genutzt werden können.

Längst genügt es nicht mehr, die Kunden einfach nur durch einen Informationsmonolog zu erreichen. In einer Welt, in der die Zielgruppe dank Social Media ziemlich gut bestimmen kann wann, wie, wo und mit wem sie in Kontakt treten möchte, kann es nicht funktionieren, einfach nur die Penetranz der Werbung zu erhöhen. In diesem Fall würde das Unternehmen einfach vom Screen „gewischt“ werden. Ich nenne dies „das Gesetz des schnellen Daumens“. Nur wer hier einen Weg findet, in eine Interaktion mit der Zielgruppe zu treten und ihr Interesse auch zu halten, wird eine Chance zur Kundenbindung erhalten. Hier lässt sich das Potential von Gamification in der Kundenansprache und -bindung erahnen.

Ähnliches gilt auch für die eigenen Mitarbeiter. Aktuelle Generationen und natürlich auch die nachkommenden wachsen in einer Welt auf, die durch Video-on-Demand, Feedback, offene Kommunikation, Mobile-Games, usw. dominiert wird. Dies sorgt dafür, dass diese Generationen – da sie es gar nicht anders kennen – ein ähnliches Umfeld auch im Job voraussetzen bzw. in diesem am effektivsten und intuitivsten agieren können und solch eine Umgebung somit auch vom Arbeitgeber erwarten. Im Kampf um die besten Arbeitskräfte und die Notwendigkeit, das volle Potenzial der eigenen Mitarbeiter möglich effektiv nutzen zu können, kann Gamification, mit all seinen Ansätzen aus der Verhaltenspsychologie und der Neurowissenschaft, eine attraktive Methodik zur Herangehensweise bieten. Solange es nicht einfach nur auf eine nicht zufriedenstellende Belohnung reduziert wird.

WEITERFÜHRENDE LITERATUR

Csikszentmihalya, Mihaly: Flow. The Psychology of Optimal Experience, New York: HarperCollins Publishers 1990.

Dignan, Aaron: Game Frame. Using Games as a Strategy for Success, New York: Free Press 2011.

Herger, Mario: Enterprise Gamification. Engaging people by letting them have fun (Volume 1), Los Altos: EGC Media 2014.

Koster, Raph: Theory of Fun for Game Design, Scottsdale: Paraglyph Press, Inc. 2005.

Kumar, Janaki M./Herger, Mario: Gamification at Work. Designing Engaging Business Software, Los Altos: EGC Media 2014.

McGonigal, Jane: Reality Is Broken. Why Games Make Us Better and How They Can Change the World, New York: Penguin Press 2011.

Pink, Daniel: Drive. The Surprising Truth About What Motivates Us, New York: Canongate Books 2011.

Reeves, Byron: Total Engagement. How Games and Virtual Worlds Are Changing the Way People Work and Businesses Compete, Boston: Harvard Business Press 2009.

Schell, Jesse: The Art of Game Design. A book of lenses, London: CRC Press 2014.

Transmedia Storytelling

Die Herrschaft des Mutterschiffes

HENRY JENKINS[1]

EINFÜHRUNG

Das Konzept der transmedialen Erzählung war schon immer überoptimistisch. Es ist ein idealisierter Schnittpunkt der Hoffnung von Medienschaffenden, mehr Anerkennung für ihre kreativen Beiträge zu erhalten, der Hoffnung von Fernsehgesellschaften, das Engagement ihrer Zuschauer zu vertiefen und der Hoffnung von Fans auf eine „komplexere" Form der Erzählung.

Der Begriff *transmedial* bedeutet schlicht und einfach „über Medien hinweg" und deutet ein strukturiertes oder koordiniertes Verhältnis von verschiedenen Medien und deren Anwendungen an. 1991 beschrieb Marsha Kinder in ihrem Buch *Playing with Power in Movies, Television and Video Games* Charaktere wie die *Super Mario Brothers*, die *Muppet Babies* und die *Teenage Mutant Ninja Turtles*, die alle in verschiedenen medialen Texten auftauchen, als Teile von „transmedia supersystems [...] [that] position consumers as powerful players while disallowing commercial manipulation."[2] In meinem eigenen Buch *Convergence Culture* (2006) griff ich diesen Begriff dann auf, um die Erzählweisen

1 Der Artikel wurde mit freundlicher Genehmigung des Autors von Christine Weitbrecht ins Deutsche übersetzt. Für Teile des engl. Textes vgl. Jenkins, Henry: „The reign of the ‚mothership': Transmedia's past, present, and possible future", in: Denise Mann (Hg.), Wired TV. Laboring over an interactive future, New Brunswick/New Jersey: Rutgers University Press, S. 244-268.

2 Kinder, Marsha: Playing with Power in Movies, Television, and Video Games: From Muppet Babies to Teenage Mutant Ninja Turtles, Berkeley: University of California Press 1991, S. 38, 119.

zu benennen, welche sich gerade zu diesem Zeitpunkt durch die Erweiterungen des Franchises *The Matrix* (vom Film zu Comics, Büchern und Anime), der Entwicklung von *Dawson's Desktop*, der Werbekampagne von *The Blair Witch Project* und der Entstehung von Alternate Reality Games (z.B. *The Beast* und *I Love Bees*) herausbildeten:

> „Transmedia storytelling represents a process where integral elements of a fiction get dispersed systematically across multiple delivery channels for the purpose of creating a unified and coordinated entertainment experience. Ideally, each medium makes its own unique contribution to the unfolding of the story."[3]

Diese Definition geht von zwei Hauptelementen aus: radikale Intertextualität und Multimodalität. Radikale Intertextualität besteht etwa dann, wenn DC oder Marvel Comics ein „wesentliches Ereignis" einer Geschichte über verschiedene Ausgaben und Comic-Serien hinweg ausspielen und dabei die Leben ihrer jeweiligen Superhelden auf komplexe Weise miteinander verknüpfen. Radikale Intertextualität besteht auch dann, wenn *Battlestar Galactica* als Mini-Serie beginnt, sich zu einer fortlaufenden Serie entwickelt, alleinstehende Fernseh-Spielfilme hervorbringt und schließlich sogar eine Prequel-Serie, *Caprica,* zur Folge hat und alle diese Elemente mit Webisoden verbunden sind.

Der Begriff Multimodalität stammt vom Semiotiker Gunther Kress, der beschreibt, wie die Beschaffenheit verschiedener Medien darüber bestimmt, wie die Kommunikation darauf stattfindet.[4] Andere Autoren wie Christy Dena haben Kress' pädagogische Analyse weitergeführt, um zu untersuchen, wie Geschichten über verschiedene Medien hinweg erzählt werden.[5] Dementsprechend drehen sich manche Diskurse zum Thema Transmedia um den Fluss von Geschichten, während andere den Fluss über verschiedene Medien in den Mittelpunkt stellen.

---

3 Jenkins, Henry: Transmedia Storytelling 101: Confessions of an Aca-Fan. Online: http://www.henryjenkins.org/2007/03/transmedia_storytelling_101.html vom 22.03.2007.

4 Vgl. Gunther Kress, Gunther: „Reading Images: Multimodality, Representation and New Media" in: Information Design Journal & Document Design (12/2) 2004, S. 110-119.

5 Vgl. Dena, Christy: Transmedia Practice: Theorizing the Practice of Expressing a Fictional World across Distinct Media and Environments, PhD diss., University of Sydney 2009.

THEORIEN UND METHODEN

Transmedia heute

In den letzten zehn Jahren wurde das Konzept „Transmedia" durch den Austausch zwischen (etablierten und unabhängigen) Wissenschaftlern, Journalisten, Fans und Medienschaffenden sowohl theoretisch als auch funktionell weiter ausgebaut. Eine wachsende Zahl von Konferenzen, wie z.B. Futures of Entertainment, Transmedia Hollywood, Storyworld, Power to the Pixel, Ted X Transmedia, DIY Days und das Transmedia Lab der Telefonica Foundation bieten unterschiedlichsten Teilnehmern die Möglichkeit, neue Projekte vorzustellen, zu beurteilen und dabei zu ermitteln, wie transmediale Geschichten aufgebaut und finanziert werden können und ganz besonders auch welche Annahmen Produzenten im Bezug auf das Engagement und die Partizipation von Zuschauern machen. Häufig wird dieser Gedankenaustausch auf Blogs, Podcasts, in sozialen Medien und bei regulären Treffen in medialen Produktionszentren weitergeführt. Hinzu kommt eine wachsende Zahl von Büchern, verfasst sowohl von Wissenschaftlern als auch von Branchenexperten, welche ihre Vision der Zukunft von Transmedia darlegen und interessierten Medienschaffenden allerlei Ratschläge mit auf den Weg geben.[6]

Darüber hinaus nutzt Transmedia die Konsolidierung der Medien aus ursprünglich verschiedenen Teilen der Unterhaltungsbranche aus, indem es einen starken Anreiz dafür bietet, Inhalte auf so vielen Medien-Plattformen wie möglich zu spielen. Somit verwandelt das transmediale Konzept eine wirtschaftliche Notwendigkeit in eine ästhetische und künstlerische Chance, indem es hinterfragt, wie transmediale Ansätze gehaltvolle Unterhaltungserlebnisse schaffen können. Diese beiden primären Beweggründe sind eng mit einem dritten verbunden: dem Wunsch, die Loyalität der Zuschauer zu vertiefen und deren Enga-

6 Vgl. etwa Bernardo, Nuno: The Producer's Guide to Transmedia: How to Develop, Fund, Produce, and Distribute Compelling Stories across Multiple Platforms, New York: Beactive Books 2011; Davidson, Drew: Cross-Media Communications: An Introduction to the Art of Creating Integrated Media Experiences, Pittsburgh: Lulu.com 2010; Gionavagnoli, Max: Transmedia Storytelling: Imagery, Shapes, and Techniques, Pittsburgh: Lulu.com 2011; Phillips, Andrea: A Creator's Guide to Transmedia Storytelling: How to Captivate and Engage Audiences across Multiple Platforms, New York: McGraw-Hill 2012; Rose, Frank: The Art of Immersion: How the Digital Generation Is Remaking Hollywood, Madison Avenue, and the Way We Tell Stories, New York: W. W. Norton 2010.

gement zu erhöhen, indem den engagiertesten unter ihnen Anerkennung und Belohnung zuteil werden. Viele transmediale Projekte werden über Werbebudgets finanziert und ihr Erfolg danach gemessen, ob sie in der Lage sind Aufmerksamkeit auf sich zu ziehen. Im Fall von Fernsehserien füllen transmediale Inhalte häufig Lücken im Programmfluss an den Tagen, Wochen oder Monaten bevor eine Fortsetzung ausgestrahlt wird. Das zeitgenössische US-amerikanische Fernsehen veränderte sich dadurch von einem termingetriebenen zu einem engagementgetriebenen Programm. Beim termingetriebenen Programm richteten die engagiertesten Fans ihren Tagesablauf nach der Sendezeit des Fernsehprogramms. Beim engagementgetriebenen Programm liegt der Fokus jedoch auf Zuschauern die willens sind, Inhalte über verschiedene Kanäle zu „verfolgen" – nach ihrem eigenen Zeitplan, dank Videokassetten- und später Digital-Video-Rekordern, digitalen Downloads, mobilen Videogeräten und DVD-Box-Sets. Das Fernsehen nimmt das transmediale Konzept aufgrund dieser interaktiven Logik dankend an.[7]

Viele Forscher begegneten den ersten transmedialen Projekten vorwiegend mit Skepsis. P. David Marshall sprach etwa von einer „new intertextual commodity" und erklärte dies mehr oder weniger mit Werbelogik: „the audience is imbricated in an elaborate extratextual matrix [...] designed to encircle, entice, and deepen the significance of the film for the audience."[8] 2001 zeigte wiederum Brenda Laurels *Utopian Entrepreneur* Design-Grundlagen auf: „Think in transmedia terms from the beginning. [...] Build worlds, not just stories. [...] Create a foundational narrative. [...] Provide for rituals. [...] Support community formation."[9] Zuvor hatte schon Janet Murray die Hyper-Serialität von frühen transmedialen Experimenten als Teil ihrer Erforschung der neu entstehenden Dramaturgie in digitalen Erzählungen aufgegriffen (wie z.B. in *Homicide*).[10] Zeitgenössische Berichte über Transmedia ringen weiterhin damit, diese zwei

7 Vgl. hierzu Jenkins, Henry/Ford, Sam/Green, Joshua: Spreadable Media: Creating Meaning and Value in a Networked Culture, New York: New York University Press 2013, S. 113-152.

8 Vgl. Marshall, P. David: „The New Intertextual Commodity", in: Dan Harries (Hg.), The New Media Book, London: British Film Institute 2002, S. 69-82. Vgl. außerdem Will Brooker, Will: „Living on Dawson's Creek: Teen Viewers, Cultural Convergence, and Television Overflow", in: Allen, Robert/Hill, Annette: The Television Studies Reader, New York: Routledge 2004, S. 569-580.

9 Laurel, Brenda: Utopian Entrepeneur, Cambridge, MA: MIT Press 2001, S. 85-86.

10 Vgl. Murray, Janet: Hamlet on the Holodeck: The Future of Narrative in Cyberspace, Cambridge, MA: MIT Press 1998.

widersprüchlichen Sichtweisen miteinander zu vereinen: transmediale Ansätze als Werbemaßnahme und transmediale Ansätze als Erzählweise.

Auch wenn viele Fürsprecher von Transmedia gerne die Neuheit oder Innovation des Konzepts als Konsequenz der dramatischen Veränderungen in der Medienlandschaft hervorheben, muss darauf hingewiesen werden, dass transmediale Methoden vor allem deshalb so schnell in die Strategie von Mainstream-Medien aufgenommen wurden, weil sie eine überarbeitete Version bestehender Lizenz- und Franchising-Praktiken darstellen. Darüber hinaus hatte die Akzeptanz des transmedialen Konzepts bei Fernsehanstalten und Filmstudios häufig ebenfalls seinen Preis. *The Matrix* etwa war damals von einer guten Integration aller mitwirkenden Medien abhängig. In letzter Zeit hat sich Hollywood jedoch einem „Mutterschiff"-Ansatz zugewandt. Dies bezieht sich auf den Fokus auf ein Kernobjekt, welches bei Bedarf, entsprechend der Resonanz des Marktes, auf andere Medien ausgeweitet werden kann. Damit ist das Ziel von Produzenten und Erschaffern, die Zuschauer zum Mutterschiff zu treiben – zumeist ein Film oder eine Fernsehserie. Andere Medien sollen dabei das Engagement der Zuschauer intensivieren, ohne den Markt zu „kannibalisieren". Der dramaturgische Wert des Mutterschiffes darf somit nicht von etwas abhängig sein, was die Verbraucher sich irgendwo anders zusammensuchen müssen. Das Mutterschiff muss in sich abgeschlossen sein, auch wenn andere Medien zusätzliche Erzählebenen bieten.

In einem meiner bestehenden Werke habe ich aufgezeigt, wie Hollywood zur Zeit der großen Studiosysteme auf die technologischen Marktstörungen (die Einführung von Ton) und wirtschaftlichen Risiken (Große Depression) in den 1930er-Jahren reagiert hat – einem weiteren, transformativen Moment in seiner Geschichte.[11] Damals rekrutierte Hollywood Darsteller aus Varieté- und Broadway-Aufführungen und kreierte neue Darstellungsmöglichkeiten für deren Talente. Diese Strategie spiegelte die Präferenzen der *Early Adopter* wider: Kinosäle mit Ton wurden primär in städtischen Gegenden installiert, wo Bühnenkünstler ein größeres Interesse hervorriefen. Die musikalischen Komödien in Hollywood fokussierten sich auf eine spektakuläre Darbietung, häufig auf Kosten der erzählerischen Gliederung und der Beweggründe der Figuren. Nach und nach stabilisierte sich das System dann wieder, um aufgrund eines hartnäckigen Drucks die klassischen Hollywood-Normen weiter beizubehalten. Entsprechend kann die aktuelle Verschiebung zum Mutterschiff-Modell als weitere Form dessen gesehen werden, wie das System versucht eine unbekannte Erzählweise,

11 Vgl. Jenkins, Henry: What Made Pistachio Nuts? Early Sound Comedy and the Vaudeville Aesthetic, New York: Columbia University Press 1992.

welche die Potenziale interaktiver Medien, vernetztem Konsumverhalten und partizipativer Kultur widerspiegelt, in seine Prozesse zu integrieren und kompatibler für eigene, etablierte Normen und Praktiken zu machen.

Der Trend zu transmedialen Geschichten kommt zu einem Zeitpunkt, an dem der Zugang zum Internet immer weiter verbreitet ist, insbesondere unter Männern im Alter von 18 bis 27 Jahren. Filmstudios und Fernsehanstalten sehen das Internet als langfristigen Vertriebskanal für Medieninhalte und kurzfristig für Werbematerial. Entsprechend schaffte dieser Moment neue Wege, wie Unterhaltungsinhalte vermarktet und Geschichten erzählt werden können. Mit dem Wachstum des 2.0-Geschäftsmodells veränderte sich zudem auch der Fokus von traditionellen, kanonischen *top-down*-Inhalten und Praktiken mit eingeschränkter Interaktivität zu ehrgeizigeren Vorhaben im Bezug auf Zuschauer-Einbindung und Engagement. Trotz dieser hohen Ambitionen werden transmediale Erweiterungen weiterhin als Mechanismen eingesetzt, um das Interesse der Zuschauer an einem Programm zu wecken oder zu halten – eine unvermeidbare Situation, solange die Zuschauerzahlen für Folgen, die im Fernsehen ausgestrahlt werden, anders gewertet werden, als die Aufmerksamkeit von Zuschauern online oder in anderen Medienformen.

Wenn Transmedia tatsächlich in der Lage ist zu verändern, was als Mainstream-Unterhaltung angesehen wird, wird dies eine sukzessive Entwicklung sein und keine dramatische Revolution der Erzählweise. Kurzfristig bedeutet dies, dass die größte Innovation am Rande stattfinden wird – mehr im Bezahl-Fernsehen als im breit gestreuten, mehr in unabhängigen und öffentlichen Medien als in kommerziellen Medien und eventuell sogar häufiger außerhalb als innerhalb des US-amerikanischen Mediensystems. Keine dieser Verwahrungen sollte jedoch von der sehr echten Kreativität – trotz ihrer Einschränkungen – ablenken, welche zeitgenössische, transmediale Produktionen im Mainstream prägt. Transmedia war zwar nie ‚einfach nur eine Marketing-Strategie', wie es Skeptiker gerne unterstellt haben, trotzdem bestimmt die Marketing-Logik, welche transmedialen Erweiterungen produziert und vertrieben werden. Wie Jeff Gomez von *Starlight Runner* erklärt: "Transmedia doesn't replace marketing, it is infused into it, turning marketers into storytellers who are helping to enrich and expand the franchise."[12] Pessimistisch gesagt macht Transmedia aus Geschichtenerzählern Werbeleute.

12 Vgl. http://www.producersguild.org/?jeff_gomez

Transmedia: Eine Vorgeschichte

Walt Disney könnte als der Stammvater transmedialer Methoden im Fernsehen gesehen werden. Er koppelte etwa die Eröffnung des Disneyland-Freizeitparks an eine *Disneyland*-Fernsehserie, deren Inhalte – zumeist aus Kinofilmen – thematisch um das Fantasyland, Frontierland, Adventureland und Tomorrowland [Anm.: die verschiedenen Bereiche in Disneyland] gegliedert wurden.[13] Im Gegenzug baute Disney wiederum Fahrgeschäfte und Attraktionen, welche auf den eigenen Filmen basierten. Darüber hinaus nutzte er auch das Fernsehen, um mit längeren Geschichten zu experimentieren. Seine Serie *Zorro* vereinte sowohl Handlungsbögen, welche sich über eine ganze Staffel zogen, als auch eine verstärkt episodische Struktur. Disney entwickelte zudem auch partizipative Formate und Inhalte durch *The Mickey Mouse Club*, in denen Zuschauer die Möglichkeit hatten, ihre Leidenschaft für die Serie auszudrücken. Die Abenteuer mancher Disney-Filmfiguren setzten sich außerdem auch in Comics fort. Besonders Carl Barks entwickelte dabei eine komplette Mythologie um Donald Duck und seine verschiedenen Verwandten.[14] Bei all diesen medialen Erweiterungen fungierte Walt Disney als Schnittpunkt: Der lächelnde „Uncle Walt" gab der crossmedialen Werbung allzeit ein freundliches Gesicht. Teil der Anziehungskraft der Disney-Freizeitparks war die Vorstellung zu einem fiktionalen Ort zurückzukehren, den man aus Kindheitserinnerungen kannte und den man auch noch mit der nächsten Generation teilen konnte. Die Wichtigkeit der Vertrautheit bei Disney bedeutete jedoch auch, dass die Verbindungen zwischen den einzelnen Medien weder anspruchsvoll noch komplex waren. Zwar war er unter den ersten Künstlern, welche Lizenzen für ihre Figuren vergaben, durch die Jahre hinweg brachte er jedoch immer mehr Inhalte unter seine eigene Kontrolle und entwarf damit die Methoden, die wir mit den medialen Mischkonzernen von heute verbinden.

Durch die Konsolidierung in den Medien haben wir nunmehr ebenso eine Ära eingeläutet, in der fast alle Unterhaltungsinhalte danach bewertet werden, wie gut sie von den verschiedenen Bereichen einer Produktionsfirma ausgeschöpft werden können. Die transmediale Verwertbarkeit erlebte in den letzten Jahrzehnten einen wahren Aufschwung. Justin Wyatt betitelt diese Praxis in sei-

13 Vgl. Telotte, J. P.: Disney TV, Detroit: Wayne State University Press 2004, S. 61-79.

14 Vgl. Platthaus, Andreas: „Calisota or Bust: Duckburg vs. Entenhausen in the Comics of Carl Barks", in: Jorn Ahrens/Arno Meteling (Hg.), Comics and the City: Urban Space in Print, Picture and Sequence, New York: Continuum, 2010, S. 247-264.

nem Buch mit dem Schlagwort „high concept.“[15] Laut Wyatt wurden in den 1970er- und 1980er-Jahren in Hollywood Projekte nach „the book, the hook, and the look“ freigegeben – also einem Erzeugnis, welches aus einem anderen Medium adaptiert wurde, inkl. einer Kurzbeschreibung, die ein thematisches Interesse erweckt und einem wiedererkennbaren Stil oder einer Bilddeutung, welche in anderen Medien funktionieren würde. Wie Wyatt erklärt, war beim „high concept“ nur wenig bis gar keine Ausgestaltung der Kerngeschichte nötig, während diese sich zwischen den verschiedenen Medien bewegte.

Aber in den 1970-er Jahren gab es einen Wendepunkt als George Lucas auf eine Bezahlung als Produzent der *Star Wars*-Filme zugunsten eines größeren Anspruchs am Verkauf von lizensierten Artikeln verzichtete.[16] Auf einmal gab es für Lucas einen großen Ansporn, Comics, Bücher, animierte Serien und Computerspiele mit Kunstfertigkeit und Geschichten zu versehen, was dazu führte, dass das öffentliche Interesse an *Star Wars* noch lange nach den Kinospielzeiten der ersten drei Filme erhalten blieb. Dies führte sogar dazu, dass Figuren, Handlungen und diegetische Elemente, welche in diesen dritten Quellen aufkamen, im Fan-Fokus ein Eigenleben führten und selbst zum Treiber ihrer eigenen Geschichten wurden.

Die Fernsehserie *The Young Indiana Jones Chronicles* bot von 1992 bis 1993 zudem einen kurzen Einblick, wie Fernsehen später in transmediale Serialität passen würde. Im Film *Indiana Jones and the Last Crusade* deuteten Lucas und Steven Spielberg die Vorgeschichte der Hauptfigur durch eine Rückblende in die Kindheit von Indie an, in der auch dessen Vater, Professor Henry Jones, vorgestellt wurde. Diese Handlungselemente waren die Inspiration für eine kostenintensive Fernsehserie, welche diese Vorgeschichte nutzte, um geschichtliche Ereignisse im frühen 20. Jahrhundert miteinander zu verbinden. Bei der Ausstrahlung streifte die Serie verschiedene Zeitperioden und zeigte die Abenteuer von Indiana als Kind, Teenager und Erwachsener. Als die Folgen später auf DVD veröffentlicht wurden, wurden sie sequentiell in chronologischer Abfolge geordnet und mit originalen Dokumentationen unterlegt, welche geschichtliche Zusammenhänge erklärten.

---

15 Vgl. Wyatt, Justin: High Concept: Movies and Marketing in Hollywood, Austin: University of Texas Press 1994 und Meehan, Eileen: „'Holy Commodity Fetish, Batman': The Political Economy of the Commercial Intertext", in: Roberta E. Pearson et.al. (Hg.), Many Lives of the Batman, New York: Routledge, S. 47-65.

16 Vgl. Brooker, Will: Using the Force: Creativity, Community, and Star Wars Fans, London: Continuum 2003.

Derek Johnson zeigte auf, wie das Konzept des Franchises zur gleichen Zeit von Fast-Food-Restaurants und Hotelketten auf Unterhaltungsmedien übertragen wurde. Methoden wie Neuauflagen und Erweiterungen wurden immer wichtiger, wenn es darum ging, wie mediale Mischkonzerne die Lebensspanne ihrer erfolgreichsten Inhalte verlängern und deren Märkte weiter aufteilen konnten.[17] Das Franchise-Modell konnte z.B. bedeuten, dass der Zeitstrahl einer Serie wie *Star Trek* so sehr erweitert wurde, dass daraus mehrere Fernseh- und Filmserien entstehen, die sich um verschiedene Star Fleet-Kapitäne und deren Besatzungen drehen und somit die Kernformel auch in späteren Generationen immer wieder aufleben lassen.

Zur selben Zeit entstanden durch die Deregulierung des Kinderfernsehens neue Partnerschaften zwischen Spielzeugherstellern und Medienproduzenten, was zu Serien wie *Transformers, Thundercats, G.I. Joe, She-Ra,* und *He-Man, Masters of the Universe* führten.[18] Kritiker wie Peggy Charren, Begründerin von Action for Children's Television, sahen Serien wie *He-Man* und ähnliche Programme als eine Art halbstündige Werbungen an, welche die Grenzen zwischen Programminhalten und Werbeaussagen verwischten.[19]

In mancher Hinsicht war *Masters of the Universe* bereits eine transmediale Geschichte, zumindest in dem Maße, in dem es die damalige Technologie zuließ. He-Man tauchte nicht nur in den Cartoons auf, welche Filmnation produzierte, sondern auch in Mini-Comicbüchern, welche jeder Action-Figur und allen Sammelkarten beilagen, in Malbüchern und anderen Kinderbüchern, in denen jedes Mal etwas mehr über Eternia erzählt wurde. Die Tatsache, dass diese Geschichten über Massenmedien mit vielen anderen Kindern geteilt werden konnten und dass die Geschichten durch die Action-Figuren so lebhaft verkörpert wurden, bedeutete, dass es für Kinder sehr einfach war, intersubjektive Fantasien zu formen, ihre Spielgeschichten miteinander zu teilen und ihr Wissen über das fiktive Reich zu sammeln. Das Zubehör bestand aus Erweiterungen der Figuren, Anspielungen auf deren Persönlichkeiten, Artefakte ihrer Geschichten und Zeichen ihrer Action-Fähigkeiten. Jede Figur war mit den anderen Figuren durch

17 Vgl. Johnson, Derek: Media Franchising: Creative License and Collaboration in the Cultural Industries, New York: New York University Press 2013.

18 Die Fernsehserien, die Marsha Kinder in *Playing with Power* beschreibt, entstanden als eine zweite Welle dieser Koproduktionsphase; dementsprechend liegt ihr Fokus auf Engagement als zentraler Aspekt dieses „transmedia supersystem".

19 Vgl. http://mysteriesofgreyskull.tripod.com/Articles/the_he-m.htm. Vgl. außerdem Tom Englehardt, Tom: „Children's Television: The Shortcake Strategy", in: Todd Gitlin (Hg.), Watching Television, New York: Pantheon 1986, S. 70-85.

komplexe Allianzen und Feindseligkeiten verbunden und umgab eine eigene Mythologie, welche den Zugang für neue, noch nicht realisierte Geschichten bot.

Wenn ich mit 20- und 30-jährigen Personen spreche, welche den Wunsch nach transmediale Erzählungen vorantreiben, erzählen viele von ihnen von der Immersion in *Dungeons and Dragons* oder *Star Wars* in ihrer Kindheit, vom Spielen mit Action-Figuren und anderen Franchise-Spielzeugen. Sie sahen Geschichten schon von Anfang an weniger im Sinne von Handlungen, als im Sinne von Figur-Gruppen und dem Erschaffen von Welten. Für sie erstreckten sich Geschichten vom Bildschirm über verschiedene Medien bis hin in die reale Welt, als Quellen für ihre eigene Fantasie, als etwas, was in die Hände des Publikums überging, sobald es produziert war und dementsprechend als etwas, das von der Masse erweitert und neu gemischt wurde.

Zeitgenössische transmediale Methoden wurden auch von der Comic-Industrie angekündigt. Aufgrund der niedrigen Produktionskosten und der kleineren, aber sehr engagierten Fangemeinde, boten Comics immer schon die Möglichkeit mit alternativen Genre-Strategien zu experimentieren.[20] In den letzten Jahrzehnten wurde die Erzählung in Comics immer stärker serialisiert und tendierte von in-sich-abgeschlossenen Folgen immer mehr hin zu Handlungsbögen, welche sich über mehrere Ausgaben erstreckten, häufig vor dem Hintergrund, dass diese gesammelt und als Comicromane verkauft wurden. Die Produkte der beiden größten Anbieter, Marvel und DC, wurden zu vernetzten Universen, in denen die Figuren regelmäßig zwischen den einzelnen Titeln hin und her wandern und für die mehrere Male im Jahr Firmenveranstaltungen Ereignisse koordinieren, die in allen zugehörigen Titeln zusammen stattfinden. Diese Trends wurden insbesondere dadurch verstärkt, dass durch spezielle Läden, Online-Abonnements und der wachsenden Verfügbarkeit alter Ausgaben die Distribution von Comics immer verlässlicher wurde. Eine solche „radikale Intertextualität“ wurde auch durch den Wachstum des vernetzten Konsumverhaltens unterstützt, da sich dadurch Fan-Communities online gegenseitig dabei helfen, Verwirrung um die immer weiter ausgebauten Mythologien aufzuklären. Heutzutage gehören DC und Marvel zu Warner Communications bzw. Disney, welche auch weiterhin Inhalte erstellen und testen, die schlussendlich über verschiedene Medien gespielt werden können.

20 Vgl. Kidman, Shawna: „Five Lessons for New Media from the History of Comics Culture“, in: International Journal of Learning and Media 3, 4 (2012), S. 41-54. Vgl. auch Weaver, Tyler: Using Comics to Construct Your Transmedia Storyworld, New York: Focal 2013.

In den zehn Jahren zwischen *Playing with Power* und *Convergence Culture* veränderte sich Hollywoods Fokus von lizensierte Figuren und einem „high concept“ hin zu komplexen Erzählungen und der Schaffung von Welten. Hierbei wurden viele der Methoden, welche durch das Kinderfernsehen entstanden, auch für Inhalte für Erwachsene verwendet. Die Werbeabteilungen von Fernsehsendern und Studios erhielten die Erlaubnis zu experimentieren, als klar wurde, dass für Marketing digitale Komponenten nötig waren, aber keiner so recht wusste, wie ein solches effektives Modell auszusehen hatte. Eine Generation, die damit aufgewachsen war, mit Action-Figuren zu spielen, Rollenspiele zu veranstalten, Superhelden-Comics zu lesen und japanische Animes zu sehen, wurde nun Teil der Arbeitswelt und begann Inhalte für sich selbst in jüngeren Jahren zu kreieren.

Wie schon in *Convergence Culture* beschrieben, entstanden die Visionen von weitläufigen, populären Geschichten gleichzeitig mit dem wachsenden Wunsch nach verschiedenen Berührungspunkten mit dem Verbraucher. Transmedia Produzenten rechtfertigten ihre Methoden als eine Art der Werbung, als Gelegenheiten für einen weiteren Markenaufbau, auch wenn sie sich schon sehr bald in der Rolle von Produzenten sahen, welche Inhalte erstellten. Trotz des Erfolgs an den Kinokassen wurde *The Matrix* in der Industrie selbst als ein gescheitertes Experiment angesehen. Ein Experiment, welches von seinen Zuschauern zu viel erwartet hatte, wenn es darum ging, Schlüsselelemente der Geschichte auf verschiedene Medien zu streuen und welches von einem Publikum abgelehnt wurde, welches keine Hausaufgaben machen wollte, bevor es sich einen Hollywood-Blockbuster ansah. Das aktuelle Mutterschiff-Modell vertrat somit eine Möglichkeit transmediale Inhalte aufzubauen, welche zwar dem Wunsch nach Engagement der Zuschauer nachkam, jedoch ohne das Interesse des Publikums zu gefährden. Was auch immer Schaffende im Bereich von Transmedia hoffen mögen, die Industrie versteht transmediale Methoden immer noch im Sinne der Werbung. Trotzdem besteht auch in diesem Bereich die Möglichkeit transmediale Erweiterungen dafür zu nutzen, weitere Figuren zu entwickeln, fiktive Welten tiefergehend zu erkunden, Hintergrundgeschichten bereitzustellen oder die Erzählung anderweitig auszubauen, solang dies dazu führt, dass es engagierte Verbraucher anzieht.

Im nächsten Teil wird an einem konkreten Beispiel aufgezeigt, wie Transmedia-Produzenten versucht haben, den Austausch mit den Zuschauern zu vertiefen und dabei ihr eigenes Interesse an diesem transmedialen Experiment zu rechtfertigen.[21]

21 Siehe dazu auch H. Jenkins/S. Ford/J. Green: Spreadable Media: Creating Meaning and Value in a Networked Culture.

PRAXISBEZÜGE

Kim Moses, die gemeinsam mit ihrem Ehemann Ian Sander leitende Ko-Produzentin von *Ghost Whisperer* (2005-2010) war, beschreibt den transmedialen Prozess als „total engagement experience".[22] Als CBS die Freigabe für ihre thematisch übersinnliche Serie gab, wurde Moses bewusst, dass es für sie und ihr Team ein harter Kampf werden würde, ihr gewünschtes Publikum zu finden. Der Star der Serie, Jennifer Love Hewitt, hatte eine junge Fangemeinde, während CBS für eine ältere Zielgruppe bekannt war. Hinzu kam auch, dass der Fernsehsender beschlossen hatte, die Serie Freitagabends auszustrahlen. Wie Moses wusste, ist dieser Sendetermin häufig der Todeskuss für viele Serien und besonders für solche mit einer jungen Zielgruppe, da diese Freitagabends zumeist ausgeht.

In Zusammenarbeit stellte Moses sicher, dass sie und ihre Produktionsfirma die gestalterische Kontrolle im Bezug auf alle Inhalte behielt, welche für das Internet und andere Medien produziert wurden, da sie diese nicht nur als Werbemittel sah, sondern als Beitrag zur Serie: „The total engagement experience gives you a bridge experience in between each broadcast; it drives people to the show week after week through these experiences; and it also gets people to sample the show who have never seen the show before."[23] Sie und ihr Team beobachteten die Resonanz der Fans online sehr genau, um Elemente der Serie zu finden, die besonderes Interesse hervorriefen. Ein Beispiel hierfür war „der lachende Mann", eine Figur, welche eigentlich als Wegwerf-Figur in einer der Folgen in der ersten Staffel gedacht war. Diese Figur entwickelte ein solch intensives Faninteresse, dass sie ein zentraler Teil der Online-Strategie wurde und schlussendlich im Rahmen des Finales der ersten Staffel wieder in die Serie eingeführt wurde. Aufbauend auf die Faszination der Fans mit der Welt der Geister entwickelte das Team von *Ghost Whisperer* zudem eine Web-Serie namens *The Other Side*. Die Web-Serie beinhaltete keine Schauspieler oder Kulissen der Fernsehserie, sondern drehte sich um dieselben Fragen und Themen, welche die Serie abhandelte, aber aus der Sicht der Geister.

In *The Ghost Whisperer Spirit Guide* beschreiben Moses und Sander das Gesamtpaket wie folgt:

22 Vgl. Interview von Henry Jenkins mit Kim Moses, Los Angeles, 28.10.2009. Vgl. H. Jenkins/S. Ford/J. Green: Spreadable Media: Creating Meaning and Value in a Networked Culture.

23 Vgl. ebd.

„First and foremost, we are storytellers, so everything we do, from "The Other Side" webisodes to the interactive journey in Payne's Brain, tells a story relative to *Ghost Whisperer.* [...] We test assets we've created online, and as they get traction, we team with department heads at the studios and networks and roll them out into various platforms that service our fan base. The aim is to make *Ghost Whisperer* a multi-dimensional experience which the viewer can interact with in their own way on their own schedule. Go beyond what Melinda Gordon is experiencing in the spirit world on an episode by interacting online with all sorts of viral initiatives we've created.“ [24]

Manche ihrer Produktionen folgten dem allgemeinen Handlungsbogen, während andere Elemente eher thematisch waren und als Antwort auf bestimmte Folgen fungierten. Manche Teile erweiterten die Geschichte, während wiederum andere Teile einen Blick hinter die Kulissen auf die Produktion ermöglichten. Vieles wurde mit sehr niedrigen Budgets produziert, sodass sie häufig mit künstlerischen Laien zusammenarbeiteten und ihnen professionelle Sichtbarkeit im Austausch für ihre Leistung boten. Mit der Zeit setzte das Team seine Arbeit auch auf anderen Medien fort. Als man etwa bemerkte, wie erfolgreich Joss Whedons Erweiterung von *Buffy the Vampire Slayer* in einem „Staffel Acht“-Bilderroman nach Absetzung der Serie war, begannen sie mit der Produktion von *Ghost Whisper*-Comics und Romanen.

Zum Zeitpunkt der Absetzung von *Ghost Whisperer* in 2010 war die Serie bereits erfolgreich vom SyFy Channel ins Programm genommen worden und erfüllte somit Moses' Ziel der Syndikation. Laut Moses war dieser Ansatz genau der richtige im Kontext der „experience economy“.[25] Hierbei wollen engagierte Fans ein aktiver Teil der erzählten Welt werden und verlangen das Recht, bei der Geschichte, die ihnen wichtig ist, mitzumachen.

„We had to court them and date them. It was like Mikey Mouse Club for people who liked ghosts. As we did this, our relationships on the online world started to grow. And the audience started to feel enfranchised, and they started to do things virally for us. [...] [W]e

24 Vgl. Moses, Kim/Sanders, Ian: The Ghost Whisperer Spirit Guide, New York: Titan 2008, S. 146-147.

25 Vgl. Pine, B. Joseph II./Gilmore, James H.: The Experience Economy: Work Is Theatre and Every Business a Stage, Cambridge, MA: Harvard Business School Press 1999.

really think that this total engagement experience is the silver bullet for diminishing audiences in the 21st century."[26]

Moses' Metapher des Liebeswerbens ist besonders hilfreich, wenn es darum geht Engagement als eine emotionale Beziehung zu sehen, welche zwischen dem Zuschauer und dem gewünschten Inhalt entsteht. Ein Schlüsselelement von Transmedia ist somit das Engagement, das den Aufbau einer Beziehung mit den Fans erfordert, häufig durch den Ausbau von Gelegenheiten, über welche die Fans an der sich entwickelnden Geschichte teilhaben können. Hierzu zählt das Sammeln und der Austausch von Informationen, welche über verschiedene Medien gestreut sind; Mitbestimmung bei zentralen Aspekten der Geschichte durch Abstimmungen; die Einbringung eigener Inhalte; oder das Ermöglichen von Engagement mit Hilfe der interaktiven Mechanismen eines Computerspiels. Bei all dem muss bedacht werden, dass jedes Mal wenn versucht wird Interaktivität und Partizipation in ein Franchise einzubinden, bestimmte Fan-Interpretationen bevorzugt und andere benachteiligt werden. Einige feministische Kritiker haben etwa angemerkt, dass transmediale Inhalte bis jetzt mit einer mutmaßlichen männlichen Voreingenommenheit geschaffen wurden und damit vor allem partizipative Formen unterstützen, welche mit männlichen Zuschauern assoziiert werden.[27] *Ghost Whisperer* kann hier eine bemerkenswerte Ausnahme bilden, bei der ein Team aus Eheleuten darauf hinarbeitete, eine ältere, weibliche Fangemeinde für die Serie anzuziehen und seine Engagement-Strategie entsprechend anpasste.

ENTWICKLUNGEN UND AUSBLICK

Den Abschluss von Max Giovagnolis Buch *Transmedia Storytelling* bildet eine Reihe von Interviews mit führenden Transmedia-Produzenten, welche Giovagnoli fragt, wie sie die Rolle der Zuschauer in transmedialen Erlebnissen ein-

---

26 Vgl. Interview von Henry Jenkins mit Kim Moses, Los Angeles, 28.10.2009. Vgl. H. Jenkins/S. Ford/J. Green: Spreadable Media: Creating Meaning and Value in a Networked Culture.

27 Vgl. Levin Russo, Julie: „User-Penetrated Content: Fan Video in the Age of Convergence", in: Cinema Journal 48, 4 (2009), S. 125-130; Vgl. auch Scott, Suzanne: „Repackaging Fan Culture: The Regifting Economy of Ancillary Content Models", in: Transformative Works and Cultures 3 (2009), Online: http://journal.transformativeworks.org/index.php/twc/article/view/150/122.

schätzen. Die Antworten deuten an, wie komplex die Logik des Engagements mit einer Vielfalt von ästhetischen und gesellschaftlichen Zielen durchwoben ist:

> Transmedia storytelling invites the audience to become a part of a fictional world. It's more than just getting more interactively involved with a narrative, it's about getting immersed in a fictional world and feeling like you have agency within the world, that what you do matters and has an impact on the related story you experience as you travel across and between media to participate more fully in the story. (Drew Davidson)
> [Consuming transmedia] requires perceiving a world in all its guises, engaging with many artforms, and seeing them all as being part of some greater whole. (Christy Dena)
> For me personally transmedia asks people to collaborate and to co-create stories that can be jumping off points to social connections and if I do that, the stories will surely spread. (Lance Weiler)[28]

Die Aussagen spiegeln den utopischen Diskurs wider, der die transmediale Erzählung seit Anbeginn umgibt – dem Wunsch nach etwas mehr als dem, was Hollywood in der Vergangenheit dargeboten hat. Es ist der Wunsch von Transmedia Produzenten nach mehr kreativer Größe, dem Wunsch auf Seiten des Publikums nach einer tieferen, bedeutungsvolleren Form von Engagement. Diese Angaben negieren auch nicht die Logik des Marketing und Branding im Hollywoodsystem, welche immer wieder darauf zurückkommt, dass Transmedia eine Werbemethode darstellt, welche darauf ausgelegt ist, das Engagement des Publikums zu vertiefen. Gleichzeitig gibt es Argumente dafür, warum Transmedia-Produzenten die Erzeugung einer komplexeren, vielschichtigen fiktiven Welt dazu nutzen können, eine neue Beziehung mit den Verbrauchern zu schaffen.

In manchen Fällen werden Transmedia-Teams direkt in die Produktion eingebunden, wie im Fall von *Lost, Heroes, Smallville* und, wie oben beschrieben, *Ghost Whisperer*. In anderen Fällen wurden Transmedia-Berater oder Subunternehmer damit beauftragt, transmediale Kampagnen zu Fernsehinhalten zu entwickelnd, wie im Falle der Agentur Campfire und ihrer Rolle in der Kampagne um *True Blood*. Jeff Gomez, Leiter von Starlight Runner, einer Firma, welche Partnerschaften mit Klienten aus der Industrie einging, um transmediale Gefüge um deren Inhalte und Produkte zu entwickeln, half dabei einen Vorstoß in der Producers Guild of America voranzutreiben, der den Status von Transmedia durch die Schaffung der Positionsbezeichnung „Transmedia Produzent" verstärken sollte. Das transmediale Konzept wird in diesem Sinne wie folgt definiert:

28 M. Giovagnoli: Transmedia Storytelling: Imagery, Shapes, and Techniques, S. 129.

A Transmedia Narrative project or franchise must consist of three (or more) narrative storylines existing within the same fictional universe on any of the following platforms: Film, Television, Short Film, Broadband, Publishing, Comics, Animation, Mobile, Special Venues, DVD/Blu-ray/CD-ROM, Narrative Commercial and Marketing rollouts, and other technologies that may or may not currently exist. These narrative extensions are NOT the same as repurposing material from one platform to be cut or repurposed to different platforms.

A Transmedia Producer credit is given to the person(s) responsible for a significant portion of a project's long-term planning, development, production, and/or maintenance of narrative continuity across multiple platforms, and creation of original storylines for new platforms. Transmedia producers also create and implement interactive endeavors to unite the audience of the property with the canonical narrative.[29]

Entsprechend wird Transmedia hier im Sinne von vernetzten Medien ohne eine zwingende Integration der Erzählungen definiert (verschiedene Handlungsstränge für verschiedene Medien im Gegensatz zu einer einzelnen Geschichte, welche über verschiedene Medien erzählt wird). Der Fokus liegt auf dem Engagement des Publikums als Motivation für transmediale Produktionen. Der Transmedia Produzent kann zu jedem Zeitpunkt in das Projekt eingebracht werden. In diesem Sinne ist Transmedia zumeist eine Auftragsarbeit, produziert von Gestaltern, die nur wenig oder gar keine Eigentumsrechte bzw. in vielen Fällen keine direkte Kontrolle über die Inhalte haben, an deren Produktion sie mitwirken.

Nicht alle potenziellen Transmedia Produzenten akzeptierten diesen Ansatz. Zwei Transmedia-Schlüsselfiguren, die Nick DeMartino 2011 für den „Future of Film"-Blog des Tribeca Film Festivals interviewte, gaben die gegensätzlichen Ansichten in der Debatte wieder. „Wieso müssen wir es denn überhaupt schon definieren?" fragte Filmemacher Lance Weiler, „Wieso können wir nicht einfach weiter experimentieren?" „Weil man es benennen muss, damit die Menschen darüber reden können. Isaac Newton hat die Schwerkraft auch nicht erfunden, aber er hat ihr einen Namen gegeben", erwiderte der Drehbuchschreiber und Fernsehproduzent Jesse Alexander (*Lost* und *Heroes*).[30] Besonders häufig kritisiert wird, dass diese Definition dem Mutterschiff-Modell gegenüber voreingenommen ist, etwa im Gegensatz zu Alternative Reality Games, bei denen kein Medienelement als unabhängig vom Ganzen gesehen werden kann. Als Antwort auf diese Debat-

---

29 Vgl. http://www.producersguild.org/?page=coc_nm#transmedia

30 Vgl. DeMartino, Nick: „Why Transmedia Is Catching On, Part One", in: The Future of Film vom 05.07.2011. Online: http://www.tribecafilm.com/tribecaonline/future-of-film/Why-Transmedia-Is-Catching-On-Part-1.html#.UP30N2gu01s

te zeigte Brian Clark, Gründer und CEO von GMD Studios, wie sich für ihn zwei unterschiedliche Modelle von transmedialen Produktionen abzeichnen:

> The West Coast transmedia tradition […] thinks more in terms of franchises, it has struggles with the relationships with the owners of the industry, and starts from the perspective that creators won't own the IP they are creating. They want to fix the studio system, or recreate a new kind of studio. The East Coast transmedia tradition is quite different and emerges far more from the independent traditions of media. […] It thinks in terms of one story told across platforms, it has struggles with monetizing and financing, and starts from the perspective that creators own the IP they are creating. They want to extend an existing community into transmedia, or recreate a new kind of community. Neither is wrong. Few practitioners or creators work exclusively in one sphere or the other. One is not more noble or pure or profitable than the other. But we're all guilty of conflating the two together in ways that lead to moments where it might sound like the community is, for example, telling documentary filmmakers that they need to think more like franchisers if they want to get on the transmedia bandwagon and not be left behind as storytelling changes forever.[31]

Clarks Analyse legt nahe, dass eine transmediale Strategie verschiedene Formen je nach Produktionsumfeld, operativen Geschäftsmodellen und dominanten Medien und deren Beziehung mit dem Publikum annimmt.

Wenn *The Matrix* und *Heroes* unter den wegweisenden Projekten des West Coast-Mutterschiff-Modells sind, dann stellen zwei Projekte, welche ungefähr zeitgleich entstanden, die Grundlage für das East-Coast-Modell dar: *The Beast*, das von Sean Stewart für Steven Spielbergs Film *A.I.* (2001) entwickelt wurde und *I Love Bees*, das von 42 Entertainment zur Veröffentlichung des Videospiels *Halo II* ausgearbeitet wurde. *The Beast* gehörte zu einem Hollywood-Spielfilm und *I Love Bees* zu einem Microsoft-Spiel. Dies zeigt auf, dass Clarks Modelle schon von Anfang an geografisch nicht ganz genau dort vorkamen, wie es seine Begrifflichkeiten andeuten. Aber in beiden Fällen waren die Games nur lose an ihre medialen Franchises geknüpft, während die restlichen Medienelemente sehr stark eingegliedert waren. Manche nachfolgende Alternative Reality Games waren weiterhin an die Methoden von Hollywood geknüpft (z.B. *Why So Serious?* zu *The Dark Knight* oder *The Lost Experience*), aber die meisten (so wie *Perplex City*) waren darauf ausgelegt, alleinstehende Erfahrungen zu sein und diese sind auch, die Clarks East-Coast-Modell vollständig verkörpern. Diese Projekte zeig-

31 Clark, Brian: „Reclaiming Transmedia Storyteller". Online: http://www.facebook.com/note.php?note_id=10150246236508993 vom 02.05.2011.

ten ein transmediales Modell auf, das auf Methoden unabhängiger Medienproduktionen beruhte und nicht auf jenen von Studio- oder Fernsehproduktionen. Für Clark bedeutet das unabhängige Modell, dass Künstler mehr Kontrolle über ihre Arbeit erhalten und dass größere Möglichkeiten vorhanden sind, um einzelnen Mediensegmente auf bedeutungsvolle Weise miteinander zu verbinden.[32] Hierbei liegt der Schwerpunkt auf partizipativen und interaktiven Erlebnissen, besonders auf gemeinschaftlichem Spielen und kollektivem Lösen von Rätseln. Trotzdem ist das East-Coast-Modell nur einer von vielen verschiedenen transmedialen Ansätzen, die sich aus wirtschaftlichen Ansätzen entwickelten.

Diese Abhandlung verschiedener Transmedia Produzenten soll zwei Kernpunkte hervorheben: Zum einen, dass Transmedia ein globales Phänomen geworden ist, bei dem verschiedene Medienproduzenten dadurch zusammengebracht werden, dass sie mediale Erzählungen und Erlebnisse in einer immer vernetzteren Welt zusammenbringen. Zum anderen, dass es transmediale Produktionen in vielen verschiedenen Formen gibt, mit verschiedenen Zielsetzungen und verschiedenen Produktionsmethoden. Der Trend zum Mutterschiff-Modell ist in der amerikanischen Film- und Fernsehproduktion weder unvermeidbar noch unwiderruflich. Aufgrund von Hollywoods langjährigen Lizensierungspraktiken, dem Wunsch der Fernsehindustrie nach intensiverem Engagement des Publikums und dem Wunsch der Werbebranche die Berührungspunkte mit Marken zu vermehren, passt Transmedia zur wirtschaftlichen Logik der aktuellen Produktionsmethoden. Sowohl Künstler als auch Fans wollen ihre eigenen Interessen verfolgen. Der Wunsch nach Engagement ist zwar der Grund, warum es Transmedia-Projekte überhaupt gibt, aber dieser Wunsch hat vielleicht sogar erschwert, dass transmediale Produktionen von ästhetischen Impulsen geleitet werden oder dass sie das Verlangen des Publikums nach reichhaltigen Inhalten und mehr partizipativen Möglichkeiten im Verlauf ihrer Lieblingsgeschichten stillen. Wie all diese Beispiele aufzeigen, ist das Potenzial von Transmedia weitaus größer als dass, was die aktuell vorherrschenden Methoden der Unterhaltungsindustrie ermöglichen.

32 Vgl. Jenkins, Henry: „Brian Clark on Transmedia Business Models". Online: http://henryjenkins.org/2011/11/installment_1_transmedia_busin.html vom 07.11.2011.

WEITERFÜHRENDE LITERATUR

Bernardo, Nuno: The Producer's Guide to Transmedia: How to Develop, Fund, Produce, and Distribute Compelling Stories across Multiple Platforms, New York: Beactive Books 2011.

Brooker, Will: Using the Force: Creativity, Community, and Star Wars Fans, London: Continuum 2003.

Giovagnoli, Max: Transmedia Storytelling: Imagery, Shapes, and Techniques. Übersetzt von Feny Montesano and Piero Vaglioni, Pittsburgh: ETC Press 2011.

Jenkins, Henry: Convergence Culture: Where old and new media collide, New York: New York University Press 2008.

Jenkins, Henry/Ford, Sam/Green, Joshua: Spreadable Media: Creating Meaning and Value in a Networked Culture, New York: New York University Press 2013.

Kinder, Marsha: Playing with Power in Movies, Television, and Video Games: From Muppet Babies to Teenage Mutant Ninja Turtles, Berkeley: University of California Press 1991.

Phillips, Andrea: A Creator's Guide to Transmedia Storytelling: How to Captivate and Engage Audiences across Multiple Platforms, New York: McGraw-Hill 2012.

Rose, Frank: The Art of Immersion: How the Digital Generation Is Remaking Hollywood, Madison Avenue, and the Way We Tell Stories, New York: W. W. Norton 2010.

Weaver, Tyler: Using Comics to Construct Your Transmedia Storyworld, New York: Focal 2013.

Big Data

Medien, Technologien und Praktiken der digitalen Großforschung

Ramón Reichert

Einführung

Das Schlagwort „Big Data" ist in aller Munde und beschreibt nicht nur wissenschaftliche Datenpraktiken, sondern steht auch für einen gesellschaftlichen Wandel und eine Medienkultur im Umbruch. Mit der Annahme, dass die digitalen Medien und Technologien nicht einfach nur neutrale Botschaften übertragen, sondern ein kulturelles Gedächtnis etablieren und eine soziale Wirkmächtigkeit entfalten, können sie als Selbstverständigungsdiskurse der Gesellschaft verstanden werden.

Die Forschungsmethoden der Big-Data-Research, wie etwa die Text-, Sediment-, Netzwerk- und Bildanalysen, basieren auf der Erkenntnis, dass sich das Social Net zur wichtigsten Datenquelle bei der Herstellung und Verwendung von Regierungs- und Kontrollwissen entwickelt hat. Die sich dabei verändernden Selbstverständnisse wie auch die lokalen und globalen Erwartungen an Wissenschaftskulturen und Epistemologien bewirken, dass die der Big-Data-Research zugrunde liegenden fächerübergreifenden Praxisorientierungen eine nuancierte Genealogie, Datenkritik und Medienreflexion der datenintensiven Formen der Wissensproduktion erfordern. Eine medien- und kulturwissenschaftliche Reflexion der digitalen Großforschung distanziert sich von den normativen Diskursen des Daten- und Informationsmanagements, welche die Ansicht vertreten, dass die Entwicklung der spätmodernen Gesellschaften einerseits von der zunehmenden Verbreitung und alltäglichen Nutzung sozialer Medien und andererseits von der Nutzung von Großdaten abhängig ist.

THEORIEN UND METHODEN

Gegenwärtig werden in allen Bereichen der digitalen Internetkommunikation große Datenmengen (Big Data) generiert:

> „More business and government agencies are discovering the strategic uses of large databases. And as all these systems begin to interconnect with each other and as powerful new software tools and techniques are invented to analyze the data for valuable inferences, a radically new kind of 'knowledge infrastructure' is materializing."[1]

Seit dem späten 20. Jahrhundert zählt die digitale Großforschung mit ihren großen Rechnerzentren und Serverfarmen zu den zentralen Bausteinen der Herstellung, Verarbeitung und Verwaltung von informatischem Wissen. Damit einhergehend rücken mediale Technologien der Datenerfassung und -verarbeitung sowie Medien, die ein Wissen in Möglichkeitsräumen entwerfen, in die Mitte der Wissensproduktion und sozialen Kontrolle. In ihrer Einleitung in das „Routledge Handbook of Surveillance Studies" knüpfen die Herausgeber Kirstie Ball, Kevin Haggerty und David Lyon einen Zusammenhang zwischen technologischer und sozialer Kontrolle auf der Grundlage der Verfügbarkeit großer Datenmengen: „Computers with the Power to handle huge datasets, or ›big data‹, detailed satellite imaging and biometrics are just some of the technologies that now allow us to watch others in greater depth, breadth and immediacy."[2] In diesem Sinne kann man sowohl von *datenbasierten* als auch von *datengesteuerten* Wissenschaften sprechen, da die Wissensproduktion von der Verfügbarkeit computertechnologischer Infrastrukturen und der Ausbildung von digitalen Anwendungen und Methoden abhängig geworden ist.

Damit einhergehend haben sich auch die Erwartungen an die Wissenschaft des 21. Jahrhunderts maßgeblich verändert. In diesen Debatten werden zunehmend Forderungen laut, die darauf bestehen, die historisch, kulturell und sozial einflussreichen Aspekte der digitalen Datenpraktiken systematisch aufzuarbeiten, verknüpft mit dem Ziel, diese in den künftigen Wissenschaftskulturen und Epistemologien der Datenerzeugung und -analyse zu verankern. Es kann also

---

1 Bollier, David: The promise and peril of big data, Washington, DC: The Aspen Institute 2010, hier: S. 3. Online: http://www.aspeninstitute.org/sites/default/files/content/docs/pubs/The_Promise_and_Peril_of_Big_Data.pdf vom 27.12.2013.

2 Ball, Kirstie/Haggerty, Kevin D./Lyon, David: Routledge Handbook of Surveillance Studies, London: Routledge 2012, S. 2.

eingeräumt werden, dass die Repräsentation und die popularisierende Vermittlung der datengenerierten Forschung auch Anschlüsse auf frühere materielle Datenkulturen eröffnen, denen sowohl historische Kontinuitäten als auch mediale Umbrüche inhärent sind und die nur dann verständlich werden, wenn sie im historischen, sozialen und kulturellen Kontext reflektiert werden können.[3] Eine vergleichende Analyse der Datenverarbeitung unter Berücksichtigung der materiellen Kultur von Datenpraktiken vom 19. bis zum 21. Jahrhundert vermag aufzuzeigen, dass bereits im 19. Jahrhundert die mechanischen Datenpraktiken das taxonomische Erkenntnisinteresse der Forscher maßgeblich beeinflussten – lange bevor es computerbasierte Methoden der Datenerhebung gab.[4] Weiterführende Untersuchungen erarbeiten die sozialen und politischen Bedingungen und Auswirkungen des Übergangs von der mechanischen Datenauszählung der ersten Volkszählungen um 1890 über die elektronischen Datenverarbeitungen der 1950er Jahre bis zum digitalen Social Monitoring der unmittelbaren Gegenwart. Im Vorfeld haben sich aber zahlreiche andere Disziplinen und nichtphilologische Bereiche, wie die Literatur-, Bibliotheks- und Archivwissenschaften, herausgebildet, die eine längere Wissensgeschichte im Feld der philologischen Case Studies und der praktischen Informationswissenschaft aufweisen und sich seit dem Aufkommen der Lochkartenmethode mit quantitativen und informatikwissenschaftlichen Verfahren für wissensverwaltende Einrichtungen befassten.[5] Das Sammeln großer Datenmengen ist aber auch in eine Machtgeschichte der datenbasierten Episteme selbst verstrickt.[6] An der Schnittstelle von konzernorientierten Geschäftsmodellen und gouvernementalem Handeln experimentieren Biotechnologie, Gesundheitsprognostik, Arbeits- und Finanzwissenschaften, Risiko- und Trendforschung in ihren Social Media- und Webanalysen mit Vorhersagemodellen von Trends, Meinungsbildern, Stimmungen oder kollektivem Verhalten.

In der Ära der Big Data hat sich der Stellenwert von sozialen Netzwerken radikal geändert, denn sie figurieren zunehmend als gigantische Datensammler für

3 Vgl. Gitelman, Lisa/Pingree, Geoffrey B.: New Media: 1740-1915, Cambridge, Mass.: MIT Press 2004.

4 Vgl. Driscoll, Kevin: „From punched cards to ‚Big Data': A social history of database populism", in: Communication +1 (1), 2012. Online: http://kevindriscoll.info vom 20.05.2014.

5 Vgl. ebd., S. 6f.

6 Vgl. Leistert, Oliver/Röhle, Theo (Hg.): Generation Facebook: Über das Leben im Social Net, Bielefeld: transcript Verlag 2011.

die Beobachtungsanordnungen sozialstatistischen Wissens und als Leitbild normalisierender Praktiken. Als Schlagwort steht Big Data für die Überlagerung eines statistisch fundierten Kontrollwissens mit einer medientechnologisch fundierten *Makroorientierung* an der ökonomischen Verwertbarkeit von Daten und Informationen. Die großen Datenmengen werden in verschiedenartigen Wissensfeldern gesammelt: Biotechnologie, Genomforschung, Arbeits- und Finanzwissenschaften, Meinungs- und Trendforschung berufen sich in ihren Arbeiten und Studien auf die Ergebnisse der Informationsverarbeitung der Big Data und formulieren auf dieser Grundlage aussagekräftige Modelle über den gegenwärtigen Status und die künftige Entwicklung von sozialen Gruppen und Gesellschaften. Die Big Data-Research hat sich innerhalb der letzten Jahre erheblich ausdifferenziert: Es sind zahlreiche Studien veröffentlicht worden, die mithilfe maschinenbasierter Verfahren vielschichtige Social-Media-Analysen betreiben – z.B. mittels Textanalyse (quantitative Linguistik), Sentimentanalyse (Stimmungserkennung), sozialer Netzwerkanalyse oder Bildanalyse. In den meisten Fällen geht es bei der Erforschung sehr großer Datenmengen um die Aggregation von Stimmungen und Trends. Diese Datenanalysen und -visualisierungen versammeln aber in der Regel nur faktische Gegebenheiten und lassen die Frage nach den sozialen Kontexten und Motiven außer Acht. Dessen ungeachtet hat sich der Big-Data-Ansatz in den Human-, Sozial- und Kulturwissenschaften mittlerweile etablieren können.

Durch das Internet und die steigende Beliebtheit von Social Media-Diensten gewinnen Forschungsansätze für den Umgang mit digitalen Kommunikationsdaten an Relevanz. Analoge Methoden, die zur Erforschung interpersonaler oder Massenkommunikation entwickelt wurden, können aber nicht einfach auf die Kommunikationspraktiken im Social Net übertragen werden. Richard Rogers, ein einflussreicher Forscher im Bereich der Social Media Research, plädiert dafür, nicht mehr allein digitalisierte Methoden (z.B. Online-Fragebögen) zur Erforschung der Vernetzungskultur anzuwenden, sondern sich auf digitale Methoden zu konzentrieren, die in der Lage sind, kulturellen Wandel und gesellschaftliche Entwicklungen zu diagnostizieren und zu prognostizieren. Als digitale Methoden lassen sich also Ansätze verstehen, die nicht schon bestehende Methoden für die Internetforschung adaptieren, sondern die genuinen Verfahrensweisen digitaler Medien aufgreifen.[7] Digitale Methoden sind nach Richard Rogers Forschungsansätze, die einerseits große Mengen digitaler Kommunikationsdaten verwenden, die von Millionen Nutzern tagtäglich im Social Net produziert werden, und die diese andererseits mit computergestützten Verfahren filtern, analy-

7 Vgl. Rogers, Richard: Digital Methods, Cambridge, Mass.: MIT Press 2013, S. 13f.

sieren, aufbereiten und darstellen. In der Tradition der Akteur-Netzwerk-Theorie gehen zahlreiche Repräsentanten der Internetforschung von digitalen Akteuren, wie Hyperlinks, Threads, Tags, PageRanks, Protokolldateien und Cookies aus, die untereinander und mit Datensatzsubjekten interagieren. Die Akteur-Netzwerke können nur mit digitalen Methoden beobachtet, aufgezeichnet und beurteilt werden, auch wenn sie sich oft als instabile und ephemere Ereignisse herausstellen. Dabei entsteht eine neuartige Methodologie, die Aspekte der Informatik, Statistik und Informationsvisualisierung mit sozial- und geisteswissenschaftlichen Forschungsansätzen kombiniert. Die Vision einer solchen nativ-digitalen Forschungsmethodik, ob in Gestalt einer „computational social science"[8] oder von „cultural analytics"[9] ist jedoch noch unvollständig und verlangt nach einer epistemischen Befragung der digitalen Methoden in der Internetforschung folgender Bereiche:

Digitale Methoden als *geltungstheoretisches Projekt*: Dieses steht für ein bestimmtes Verfahren, das soziale Geltung von Handlungsorientierungen beansprucht. Die Wirtschaftsinformatik, die Computerlinguistik und die empirische Kommunikationssoziologie bilden nicht nur ein Geflecht wissenschaftlicher Felder und Disziplinen, sondern entwickeln in ihren strategischen Verbundprojekten bestimmte Erwartungsansprüche, die soziale Welt erklärend zu erschließen, und sind insofern intrinsisch verbunden mit epistemischen und politischen Fragen. Vor diesem Hintergrund setzt sich eine das Selbstverständnis der digitalen Methoden befragende Epistemologie mit der sozialen Wirkmächtigkeit der digitalen Datenwissenschaften auseinander. In einem weiteren Schritt könnte man sich auch mit den diskursiven Zuschreibungen, welche die sozialen Medien im Nutzungskontext erfahren, auseinandersetzen und sich mit der Frage beschäftigen, inwiefern diese über gesellschaftliche Selbstbilder Auskunft geben. Wenn schließlich von einer habitualisierten Nutzung der Social Media ausgegangen wird, kann im Anschluss daran die Frage nach der normativen, handlungsleitenden Dimension der Netzwerke aufgeworfen werden: Konkret kann gefragt werden, inwiefern sie entweder ein solidarisches oder ein individualistisches Agieren verstärken.

Digitale Methoden als *konstitutionstheoretisches Konstrukt*: Der Gegenstandsbezug der Big Data-Forschung ist heterogen und setzt sich aus unter-

8 Vgl. Lazer, David et al: „Computational Social Science", Science, 323 (5915) 2009, S. 721-723.

9 Vgl. Manovich, Lev: „How to Follow Global Digital Cultures: Cultural Analytics for Beginners", in: Konrad Becker/Felix Stalder (Hg.), Deep Search: The Politics of Search beyond Google, Edison, NJ: Transaction Publishers 2009, S. 198-212.

schiedlichen Methoden zusammen. Mit ihren Technologien der Schnittstellen, den Verfahren des Datentrackings, des Keyword-Trackings, der automatischen Netzwerkanalyse, der Sentiment- und Argumentanalysen oder dem maschinenbasierten Lernen ergeben sich daher vielschichtige Perspektivierungen der Datenkonstrukte. Die Daten selbst firmieren in dieser Sichtweise nicht als Rohdaten, sondern können im rechnergestützten Raum der Möglichkeiten als optionale und modulare Konstellationen reproduziert werden. Vor diesem Hintergrund firmieren die digitalen Methoden auch als Hilfsinstrumente zur Aufrechterhaltung der digitalen Kontrollgesellschaft, deren medienkulturelle Dechiffrierbarkeit eines der großen Anliegen der Software Studies und der Critical Code Studies ist. Diese wiederum versuchen, die Dispositive der Informationsvergabe und die damit einhergehenden politischen Regulative von Layermodellen, Netzwerkprotokollen, Zugangspunkten und Algorithmen aufzuzeigen. In dieser Hinsicht ergibt sich ein vielversprechender Forschungsansatz. Zusätzlich zur Frage, inwiefern durch konkrete habitualisierte Nutzung spezifische sozio-technische Imaginationen entstehen können, fragen Software Studies und Critical Code Studies nach den medialen, technisch-infrastrukturellen Selbstbeschreibungsformeln sozialer Kommunikation. Digitale Methoden können letztlich auch als eine *gründungstheoretische Fiktion* aufgefasst werden. Die einschlägige Forschungsliteratur hat sich eingehend mit der Reliabilität und der Validität der wissenschaftlichen Datenerhebung beschäftigt und ist zum Ergebnis gekommen, dass die Datenschnittstellen des Social Net (Twitter, Facebook, YouTube) mehr oder weniger als dispositive Anordnungen im Sinne eines Gatekeeper fungieren. Als Filterschnittstellen erzeugen die APIs ökonomisch motivierte Exklusionseffekte für die Netzforschung, die von ihr aus eigener Kraft nicht kontrolliert werden können. Vor diesem Hintergrund soll die Big Data Research in technologisch-infrastruktureller, forschungspragmatischer und wissenspolitischer Hinsicht datenkritisch hinsichtlich ihrer objektivistischen und positivistischen Postulate entlang von drei praxisnahen Case Studies befragt werden.

PRAXISBEZÜGE

Im Forschungsfeld der *Social Media Data* hat sich mit der Gesundheitsprognostik eine evidenzbasierte Praxis der Prävention herausgebildet, die auf die institutionelle Entwicklung der staatlich-administrativen Gesundheitsvorsorge und auf die Kulturtechniken der Lebensführung Einfluss nimmt. Die Gesundheitsvorsorge beobachtet mit großem Interesse, dass weltweit Millionen von Nutzerinnen und Nutzern täglich mit der Internet-Suchmaschine Google Informationen zum

Thema Gesundheit suchen. In Grippezeiten häufen sich die Suchanfragen zur Grippe, sodass wiederum die Häufigkeit bestimmter Suchbegriffe Anhaltspunkte für die Häufigkeit von Grippeerkrankungen liefern kann. Studien zum Suchvolumenmuster haben herausgefunden, dass ein signifikanter Zusammenhang zwischen der Anzahl von grippebezogenen Suchanfragen und der Anzahl von Personen mit tatsächlichen Grippesymptomen besteht.[10] Dieses epidemiologische Beziehungsgefüge kann zur Frühwarnung vor Epidemien auf Städte, Regionen, Länder und Kontinente ausgedehnt und differenziert dargestellt werden. Mit der epidemiologischen Auswertung von textuellen Clustern und semantischen Feldern erhält das Social Net den Status einer großen Datenbank, die das soziale Leben in seiner Gesamtheit widerspiegelt und damit eine repräsentative Datenquelle für die präventive Gesundheitspolitik darstellt. Die Kommunikationsprozesse in Online-Netzwerken stehen im Fokus staatlicher Biopolitik, die um die Gesundheit der Bevölkerung besorgt ist und spezifische Wissenstechniken und -modelle zur Erforschung der Big Data entwickelt hat, um die Wahrscheinlichkeit der Verbreitung von Krankheiten in absehbarer Zukunft statistisch schätzen zu können.

Die Mehrzahl der Monitoring-Projekte, die große Datenmengen im Social Net untersuchen, wird von Computerlinguisten und Informatikern durchgeführt. Generell interpretieren sie die Kommunikation als kollektiv geteilte und kulturspezifische Wissensstrukturen, mit denen Individuen versuchen, ihre Erfahrungen zu interpretieren. Die Erhebung dieser Wissensstrukturen verfolgt den Anspruch, einen sozial differenzierten Einblick in öffentliche Debatten und sozial geteilte Diskursnetze zu erhalten. Die Wissensstrukturen werden hierbei mithilfe eines korpuslinguistischen Ansatzes erschlossen. Am Beginn der Forschung steht die Erstellung eines digitalen Korpus, der sich aus begrifflichen Entitäten zusammensetzt, die in der Regel als „kanonisch" eingestuft werden. So ergeben sich einige Hypothesen erst aus der empirischen Widerständigkeit der Big Data und entwickeln sich dann im Fortgang ihrer Beschreibung. Die Kategorienkataloge suggerieren damit zwar auf den ersten Blick wissenschaftliche Objektivität, andererseits bleibt angesichts der riesigen Datenmengen eine genaue Validierung der Begriffsauswahl, d.h. der interpretativen Selektion der Big Data, oft unklar und vage. Diese Unsicherheit bei der Hypothesenbildung liegt darin begründet, dass das umfangreiche Datenmaterial in keiner Gesamtschau mehr überblickt

10 Vgl. Freyer-Dugas, Andrea et al.: „Google Flu Trends: Correlation With Emergency Department Influenza Rates and Crowding Metrics", in: Clinical Infectious Diseases, 54 (15) 2012, S. 463-469.

und daher auch nicht mehr linguistisch kodiert werden kann. Oft ist die erhobene Datenmenge so umfangreich, dass nach einer ersten Sondierung des Materials weitere Gewichtungen und Einschränkungen zur Komplexitätsreduktion vorgenommen werden müssen. An dieser methodischen Einschränkung des Big-Data-Monitoring wurde kritisiert, dass die erarbeiteten Erkenntnisse nur ein atomistisches Bild der Daten liefern können und daher auf eine Kontextualisierung des Textmaterials und damit auf eine kontextsensitive Interpretation des Zeichengebrauchs weitgehend verzichten müssen.[11] Der Vorteil der Dekontextualisierung bei der nach Worthäufigkeiten fahndenden Big-Data-Analyse besteht nach Lev Manovich[12] darin, dass die einzelnen Worteinheiten auf eine enthierarchisierte und dezentrale Repräsentation des Wissens hinauslaufen und damit die Möglichkeit alternativer kollektiver Äußerungsgefüge anbieten.

Die Auswertung der Daten der Google-Trends kann auf andere Trendentwicklungen erweitert werden. Mittlerweile gibt es zahlreiche Studien, welche die textuellen Daten der sozialen Medien untersuchen, um *politische Einstellungen*[13], *Finanztrends* und *Wirtschaftskrisen*[14], *Psychopathologien*[15] und *Aufstände* und *Protestbewegungen*[16] frühzeitig vorherzusagen. Von einer systematischen Auswertung der Big Data erwarten sich die Prognostiker eine effizientere Unternehmensführung bei der statistischen Vermessung der Nachfrage- und Absatz-

11 Vgl. Boyd, Danah/Crawford, Kate: „Six Provocations for Big Data", in: Conference Paper, A Decade in Internet Time: Symposium on the Dynamics of the Internet and Society, September 2011, Oxford: University of Oxford. Online: http://papers.ssrn.com/sol3/papers.cfm?abstract_id=1926431 vom 27.12.2013.

12 Vgl. Manovich, Lev: „Trending: The promises and the challenges of Big Social Data", in: Matthew K. Gold (Hg.), Debates in the digital humanities, Minneapolis: University of Minnesota Press 2012, S. 460-475.

13 Vgl. Conover, Michael D. et al.: „Predicting the Political Alignment of Twitter Users". Proceedings of the 3rd IEEE Conference on Social Computing 2011, forthcoming. Online: http://cnets.indiana.edu/wpcontent/uploads/conover_prediction_socialcom_pdfexpress_ok_version.pdf vom 27.12.2013.

14 Vgl. Gilbert, Eric/Karahalios, Karrie: „Widespread Worry and the Stock Market", in: 4th International AAAI Conference on Weblogs and Social Media (ICWSM), Washington, DC: George Washington University 2010.

15 Vgl. Wald, Randall/Khoshgoftaar, Taghi M./Sumner, Chris: „Machine Prediction of Personality from Facebook Profiles", in: 13th IEEE International Conference on Information Reuse and Integration, Washington 2012, S. 109-115.

16 Vgl. Yogatama, Dani: Predicting the Future: Text as Societal Measurement, 2012. Online: http://www.cs.cmu.edu/~dyogatam/Home_files/statement.pdf vom 27.12.2013.

märkte, individualisierte Serviceangebote und eine bessere gesellschaftliche Steuerung. Einen großen politischen Stellenwert hat vor allem die algorithmische Prognostik kollektiver Prozesse. In diesem Konnex ist das Social Net zur wichtigsten Datenquelle zur Herstellung von Regierungs- und Kontrollwissen geworden. Die politische Kontrolle sozialer Bewegungen verschiebt sich hiermit in das Netz, wenn Soziologen und Informatiker gemeinsam z.B. an der Erstellung eines *Riot Forecasting* mitwirken und dabei auf die gesammelten Textdaten von Twitter-Streams zugreifen:

„Due to the availability of the dataset, we focused on riots in Brazil. Our datasets consist of two news streams, five blog streams, two Twitter streams (one for politicians in Brazil and one for general public in Brazil), and one stream of 34 macroeconomic variables related to Brazil and Latin America."[17]

Big Data bietet eine spezifische Methode und Technologie zur statistischen Datenauswertung, die aus der epistemischen Schnittstelle von Wirtschaftsinformatik und kommerzieller Datenbewirtschaftung hervorgeht und die Bereiche der *Business Intelligence*, des *Data Warehouse*[18] und des *Data Mining*[19] in sich vereint. Die Diskussion um den technologisch-infrastrukturellen und machtstrategischen Stellenwert der Big Data zeigt auf, dass die numerische Repräsentation von Kollektivitäten zu den grundlegenden Operationen digitaler Medien gehört und eine rechnerbasierte Wissenstechnik bezeichnet, mit der kollektive Praktiken mathematisch beschreibbar und auf diese Weise quantifizierbar werden. Die Bestimmung der Vielheiten mithilfe von numerisch gegliederten Mengenangaben dient in erster Linie der Orientierung und kann als eine Strategie verstanden

17 D. Yogatama: Predicting the Future: Text as Societal Measurement, S. 3.

18 Das Data Warehousing ist eine infrastrukturelle Technologie, die zur Auswertung großer Datenbestände dient.

19 Im kommerziellen Bereich etablierte sich der Begriff *Data Mining* für den gesamten Prozess des *Knowledge Discovery in Databases. Data Mining* meint die Anwendung von explorativen Methoden auf einen Datenbestand mit dem Ziel der Mustererkennung. Ziel der explorativen Datenanalyse ist über die Darstellung der Daten hinaus die Suche nach Strukturen und Besonderheiten. Sie wird daher typischerweise eingesetzt, wenn die Fragestellung nicht genau definiert ist oder auch die Wahl eines geeigneten statistischen Modells unklar ist. Ihre Suche umfasst, ausgehend von der Datenselektion, alle Aktivitäten, die zur Kommunikation von in Datenbeständen entdeckten Mustern notwendig sind: Aufgabendefinition, Selektion und Extraktion, Vorbereitung und Transformation, Mustererkennung, Evaluation und Präsentation.

werden, die kollektive Datenströme in lesbare Datenkollektive übersetzt. In diesem Sinne firmieren in der medialen Öffentlichkeit soziale Netzmedien wie Facebook, Twitter und Google+ als Spiegel der allgemeinen Wirtschaftslage[20] oder als prognostischer Indikator von nationalen Gefühlsschwankungen[21]. Dahingehend bilden sie selbst Schauplätze einer populären Aufmerksamkeit und popularisierender Diskurse, die ihnen bestimmte Außenwirkungen – etwa als ein Gradmesser der konjunkturellen Entwicklung der Wirtschaft und der sozialen Wohlfahrt – zuschreiben.

Case Study: Facebook Data Research

Welche Musik werden eine Milliarde Menschen in Zukunft hören, wenn sie frisch verliebt sind, und welche Musik werden sie hören, wenn sie gerade ihre Beziehung beendet haben? Diese Fragestellungen hat das „Facebook Data Team" im Jahr 2012 zum Anlass genommen, um die Daten von über einer Milliarde Nutzerprofilen (mehr als 10 Prozent der Weltbevölkerung) und 6 Milliarden Songs des Online-Musikdienstes Spotify mittels einer korrelativen Datenanalyse auszuwerten, die den Grad des gleichgerichteten Zusammenhangs zwischen der Variable „Beziehungsstatus" und der Variable „Musikgeschmack" ermittelt.[22] Diese Prognose über das kollektive Konsumverhalten basiert auf Merkmalsvorhersagen, die mittels Data Mining in einer simplen Kausalbeziehung ausgedrückt werden. Unter Leitung des Soziologen Cameron Marlow erforschte die aus Informatikern, Statistikern und Soziologen bestehende Gruppe das statistische Beziehungsverhalten der Facebook-Nutzer und veröffentlichte am 10. Februar des gleichen Jahres zwei Hitlisten von Songs, die Nutzer hörten, als sie ihren Beziehungsstatus änderten, und nannte sie lapidar „Facebook Love Mix" und „Facebook Breakup Mix".[23] Die Forschergruppe im Back-End destil-

20 Vgl. Bollen, Johan/Mao, Huina/Zeng, Xiaojun Zeng: „Twitter mood predicts the stock market", in: Journal of Computational Science 2 (1) 2011, S. 1-8.

21 Vgl. Bollen, Johan: „Happiness Is Assortative in Online Social Networks", in: Artifical Life 17 (3) 2011, S. 237-251.

22 Vgl. Facebook Data Science, https://www.facebook.com/data vom 28.12.2013.

23 Unter dem Titel „Facebook Reveals Most Popular Songs for New Loves and Breakups" äußerte sich „Wired" begeistert über die neuen Möglichkeiten des Data Minings: www.wired.com/underwire/2012/02/facebook-love-songs/ vom 28.12.2013.

lierte aus der statistischen Ermittlungsarbeit der „Big Data“[24] nicht nur eine globale Verhaltensdiagnose, sondern transformierte diese auch in eine suggestive Zukunftsaussage. Sie lautete: Wir Forscher im Back-End bei Facebook wissen, welche Musik eine Milliarde Facebook-Nutzer am liebsten hören werden, wenn sie sich verlieben oder trennen.[25] Unter dem Deckmantel des bloßen Sammelns und Weitergebens von Informationen etabliert die Forschergruppe des „Facebook Data Teams“ eine Deutungsmacht gegenüber den Nutzern, indem sie die Nutzer im automatisch generierten Update-Modus „What's going on?“ auffordert, regelmäßig Daten und Informationen zu posten.

Die Zukunftsaussagen des „Facebook Data Teams“ sind jedoch nur vordergründig mathematisch motiviert und verweisen auf den performativen Ursprung des Zukunftswissens. Trotz fortgeschrittener Mathematisierung, Kalkülisierung und Operationalisierung des Zukünftigen bezieht das Zukunftswissen seine performative Macht immer auch aus Sprechakten und Aussageordnungen, die sich in literarischen, narrativen und fiktionalen Inszenierungsformen ausdifferenzieren können.[26] In diesem Sinne sind die Bedeutungen im Möglichkeitsraum der Zukunft nicht eindeutig determiniert, sondern erweisen sich vielmehr als ein *aggregatähnliches Wissen*, dessen konsenserzwingende Plausibilität sich nicht in *Wahrheitsdiskursen* und *epistemischen Diskursen* erschöpft, sondern auch von *kulturellen* und *ästhetischen* Kommunikationsprozessen und Erwartungshaltungen *(patterns of expectation)* gestützt wird, die Imaginäres, Fiktives und Empirisches in Beziehung setzen.

Das Format der Hitliste und ihrer beliebtesten zehn Songs versucht, durch Vereinfachung komplexe Sachverhalte auf einen Blick darstellbar zu machen. Es handelt sich um ein popularisierendes Zukunftsnarrativ, das eine verhaltensmoderierende, repräsentative und rhetorische Funktion übernehmen und die Zukunftsforschung als unterhaltsame und harmlose Tätigkeit herausstreichen soll. Um in diesem Sinn glaubwürdig zu sein, muss die futurische Epistemologie immer auch auf eine gewisse Weise überzeugend in Szene gesetzt werden, sie muss

---

24 Vgl. Wolf, Fredric et al.: „Education and data-intensive science in the beginning of the 21st century“, in: OMICS: A Journal of Integrative Biology 15 (4) 2011, S. 217-219.

25 Die kollektive Figur „Wir“ meint in diesem Fall die Forscher im Backend-Bereich und hat futurologische Verschwörungstheorien angeheizt, die das Weltwissen in den Händen weniger Forscher vermuten.

26 Vgl. Lummerding, Susanne: „Facebooking. What You Book is What You Get – What Else?“, in: Oliver Leistert/Theo Röhle (Hg.), Generation Facebook: Über das Leben im Social Net, Bielefeld: transcript Verlag 2011, S. 199-216.

theatralisch überhöht, werbewirksam inszeniert und erzählt werden, damit sie Aufmerksamkeit generieren kann. Insofern ist den futurischen Aussageweisen immer auch ein Moment der prophetischen Selbst- und Wissensinszenierung inhärent, mit dem die wissenschaftlichen Repräsentanten den gesellschaftsdiagnostischen Mehrwert der sozialen Netzwerke unter Beweis stellen wollen.[27] Soziale Netzmedien wie Facebook agieren heute als Global Player der Meinungsforschung und der Trendanalyse und spielen eine entscheidende Rolle bei der Modellierung von Zukunftsaussagen und futurologischer Wissensinszenierung.

Auch die Glücksforschung nutzt heute vermehrt Freundschaftsnetzwerke wie Facebook zur Auswertung ihrer Massendaten. Innerhalb der Big-Data-Prognostik stellt die sogenannte „Happiness Research" eine zentrale Forschungsrichtung dar. Doch die sozioökonomische Beschäftigung mit dem Glück wird überwiegend unter Ausschluss der akademischen Öffentlichkeit durchgeführt. In diesem Zusammenhang warnen einflussreiche Theoretiker, wie Lev Manovich[28] und Danah Boyd[29], daher vor einem „Digital Divide", der das Zukunftswissen einseitig verteilt und zu Machtasymmetrien zwischen Forschern *innerhalb* und *außerhalb* der Netzwerke führen könnte. Lev Manovich kritisiert den limitierten Zugang zu sozialstatistischen Daten, der von vornherein eine monopolartige Regierung und Verwaltung von Zukunft schafft: „[...] only social media companies have access to really large social data – especially transactional data. An anthropologist working for Facebook or a sociologist working for Google will have access to data that the rest of the scholarly community will not."[30]

Dieses ungleiche Verhältnis festigt die Stellung der sozialen Netzwerke als computerbasierte Kontrollmedien, die sich Zukunftswissen entlang einer vertikalen und eindimensionalen Netzkommunikation aneignen: (1) Sie ermöglichen einen kontinuierlichen Fluss von Daten (digitale Fußabdrücke), (2) sie sammeln und ordnen diese Daten und (3) sie etablieren geschlossene Wissens- und Kommunikationsräume für Experten und ihre Expertisen, welche die kollektiven Daten zu Informationen verdichten und interpretieren. Das Zukunftswissen durchläuft folglich unterschiedliche mediale, technologische und infrastrukturelle Schichten, die hierarchisch und pyramidal angeordnet sind:

---

27 Vgl. Doorn, Niels Van: „The ties that bind: the networked performance of gender, sexuality and friendship on MySpace", in: New Media & Society 12 (4) 2010, S. 583-602.

28 Vgl. L. Manovich: The promises and the challenges of Big Social Data.

29 Vgl. D. Boyd/K. Crawford: Six Provocations for Big Data.

30 L. Manovich: The promises and the challenges of Big Social Data, S. 467.

„The current ecosystem around Big Data creates a new kind of digital divide: the Big Data rich and the Big Data poor. Some company researchers have even gone so far as to suggest that academics shouldn't bother studying social media data sets – Jimmy Lin, a professor on industrial sabbatical at Twitter argued that academics should not engage in research that industry 'can do better'."[31]

Diese Aussagen verdeutlichen – neben der faktisch gegebenen technologisch-infrastrukturellen Abschottung des Zukunftswissens –, dass das strategische Entscheidungshandeln im Backend-Bereich und nicht in der Peer-to-Peer-Kommunikation angelegt ist. Die Peers können zwar in ihrer eingeschränkten Agency die Ergebnisse verfälschen, Fake-Profile anlegen und Nonsens kommunizieren, besitzen aber keine Möglichkeiten der aktiven Zukunftsgestaltung, die über taktische Aktivitäten hinausgehen.

Warum ist eigentlich die Erforschung des Glücks für die Gestaltung des Zukunftswissens so relevant geworden? Die Dominanz der Glücksforschung hat zwei historische Gründe.[32] Seit der griechischen Antike wird dem Glück eine zentrale Stelle im menschlichen Leben eingeräumt und nach Aristoteles besteht das Ziel allen menschlichen Tuns darin, den Zustand der Glückseligkeit zu erlangen.[33] Ein weiterer maßgeblicher Diskursstrang ist der seit Jeremy Bentham einflussreich gewordene Utilitarismus der Glücksdiskurse. Mit dem *Greatest Happiness Principle* entwickelte Jeremy Bentham die Vorstellung, dass das größte zu erreichende Gut das Streben nach dem größtmöglichen Glück für die größtmögliche Anzahl von Menschen bedinge.[34] An diese sozioökonomische Konzeption des Glücks knüpft die „Happiness Research" an, die Glück nach rationalem Kalkül als individuellen Nutzen interpretiert und in der Hochrechnung von aggregierten Glücksbekundungen das soziale Wohlbefinden berechnet.

Eine maßgebliche Spielart der futurologischen Prophetie stellt der seit 2007 eingeführte „Facebook Happiness Index" dar, der anhand einer Wortindexanalyse die Stimmung der Nutzer in den Statusmeldungen sozialempirisch

31 D. Boyd/K. Crawford: Six Provocations for Big Data.

32 Vgl. Frey, Bruno S./Stutzer, Alois: „What can economists learn from happiness research?", in: Journal of Economic Literature 40 (2) 2002, S. 402-435.

33 Dieses unveräußerliche Recht des Menschen auf Glück *(the pursuit of happiness)* nahmen die Vereinigten Staaten von Amerika in die Eröffnungspassage ihrer Unabhängigkeitserklärung auf.

34 Vgl. Bentham, Jeremy: „A Comment on the Commentaries and A Fragment on Government", in: J. H. Burns/L. A. Hart (Hg.), The Collected Works of Jeremy Bentham, London: The Athlone Press 1977, S. 393f.

auswertet. Auf der Datengrundlage der Status-Updates errechnen die Netzwerkforscher in ihrem „Gross National Happiness Index" (GNH) das sogenannte „Bruttonationalglück" von Gesellschaften. Der Soziologe Adam Kramer arbeitete von 2008 bis 2009 bei Facebook und errechnete gemeinsam mit den Mitarbeitern des Facebook Data Team, der Sozialpsychologin Moira Burke, dem Informatiker Danny Ferrante und dem Leiter der Data Science Research Cameron Marlow den Happiness Index. Adam Kramer konnte dabei das intern verfügbare Datenvolumen des Netzwerks nutzen. Er evaluierte die Häufigkeit von positiven und negativen Wörtern im selbstdokumentarischen Format der Statusmeldungen und kontextualisierte diese Selbstaufzeichnungen mit der individuellen Lebenszufriedenheit der Nutzer (*convergent validity*) sowie mit signifikanten Datenkurven an Tagen, an denen unterschiedliche Ereignisse die Medienöffentlichkeit bewegten (*face validity*): „‚Gross national happiness' is operationalized as a standardized difference between the use of positive and negative words, aggregated across days, and present a graph of this metric."[35] Die von den Soziologen analysierten individuellen Praktiken der Selbstsorge werden mithilfe von semantischen Wortnetzen letztlich auf die Oppositionspaare „Glück"/„Unglück" und „Zufriedenheit"/„Unzufriedenheit" reduziert. Eine binär strukturierte Stimmungslage wird schließlich als Indikator einer kollektiven Mentalität veranschlagt, die auf bestimmte kollektiv geteilte Erfahrungen rekurriert und spezifische Stimmungen ausprägt. Die soziologische Massenerhebung der Selbstdokumentationen (*self reports*) in sozialen Netzwerken hat bisher die Stimmungslage von 22 Nationalstaaten ermittelt. Mit der wissenschaftlichen Korrelation von subjektiven Befindlichkeiten und bevölkerungsstatistischem Wissen kann der „Happiness Index" nicht nur als Indikator eines „guten" oder „schlechten" Regierens gewertet werden, sondern als Kriterium einer möglichen Anpassungsleistung des Politischen an die Wahrnehmungsverarbeitung der sozialen Netzwerke. In diesem Sinne stellt der „Happy Index" ein erweitertes Instrumentarium wirtschaftlicher Expansion und staatlicher-administrativer Entscheidungsvorbereitung dar.

35 Kramer, Adam D. I.: „An Unobtrusive Behavioral Model of ‚Gross National Happiness'", in: Association for Computing Machinery (Hg.), Conference on Human Factors in Computing Systems 28 (3), New York 2010, S. 287-290, hier S. 287.

Case Study: Twitter Research

Für die Big Data-Forschung verkörpern Anwendungsprogrammierungen ein zentrales Instrument der datengetriebenen Wissensproduktion. Der Begriff Anwendungsprogrammierung referiert auf die englischsprachige Bezeichnung *application programming interface*, kurz: API.

Es ist eine Ironie der Geschichte, dass die Usability der kommerziell motivierten Twitter-API eine Konjunktur der Big-Social-Data-Forschung im Bereich der Medien- und Kommunikationswissenschaften eingeleitet hat. Die Online-Forschung ist hierbei von den Versionen abhängig, die das Unternehmen Twitter ihnen zur freien Verfügung überlässt. Aktuell ist es die Version 1.1. der REST API *(Representational State Transfer)*, die ältere Version wurde eingestellt und ist nicht mehr verwendbar. Die API-Schnittstelle kann als eine nutzerspezifische Gebrauchsanordnung für die Genese und Konstitution epistemischer Praktiken aufgefasst werden. Die API-Schnittstelle gibt u.a. die Menge und den Modus von Auswahlfreiheiten und Zugangsbeschränkungen vor. Eine mediale Dispositivanalyse könnte an der von Danah Boyd, Jane Crawford und Lev Manovich artikulierten Datenkritik der Forschungsinfrastrukturen ansetzen und die Analyse von medialer Anordnung und ihren Diskursen mit der Analyse der an dieser Schnittstelle entstehenden Machteffekte weiterentwickeln.

Richard Rogers hat den Begriff *online groundedness* entwickelt, „um Forschung zu beschreiben, die dem Medium folgt, die dessen Dynamiken erfasst und fundierte Aussagen über den kulturellen und gesellschaftlichen Wandel trifft.“[36] Kann die Onlineforschung selbstständig entscheiden, einem Medium zu folgen oder lagert sie sich nicht vielmehr als ein taktischer Effekt an vorgegebene Tendenzen an? Die Twitter-API hat bisher eine konstituierende Macht über den Aufschwung der angewandten Twitter-Forschung ausgeübt. Die von Twitter zur Verfügung gestellte Anwendungsprogrammierung kann in zweifacher Hinsicht als mediendispositive Infrastruktur problematisiert werden. Einerseits schreibt sie als Programmierparadigma für Webanwendungen die Logik von Back- und Frontend fort und firmiert folglich nicht als Fenster zur sozialen Datenwelt, sondern erstellt im Sinne einer automatisierten Vorselektion softwarebasierte Filter selektiver Wissensgenerierung, die für die gewöhnliche Forschung nicht hintergehbar ist. Die Filterfunktion der Anwendungsschnittstelle etabliert daher systematisch Intransparenz, regelungstechnische Lücken und epistemische Unklarheiten. Die im Rahmen der Anwendungsprogrammierungen operierenden Erhebungs- und Verarbeitungsmethoden können in dieser Hinsicht

36 R. Rogers: Digital Methods, S. 64.

auch als *gründungstheoretische Fiktion* aufgefasst werden. Die einschlägige Forschungsliteratur[37] hat sich eingehend mit der Reliabilität und der Validität der Twitterdaten beschäftigt und ist zum Ergebnis gekommen, dass die Twitter-Datenschnittstellen mehr oder weniger als dispositive Anordnungen im Sinne eines Gatekeeper aufgefasst werden können. Dies lässt sich an den unterschiedlichen Zugangspunkten der Twitter-API aufzeigen: „statuses/filter“ gibt alle öffentlichen Tweets zurück, die einer Menge übergebener Filterparameter entsprechen. Die Standardzugriffsrechte erlauben bis zu 400 Schlüsselwörter, 5000 Nutzer-IDs und 25 Orte. „Statuses/samples“ gibt eine kleine, zufällige Untermenge aller öffentlichen Tweets zurück. „Statuses/firehouse“ ist ein Zugriffspunkt, der spezielle Rechte benötigt, um sich mit ihm verbinden zu können. Als Filterschnittstellen erzeugen die APIs also immer auch ökonomisch motivierte Exklusionseffekte für die Netzforschung, die von ihr aus eigener Kraft nicht kontrolliert werden können.

Digitale Methoden und Analysen situieren sich im Wechselspiel zwischen Medieninnovationen und den Limitationen technischer Infrastrukturen. Um also präzise die Machtasymmetrien sozio-technischer Interaktionen herauszuarbeiten, müsste man schließlich nicht an der schieren Existenz einzelner Kommunikationstechnologien und ihrer digitalen Methoden ansetzen, sondern sich vielmehr auf die mit ihnen verknüpften konkreten Datenpraktiken und technisch-infrastrukturellen Beschränkungen einlassen.

Data Mining und Social Monitoring

Die operative Erforschung der Big Data weist zwei unterschiedliche Ausrichtungen auf. Einerseits versucht sie, kollektive Figurationen und Tendenzen kollektiver Dynamiken zu modellieren, andererseits geht es ihr darum, aus großen Datenmengen *personenzentrierte* und *zielgruppenspezifische* Merkmalsausprägungen herauszulesen. Im Folgenden sollen die historischen Diskursfelder dieser datenbasierten Techniken zur Herstellung subjektzentrierten Wissens herausgearbeitet werden, um das strategische Bezugsverhältnis zwischen Wissen und Macht – oder genauer: zwischen Regierungswissen und der Herausbildung von Subjektivierungsmodellen – akzentuieren zu können.

37 Vgl. Burgess, Jean/Puschmann, Cornelius: „The Politics of Twitter Data“. Online: www.papers.ssrn.com/sol3/papers.cfm?abstract_id=2206225 vom 20.10.2014.

In seinen Anfängen wurde das Profiling als Bewertungsmethode im Personalausleseverfahren der Testpsychologie in den USA entwickelt.[38] Die standardisierten Verfahren der Testpsychologie zur Ermittlung von Leistungsfähigkeit bilden direkte Vorläufer des Profiling (aber auch der Rasterfahndung). Begriffe wie das „Persönlichkeitsprofil" oder das „Profiling" entstammen dem psychologisch-therapeutischen Diskurs und markieren heute Leitdiskurse in den Praxisformen der Selbstthematisierung. Unter den Vorzeichen des Postfordismus hat sich das Profiling als ein Ökonomisierungs- und Standardisierungsinstrument gesellschaftlich verallgemeinert und ist als eine vielschichtige Such- und Analysemethode der Informations- bzw. Wissensgesellschaften in Verwendung. Das hohe Ansehen der Selbstevaluation verweist auf zwei soziale Prozesse. Einerseits hat sich die Anzahl der Testparameter und -verfahren und der daran beteiligten Testobjekte mit dem Auftritt der Web-2.0-Interfacetechnologien vervielfältigt, andererseits hat sich, in Abgrenzung zur beruflichen Eignungsdiagnostik, die Evaluationspraxis auch in qualitativer Hinsicht verändert und umfasst heute die gesamte Persönlichkeit und kreativen Potenziale des Subjekts.

Das Web 2.0 mit seinen Social Networks und Communities verspricht ein großes prognostisches Potenzial, weil Marketingaktivitäten auf bestimmte Zielgruppen mittels modularer Technologien für User Tracking, Webmining, Profiling, Testing, Optimierung, Ad-Serving und Targeted Advertising abgestimmt werden können. Das Profiling im Web 2.0 verläuft nach dem Prinzip des Closed Circuit. Die Anordnung dessen beschreibt ein Aufzeichnungsverfahren, bei der das Eingabemedium direkt mit dem Abbildungsmedium verbunden ist. Bei der Beobachtungsanordnung im Closed Circuit machen die User die Erfahrung der Synchronität ihrer Handlungen. Die sofortige Verfügbarkeit der Datenstrukturen und ihre gleichzeitige Manipulationsmöglichkeit durch das Targeted Advertising ist eine besondere Eigenschaft des Echtzeit-Profilings, das vergangene Nutzungsgewohnheiten von Online-Rezipienten analysiert (Click Advertising, Graphenanalyse), um zielgerichtete Werbung (Quality Market) für ein künftiges Konsumverhalten zu modellieren. Vor diesem Hintergrund entwickelte Microsoft ein Profiling-System, das soziometrische Daten, wie etwa Alter, Geschlecht, Einkommen und Bildung, mit möglichst großer Wahrscheinlichkeit ableiten sollte. Die Prognosefähigkeit der sozialen Netzwerke bleibt aber davon abhängig, ob es gelingt, die biografisch und demografisch relevanten Daten und Informationen in distinkte und segregierte Bausteine der weiteren Datenverarbeitungen aufzugliedern. Als ein gemischtes Medium muss sich das Profiling zwangsläufig

38 Vgl. Giordano, Gerard: How testing came to dominate American schools: The history of educational assessment, New York/Wien: Lang 2005.

aus heterogenen Repräsentationen zusammensetzen. Es übernimmt das Modell der Prüfung von Persönlichkeitsmerkmalen der älteren Eignungsdiagnostik und macht es zur Sache kollektiver Approbationsleistungen, um seine Wirkungsweisen zu vervielfältigen und zu verstärken.

Die Profilbildung enthält Wissenstechniken, die auf binären Unterscheidungen beruhen (z.B. die Geschlechtszugehörigkeit), mit quantitativen Skalierungen operieren (z.B. hierarchische Ranking-Techniken) oder die auf die Erstellung qualitativer Profile abzielen (z.B. das Aufzeigen kreativer Fähigkeiten und Begabungen in „freien" Datenfeldern). Profile reproduzieren einerseits soziale Normen und bringen andererseits auch neue Formen von Individualität hervor. Sie verkörpern den Imperativ zur permanenten Selbstentzifferung auf der Grundlage bestimmter Auswahlmenüs, vorgegebener Datenfelder und eines Vokabulars, das es den Individuen erlauben soll, sich selbst in einer boomenden Bekenntniskultur zu verorten. Das „bedienerfreundliche" Profiling besteht in der Regel aus sogenannten Tools, also Checklisten, Fragebögen für Selbst-Evaluierung, analytische Rahmen, Übungsabschnitte, Bilanzen, Statistiken mit Kommentar, Datenbanken, Listen von Adressen und pädagogische Module zur Ermittlung individueller Fähigkeiten, Neigungen und Lieblingsbeschäftigungen. Kommerzielle Suchmaschinen analysieren mittels Behavioural Targeting die Profile ihrer Nutzer. Diese Suchtechnologie erlaubt es, auf verhaltensorientierte Kriterien, wie Produkteinstellung, Markenwahl, Preisverhalten und Lebenszyklus, zu reagieren und relevante Werbung zu schalten. Das Behavioural Targeting evaluiert kontinuierliche Nutzungsgewohnheiten, private Interessen sowie demografische Merkmale und erstellt damit ein statistisches Relief pluraler und flexibler Subjektivität.[39] Das wesentliche Merkmal des digitalen Targetings ist der Sachverhalt, dass das Individuum nur noch als dechiffrierbare und transformierbare Figur seiner Brauchbarkeiten ins Blickfeld rückt. Es erzeugt ein multiples und „dividuelles Selbst"[40], das zwischen Orten, Situationen, Teilsystemen und Gruppen oszilliert – ein Rekurs auf eine personale Identität oder ein Kernselbst ist unter dividuellen Modulationsbedingungen nicht mehr vorgesehen. Im Unterschied zur klassisch analogen Rasterfahndung geht es beim digitalen Data Mining nicht mehr um die möglichst vollständige Ausbreitung der Daten, sondern um eine Operationalisierung der Datenmassen, die für prognostische Ab-

39 Vgl. Castelluccia, Claude: „Behavioural Tracking on the Internet: A Technical Perspective", in: Serge Gutwirth et al. (Hg.), European Data Protection. Good Health?, New York/London: Springer Verlag 2012, S. 21-33.

40 Deleuze, Gilles: Unterhandlungen 1972-1990, Frankfurt am Main: Suhrkamp Verlag 1993, S. 260.

fragen und Auswertungen effektiv in Beziehung zueinander gesetzt werden können. Es verändert nicht nur die Wissensgenerierung persönlicher Daten und Informationen, sondern auch die Prozesse sozialer Reglementierung. Insofern erzeugt das computergestützte Behavioural Targeting mehr als eine technische Virtualisierung von Wissensformen, denn es transformiert nachhaltig das Konzept des Raums, was zur Folge hat, dass sich das Raster vom topografischen Raum verflüchtigt und an seine Stelle der topologische Datenraum tritt. Dieser topologische Datenraum steht in Opposition zur Anwendungsschicht, die dem Kommunikationsraum der Nutzer entspricht. Das futurische Wissen (bestehend aus der statistischen Erhebungsmethode des Data Minings, der Visualisierungstechnik des Data Mappings und des systematischen Protokollierungsverfahrens des Data Monitorings) ist konstitutiv aus der Anwendungsschicht ausgeschlossen und den Nutzern nicht zugänglich. Damit basiert das Zukunftswissen der sozialen Netzwerke auf einer asymmetrisch verlaufenden Machtbeziehung, die sich in die technische Infrastruktur und den Aufbau des medialen Dispositivs verlagert hat.

ENTWICKLUNGEN UND AUSBLICK

Soziale Netzwerke und Online-Plattformen haben sich innerhalb der letzten Jahre zu gewichtigen Quellensammlungen für die statistische Massenerhebung entwickelt und mithilfe datenbasierter, digitaler Methoden neue Formen sozialempirischen Wissens gebildet. Ihre gigantischen Datenbanken dienen der systematischen Informationsgewinnung und werden für das Sammeln, Auswerten und Interpretieren von sozialstatistischen Daten und Informationen eingesetzt. In ihrer Funktion als Speicher-, Verarbeitungs- und Verbreitungsmedium von Massendaten haben soziale Netzwerke umfangreiche Datenaggregate hervorgebracht, die zur Prognose von gesellschaftlichen Entwicklungen herangezogen werden.

Das Zukunftswissen der sozialen Medien steht aber nicht allen Beteiligten gleichermaßen zur Verfügung. Dieses asymmetrische Verhältnis zwischen gewöhnlichen Nutzern und exklusiven Experten wurde in der einschlägigen Literatur als „Participatory Gap“[41] diskutiert. Obwohl es eine neue Form des Regierens

41 Vgl. Taewoo, Nam/Stromer-Galley, Jennifer: „The Democratic Divide in the 2008 US Presidential Election“, in: Journal of Information Technology & Politics 9 (2) 2012, S.133-149.

und Verwaltens nahelegt, wird das von den sozialen Netzwerken ermittelte Zukunftswissen von der öffentlichen Diskussion ausgeschlossen.

Soziale Netzwerke haben der empirischen Sozialforschung neue Möglichkeiten der Quellenerschließung eröffnet. Das Zukunftswissen der sozialen Netzwerke überlagert zwei Wissensfelder. Die empirische Sozialwissenschaft und die Medieninformatik sind für die Auswertung der medienvermittelten Kommunikation in interaktiven Netzmedien zuständig. Die Sozialforschung sieht in den Kommunikationsmedien der sozialen Netzwerke eine maßgebliche Kraft für die gesellschaftliche Entwicklung. Ihre Forschungsperspektive auf die informationstechnische Vergesellschaftung in multimedial vernetzten Medien hat ein Koordinatennetz unterschiedlicher Wissensquellen und Wissenstechniken entwickelt, um prognostisches Wissen herzustellen. So wird etwa die Wissensbeschaffung an Suchroboter delegiert, die auf die öffentlichen Informationen zugreifen können. Das Zukunftswissen kann aber auch zur Inszenierung von künftig zu erwartenden Konstellationen der statistischen Datenaggregate verwendet werden, wenn etwa das Facebook Data Team bestimmte Ausschnitte seiner Tätigkeiten auf seiner Webseite popularisiert. In diesem Sinne werden statistische Daten und Informationen in die Außenrepräsentation der sozialen Netzwerke eingebaut und erhalten eine zusätzliche performative Komponente.

In seiner Modellierung durchläuft das Zukunftswissen unterschiedliche Felder der Herstellung, Aneignung und Vermittlung und kann als Verfahren, Argumentation und Integration eingesetzt werden. Vor diesem Hintergrund kann das Zukunftswissen als ein heterogenes Wissensfeld angesehen werden, das empirisches, formal-mathematisches, semantisches, psychologisches und visuelles Wissen in sich aufnimmt. Dementsprechend hat sich eine futurische Episteme an die sozialen Medien angelagert und eine Vielzahl von Planungs- und Beratungspraktiken hervorgebracht, die als Multiplikatoren eines rechnerbasierten Machtgefälles und einer zeitbasierten Herrschaftsordnung auftreten. Vor diesem Hintergrund hat dieser Beitrag darauf aufmerksam gemacht, dass Prognosetechniken immer auch als Machttechniken angesehen werden können, die sich in medialen Anordnungen und infrastrukturellen Vorgaben im Front-End manifestieren. Das gestiegene Interesse der Markt- und Meinungsforschung an den Trendanalysen und Prognosen der sozialen Netzwerke verdeutlicht, dass soziale, politische und ökonomische Entscheidungsprozesse hochgradig von der Verfügbarkeit prognostischen Wissens abhängig gemacht werden. Insofern berührt die Plan- und Machbarkeit des datenbasierten Zukunftswissens in unterschiedlichen Gesellschafts-, Lebens- und Selbstentwürfen immer auch die Frage: „Wie ist es möglich, nicht kontrolliert zu werden?“

WEITERFÜHRENDE LITERATUR

Adelmann, Ralf: „Von der Freundschaft in Facebook: Mediale Politiken sozialer Beziehungen in Social Network Sites“, in: Oliver Leistert/Theo Röhle (Hg.), Generation Facebook: Über das Leben im Social Net, Bielefeld: transcript Verlag 2011, S. 127-144.

Ball, Kirstie/Haggerty, Kevin D./Lyon, David: Routledge Handbook of Surveillance Studies, London: Routledge 2012.

Bentham, Jeremy: A Comment on the Commentaries and A Fragment on Government, in: J. H. Burns/L. A. Hart (Hg.), The Collected Works of Jeremy Bentham, London: The Athlone Press 1977.

Bollen, Johan: „Happiness Is Assortative in Online Social Networks“, in: Artifical Life 17 (3) 2011, S. 237-251.

Bollen, Johan/Mao, Huina/Zeng, Xiaojun Zeng: „Twitter mood predicts the stock market“, in: Journal of Computational Science 2 (1) 2011, S. 1-8.

Bollier, David: The promise and peril of big data, Washington, DC: The Aspen Institute 2010. Online: http://www.aspeninstitute.org/sites/default/files/content/docs/pubs/The_Promise_and_Peril_of_Big_Data.pdf vom 27.12.2013.

Boyd, Danah/Crawford, Kate: „Six Provocations for Big Data“, in: Conference Paper, A Decade in Internet Time: Symposium on the Dynamics of the Internet and Society, September 2011, Oxford: University of Oxford. Online: http://papers.ssrn.com/sol3/papers.cfm?abstract_id=1926431 vom 27.12.2013.

Burgess, Jean/Puschmann, Cornelius: „The Politics of Twitter Data“. Online: www.papers.ssrn.com/sol3/papers.cfm?abstract_id=2206225 vom 20.10.2014.

Castelluccia, Claude: „Behavioural Tracking on the Internet: A Technical Perspective“, in: Serge Gutwirth et al. (Hg.), European Data Protection. Good Health?, New York: Springer Verlag 2012, S. 21-33.

Conover, Michael D. et al.: „Predicting the Political Alignment of Twitter Users“. Proceedings of the 3rd IEEE Conference on Social Computing 2011, forthcoming. Online: http://cnets.indiana.edu/wpcontent/uploads/conover_prediction_socialcom_pdfexpress_ok_version.pdf vom 27.12.2013.

Deleuze, Gilles: Unterhandlungen 1972-1990, Frankfurt am Main: Suhrkamp Verlag 1993.

Doorn, Niels Van: „The ties that bind: the networked performance of gender, sexuality and friendship on MySpace“, in: New Media & Society 12 (4) 2010, S. 583-602.

Driscoll, Kevin: „From punched cards to 'Big Data': A social history of database populism", in: Communication +1 (1), 2012. Online: http://kevindriscoll.info vom 20.05.2014.

Frey, Bruno S./Stutzer, Alois: „What can economists learn from happiness research?", in: Journal of Economic Literature 40 (2) 2002, S. 402-435.

Freyer-Dugas, Andrea et al.: „Google Flu Trends: Correlation With Emergency Department Influenza Rates and Crowding Metrics", in: Clinical Infectious Diseases, 54 (15) 2012, S. 463-469.

Gilbert, Eric/Karahalios, Karrie: "Widespread Worry and the Stock Market", in: 4th International AAAI Conference on Weblogs and Social Media (ICWSM), Washington, DC: George Washington University 2010.

Giordano, Gerard: How testing came to dominate American schools: The history of educational assessment, New York/Wien: Lang 2005.

Gitelman, Lisa/Pringree, Geoffrey: New Media: 1740-1915, Cambridge, Mass.: MIT Press 2004.

Klaasen, Abbey: „The Right Ads at the Right Time – via Yahoo; Web Giant Looks to Offer Behavioral-Targeting Tools outside its Own Properties", in: Advertising Age 3/Februar 2007, S. 34-39.

Kramer, Adam D. I.: „An Unobtrusive Behavioral Model of 'Gross National Happiness'", in: Association for Computing Machinery (Hg.), Conference on Human Factors in Computing Systems 28 (3), New York 2010, S. 287-290.

Lazer, David et al: „Computational Social Science", Science, 323 (5915) 2009, S. 721-723.

Leistert, Oliver/Röhle, Theo (Hg.): Generation Facebook: Über das Leben im Social Net, Bielefeld: transcript Verlag 2011.

Lemke, Thomas: „Test", in: Leviathan, Zeitschrift für Sozialwissenschaft 32 (1) 2004, S. 119-124.

Lummerding, Susanne: „Facebooking. What You Book is What You Get – What Else?", in: Oliver Leistert/Theo Röhle (Hg.), Generation Facebook: Über das Leben im Social Net , Bielefeld: transcript Verlag 2011, S. 199-216.

Manovich, Lev: „How to Follow Global Digital Cultures: Cultural Analytics for Beginners", in: Konrad Becker/Felix Stalder (Hg.), Deep Search: The Politics of Search beyond Google, Edison, NJ: Transaction Publishers 2009, S. 198-212.

Manovich, Lev: „Trending: The promises and the challenges of Big Social Data", in: Matthew K. Gold (Hg.), Debates in the digital humanities, Minneapolis: University of Minnesota Press 2012, S. 460-475.

Rogers, Richard: Digital Methods, Cambridge, Mass.: MIT Press 2013.

Taewoo, Nam/Stromer-Galley, Jennifer: „The Democratic Divide in the 2008 US Presidential Election“, in: Journal of Information Technology & Politics 9 (2) 2012, S.133-149.

Wald, Randall/Khoshgoftaar, Taghi M./Sumner, Chris: „Machine Prediction of Personality from Facebook Profiles“, in: 13th IEEE International Conference on Information Reuse and Integration, Washington 2012, S. 109-115.

Wolf, Fredric et al.: „Education and data-intensive science in the beginning of the 21st century“, in: OMICS: A Journal of Integrative Biology 15 (4) 2011, S. 217-219.

Yogatama, Dani: Predicting the Future: Text as Societal Measurement, 2012. Online: http://www.cs.cmu.edu/~dyogatam/Home_files/statement.pdf vom 27.12.2013.

Mensch-Medien-Hybride

Auf dem Weg zu einem neuen Da-sein

STEPHAN SONNENBURG[1]

> „This is your last chance. After this, there is no turning back. You take the blue pill – the story ends, you wake up in your bed and believe whatever you want to believe. You take the red pill – you stay in Wonderland and I show you how deep the rabbit-hole goes."
> MORPHEUS IN THE MATRIX (1999)

EINFÜHRUNG

Medien prägen unser Da-sein in der Welt sowie die zwischenmenschlichen und gesellschaftlichen Entwicklungen. Das Thema der Mensch-Medien-Hybride zeichnet sich erst in Konturen ab und wir wissen noch nicht, welche kulturellen und sozialen Implikationen sich hieraus ergeben. Manche der folgenden Ausführungen scheinen noch Zukunftsmusik zu sein, aber sie konturieren – dem Zitat von Morpheus folgend – ein „Wunderland" und die mögliche Ausdehnung des medialen „Kaninchenbaus". Schlucken wir doch also die rote Pille!

---

1 Ich möchte mich ganz herzlich bei Martin Zierold von der Karlhochschule International University bedanken, mit dem ich gemeinsamen die ersten Gedanken zum Themenfeld der Mensch-Medien-Hybride entwickelt habe. Sie waren der Startpunkt für die Grundausrichtung des Promotionskollegs „Performing Media: Praxen und Praktiken in der Mensch-Medien-Hybridität", siehe hierzu http://karlshochschule.de/de/forschung/aktivitaeten/promotionskolleg/

Auf allen Ebenen der Gesellschaft wirkt sich die Transformation der Medien, ihrer Inhalte und Nutzungen aus. Dieser Wandel läuft in Paradigmen ab von oralen Kulturen über die Buchkultur und die Kultur der Massen- und Informationsmedien bis zu digitalen Kulturen.[2] Medien im Sinne von Techniken der Verbreitung, Verarbeitung und Speicherung (siehe zum Begriff „Medien" den grauen Textkasten) wie z.B. Buchdruck, Festtelefon, Radio, Film oder Fernsehen sind von Menschen sehr unterschiedlich genutzt worden und haben historisch, gesellschaftlich sowie kulturell unterschiedliche Bedeutungen erlangt. Zugleich haben sie Gesellschaften geprägt und (teils grundlegend) verändert. Für all diese Technologien gilt jedoch, dass es jeweils vergleichsweise klare Grenzen zwischen Menschen und Medien(technologien) gibt.

Der Begriff „Medien" ist schillernd und omnipräsent, aber bleibt häufig im Vagen. Weit gefasst und doch praxisnah beschreibt Sandbothe Medien als „Werkzeuge, die der Koordination zwischenmenschlichen Handelns dienen. Sie helfen uns dabei, die Vokabulare zu optimieren oder neu zu erfinden, die wir zu Zwecken der privaten und öffentlichen Selbstbeschreibung verwenden."[3] Er unterscheidet drei mediale Anwendungsbereiche: (1) sinnliche Wahrnehmungsmedien, wie Raum, Zeit oder Sinnesorgane, (2) semiotische Kommunikationsmedien, wie Bild, Wort, Schrift, Gestik oder Mimik und (3) technische Verbreitungs-, Verarbeitungs- und Speichermedien, z.B. Buchdruck, Radio, Telefon, Film, Fernsehen, Computer oder Internet.[4] Formen des Hybriden zwischen Menschen und Medien fokussieren vor allem den dritten Anwendungsbereich.

Gegenwärtig zeichnet sich eine weitere mediale Wende ab, die das Verhältnis von Menschen und Medien neu bestimmt. Sie ist durch Innovationen wie Smartphones, Tablets, 3D oder Social Media eingeleitet worden. Die Konsequenzen dieses Medienkulturwandels sind heute noch nicht annähernd abzusehen. Vieles

---

2 Vgl. Giesecke, Michael: Von den Mythen der Buchkultur zu den Visionen der Informationsgesellschaft. Trendforschungen zur kulturellen Medienökologie, Frankfurt am Main: Suhrkamp 2002.

3 Sandbothe, Mike: „Medien – Kommunikation – Kultur. Grundlagen einer pragmatischen Kulturwissenschaft", in: Friedrich Jaeger/Burkhard Liebsch (Hg.), Handbuch der Kulturwissenschaften Band 1. Grundlagen und Schlüsselbegriffe, Stuttgart: J. B. Metzler 2004, S. 121.

4 Vgl. ebd., S. 120.

spricht aber dafür, dass nach einer Phase der Hybridisierung von Technologien und Inhalten zu multiplen Medien(produkten)[5] und der zunehmenden Bedeutung des mobilen Medieneinsatzes die Grenze zwischen Menschen und Medien selbst hybride wird.[6] Jedes Smartphone ist heute ein Hochleistungscomputer mit Sensoren, Kameras, Spracherkennung sowie Apps, die den menschlichen Alltag erleichtern sollen. Das Smartphone ist zu einem Teil unseres Da-seins geworden, es erweitert und verändert unser Körper-Geist-Sein. Es entstehen neue Konstellationen und Entitäten innerhalb der Medien und zwischen Menschen und Medien. Diese verschiedenen Hybridformen führen zu einer neuen gesellschaftlichen Realität, die sich individueller und komplexer entfaltet. Kucklick folgend könnte man von einer granularen Gesellschaft sprechen:

„Unter Granularität verstehen Computerwissenschaftler das Maß der Auflösung, die Präzision von Daten: je feinkörniger, desto granularer. Durch die Digitalisierung ziehen wir alle Schritt für Schritt in diese feinauflösende Gesellschaft um. Denn Digitalisierung bedeutet vor allem: Wir selbst und unsere Gesellschaft werden auf neue Weise vermessen."[7]

Im Paradigma der granularisierten Medienkultur sind Leben und Alltag durchdrungen von digitalen Geräten und der Software, mit der sie verwoben sind. Ohne digitale Geräte scheint Kommunikation in Beruf und Freizeit nicht mehr möglich zu sein, und selbst Ärzte verstehen und „vermessen" den Körper nur noch mit digitalen Diagnose-Apparaturen.[8] Im Folgenden wird der mediale Wandel im digitalen Paradigma in seinen Grundzügen kurz beschrieben basierend auf einem Phasenmodell des Zukunftsinstituts „Trendone" (siehe Abb. 1).

---

5 Vgl. Jenkins, Henry: Convergence culture. Where old and new media collide, New York and London: New York University Press 2006.

6 Vgl. zu ersten Überlegung zu hybriden Kulturen García Canclini, Néstor: Hybrid Cultures. Strategies for Entering and Leaving Modernity, Minneapolis: University of Minnesota Press 1995. Verstärkt seit den 1990er Jahren hat sich Hybridisierung als ein bestimmendes Phänomen postmoderner Gesellschaften durchgesetzt z.B. in Ulrich Becks Studien zur Risikogesellschaft und in Wolfgang Welschs Analysen der postmodernen Moderne, siehe Beck, Ulrich: Politik in der Risikogesellschaft. Essays und Analysen, Frankfurt am Main: Suhrkamp; Welsch, Wolfgang: Unsere postmoderne Moderne, Weinheim: VCH Acta humaniora 1987.

7 Kucklick, Christoph: Die Granulare Gesellschaft. Wie das Digitale unsere Wirklichkeit auflöst, Berlin: Ullstein 2014, S. 10.

8 Vgl. ebd., S. 198-199.

Media 1.0 steht für das Zeitalter der klassischen Massenmedien, allen voran Film, Funk, Fernsehen sowie die Printmedien, die selbst zu Beginn der digitalen Medienkultur noch tonangebend waren. Medieninhalte werden passiv konsumiert und der Umgang mit ihnen lässt sich als „lean back“ charakterisieren. In Konsequenz haben die Menschen nur ein geringes mediales Involvement. Mit der gesellschaftlichen Etablierung von Laptops und Handys beginnt die bewusste Auseinandersetzung mit den digitalen Medien. In der Phase *Media 2.0* steigt das mediale Involvement auf Seiten der User vor allem in Bezug auf Kompetenz und Souveränität im Umgang mit den technischen Neuerungen. Laptop und Handy werden zu Kommunikationspartnern, die sich insbesondere durch ihren mobilen Einsatz auszeichnen.

Abbildung 1: Die Entwicklung des Mensch-Medien-Verhältnisses

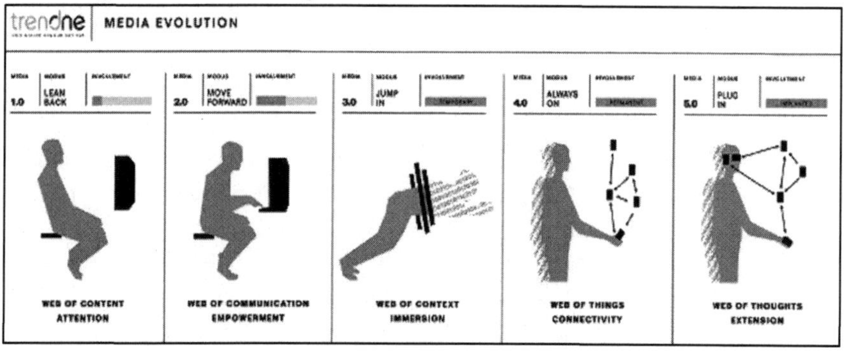

Quelle: www.trendone.de

In *Media 3.0* verschiebt sich die Bedeutung der digitalen Technik von den Geräten zur Software, allen voran zum digitalen Content. Web 2.0 und Social Media sind die Schlüsselphänomene dieser Phase. Erste Formen des Hybriden zwischen Menschen und Medien entstehen mit einem hohen, aber noch temporären Involvement auf Seiten der User, indem physische und digitale Realität zu verschmelzen beginnen. Dies wird unterstützt durch die technologischen Entwicklungen der Augmented Reality, die hybride Erfahrungs- und Handlungsräume entstehen lassen. Das paradigmatische Statement, „Wie wirklich ist die Wirklichkeit?“[9] sollte durch „Wo wirklich ist die Wirklichkeit?“ ergänzt werden. Immer noch macht man es sich zu einfach die digitale Welt als Schweinwirklichkeit abzutun. Besonders für *digital natives* sind die neuen Medien zur wirklichen Wirklichkeit

9 Vgl. Watzlawick, Paul: Wie wirklich ist die Wirklichkeit? Wahn, Täuschung, Verstehen, München: Piper 1976.

geworden. Die heutige soziale Wirklichkeit ist eine hybride Wirklichkeit, die zwischen Materialität bzw. Körperlichkeit und Virtualität bzw. Digitalität changiert:

> „Wenn nun die Individuen ihre Aktivitäten zunehmend an eine technologisch erzeugte virtuelle Sphäre koppeln, dort Erfahrungen machen und Gemeinschaften ausbilden, ist es wenig hilfreich, diese Erfahrungen und Handlungen als per se defizitär zu behandeln. Vielmehr ist zu klären, welche Bedeutung diese Erweiterung der Lebenswelt für den Menschen und für sein Welt- und Selbstverhältnis aufweist und welche Rolle neue Medientechnologien hierbei spielen."[10]

Aktuell prägt *Media 4.0* das Verhältnis von Menschen und Medien. Das Smartphone etabliert sich als Leitmedium, das jederzeit am Körper mitgeführt und nicht nur zu Informations- und Kommunikationszwecken genutzt wird, sondern auch dazu, um Körperfunktionen und Aktivitäten umfassend zu überwachen („*self tracking*"). User sind „*always on*" und permanent in Medien involviert, so dass zumindest zeitlich fixierte Konstellationen von Mensch-Medien-Hybriden entstehen. Diese komplexen Verkettungen, Vermischungen bzw. Verschmelzungen zwischen Menschen, Medien, ihren Kontexten, Inhalten und Nutzungen lassen eben nicht wie frühe Formen der digitalen Kultur das Verhältnis verschiedener Medien zueinander hybrid werden, sondern vor allem die Mensch-Medien-Grenze selbst. Die Hybridisierung vollzieht sich gleichermaßen in Arbeits-, Alltags- und Sozialbereichen.

Die Phase *Media 5.0* stellt die Zukunft dar, die bereits jetzt schon begonnen hat. „Plug in" beschreibt treffend das Verhältnis von Menschen und Medien, denn durch mediale Implantate entstehen zeit-, körper- und räumlich permanente Mensch-Medien-Hybride. Es mag wie eine Übertreibung klingen, aber dies ist der Anfang der digitalen Medienkultur der Cyborgs, der Terminators, Borgs und Robocops. Erschien McLuhans These von Medien als „extensions of man"[11] in den 1960er-Jahren noch als utopisch und metaphorisch, so wird sie heute durch ein Versprechen von Medien als jederzeit verfügbarer Teil des Menschen eingelöst: „Auf die Frage, wer besser ist – Mensch oder Maschine –, gibt es inzwi-

10 Unger, Alexander: „Virtuelle Räume und die Hybridisierung der Alltagswelt", in: Petra Grell/Winfried Marotzki/Heidi Schelhowe (Hg.), Neue digitale Kultur- und Bildungsräume, Wiesbaden: VS Verlag 2010, S. 105.

11 Vgl. McLuhan, Marshall: Understanding media. The extensions of man, New York: McGraw-Hill 1964.

schen eine sehr klare Antwort. Sie lautet: Keiner von beiden. Sondern beide zusammen."[12]

Hybride bzw. Hybridisierung sind zu Schlagworten geworden und stehen im Allgemeinen für Verkettung, Vermischung oder Verschmelzung. Ursprünglich aus der Molekularbiologie kommend, ist das Hybride auch zum Gegenstand philosophischer, soziologischer, psychologischer sowie kultur- und medienwissenschaftlicher Diskurse geworden und stellt eine Gegenströmung zu bipolaren und trennscharfen Vorstellungen und Herangehensweisen an Welt dar. „Es geht um den Abbau oder auch Verlust von Distinktionsmerkmalen und die Herausbildung oder auch den Gewinn von Pluralität. Es gibt einen Abschied von den Reinheitsgeboten – beim Bierbrauen ebenso wie etwa in den Medien, wo z.B. Information und Entertainment zu Infotainment mutieren und Wortschöpfungen wie Infomercials, Infotisement, Advertainment oder Edutainment weitere Vermischungen anzeigen."[13]

Folgt man dieser Entwicklung des Mensch-Medien-Verhältnisses und ihren Implikationen lassen sich zwei wesentliche Dimensionen des Hybriden feststellen: Grad der Hybridisierung und Dauer der Hybridisierung. Der Grad der Hybridisierung reicht von verkettet, bei dem die Elemente gut erkennbar sind, über vermischt, bei dem die Elemente fließend ineinander übergehen gehen, bis zu verschmolzen, bei dem die Elemente zu einer neuen Einheit werden, die sich durch eine größere Vielfalt auszeichnet als die einzelnen Elemente. Die Dauer der Hybridisierung kann temporär oder permanent sein, wobei Elemente, die zu einer neuen Einheit verschmolzen sind, kaum wieder trennbar sind und deren Zustand als permanent anzusehen ist (siehe die Beispiele der Phase *Media 5.0*). Allerdings wird ein Mensch-Medien-Hybrid nur solange als eine Form der Vermischung oder gar Verschmelzung wahrgenommen, solange man sich bewusst ist, dass es die Elemente auch singulär gab: „Wer schon immer Eis mit Pfeffer gegessen hat, der weiß nichts davon, daß dies für andere eine ungewöhnliche Mischung ist."[14]

---

12 C. Kucklick: Die Granulare Gesellschaft, S. 85.

13 Schneider, Irmela: „Hybridisierung als Signatur der Zeit", in: Caroline Robertson/Carsten Winter (Hg.), Kulturwandel und Globalisierung, Baden-Baden: Nomos 2000, S. 175.

14 Ebd., S. 184.

THEORIEN UND METHODEN

Einen theoretischen und methodischen Rahmen für Mensch-Medien-Hybride gibt es aktuell nicht. Jedoch können interdisziplinär ausgerichtete Theorien und Methoden für die Annäherung an Mensch-Medien-Hybride fruchtbar gemacht werden. Im Folgenden stehen folgende Konstrukte im Fokus: die Akteur-Netzwerk-Theorie und die Theorie(n) des Performativen. Besonders die Akteur-Netzwerk-Theorie bietet sich als gedanklicher Startpunkt an, da sie bereits einen intensiven theoretischen Diskurs vorgibt, der von hybrider Begrifflichkeit geprägt wird.[15]

Die *Akteur-Netzwerk-Theorie (ANT)* stellt ein Konstrukt zur Interpretation wissenschaftlicher und technischer Innovationen dar. Sie ist seit Mitte der 1980er-Jahre maßgeblich von den französischen Soziologen Bruno Latour und Michel Callon entwickelt worden.[16] Mit Hilfe des Netzwerkbegriffs versuchen Latour und Callon die Unterscheidung zwischen Gesellschaft und Natur sowie zwischen Gesellschaft und Technik aufzubrechen. Innerhalb der ANT werden diese Dualismen bereits dadurch aufgelöst, dass Menschen und Dinge als Handlungseinheiten bzw. Akteure begriffen werden. Akteure sind „alle Entitäten, denen es mehr oder weniger erfolgreich gelingt, eine Welt voller anderer Entitäten mit eigener Geschichte, Identität und Wechselbeziehungen zu definieren und aufzubauen“[17]

Somit stellen Dinge, zu denen z.B. auch die technischen Verbreitungs-, Verarbeitungs- und Speichermedien zählen, soziale Entitäten dar, die einen essentiellen Teil des Akteur-Netzwerkes verkörpern. „Ohne die Partizipation – in allen Bedeutungen des Wortes – von Nicht-Menschen, insbesondere von Maschinen und Artefakten, ist kein soziales Leben denkbar. Ohne sie würden wir wie

15 Vgl. Schulz-Schaeffer, Ingo: „Akteur-Netzwerk-Theorie. Zur Koevolution von Gesellschaft, Natur und Technik“, in: Johannes Weyer (Hg.), Soziale Netzwerke. Konzepte und Methoden der sozialwissenschaftlichen Netzwerkforschung, München: Oldenbourg 2000, S. 187-211.

16 Vgl. grundlegend Latour, Bruno: Wir sind nie modern gewesen. Versuch einer symmetrischen Anthropologie, Frankfurt am Main: Suhrkamp 1998.

17 Callon, Michel de: „Techno-economic networks and irreversibility“, in: John Law (Hg.), A sociology of monsters. Essays on power, technology and domination. Sociological Review Monograph 38, London: Routledge 1991, S. 140. Zitiert nach I. Schulz-Schaeffer: Akteur-Netzwerk-Theorie, S. 189.

Paviane leben."[18] Menschen und Dinge erschaffen die Welt zusammen, indem sie unzählige Netzwerke bilden. Netzwerke, die immer wieder neu je nach Umständen gebildet werden und mehr oder weniger stabil sind. Man kann folglich von hybriden Konstellationen sprechen.[19]

Im Sinne der ANT ist soziales Handeln das Resultat der Verbindung heterogener Akteure (Menschen und Objekte) zu Netzwerken. Dies bedeutet, dass alles, was als Akteur in Aktion tritt, nur in einem Netzwerk agieren kann. Es handelt nie ein Akteur alleine, sondern immer ein Netzwerk aus Akteuren. Soziales Handeln ist gerade dann erfolgreich, wenn die beteiligten Komponenten sich in einer abgestimmten Weise aufeinander beziehen. Dabei ist zu betonen, dass sich im Prozess des Netzwerkbildens sowohl die Komponenten als auch die Verbindungen verändern. Das Akteur-Netzwerk ist permanent in Bewegung. Die wechselseitigen Verhaltenszuschreibungen und -erwartungen zwischen den menschlichen und nicht-menschlichen Akteuren im Prozess des Netzwerkbildens führen dazu, dass nicht eindeutig zwischen Menschen und Dingen und zwischen sozialen und technischen Faktoren unterschieden werden kann.[20] In jedem Moment sind die am Netzwerk beteiligten Akteure vom Verhalten der anderen Akteure abhängig. Im Handeln ist immer wieder zu klären, wer oder was gerade welche Handlungskompetenz bzw. „Agency" hat und wer oder was die Handlung des Akteur-Netzwerks bestimmt.

Während ANT die Verbindungen zwischen menschlichen und nicht-menschlichen Akteuren zu Netzwerken fokussiert, thematisieren *Theorien des Performativen* das soziale Handeln, vor allem ihren Ereignis-, Aufführungs- und Vollzugscharakter. Das skizzierte Verständnis von Hybridität hat Auswirkungen auf die Vorstellung von Handlungskompetenzen und Handeln zwischen menschlichen und nicht-menschlichen Akteuren und somit auf die Frage wer oder was in spezifischen medialen Situationen handelt und wie sich die Handlungskompetenz angesichts der hybriden Mensch-Medien-Konstellation entfaltet.

Theorien des Performativen kreisen um die Begrifflichkeiten „Performativität" und „Performance", wobei Performativität ihren Ursprung in der Sprechakt-

---

18 Callon, Michel de/Latour, Bruno: La science telle qu'elle se fait. Anthologie de la sociologie des sciences de langue anglaise, Paris: La Découverte 1992, S. 359. Zitiert nach I. Schulz-Schaeffer: Akteur-Netzwerk-Theorie, S. 208.

19 Vgl. Schüttpelz, Erhard: „Elemente einer Akteur Medien Theorie", in: Erhard Schüttpelz/Tristan Thielmann (Hg.), Akteur-Medien Theorie, Bielefeld: transcript 2013, S. 9-67.

20 Vgl. I. Schulz-Schaeffer: Akteur-Netzwerk-Theorie, S. 192.

theorie und Performance in der Ritual- und Theatertheorie hat.[21] Trotz unterschiedlicher Prägung vereint beide Strömungen weitestgehend das Primat des Vollzugs einer sozialen Handlung gegenüber den Regeln für das soziale Handeln. Bei Performativität oder Performanz geht es also nicht darum, ob das Handeln wahr oder falsch ist, sondern ob es glückt oder missglückt. Es stellt sich also die Frage nach den (kontextuellen) Gelingensbedingungen, wenn ein Akteur-Netzwerk handelt bzw. performt.[22]

Verbindet man ANT mit einem performativen Verständnis bedeutet dies, dass Medien(technologien) nicht nur von Menschen in der Anwendung „performt“ werden, sondern dass sie auch selbst als „performative“ Akteure gesellschaftlicher und sozialer Entwicklung verstanden werden können. Sie sind dadurch charakterisiert, dass sie gleichzeitig Handlungs- und Kommunikationsspielräume eröffnen und begrenzen. Die sich öffnende und begrenzende Bedeutung von Medien zeigt sich jedoch immer erst im Performativen, im konkreten Vollzug, in der Anwendung bzw. der Nutzung. In diesem Sinne ist jede Form der Mediennutzung als performativer Akt zu verstehen, der in einem interdependenten Verhältnis gleichzeitig durch das Medium als Instrument geprägt ist und das Medium selbst durch seine konkreten Bedeutungen und Wirkungspotentiale erst hervorbringt.

„Medien phänomenalisieren und machen also Bezugnahme möglich. Doch indem Medien ‚erscheinen lassen‘, wird das, was dabei erscheint, zugleich transformiert, manchmal auch interminiert. Kraft seiner Medialität birgt ein Vollzug immer auch einen Überschuss gegenüber dem, was vollzogen wird. Auf dieses Surplus des Gebrauchs gegenüber seinem Programm zielt die Reflexionsfigur der ‚Performativität‘. Die Phänomene sind stets reicher als die Begriffe, die wir uns von ihnen machen.“[23]

21 Vgl. zu Performativität Austin, John Langshaw: How to do things with words, Oxford: Clarendon Press 1962; Turner, Victor: From ritual to theatre. The human seriousness of play, New York: PAJ Publications 1982; als Einstieg zu Theorien des Performativen siehe Fischer-Lichte, Erika: Ästhetik des Performativen, Frankfurt am Main: Suhrkamp 2004.

22 Vgl. E. Fischer-Lichte: Ästhetik des Performativen, S. 32.

23 Krämer, Sybille: „Erfüllen Medien eine Konstitutionsleistung? Thesen über die Rolle medientheoretischer Erwägungen beim Philosophieren“, in: Stefan Münker/Alexander Roesler/Mike Sandbother (Hg.), Medienphilosophie. Beiträge zur Klärung eines Begriffs, Frankfurt am Main: Fischer Taschenbuch Verlag 2003, S. 83.

Außerhalb seines konkreten Vollzugs „gibt" es kein Medium. Medien und ihre gesellschaftliche, kulturelle, soziale und individuelle Bedeutung werden in diesem Sinne erst durch und in Vollzug performativ hervorgebracht. Im Vollzug sind Medien sowohl Vermittler als auch Vollstrecker. Sie prägen und modulieren im Akt des Übertragens das, was sie übertragen.

Mit ANT und Theorien des Performativen lassen sich sehr gut die hybriden Entwicklungen zwischen Menschen und Medien erklären, wobei sie besonders für die Interpretation von *Media 3.0* und *Media 4.0* geeignet sind, deren Grad und Dauer der Hybridisierung durch Verkettung und Vermischung bestimmt sind. Für Verschmelzungen von Menschen und Medien zu neuen Einheiten, wie sie sich in *Media 5.0* abzeichnen, stellen die Theorien zum Akteur-Netzwerk und Performativem einen Erklärungsausgangspunkt dar. Hier müssten allerdings die Verbindungen und Vollzüge auch innerhalb der neu gebildeten Mensch-Medien-Hybriden und nicht nur die Verbindungen und Vollzüge zwischen den Akteuren analysiert werden.

Vielversprechend erscheinen ANT und Theorien des Performativen auch als Inspirationsquelle für die methodische Annäherung an Mensch-Medien-Hybridisierungen. Dabei ist zu berücksichtigen, dass in der empirischen Untersuchung Menschen und Medien als Akteure eines Netzwerks im Vollzug zugleich als Agenten und Resultate des Netzwerkbildens analysiert werden sollten. Diese Komplexität spricht für eine qualitative Vorgehensweise, die sich gerade situativ und in Lebenskontexten bewährt hat. Alleine um sich der Komplexität des Menschen zu nähern, bieten sich verstärkt qualitative Methoden an, gerade auch in hoch-aufgelösten Gesellschaften der Individualität. Durch die Hybridisierung entstehen neue Verbindung zwischen Menschen und Medien, welche die Komplexität empirischer Untersuchungen noch einmal steigern. Als qualitative Methoden für die Datenerfassung und -interpretation von Akteur-Netzwerken im Vollzug empfehlen sich das Schreiben von Tagebüchern der in Netzwerken beteiligten menschlichen Akteure sowie die Analyse von digitalen Spuren im Sinne der „Netnography" oder der „Template Analysis"[24]

---

24 Vgl. für einen Einstieg in die Tagebuchanalyse Alaszewski, Andy: Using diaries for social research, London: Sage Publications 2006; in die Netnography Kozinets, Robert V.: „The field behind the screen. Using netnograpy for marketing research in online communities", in: Journal of Marketing Research 39 (2002), S. 61-72; in die Template Analyse nach Nigel King http://www.hud.ac.uk/hhs/research/template-analysis/ vom 14.02.2015.

PRAXISBEZÜGE

Hybridisierungen zwischen Menschen und Medien wirken sich auf das individuelle Da-Sein und Alltagsleben sowie auf die verschiedenen Bereiche und Ebenen der Gesellschaft aus. Im Folgenden sollen Anwendungsbeispiele die theoretischen Ausführungen veranschaulichen, insbesondere hybride Entwicklungen und Konstellationen in *Media 4.0*, die bereits den Weg in *Media 5.0* weisen. Es werden technische Innovationen vorgestellt, welche eine enge Verbindung mit dem Körper eingehen und vor allem Haut, Augen und Ohren fokussieren. Sinnesorgane stellen essentielle Verbindungsstücke für die Hybridisierung zwischen Menschen und Medien dar.[25]

Die *Watch* von Apple (siehe Abb. 2 und 3) ist eine Smartwatch, die 2015 erhältlich sein soll. Neben klassischen Smartanwendungen wie Nachrichten- oder Terminverwaltung liegt ihre Besonderheit in Sensoren zur Messung von Bewegung und Körperfunktionen. Die Bedienung erfolgt über Sprachsteuerung, einen Touchscreen und eine digitale Krone, die zum Scrollen und Zoomen verwendet wird. Außerdem enthält das Gerät einen linearen Aktuator bzw. in der Apple-Sprache einen „Taptic Engine", der für haptisches Feedback bzw. Erfahrungen sorgt. Mit ihm kann sogar auf eine neue Weise mit anderen *Watch*-Trägern kommuniziert werden, indem Taps verschiedenartige haptische Gefühle hervorrufen. Die *Watch* mit all ihren Funktionen fügt sich „natürlich" in die menschlichen Bewegungsabläufe ein und erweitert den Erfahrungs- und Handlungsraum im Sinne von Augmented Reality.

Abbildungen 2 und 3: Apple Watch

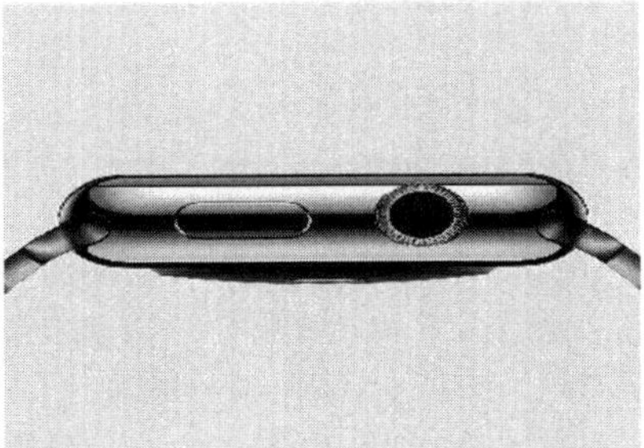

Quelle: www.apple.com vom 16.02.2015.

25 Für die Unterstützung bei der Auswahl der Beispiele bedanke ich mich sehr beim Zukunftsinstitut Trendone, www.trendone.com.

Das US-amerikanische Unternehmen Rhyno360 bietet einen Anzug mit integrierten Sensoren an, die bei Sportlern in Echtzeit ihre körperliche Kondition und Belastung feststellen, so dass Verletzungen vorgebeugt werden kann (siehe Abb. 4). Die Sensoren erkennen Ort, Art, Stärke sowie Dauer des Effekts, denen der Sportler ausgesetzt ist. Dabei entsteht eine elektrische Ladung, die als Signal die ermittelten Daten an die angeschlossenen Geräte kommuniziert. Trainer können so z.B. die Körper ihre Sportler durchgehend überwachen. Die Anwendung solcher Sensoren ist nicht nur auf den Spitzensport begrenzt und bietet sich u.a. für die Überwachung von Menschen mit chronischen Leiden an.

Abbildung 4: Tragbare Sensoren

Quelle: www.rhyno360.com vom 16.02.2015.

Obwohl die Zukunft von *Google Glass* ungewiss ist, wird sich die Mensch-Medien-Hybridisierung auch am Auge fortsetzen. Das US-amerikanische Unternehmen Innovega geht einen anderen Weg als Google, indem es ein optisches System namens *iOptik* entwickelt hat, das Brille und Kontaktlinse miteinander kombiniert (siehe Abb. 5 und 6). Mit der Kontaktlinse, die auch zur Augenkorrektur dient, kann der Träger gleichzeitig ein Mikrodisplay nahe dem Auge und Gegenstände in großer Entfernung scharf sehen.

Mit der Brille, die als Schnittstelle zu anderen Medien dient, wird die Kontaktlinse aktiviert und die digitalen Informationen werden auf die Linse projiziert. Somit können reale Gegenstände mit virtuellen Informationen und Hilfestellungen überlagert werden.

Abbildungen 5 und 6: Optisches System aus Brille und Kontaktlinse

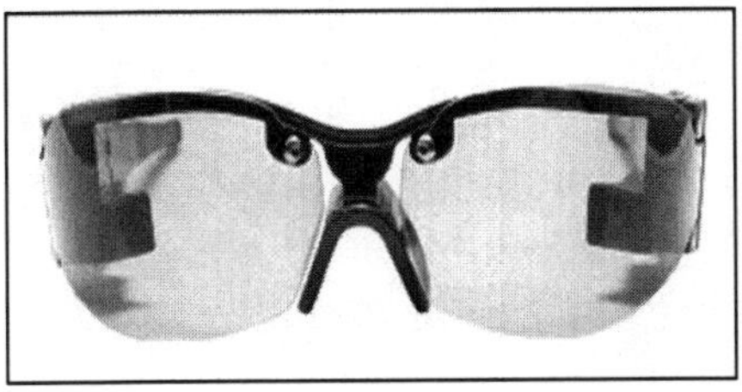

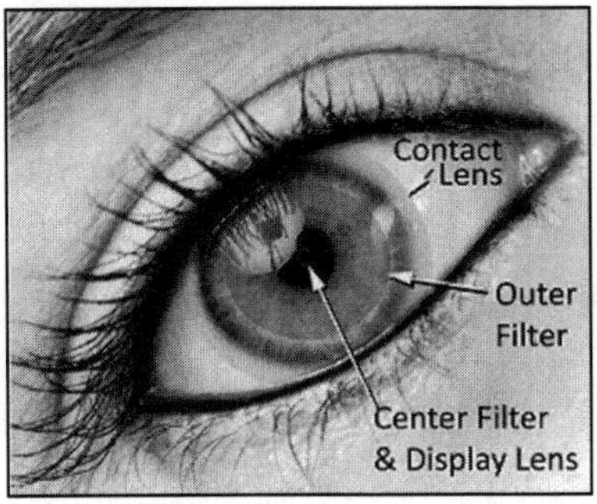

Quelle: www.innovega-inc.com vom 16.02. 2015.

Das deutsche Start-up-Unternehmen Bragi hat den In-Ear-Kopfhörer *The Dash* entwickelt (siehe Abb. 7), der mit vier Gigabyte Speicherplatz ausgestattet ist. Somit können Nutzer Musik hören, ohne ihr Smartphone mit sich tragen zu müssen. Die Steuerung der Kopfhörer erfolgt durch Berührung am linken und rechten Ohr. Des Weiteren ermöglicht der Kopfhörer auf dem Telefon eingehende Anrufe kabellos entgegenzunehmen sowie die Messung von Puls, Geschwindigkeit oder Sauerstoffgehalt. Die ermittelten Daten werden an das Smartphone übertragen.

Abbildung 7: Multifunktionale In-Ear-Kopfhörer

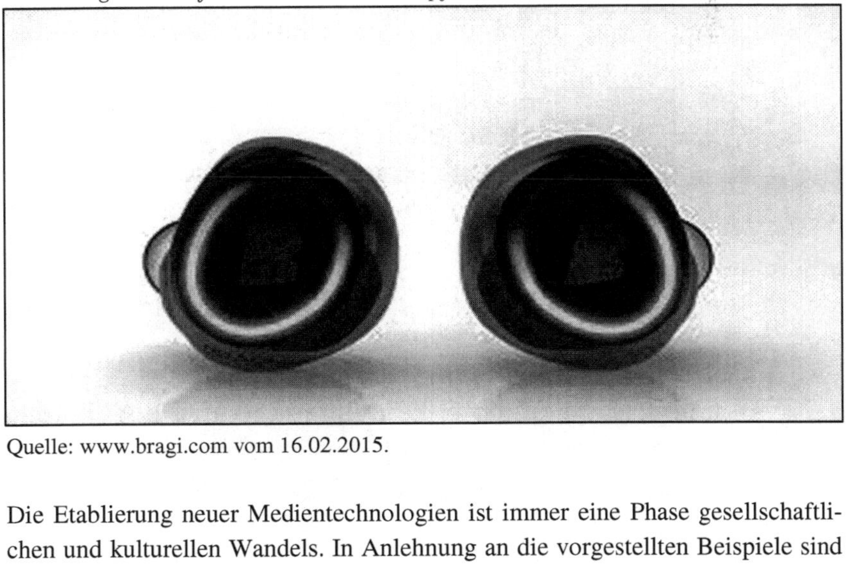

Quelle: www.bragi.com vom 16.02.2015.

Die Etablierung neuer Medientechnologien ist immer eine Phase gesellschaftlichen und kulturellen Wandels. In Anlehnung an die vorgestellten Beispiele sind technische Innovationen, welche die Mensch-Medien-Hybridisierung prägen, als selbstständige Akteure zu begreifen, die in komplexen Zusammenhängen im Sinne der ANT eine durchaus eigene Logik einbringen und unerwartete Effekte in der Mensch-Medien-Hybridisierung auslösen können. Die gesellschaftliche Etablierung neuer Medientechnologien ist vor diesem Hintergrund eine besonders herausfordernde Aufgabe, weil sie die Seite menschlicher Handlungskompetenz benötigt, gerade auch im Sinne von welche Medien werden wie eingesetzt, gefördert oder sogar verboten.

ENTWICKLUNGEN UND AUSBLICK

Vieles spricht dafür, dass die Hybridisierung zwischen Menschen und Medien das individuelle und gesellschaftliche Da-Sein grundlegend verändert. Hybridisierung regt zum Nachdenken über Materialität und Virtualität, Aktion und Interaktion, Nähe und Distanz sowie Ratio und Emotio an. Erst in der Anwendung und mittelfristigen Etablierung werden Effekte sichtbar, die sich zunehmend als paradoxale Gleichzeitigkeit effizienzsteigernd sowie hemmend bis sogar zerstörend beschreiben lassen. Die Welt der Mensch-Medien-Hybride, an deren Beginn wir stehen, birgt viele Risiken und Fallstricke im Sinne einer Entmenschlichung und Cyborgisierung. Ethische und ästhetische Fragestellungen des hybriden Menschseins müssen diskutiert werden.

> „Wir bedenken zu selten, in welchem Maße und in welcher Geschwindigkeit wir uns in prothetische Götter verwandeln. Denn Smartphones und Computer und Algorithmen sind wie mentale Prothesen, die uns beschleunigen, verbessern, erhöhen. Allerdings reizen sie uns auch permanent, wie es neue Prothesen zu tun pflegen. Und sie lösen gravierende Phantomschmerzen aus, wenn man sie uns wegnimmt, wie jene Menschen zu berichten wissen, die ein digitales Detox hinter sich gebracht haben."[26]

Jedoch ermöglichen die hybriden Entwicklungen, dass wir uns intensiver damit beschäftigen, was das Da-Sein charakterisiert. Formen des Hybriden zwischen Menschen und Medien können helfen, unser Da-Sein sowohl zu erweitern als auch zu verfeinern. In Mensch-Medien-Hybridkonstellationen hat der Mensch nun die Möglichkeit sich stärker auf bestimmte Fertigkeiten zu fokussieren, wie z.B. auf das Synthetisieren von Wissen oder das Ausschöpfen seines kreativen Potenzials. Neue Spielräume werden sich ergeben, welche alte Grenzen des

26 C. Kucklick: Die Granulare Gesellschaft, S. 198.

menschlichen Denkens bzw. Handelns und Medien obsolet machen und stattdessen neue Formen entstehen lassen. Dies gilt für Kommunikations- und Organisationsprozesse, für Lern- und Innovationsprozesse sowie grundlegend für die Erforschung von gesellschaftlichen Transformationsprozessen, die mit der Entwicklung von hybriden Mensch-Medien-Konstellationen einhergehen. Dass Mensch-Medien-Hybride Gesellschaften, Organisationen und auch Individuen beeinflussen werden, liegt auf der Hand. Die konkreten Auswirkungen sind aktuell aber noch kaum abzuschätzen. Wir stehen erst am Anfang des Kaninchenbaus.

WEITERFÜHRENDE LITERATUR

Fischer-Lichte, Erika: Performativität. Eine Einführung, Bielefeld: transcript 2012.

Krämer, Sybille: Medium, Bote, Übertragung. Kleine Metaphysik der Medialität, Frankfurt am Main: Suhrkamp 2008.

Kucklick, Christoph: Die Granulare Gesellschaft. Wie das Digitale unsere Wirklichkeit auflöst, Berlin: Ullstein 2014.

Latour, Bruno: Wir sind nie modern gewesen. Versuch einer symmetrischen Anthropologie, Frankfurt am Main: Suhrkamp 1998.

Schneider, Irmela: „Hybridisierung als Signatur der Zeit“, in: Caroline Robertson/Carsten Winter (Hg.), Kulturwandel und Globalisierung, Baden-Baden: Nomos 2000, S. 175-187.

Schüttpelz, Erhard/Thielmann, Tristan (Hg.): Akteur-Medien Theorie, Bielefeld: transcript 2013.

Schulz-Schaeffer, Ingo: „Akteur-Netzwerk-Theorie. Zur Koevolution von Gesellschaft, Natur und Technik, in: Johannes Weyer (Hg.), Soziale Netzwerke. Konzepte und Methoden der sozialwissenschaftlichen Netzwerkforschung, München: Oldenbourg 2000, S. 187-211.

Stross, Brian: „The hybrid metaphor. From biology to culture“, in: The Journal of American Folklore 112 (1999), S. 254-267.

Autorinnen und Autoren

Ackermann, Judith (Dr. phil.), Lehrkraft für besondere Aufgaben im Medienwissenschaftlichen Seminar der Universität Siegen, zuvor Gastprofessorin für Digitale Medienkultur an der Filmuniversität Babelsberg Konrad Wolf. Promotion an der Universität Bonn zur kommunikativen Aneignung von Spiel und Technik beim gemeinschaftlichen Computer spielen. Schwerpunkte in Lehre und Forschung: Digitale Medien, Games, Theater, Medienbildung, Medienkommunikation. Website: www.judith-ackermann.de.

Breitenbach, Patrick, lehrt u.a. „New Media Culture" und „Media Creation" an der Karlshochschule International University in Karlsruhe, Deutschland. Er ist außerdem freiberuflicher Marken- und Kommunikationsberater für Organisationen. Das mit Nils Köbel gemeinsam produzierte Podcast-Format „Soziopod" wurde 2013 mit dem Grimme Online Award in der Kategorie Bildung ausgezeichnet.

Dittes, Andreas, digital native und Unternehmer aus Leidenschaft. Er betreibt mit Dittes Ventures ein Innovationslabor, mit dem er digitale Geschäftsmodelle aufbaut und Unternehmen dabei hilft, die digitale Revolution aktiv mitzugestalten. Er ist Mitgründer und Geschäftsführer von Talentwunder, einem Berliner Unternehmen, das durch Big Data Analysen Personalvermittlung der nächsten Generation ermöglicht. Er ist außerdem Dozent für soziale Netzwerke an der Karlshochschule International University in Karlsruhe und veranstaltet mit hack.institute Innovations-Events mit Softwareentwicklern. Website: http://andreasdittes.com.

Jenkins, Henry (PhD), Provost Professor of Communication, Journalism, and Cinematic Arts an der USC Annenberg School for Communication und USC School of Cinematic Arts. Ehemaliger Co-Direktor MIT Comparative Media Studies und Impulsgeber für das Projekt „New Media Literary". Bekannt für seine Forschungen zu Medienkonvergenz und „World-making“. Autor mehrerer Werke über Aspekte der Medien- und Populärkultur, u.a. „Convergence Culture: Where Old and New Media Collide“ (2006). Website: http://henryjenkins.org.

Pfeffer, Jürgen (Dr. phil.), Assistant Professor am Institut für Software Research (School of Computer Science), Carnegie Mellon University in Pittsburgh/USA. Außerdem Gastprofessur an der Universität Wien und Universität Hamburg. Lehrender an der Karlshochschule International University im Bereich „Social Networks“ im Masterstudiengang Management (Schwerpunkt „New Media“). Website: http://www.pfeffer.at.

Rackwitz, Roman, Gamification-Pionier in Europa. Bereits 2009 gründete er mit Engaginglab eine der ersten Full-Service-Gamification Agenturen weltweit. Seit 2012 ist er in der Liste der Top-10 der weltweiten Gamification-Experten zu finden, die von Rise.Global erhoben wird. Rackwitz ist außerdem Senior Partner bei Enterprise-Gamification-Consultancy, einer international tätigen Gamificationberatung, Mitgründer der GamifyCon, einer Konferenz für Gamification im Businesseinsatz und Mitgründer von GamFed, des weltweit ersten Verbandes für praktizierende Personen und Unternehmen im Gamificationbereich. Seit 2013 doziert Rackwitz an Hochschulen wie der Munich-Business-School in München und dem Institut für Kommunikation & Führung in Luzern zum Thema „Gamification – Theorie, Methodik und praktische Umsetzung“.

Reichert, Ramón (Dr. phil.), u.a. Tätigkeiten als Professor für Neue Medien am Institut für Theater-, Film- und Medienwissenschaft der Universität Wien. Er lehrt Medientheorie und Kulturwissenschaft an der Johannes Kepler Universität Linz, am Mozarteum Salzburg und an der Donau-Universität Krems. Seine Forschungsschwerpunkte liegen auf sozialen Medien, Online-Medien, Gaming-Kultur, digitaler Ästhetik, Netzkritik und visueller Politik.

Schmidt, Jan-Hinrik (Dr. phil.), wissenschaftlicher Referent für digitale interaktive Medien und politische Kommunikation am Hans-Bredow-Institut für Medienforschung (Hamburg).

Schönborn, Julia (Dr. phil.), promovierte 2015 im Fach Neuere Deutsche Literatur zum Thema literarische Massenkommunikation im Internet. Sie lebt mit ihrem Mann und ihren drei Kindern in Heidelberg.

Stiegler, Christian (Dr. phil.), Professor für Medienmanagement, Consumer Culture und New Media an der Karlshochschule International University, Karlsruhe, Deutschland. Lehre und Forschung u.a. an der Universität Wien, Universität Salzburg, Fachhochschule Hagenberg und Newman University Birmingham. Seine Forschungsschwerpunkte sind Media Industry Studies, Film und Fernsehen, Medienanalyse und Medienrezeption, Entertainment, Medienkonzepte und Formate, New Media und Cultural Studies. Mehrere Publikationen zu Medien- und Populärkultur. Praxiserfahrung u.a. als Journalist und Producer (BBC, ORF, 3Sat, Die Presse) und Medien- und Kommunikationsberater im audiovisuellen und digitalen Bereich mit Spezialisierung auf cross- und transmediale Erzählweisen.

Weitbrecht, Christine, freiberufliche Beraterin für Transmedia-Konzepte und Marketing-Strategien in neuen Medien. Sie absolvierte ihren Master of Communication Management mit Schwerpunkt Transmedia an der University of Southern California und erforschte u.a. als Teil der „Civic Paths" Forschungsgruppe unter Henry Jenkins die Auswirkung partizipativer und Pop-Kultur auf das bürgerschaftliche Engagement. Website: http://christineweitbrecht.com.

Zorbach, Thomas, Gründer und geschäftsführender Gesellschafter von vm-people, einer Agentur für Virales Marketing, Transmedia Storytelling und Social Media Management. Er berät Unternehmen aus unterschiedlichsten Branchen in Fragen der Fan Relations und bei der Implementierung entsprechender Programme. Er forscht zu diesem Thema im Rahmen eines Kooperationsprojekts mit der Carnegie Mellon University in Pittsburgh und lehrt an der Karlshochschule International University. Website: http://www.vm-people.com.

Digitale Gesellschaft

Geert Lovink
Das halbwegs Soziale
Eine Kritik der Vernetzungskultur
(übersetzt aus dem Englischen
von Andreas Kallfelz)

2012, 240 Seiten, kart., 22,80 €,
ISBN 978-3-8376-1957-7

Ramón Reichert (Hg.)
Big Data
Analysen zum digitalen Wandel von Wissen, Macht und Ökonomie

2014, 496 Seiten, kart., 29,99 €,
ISBN 978-3-8376-2592-9

Florian Sprenger, Christoph Engemann (Hg.)
Internet der Dinge
Über smarte Objekte, intelligente Umgebungen und die technische Durchdringung der Welt

September 2015, ca. 350 Seiten, kart., 29,99 €,
ISBN 978-3-8376-3046-6

Leseproben, weitere Informationen und Bestellmöglichkeiten finden Sie unter www.transcript-verlag.de